Fred Luchsi

Realitäten und Il

Fred Luchsinger

Realitäten und Illusionen

NZZ-Leitartikel zur internationalen Politik
1963–1983

Verlag Neue Zürcher Zeitung

Grafische Gestaltung: Kurt Hauri
Druck: Grafische Betriebe NZZ Fretz AG, Zürich
Einband: Grossbuchbinderei Weber AG, Winterthur
Printed in Switzerland
ISBN 3 85823 082 0

Inhaltsübersicht

Vorwort

Die in diesem Band gesammelten Kommentare sind alle in den letzten zwanzig Jahren als Leitartikel in der «Neuen Zürcher Zeitung» erschienen. Ihr Text ist hier unverändert nachgedruckt; es wurden lediglich wenige Titel der Buchform angepasst, einige Kürzungen aus umbruchtechnischen Gründen vorgenommen und Zwischentitel eingesetzt.

Es ist nicht der Ehrgeiz dieser Auswahl, das für den Tag Geschriebene aus dem Rückblick zu rechtfertigen. Auch Fehleinschätzungen wurden unfrisiert stehengelassen. Lagebeurteilungen noch einmal zu lesen, so wie sie unter dem unmittelbaren Eindruck der Vorgänge in der NZZ zu lesen gewesen waren, scheint aber doch manchen Freund dieses Blattes zu interessieren; jedenfalls ist Nachfrage danach entstanden. Dass sich einige Aussagen wiederholen, ist in einem Auswahlband aus kommentierender Tageschronik nicht zu vermeiden. Manches bleibt eben auch im kaleidoskopischen Wechsel der Situationen konstant.

Natürlich bieten diese Aufsätze keinen auch nur entfernt umfassenden Überblick über die politische Entwicklung der letzten zwanzig Jahre. Auch dem Urteil und der Kompetenz des «Generalisten» der politischen Kommentierung sind enge Grenzen gezogen. Er muss auswählen und sich auf kleine Ausschnitte aus dem unabsehbaren Spektrum der Aktualität beschränken. In diesem Band ist eine knappe Auswahl dieser Auswahl zusammengestellt.

Im Mittelpunkt meines Interesses und meiner schreibenden Teilnahme an der internationalen Politik hat jedoch immer Europa gestanden – Europa, das selber nach wie vor keine politische Macht ist und keine bestimmende Macht mehr unter seinen Staaten zählt, und das in hohem Grade von den grossen

Mächten und ihrem Verhältnis zueinander wie auch von Entwicklungen ausserhalb seines Perimeters vom Mittleren Osten bis China, von Afrika bis Lateinamerika abhängig ist. Europa bleibt, selbst in der globalen Verflechtung der Probleme, der eigentliche Blickpunkt dieser Aufsätze. Es ist auch für den Schweizer im neutralen Kleinstaat die «eigene Sache», mit der die Geschicke seines Landes aufs engste verbunden sind.

Fred Luchsinger

Die Ära Adenauer

Am 15. Oktober 1963 wurde Konrad Adenauer nach 14 Jahren an der Spitze der Regierung der gleich alten Bundesrepublik Deutschland im Parlament als Bundeskanzler verabschiedet.

15. Oktober 1963

Die Ära Adenauer ist, nach einem grandseigneural-festlichen Ausklang, an ihr Ende gekommen. Dieses Ende ist zwar politisch seit längerem vorweggenommen worden. Es war spätestens seit der Wahl von 1961, die den deutschen Kanzler in Abhängigkeit von seinen zeitweilig schärfsten innenpolitischen Gegnern brachte, aussenpolitisch aber schon bald nach dem Tode Dulles' spürbar geworden, dass die prägende Kraft dieses Mannes und seiner Politik nachliess, beziehungsweise der zu prägende Stoff widerspenstig wurde. Die Merkmale dieser Ära, der seine Anhänger wie seine Gegner mit gleicher Selbstverständlichkeit den Namen Adenauers geben, den sie wohl behalten wird, sind vor diesen letzten Jahren zu suchen, die zwar keineswegs Jahre des Zerfalls, aber doch weichender «Fortüne» waren.

Verankerung Deutschlands im Westen

Adenauers Leistung und Verdienst ist, wie jedermann geläufig, Deutschland, das heisst jenen stärkeren und gewichtigeren Teil davon, der von der Bolschewisierung verschont geblieben war, im freien Westen verankert und ein höchst gefährliches Vakuum in der Mitte Europas und im Vorfeld des expansiven sowjetischen Imperialismus ausgefüllt und zu einer politisch wie militärisch relativ soliden Verteidigungsposition ausgebaut zu haben. Den Zeitgenossen steht es nicht zu, für eine politische Leistung das Prädikat «geschichtlich» zu vergeben. Die Antwort darauf, ob Adenauers Werk, die Neuorientierung der deutschen Politik und die Aussöhnung mit den westlichen Nachbarn, besonders mit Frankreich, eine geschichtliche Wende bedeutet oder aber dereinst als eine Episode erscheinen wird, liegt in der Zukunft beschlossen und ist fürs erste vor allem seinen Nachfolgern übertragen.

Man hat vorläufig jedoch guten Grund zur Annahme, dass dieser Kern der Adenauerschen Politik über den Rücktritt des Kanzlers hinaus Bestand haben wird. Er ist seit drei Jahren dem Parteienstreit entzogen und gemeinsames Gut aller Gruppierungen geworden, die das politische Leben der Bundesrepublik Deutschland bestimmen. Wenn das auch noch kein sicheres Zeichen dafür sein mag, dass die Verflechtung Deutschlands mit Europa und dem Westen von der Nation in tieferen Gründen als denen der Tagespolitik endgültig akzeptiert worden ist, so ist es doch Merkmal einer staatsmännischen Leistung. Dass dieser Versuch der «Integration» geglückt ist und wenigstens nachträglich allgemeine Zustimmung gefunden hat, ist auf jeden Fall von unschätzbarer Bedeutung für die Geschichte eines Volkes, das so lange die Rolle des Aussenseiters im Konzert der Mächte gespielt hat, an dieser Rolle zeitweise in gefährlicher Selbstbemitleidung und Selbstüberschätzung zugleich Gefallen gefunden hatte und schliesslich zum reissenden Wolf unter den Nationen Europas geworden war.

Gradlinigkeit

Adenauers Leistung war mehr als nur die Ausführung dessen, was der Zwang der Umstände in den Nachkriegsjahren und in der akutesten Phase des West-Ost-Konflikts zu tun vorschrieb. Jene Betrachter, die ihm nur eben den Spürsinn für das Selbstverständliche und Notwendige zugestehen wollen, haben, wie grosse Teile der deutschen Öffentlichkeit, sehr rasch vergessen, wie leidenschaftlich umstritten die Politik dieses «Bundeskanzlers der Alliierten» war, bis sie von ihren eingeschworenen Gegnern schliesslich in ihren Hauptzügen übernommen wurde. Hinter dieser Politik standen eine Konzeption und ein unbeugsamer Wille, und sie wurde mit einer Beharrlichkeit und, bei aller Anpassung an wechselnde Umstände und trotz gelegentlichem Oszillieren, mit einer Gradlinigkeit verfochten und verwirklicht, die in diesem Jahrhundert ebenfalls nicht Merkmal deutscher Politik gewesen ist und die wesentlich dazu beigetragen hat, dass das freie Deutschland wieder einen internationalen Vertrauenskredit begründen konnte.

Die kommunistische Gefahr

Wenn sich im Verhältnis der deutschen zur westlichen, besonders zur amerikanischen Politik in den letzten Jahren Verschiebungen ergeben haben, wenn Bonn bisweilen in Widerspruch zu Washington geriet und zu peinlichen Optionen zwischen seinen wichtigsten Partnern in einem sich bedrohlich lockernden

Bündnis gezwungen wurde, dann ist das nicht auf einen Kurswechsel der Adenauerschen Politik zurückzuführen. Diese Politik blieb von der Einsicht bestimmt, dass das gefährdete Deutschland, das primäre Ziel sowjetischer Expansionspolitik in Europa, auf lange Sicht zu seiner Sicherung des engsten Zusammenhalts mit dem Westen bedürfe. Adenauer hat diesen Grundsatz gegen die Verfechter des Vorranges einer nationalen Wiedervereinigungspolitik mit Härte verteidigt und ihn auch gegen manche Anfechtungen von aussen durchgehalten. Er hat jedoch seinerseits keinen Anlass gefunden, seine Beurteilung des Kommunismus, der sowjetischen Politik und der bedrohten Lage Europas wesentlich zu mildern. Das hat ihm nicht nur bei der Opposition im Innern, sondern auch in den dem «Neudenken» zuneigenden Kreisen im Westen zeitweilig den Titel eines «Kanzlers des Kalten Krieges» eingetragen; er könnte ihn insofern zu Recht tragen, als er sozusagen während seiner ganzen Amtszeit das Hauptobjekt des von Moskau gegen das westliche Bündnis geführten Kalten Krieges gewesen ist – eines Propagandafeldzuges, der klar ersichtlich das Ziel verfolgte, die Bundesrepublik und ihre Partner auseinander zu manövrieren und das Bündnis zu spalten.

Grenzen der Konzessionsbereitschaft

Die Wurzeln der eindeutigen Haltung Adenauers gegenüber dem Kommunismus sind moralischer Art. Dass eine experimentierfreudige Meinungsschule im Westen die Auseinandersetzung mit dem Kommunismus auf blossen Machtkampf reduzieren zu können glaubte, hat ihn in zunehmendem Masse irritiert. Seiner Beweglichkeit war nicht nur hier eine Grenze gesetzt, sondern auch im Spiel der Kompromissprojekte, das im Zusammenhang mit der Berlinkrise sich durch die letzten vier Jahre hindurchgezogen hat. Es traf in Abständen immer wieder auf seinen Widerstand, weil es elementare deutsche und europäische Interessen berührte.

Trotzdem hat Adenauer an die Bemühungen der westlichen Vormacht um einen Ausgleich mit der Sowjetunion durchaus seine Konzessionen gemacht und Beiträge geliefert: er hat den Vorrang der Abrüstung vor einer endgültigen Lösung der deutschen Frage anerkannt, er hat das Programm einer gesamtdeutschen Politik von der Forderung nach Wiedervereinigung vorerst auf das Verlangen nach Schaffung menschenwürdiger Zustände in der Sowjetzone reduziert, und er hat schliesslich unter Risiken eine Annäherung an die osteuropäischen Regierungen eingeleitet, die dem Westen erwünscht war. Aber er hat sich sowohl gegen Schritte in Richtung auf eine Anerkennung der kommunistischen Herrschaft in Mitteldeutschland wie gegen eine Beeinträchtigung der Verteidigungskraft im europäischen Frontraum und gegen eine Lösung des Bündniszusammenhangs etwa durch ein «Disengagement» zur Wehr gesetzt.

Die Verlagerung der Akzente seiner Politik im Verlaufe seiner vierzehnjährigen Regierungszeit ist offenkundig: der Vorkämpfer der Westorientierung der deutschen Politik ist mehr und mehr zum Verteidiger der ursprünglichen Positionen des Westens geworden gegen Tendenzen, sie zugunsten einer «Entspannung» teilweise zu räumen. Die Frage, ob Adenauers Politik in ihren Grundzügen bestehen bleibt, ist deshalb nicht nur den Deutschen, sondern auch ihren westlichen Alliierten gestellt.

Innenpolitik als Wahlpolitik

Stärker umstritten als die aussenpolitische ist die innenpolitische Bilanz dieser vierzehn Jahre. Karl Jaspers hat einmal geäussert, er verstehe Adenauers Innenpolitik nicht, er könne nicht sehen, auf was sie ziele. Adenauers Antwort darauf müsste wohl sein: auf die Sicherung der inneren Basis für die Fortführung seiner Aussenpolitik. Innenpolitik ist für ihn deshalb vorwiegend Wahlpolitik gewesen. Wie man Wahlen gewinnt, wusste er besser als jeder andere; wenn man ihm vorwarf, er sei mit seinen Mitteln zu diesem Zweck wenig wählerisch, dann hielt er dem Einwand den Erfolg entgegen. Rentenerhöhungen, Kindergeldzulagen, Bausparprämien, Kompensationen für Kriegsgeschädigte, gesetzgeberische Massnahmen zum Wohlgefallen der Kirchen, all das wurde in Wahljahren ausgestreut und trug Zinsen an den Urnen. Begehrlichkeiten, in letzter Zeit bei nachlassender Leistungsfähigkeit des Staatssäkkels von oben kritisiert, sind auf diese Weise von oben zuerst geweckt worden. Über der Politik der Leistungen *ad hoc* kam die Aufnahme der innenpolitischen Gestaltung nach tieferer Einsicht zweifellos zu kurz. Die Vorstellungen mancher deutscher Intellektueller von den Möglichkeiten einer Regierung bei der inneren Formung der Nation mögen übertrieben sein und ihrerseits etatistisches Denken verraten – zu übersehen sind mancherlei Versäumnisse nicht, zum Beispiel bei der personalpolitischen und erzieherischen Ausmerzung von Relikten des Dritten Reiches.

Innenpolitische Kritik an Adenauer ist in den letzten Jahren bei seinen Anhängern und Gegnern in zunehmendem

Masse Stilkritik geworden. In einer Mündigkeit beanspruchenden öffentlichen Meinung ist der Widerstand gegen ein autoritatives Regiment gewachsen, besonders seitdem die Autorität des Kanzlers durch sein Schwanken in der Frage der Präsidentschaftskandidatur im Jahre 1959 einen Knacks erhalten hatte. Die von der Verfassung der Macht seines Amtes gezogenen Grenzen hat Adenauer immerhin nicht überschritten. Von autoritativem Regierungsstil kann man in bezug auf die Bundesrepublik im übrigen nicht wohl reden, ohne festzustellen, dass es für diesen auf unsicheren Fundamenten gegründeten, als «Provisorium» auch von innen befeindeten Staat ein ausserordentlicher Glücksumstand war, dass er in den Jahren der Benommenheit nach der Katastrophe des Krieges, einer allgemeinen Labilität und einer akuten äusseren Bedrohung mit Autorität regiert wurde. Autorität und Stabilität der Regierung Adenauer haben entscheidend zur inneren Konsolidierung der Bundesrepublik Deutschland beigetragen.

Sammlung der Kräfte

So mancher Vorbehalt bei der Beurteilung von Adenauers Innenpolitik gemacht werden kann, mindestens zwei überaus positive Seiten der Bilanz kann auch die Kritik nicht unterschlagen: zum ersten ist die parteipolitische Zersplitterung des Bürgertums, die der Weimarer Republik zum Verhängnis geworden war, durch eine Sammlung der Kräfte der Mitte überwunden worden. Die Christlichdemokratische Union ist zwar nicht Adenauers Werk, wohl aber zu einem nicht geringen Teil ihre Stärkung und die Wahrung ihres Zusammenhalts trotz mancherlei zentrifugalen Tendenzen. Welche grosse staatspolitische Bedeutung der Bildung und Erhaltung dieser Kraft und dem Erfolg Adenauers auf diesem Feld beizumessen ist – wie immer man «weltanschaulich» zu ihr stehen mag –, hat jüngst ein unverdächtiger Gewährsmann, Adenauers eingeschworener Gegner in früheren Jahren, der führende Kopf der deutschen Sozialdemokratie, Herbert Wehner, bezeugt.

Schliesslich ist auch der Wiederaufbau des zerstörten Deutschland, der Aufstieg der Bundesrepublik in den ersten Rang der europäischen Wirtschaftsmächte nicht aus dem Bild der Ära Adenauer zu lösen, auch wenn der Name Erhards dafür als Symbol steht. Adenauer ist kein Repräsentant des wirtschaftlichen Liberalismus wie Erhard; dafür ist er zu sehr innenpolitischer Pragmatiker. Aber er hat die Möglichkeiten der liberalen Wirtschaftsordnung zur Überwindung des Elends und damit auch zur politischen Gesundung gesehen und diese

Ordnung akzeptiert, nicht ohne den legitimen Seitenblick des Politikers auf das, was sie ihm an politischem Kapital einbrachte – und sicher nicht ohne manche «pragmatische» Seitensprünge. Mit der Bindung an den Westen hat er nicht nur die Grundlage zum wirtschaftlichen Aufschwung gelegt, sondern ihm zugleich auch den politischen Sinn und die Richtlinie gegeben.

Nach dem Unglückstag von Dallas

Der Verfasser hatte das Attentat auf Präsident Kennedy und die Reaktionen der amerikanischen Öffentlichkeit darauf in Washington und New York erlebt.

2. Dezember 1963

Die amerikanische Nation ist von der Tragödie des 22. November tief getroffen worden; zugleich aber hat sie der Umwelt in eindrucksvoller Weise gezeigt, wie sie eine so plötzlich über sie hereingebrochene Krise trägt und besteht. Nie zuvor hat ein Volk einen kritischen Moment seiner Geschichte so unmittelbar und intensiv selber miterlebt. Ungefiltert, schonungslos und ohne Verzögerung wurden ihm die Fakten «live» vor Augen geführt. Vom Moment des Attentats in Dallas bis zur Beisetzung und zu den Kondolenzbesuchen im Weissen Haus vermittelten Fernsehen und Radio in ununterbrochener Folge den Ablauf der Ereignisse. Das Miterleben fand für die meisten zu Hause vor den Bildschirmen statt; die Strassen waren leer.

Die Massenmedien haben hier – in ihrem Sinne – eine kaum mehr zu überbietende Leistung vollbracht. Das dichte Netz ihrer Berichterstattung verlieh dem Publikum die Gabe der Ubiquität; es war überall mit dabei. Weder die panischen Sekunden, als die Schüsse in den motorisierten Cortège in Dallas fielen, noch der Mord am Mörder, den man mit stockendem Puls vor dem Fernsehschirm erlebte, blieben ihm erspart; es sah mit, wie die legendären Schaukelstühle des toten Präsidenten aus dem Weissen Haus abtransportiert wurden; es sah durch das Teleobjektiv hinter den Schleier der Witwe. Die Direktheit war bisweilen grausam, und man mag sich Gedanken darüber machen, wieweit solch unfiltriertes Mitsehen legitim und zuträglich sei. Aber die Öffentlichkeit scheint es im Zeichen der «vollständigen» Information zu verlangen und nützt jedenfalls ihre technischen Mittel zu diesem Zweck bis zur letzten Möglichkeit aus. Im übrigen kommt es auch da, wo der «lückenlose» Bericht verlangt und angestrebt wird, noch stark auf die Art seiner Präsentierung an. Man hätte mit diesem «Material» Emotionen hochpeitschen können; die Sprecher und Kommentatoren haben es in der Regel nicht getan, sondern eher die Gefühle durch strenge Sachlichkeit unterspielt; Ausbrüche zynischer Bitterkeit, wie sie die «angry young men» im Wochenendprogramm der BBC in London produzierten, waren hier nicht zu beobachten. Dass die empfundene Trauer dann schliesslich in stundenlangen Schwällen von Chorälen und Largos ertränkt wurde, gehört zu den Erscheinungen des amerikanischen Emotionskonsums.

So offenkundig jedermann bestürzt und bewegt war und Mühe hatte, Worte und Erklärungen zu finden, so fern lagen überbordende und hysterische Reaktionen. Die Rache in Form der Selbstjustiz am Täter oder mutmasslichen Täter, der nun nicht mehr überführt werden kann, war kein Symptom der allgemeinen Stimmung, jedenfalls nicht ausserhalb der Stadt Dallas im Staate Texas; im Sinne der Öffentlichkeit hätte ein einwandfreies, faires Rechtsverfahren gelegen. Die Diszipliniertheit der Gemütsäusserung, die bei aller Spontaneität des amerikanischen Wesens doch zum verbindlichen Stil des Landes gehört, fiel in die Augen; man schwieg vor sich hin. Der beredtste Ausdruck der Anteilnahme war die ununterbrochene endlose Prozession am Katafalk im Capitol vorbei, zu der Zehntausende stundenlang in frostiger Novembernacht Schlange standen.

Zug zur Gewalttätigkeit

Die Frage, die die Öffentlichkeit und die Einzelnen quälte und immer noch quält, ist die, wie die Mordtat am höchsten Repräsentanten der Staatsgewalt in diesem Lande geschehen konnte, das nach der tiefen und auch jetzt nicht erschütterten Überzeugung seiner Bürger die vollkommenste Ordnung unter der Herrschaft des Rechts verwirklicht hat. Sie veranlasst Kommentatoren, Politiker und Geistliche zu ernster Seelenforschung. Mancher Mahner hat dabei einen Zug zur Gewalttätigkeit im Charakter der Nation selber zu entdecken geglaubt, der sich in den letzten Jahren der Rassenwirren und im Rechtsextremismus stärker ausgeprägt habe, auch einen wachsenden Hang zur Intoleranz und zur Verketzerung des politischen Gegners. Andere treten ihnen jetzt entgegen und kritisieren diese Suche nach einer amerikanischen Kollektivschuld; sie berufen sich auf die Evidenz im konkreten Falle, die auf eine Wahnsinnstat eines verdüsterten Gemüts und eines Asozialen hindeutet, die zu ihrer Erklärung keineswegs des Hintergrundes einer allgemeinen öffentlichen Psychose bedürfe.

Ob zwischen dem Hintergrund und der Tat eine innere Beziehung hergestellt wird oder nicht – der Präsidentenmord ist jedenfalls ein Schock für die Nation, in deren politischem Glauben und Bild, das sie sich von sich selber macht, die zivilisierte Spielregel der Auseinandersetzung und die Toleranz eine so grosse Rolle spielen und die mit stärkerem Nachdruck als manche europäischen Völker die Erziehung ihrer Jugend auf die Achtung vor der abweichenden Meinung des andern, auf *fair play* und Sachlichkeit der Diskussion ausrichtet. Einige der Mahner in der Öffentlichkeit machen nun freilich darauf aufmerksam, dass eine andere Art von Erziehung, nämlich die im Kino, am Fernsehschirm und in der populären broschierten Literatur, mit einem eigentlichen Kult primitiver Robustheit oder gar der Gewalttätigkeit ein anderes, zivilisationsfeindliches «Image» des Amerikaners eingeprägt und verbreitet habe.

Sichtbarer Präsident

Erstaunlich einhellig ist vom Publikum der Gedanke zurückgewiesen worden, dass die exponierteste politische Gestalt des Landes aus Gründen der Sicherheit von der Öffentlichkeit stärker isoliert werden sollte. Man verlangt hier, dass der Präsident sich zeigt und mit den Massen in Berührung kommt, auch wenn dabei ein Risiko in Kauf genommen werden muss; «die Leute müssen den Präsidenten kennenlernen» – das war die immer wiederkehrende Antwort in den Gesprächen und in den Interviews der Reporter mit dem Mann auf der Strasse –, was immer «kennenlernen» in diesem Zusammenhang bedeuten mag. Dass es in der amerikanischen Geschichte nun eine «Tradition» des Präsidentenmordes beziehungsweise des Anschlages auf das Leben des höchsten Repräsentanten des Staates gibt – die Zahl der Attentate ist hoch, 4 Präsidenten von 35 sind der Kugel erlegen –, fällt bei dieser Forderung der Öffentlichkeit wenig ins Gewicht.

Mit grosser Selbstverständlichkeit ist der Übergang der Macht in die neuen Hände vollzogen und von der Öffentlichkeit aufgenommen worden. Es gab keinen Augenblick einer spürbaren Führungslosigkeit. Als dem toten Präsidenten die Augen zugedrückt wurden, da stand der Nachfolger schon an seiner Stelle. Le Roi est mort – vive le Roi! – die Wahrung ununterbrochener Kontinuität des Gemeinwesens wird nicht nur durch den Automatismus garantiert, mit dem die republikanischen Institutionen Amerikas nicht anders als monarchische spielen, sie ist auch im öffentlichen Bewusstsein sicher verankert. Ein Element ruhiger Gewissheit kam dadurch in die Tage der Konsternation und der allmählichen Anpassung an die so plötzlich veränderte Realität.

Entspannung ohne Lösung der Probleme

Eine Übersicht über 1963, das erste Jahr von Versuchen mit der Entspannungspolitik zwischen den Mächten nach der bedrohlichen Kubakrise von 1962.

5. Januar 1964

Nach der unheimlichen Ballung konfliktträchtigen Gewölks in der Kubakrise des Herbstes 1962, die den Zusammenprall der grossen Nuklearmächte in den Bereich des Denkbaren und Möglichen gebracht hatte, ist 1963 zwar nicht ein Jahr der Entspannung im politischen Sinne des Wortes – nämlich der Beseitigung der Ursachen der Spannungen – geworden, wohl aber ein Jahr der diplomatischen Suche nach Entspannungsmöglichkeiten sowie der Entspannungseuphorie und -propaganda. Sie gebärdet sich, als sei jener Friede schon erreicht oder in unmittelbarer Reichweite, der doch, als ein gesicherter Zustand, erst nach der Abtragung gewaltiger Hindernisse von ungelösten Problemen zu erwarten wäre. Zur Relativierung der gegenwärtigen Phase mag die Erinnerung beitragen, dass es Perioden der «Entspannung» ohne Bereinigung der Probleme seit Kriegsende schon wiederholt gegeben hat und dass sie jeweils von so wenig friedlichen Vorgängen wie dem koreanischen und dem indochinesischen Krieg, der Unterdrückung des Aufstandes in der Sowjetzone Deutschlands und in Ungarn und der Berliner Mauer abgelöst wurden.

Das gemeinsame Interesse des Friedens

Das Risiko der Vernichtung durch die apokalyptischen Zerstörungswaffen erfordert nun freilich gebieterisch, dass die Entstehung explosiver Situationen verhindert wird und dass Konflikte unter Kontrolle gehalten werden. Ein gemeinsames Interesse der Mächte an solcher elementarer Existenzsicherung mag einen Ansatzpunkt für die Entwicklung eines Modus der «Koexistenz» ergeben, wobei das politische Risiko aber das einer Einfrierung des gegenwärtigen Zustandes vor allem Mitteleuropas bleibt. Was im vergangenen Jahr in dieser Richtung erreicht wurde, ist jedoch vorerst eher am Rande der Problematik geblieben. Ein «heisser Draht», eine Direktverbindung zwischen Washington und Moskau, wurde eingerichtet, der benutzt werden soll, um *in extremis* eine Katastrophe aus Fehlkalkulation zu verhüten, und ein begrenztes Teststoppabkommen, das heisst ein jederzeit aufkündbares Teilmoratorium für Atomversuche, wurde unterzeichnet, dessen politische und juristische Schwächen nicht verdeckt werden konnten von einer Propaganda, die es als bedeutenden ersten Schritt der «Entspannung» ankündigte.

Resultatlos sind hingegen die Bemühungen um kontrollierte Abrüstungsmassnahmen geblieben – eine in stillschweigender Abstimmung erfolgte, auf sowjetischer Seite aber nicht ganz durchschaubare leichte Reduktion der Militärbudgets in Washington und Moskau gehört nicht unter das Kapitel materieller Abrüstung, sondern der symbolischen, wenn auch politisch nicht unproblematischen Gesten. Resultatlos sind wiederum die amerikanisch-sowjetischen Sondierungen über mögliche Arrangements in der Berlin- und Deutschlandfrage verlaufen; sie waren im Gegenteil abermals ein Herd deutscher Irritation und der Befürchtung, überspielt zu werden, besonders im Augenblick, als Bonn bei der Formulierung des Teststoppvertrages tatsächlich übergangen wurde.

Unveränderte Front in Deutschland

Wie wenig durch die peripheren Massnahmen die Störungsanfälligkeit der west-östlichen Beziehungen behoben wurde, zeigte sich im Oktober, als Moskau den alliierten Militärverkehr nach Berlin zu behindern und mit einem neuen Manöver der «Salamitaktik» das Zugangsrecht der drei Schutzmächte zu beschränken suchte. Hier signalisierten die Sowjets deutlich, wo «Entspannung» für sie vorläufig ein Ende habe: es gibt kein Anzeichen auch nur einer Modifikation ihrer Berlin- und Deutschlandpolitik und einer Korrektur ihrer Ziele. Die Passiererlaubnis, die Ulbricht den Westberlinern zum Besuch ihrer Angehörigen im Ostsektor über die Feiertage zugestanden hat, verändert diesen Befund nicht; sie wurde mit einem politischen Preis bezahlt, den der Westen bisher als unannehmbar verweigert hatte. Die «Bewegung» in diesen Fragen ist einstweilen einseitig auf den Westen und auf die Lockerung seiner bisher gültigen Vorstellungen beschränkt; ob sie die Verhältnisse jenseits von Mauer und Eisernem Vorhang kurzfristig oder auch auf die Dauer zu beeinflussen vermag, steht dahin.

Eine einseitige Bewegung, bei der freilich zum vornherein auf politische Wirkung verzichtet wurde, ist auch die Lieferung nordamerikanischen Weizens an die Sowjetunion, von der Chruschtschew die Überwindung einer Ernährungskrise erhofft, die er mit seiner Agrarpolitik selber wesentlich mitverschuldet hat; das Weizengeschäft entzieht Moskau zwar erhebliche, für «härtere» Güter in Bereitschaft gehaltene Goldreserven, kann aber anderseits zur Enthemmung der restriktiven, wenn auch längst durchlöcherten und uneinheitlich gewordenen östlichen Handelspolitik gegenüber der Sowjetunion beitragen.

Entspannungspolitik, wie sie besonders von Amerika verstanden und betrieben wird, gründet auf einem optimistischen Überlegenheitsgefühl und auf der langfristigen Hoffnung einer inneren Veränderung des Sowjetreiches, die dereinst auch sein äusseres Verhalten beeinflussen und einen Interessenausgleich erleichtern würde. Ob man sich mit selbstbewussten, nationalistischen Russen gegebenenfalls besser wird verständigen können als mit doktrinären Leninisten, ist eine Frage für sich. Zweifellos aber hat in der Sowjetunion manches aus jahrzehntelanger Starre aufzutauen begonnen, wenn auch eine Konstanz des milden Klimas noch in keiner Weise garantiert ist; der Vorgang, dem auch wohlwollende Beobachter die Bezeichnung «Liberalisierung» nur in einem sehr relativen Sinn zugestehen wollen, ist ungesichert und geschieht vorläufig immer noch auf Widerruf – und er steckt noch zu sehr in seinen ungewissen Ansätzen, als dass er schon als Faktor von Bedeutung ins Bild einzusetzen wäre.

Peking und Moskau

Dafür aber hat sich weit rascher als erwartet der sowjetisch-chinesische Gegensatz zum Politikum erster Ordnung entwickelt. Noch streiten sich die Experten darüber, ob er das Stadium des Unwiderruflichen erreicht habe; die Kluft ist aber jedenfalls seit dem 20. Juli, seit dem Abbruch der Moskauer Konferenz, nicht mehr zu verdecken; sie hat sich in die kommunistischen Parteien des Westens und der neutralistischen Welt hinaus verlängert und sich zum ideologischen Schisma ausgewachsen. Der bisher unbestrittene Führungsanspruch Moskaus in der kommunistischen Bewegung ist angefochten, Peking beginnt ihm auch ausserhalb Asiens Terrain abzunehmen, wie die Nordafrikareise Tschous, wie die Unbotmässigkeit Castros, wie einige Vorgänge in den Vereinten Nationen erwiesen haben.

Die Aussichten einer Verständigung des Westens mit der Sowjetunion sind dadurch einstweilen nicht gestiegen. Der Vorwurf des Revisionismus und des Verrates an den Grundsätzen der Weltrevolution, der von den radikalen Revolutionären in Peking und ihrer Anhängerschaft erhoben wird, setzt Chruschtschew unter einen Druck, der der sowjetischen Entspannungspolitik noch engere Grenzen zieht, als ihr zum vornherein gezogen sind – es sei denn, sie bringe Resultate im kommunistischen Sinne ein, das heisst Niederlagen des «imperialistischen» Lagers, was sie wieder im Westen diskreditieren würde.

Blockierte Allianz

Die «Interdependenz» der Vorgänge im West-Ost-Konflikt drückt sich darin aus, dass auch die Sorgen des Westens um die Erhaltung seiner Geschlossenheit nicht geringer sind als die des kommunistischen Blocks. Präsident de Gaulle ist das Element der Unsicherheit in der Allianz geworden, das ihre Weiterentwicklung auf der bisherigen Bahn blockiert. Sein Coup vom 14. Januar gegen den Beitritt Englands zur EWG und gegen die amerikanische Konzeption einer atlantischen Partnerschaft hat das Jahr in dramatischer Weise eröffnet und eine Krise ausgelöst, deren Behebung noch nicht einmal in Sicht gekommen ist. Seine Idee der atlantischen Zusammenarbeit ist eine andere als die amerikanische; er will den Vereinigten Staaten als Partner einen geschlossenen, wenn auch nicht «integrierten» kontinentaleuropäischen Block unter französischer Führung an die Seite stellen, nicht eine «offene» Gemeinschaft.

Das Resultat ist vorerst, dass auch die kontinentaleuropäische Gruppierung noch lockerer geworden ist. Zwar ist der Gemeinsame Markt davor bewahrt worden, ein Opfer der politischen Gegensätze zu werden; er hat sich über eine recht zähe Lebenskraft ausgewiesen und bleibt als wichtiges Element des europäischen Zusammenschlusses erhalten, wobei allerdings in den jüngsten Brüsseler Verhandlungen die innere Geschlossenheit der Wirtschaftsgemeinschaft mit Abstrichen am Prinzip der «Öffnung» bezahlt worden ist. Aber der deutsch-französische Vertrag zum Beispiel, als Kernstück der politischen Einigung des Kontinents gedacht, ist weniger als ein Jahr nach seiner Unterzeichnung schon wieder weitgehend entwertet; Bonn hat sich mit Betonung nach Washington umorientiert. Keiner der europäischen Staaten ist zurzeit bereit, französische Politik zu sekundieren, und wie ein Ausgleich zwischen Paris und Washington aussehen soll, der ja auf die Dauer unumgänglich sein wird, weil atlantische und europäische Politik davon abhangen, weiss heute niemand zu sagen; er ist auch gegenwärtig gar kein Thema der westlichen Diplomatie, die sich aufs reine Abwarten verlegt hat.

Schatten der Vergangenheit

Eine Reihe von Strafprozessen gegen Leute, die an den Vernichtungsaktionen des Dritten Reiches beteiligt gewesen waren, lenkte die Aufmerksamkeit einmal mehr auf die nationalsozialistische Vergangenheit Deutschlands und auf die Versuche der Bundesrepublik, sich mit dieser Erbschaft auch rechtlich auseinanderzusetzen.

22. März 1964

Unter den Nachrichten aus der Bundesrepublik Deutschland findet der Zeitungsleser seit einigen Monaten in auffallender Massierung Prozessberichte – Berichte aus deutschen Gerichtssälen, in denen die nationalsozialistische Vergangenheit in ihren schrecklichsten Aspekten, in den Vernichtungsaktionen gegen das «nichtarische» Element Europas oder gegen das sogenannte lebensunwerte Leben, wieder in greller Deutlichkeit ersteht. Neben dem Frankfurter Verfahren über einen der Tatkomplexe von Auschwitz läuft der Limburger Prozess um die sogenannte Euthanasieaktion, jene Tötungskampagne des Dritten Reiches gegen Geisteskranke, wirkliche oder angebliche, die das Vorspiel oder die Vorübung für den nationalsozialistischen Völkermord im grossen Stil gewesen ist; ein Kriegsverbrecherprozess in Karlsruhe, einer in Braunschweig, einer in Köln, alle mit dem Thema der Vernichtungsaktion in Polen und Russland, tauchen sporadisch in den Spalten auf, Freisprüche von Angeklagten wegen Mangels an Beweisen in ähnlicher Sache machen von sich reden.

So grausig die Züge des Bildes sind, das hier abermals vom Nationalsozialismus gezeichnet wird, von dem, was er in letzter Konsequenz war und wollte, so bekannt sind sie. Man kennt sie, seit die Truppen der Alliierten auf die Tötungsstätten stiessen; man hat in den Nürnberger Prozessen den grossen Entwurf der Vernichtung, die politischen Entscheidungen und die verantwortlichen Spitzen und in so und so vielen Verfahren gegen Einsatzkommandos, Sicherheitsdienst- und Gestapoleute, SS-Schergen später den Mechanismus der Ausführung, der Exekution, studieren können; in umfassender Weise ist der Komplex nationalsozialistischer Ausrottungspolitik der Welt zuletzt im Prozess gegen Eichmann 1961 vor Augen geführt worden. Man weiss Bescheid, allmählich auch in Deutschland selber, wo man lange gezögert hat, das Bild der eigenen Vergangenheit aus der Hand der Sieger zu akzeptieren, wo man es in den fünfziger Jahren zu übersehen oder zu verdrängen versucht und wo man sich dann schliesslich unter der wachsenden Last der vor eigenen Gerichten produzierten Evidenz zu stellen begonnen hat – nicht zuletzt den Fragen der skeptischen Nachfolgegeneration.

Es ist vor allem dieser stärker gewordene ernste Wille, sich mit der Vergangenheit offen auseinanderzusetzen, der die Ursache der gegenwärtig festzustellenden Häufung von Kriegsverbrecherprozessen ist. Er ist in der deutschen Justiz zum Ausdruck gekommen, als sie Hemmungen vielfacher Art und auch das Handicap ihrer föderalistischen Organisation überwand und 1958 die Zentralstelle zur Ermittlung nationalsozialistischer Verbrechen in Ludwigsburg schuf, die seither das Beweismaterial in vielen Hunderten von Fällen für eine noch höhere Zahl von Strafverfahren mit Tausenden von Verdächtigen erarbeitet hat.

Hypothek auf der Bundesrepublik

Der Anstoss dieser mühseligen, peinlichen Forschung war nicht von aussen gekommen, sondern aus einem wachsenden Bedürfnis, reinen Tisch zu machen, wenigstens soweit es die Kriminalgeschichte des Dritten Reiches betrifft. Ihr Resultat sind die Prozesse, die seit einigen Jahren und gegenwärtig in besonders dichter Folge über die Bühne gehen und die noch auf längere Zeit hinaus die Gerichte beschäftigen werden. Sie sollen eine unselige Erbschaft bewältigen helfen, die auch die Justiz der Siegermächte nicht zu bereinigen vermocht hatte, da sie nach einem Anlauf zu bürokratisch gründlicher Entnazifizierung das dornenvolle Problem auf sich beruhen liess und dadurch ihrerseits der Meinung Vorschub leistete, über den unerledigten Rest könne nun der Schleier des Vergessens gebreitet werden.

Die Vorgeschichte und Motivierung der Prozesse ruft nach einem differenzierenden Urteil. Zur Diskussion ist nicht nur, abermals und zum soundsovielten Male, die deutsche Vergangenheit gestellt, sondern ebensosehr die Bemühung der Bundesrepublik, mit ihr fertig zu werden. Sie kann dem neuen deutschen Staate nicht zum Schaden, sie müsste ihm zu seinem Vorteil ausgelegt werden – nicht nur, weil dem Gebot der Sauberkeit zuliebe offenkundige politische Nachteile in Kauf genommen werden, sondern auch, weil hier in entschiedenem Widerspruch zu weitverbreiteten Tendenzen der Verwedelung und der nachsichtigen Toleranz der härteren und unbequemeren Therapie der Wahrheit der Vorzug gegeben wird.

An Stimmen, die verlangen, dass «ein Strich gezogen» und auf dem Wege der Amnestie Schluss gemacht werde mit der peinlichen Selbstdurchleuchtung, hat es in Deutschland in den vergangenen Jahren nie gefehlt. Der Weg, den sie empfehlen, der des grosszügigen Vergessens, würde nicht zur Gesundung und Entkrampfung führen; was vergessen werden soll, wäre ja nicht der politische Irrtum, der längst nicht mehr gewogen und gezählt wird, sondern Mord, Totschlag und kriminelle Menschenquälerei. Würden sie ungeahndet bleiben, dann bliebe kraft dieses Präjudizes die politische Moral in ihrem Fundament auf lange hinaus korrumpiert; dann wären jene absonderlichen Theorien gerechtfertigt, nach denen in «grossen Zeiten» oder «revolutionären Situationen» Freibriefe gelten für die ungestrafte Entfesselung niedrigster Instinkte – jene Theorien, die damals, als man in den Kategorien einer derartigen grossen Zeit dachte, in das zynisch gedeutete Sprichwort aus dem Volksmund zusammengefasst wurden: «Wo gehobelt wird, da fallen Späne»...

Eine Frage des Rechts

Von dieser Art von doppelter Moral hat sich die Bundesrepublik losgesagt, als sie in das Grundgesetz ihrer Soldaten schrieb, dass ein verbrecherischer Befehl nicht nur nicht auszuführen, sondern dass seine Befolgung strafbar sei; sie handelt nur konsequent, wenn sie in streng rechtsstaatlichen Verfahren heute die Verbrecher von ehedem ihrer, wenn auch späten Strafe zuführt. Abgesehen davon wäre es auch eine Illusion, sich von der Unterschlagung vergangenen Unrechts eine Erleichterung der Verständigung Deutschlands mit der Umwelt zu versprechen. Der belastende Verdacht würde dadurch nicht zerstreut; er ist schlimmer als die offene, wenn auch harte Wahrheit. Die latenten Reste von Misstrauen sind besser zu beseitigen durch den täglich geführten Beweis, dass die Auffassungen von Recht und Unrecht im heutigen Deutschland die gleichen sind wie bei seinen Partnern und Nachbarn.

Der Part der deutschen Justiz in diesem Prozess der Angleichung und Verständigung ist ein bedeutender; aber sie allein löst noch nicht das Problem, das die Vergangenheit zwischen Deutschland und seiner Umwelt immer wieder aufwirft. Um es so weit wie überhaupt möglich zu bereinigen, wäre es nötig, dass man auf beiden Seiten des Rheins auch über das Dritte Reich ungefähr die gleiche Sprache spricht. In seiner schonungslosen Beurteilung sind in Deutschland in den letzten Jahren unzweifelhaft grosse Fortschritte gemacht worden. Wer will, kann auch dort die Wahrheit erfahren und, ohne zum Mythos des «Schicksalsschlags» Zuflucht zu nehmen, dem verflochtenen Geäst der Verantwortung bis ins einzelne nachgehen. Es sind viele, die es wollen und tun, besonders unter der jungen Generation, die Aufschluss sucht über die Entstehung einer Lage, die sie nicht hat schaffen helfen, aber mit der sie sich auseinandersetzen muss.

Verharmlosungsversuche

Doch sind, in den letzten Jahren in vermehrtem Masse, auch wieder Bemühungen im gegensätzlichen Sinne der Vernebelung, der Verharmlosung, der Exkulpierung festzustellen. Sie können sich leider auch auf eine bestimmte angelsächsische Geschichtsschreibung stützen, die nationalsozialistische Politik, ungeachtet der ungeheuerlichen Resultate, die sie hervorgebracht hat, in den Rahmen gängiger «Realpolitik» einordnen möchte. Allerdings wird auch in deutscher Regie heute Ähnliches produziert, zum Beispiel mit Versuchen, «Adolf den Menschen» in spiessbürgerlicher Gestalt vorzuführen, mit Zügen ausgestattet, die zwar nicht mehr die heroischen von ehedem, sondern eben die «menschlich verständlichen» sind, jedoch weniger mit denen, die auf sein Vernichtungswerk deuten.

Eine derartige Revision des Geschichtsbildes, sollte sie von einigen deutschen Publizisten beabsichtigt sein, würde mit Bestimmtheit die Verständigung mit Deutschland nicht fördern. Ausserhalb der deutschen Grenzen wird Adolf Hitler in absehbarer Zeit weder zu einem Kleinbürger mit «menschlichen» Vorurteilen verniedlicht noch zu einem Napoleon von historischer Grösse, wenn auch furchterregender Grösse, aufgeschminkt werden können; er bleibt der dämonische Fanatiker, der reissende Wolf, der Europa zerstört und das Leben von Millionen auf sein Gewissen geladen hat. Das Vergessen und Umdeuten hat hier seine Grenzen. Es geriete manches wieder in Gefahr, was heute zum ehrlich erworbenen und geduldig erdauerten Bestand der Wiederaussöhnung und Verständigung nach der Katastrophe der vierziger Jahre gerechnet wird, wenn sich die Kluft in der Beurteilung des Nationalsozialismus zwischen Deutschen und Nichtdeutschen vergrössern sollte.

Trügerische Flaute

In Amerika mehrten sich im Gefolge der gut bewältigten Kubakrise die Stimmen, die eine grundsätzliche Wende im West-Ost-Konflikt verkündeten bzw. forderten. Sie stellten ein von Machtkämpfen, Herrschaftsansprüchen und Expansionsdrang befreites «normalisiertes» amerikanisch-sowjetisches Verhältnis in Aussicht.

5. April 1964

Seit dem letzten dramatischen Akt sowjetischer Aggressionspolitik, Chruschtschews kubanischem Abenteuer von 1962, herrscht in den Beziehungen zwischen Ost und West Flaute. Nichts Spektakuläres ist mehr geschehen, nichts, was die Welt, zum mindesten die europäisch-atlantische, unter ähnliche Spannung gesetzt hätte wie 1958/59 das Ultimatum gegen Berlin, 1960 das brutale sowjetische Manöver gegen die Pariser Gipfelkonferenz, 1961 die bedrohliche Verschärfung der Lage abermals in Berlin. Zwar hat es an Zwischenfällen von ominöser Bedeutung nicht gefehlt, auf der Autobahn von Helmstedt, im Luftraum über der DDR, mit der Verhaftung des amerikanischen Wissenschafters Barghoorn in Moskau. Was davon schliesslich haften geblieben ist, war jedoch weniger der jeweilige Zwischenfall als seine nach früheren Begriffen relativ prompte Beilegung.

Eine Meinungsschule mit wachsendem Anhang vor allem in Amerika zieht daraus und aus der Bilanz der Kubakrise insgesamt den Schluss, dass der Konflikt mit der Sowjetunion seinen Charakter nun tiefgehend verändert habe, dass die Gefahr nicht nur militärischer und gar nuklearer sowjetischer Aggression, sondern auch militärischer und nuklearer Erpressung und damit der *«escalation»*, der Steigerung der Risiken bis nahe an den Explosionspunkt, definitiv gebannt sei; was an der Front des Kalten Krieges seither und fortan geschehe, seien Scharmützel von untergeordneter Bedeutung, von denen zum vornherein feststehe, dass sie zu lokalisieren seien, da sie sich *par force majeure* gar nicht mehr zu grossen Konflikten auswachsen könnten. Die Erfahrung von sechzehn Monaten relativer Ruhe lehrt nach dieser Deutung, dass das Kapitel des bedrohlichen «kalten» und zeitweise «heissen» Krieges von der Dauer von ebenso vielen Jahren abgeschlossen sei und dass man unter veränderten Voraussetzungen nun ein neues zu beginnen habe, das, nach einer Äusserung Stevensons, unter dem Motto der «Waffenruhe und der friedlichen Veränderung» stehe.

Der Ruf nach «Neudenken» unter veränderten Voraussetzungen zielt in diesem die Hoffnungen anscheinend beflügelnden Frühjahr in den Vereinigten Staaten noch über diese Lagebeurteilung hinaus, zu deren Gunsten, wenigstens was ihren Kern betrifft, in der Tat einige Argumente geltend gemacht werden können. Moskau habe nicht nur einer offen aggressiven Politik abgesagt, so hat William Fulbright, der Vorsitzende der Aussenpolitischen Kommission des amerikanischen Senats, in seiner grossen Rede in der Karwoche erklärt, mit der er sich zum Wortführer einer politischen «Neubesinnung» machte; es sei nun auch zu erkennen, dass die Sowjetunion dem Westen heute «nicht mehr völlig und unversöhnlich feindselig» gegenüberstehe. Weder die kommunistische Doktrin noch ihre Praxis in der Sowjetunion und in anderen Ländern stelle für den Westen eine Bedrohung dar; in dem Masse, wie die führenden sowjetischen Politiker faktisch den weltweiten Ambitionen ihrer Heilslehre entsagten, wachse die Möglichkeit, mit ihnen normale Beziehungen zu pflegen. Eine «moralisierende» Beurteilung des Konflikts sei nicht mehr angebracht, wo es sich nicht um Gut und Böse, sondern nur um gegensätzliche Interessen handle. Der Glaube, der Kalte Krieg könne gewonnen werden, sei irreal, und man müsse sich in einer Welt akkommodieren, wo weder Gut noch Böse absolut seien und wo Geschichte von denen gemacht werde, die einsehen, nicht wie manches, sondern wie weniges zu ändern in ihrer Macht stehe.

Eine neue Ära?

Fulbrights erklärte Absicht war es, die amerikanische Politik von «Mythen» und vorgefassten, den «neuen Realitäten», wie er sie sieht, nicht mehr entsprechenden Meinungen befreien zu helfen und einigen bis dato «undenkbaren Gedanken» den Weg zu bahnen. In einigen seiner Folgerungen, so in bezug auf die amerikanische Politik gegenüber Kuba, Panama, China, ist seine Stimme die der Opposition von «links» gegen den Kurs der Regierung. Ob sie es auch in der allgemeinen Beurteilung der sowjetischen Politik und in den Anleitungen zum Umgang mit ihr ist, wird man offenlassen müssen. Staatssekretär Rusk hat sich immerhin mit einigen seiner Deutungen identifiziert, seine Forderung, dass zwischen Kommunisten in China und Kommunisten in Polen unterschieden werden müsse, unterstützt und der positiven Bewertung eines vermehrten Osthandels zum mindesten nicht widersprochen. Andere Stimmen aus dem Regierungskreis tönen ähnlich, so die McGeorge Bundys und Adlai Stevensons, der von einer Ablösung der Politik des *«containment»,* der Eindämmung der Sowjetunion, sprach.

Das Staatsdepartement hat seinerseits eine Art Bilanz des Kalten Krieges seit 1961 vorgelegt, die mit der Erklärung, dass die Hauptkonfrontationen mit der Sowjetunion zugunsten der Vereinigten Staaten ausgefallen seien und dass die Einheit des kommunistischen Lagers ernstlich geschwächt, die des Westens hingegen «dauerhaft» geblieben sei, einen überaus günstigen und optimistischen Abschluss präsentiert.

Es ist nicht zu verkennen, dass die amerikanische Politik im Begriffe steht, gewisse Folgerungen aus einer veränderten Einschätzung des Ost-West-Konflikts bereits zu «konsumieren». Während sie bis vor kurzem von ihren europäischen Alliierten grössere Rüstungsanstrengungen verlangte, macht sie jetzt, ohne dass die Abrüstungsverhandlungen in Genf Resultate gezeitigt hätten oder in Aussicht stellten, Abstriche am eigenen Rüstungsprogramm, was unausweichlich der Forderung nach Mehrleistungen bei ihren Allierten ihre Dringlichkeit nimmt; die gleiche Wirkung geht von der seit dem November von McNamara vertretenen Neueinschätzung der militärischen Stärke der Sowjets aus, die den Albdruck einer überlegenen sowjetischen Streitmacht wegzuzaubern unternimmt. Eine ähnliche Lockerung der Disziplin und des Zusammenhalts der Allianz ist auch von der Revision der amerikanischen Osthandelspolitik ausgegangen, noch bevor diese Neuüberprüfung, abgesehen vom Weizengeschäft, neue Formeln ergeben hat. Die «Entmythologisierung», die Beseitigung eingewurzelter Hemmungen, zu der Fulbright aufgerufen hat, ist in der politischen Praxis also bereits im Gange.

Mythen und Realitäten

Der Ruf ist im übrigen keineswegs neu; er war geradezu das Leitmotiv der ersten Jahre der Regierung Kennedy gewesen. Sofern die Politik ihm folgte, hat sie damals Unruhe in die Allianz getragen, aber kaum Erfolge in der Auseinandersetzung mit der Sowjetunion einbringen können. Der grosse und unzweifelhaft nachwirkende Erfolg Kennedys in dieser Auseinandersetzung, die Kraftprobe um Kuba, war keine Frucht neuer Doktrinen von Koexistenz gewesen, sondern im Gegenteil der Entschlossenheit, sowjetische Übergriffe zurückzuweisen – eine Leistung also auf der Linie der Trumanschen Politik der «Eindämmung» des Kommunismus. Und jener sowjetische Übergriff hatte seinerseits die Ansicht, dass die Sowjetunion und die Auseinandersetzung mit ihr ihren Charakter tiefgreifend geändert habe, in ihren damaligen Ausprägungen desavouiert...

Inwieweit die heute kritisierten Auffassungen von sowjetischer Politik «Mythen» und die «Realitäten», die ihnen gegenübergestellt werden, tatsächlich Realitäten sind, kann nur die Zukunft erweisen. Realität ist ohne Zweifel neben dem Polyzentrismus im Osten, der den kommunistischen Block aufzusprengen beginnt, auch ein Polyzentrismus im Westen, der keineswegs nur die Folge gaullistischer Politik ist, sondern auch in der Auflösung bisheriger Vorstellungen von der kommunistischen Bedrohung seine Ursachen hat – eine Lockerung der westlichen Einigkeit, durch die dem Gegenspieler offene Flanken für politische Vorstösse präsentiert werden. Die Intensivierung der sowjetischen Bemühungen um Frankreich kommt nicht von ungefähr in dieser Lage, ebensowenig wie der neue Versuch Chruschtschews, im skandinavischen Norden besser Fuss zu fassen und, im Hinblick auf das kritische Datum von 1969 – die dann fällige Erneuerung bzw. das Auslaufen des Atlantikpaktes –, das Ferment des Neutralismus zur Wirkung zu bringen. Real ist die Infiltrierung der Sowjetunion auf Zypern, die ihr durch die Schwäche der Allianz – wenn man will, ebenfalls eine Erscheinung des Polyzentrismus im östlichen Mittelmeer – ermöglicht worden ist. Realität gewinnt in zunehmendem Masse eine sowjetische Handelsoffensive im Westen unter Ausnützung der Divergenzen der Partner und der unsicher gewordenen Haltung Washingtons; in England, Italien und Frankreich stehen ihr Terraingewinne in Aussicht.

Moskauer Offensive gegen Bonn

Keineswegs mythisch ist schliesslich die politische Offensive, die Moskau nach einer kurzen Schonfrist für Erhard, die den erwarteten Gewinn nicht einbrachte, nun wieder gegen die Bundesrepublik Deutschland eingeleitet hat. Ihre Ziele sind die alten: Isolierung der Bundesrepublik von ihren Partnern, Durchsetzung der sowjetischen These von der endgültig vollzogenen Spaltung Deutschlands und damit Sicherung ihres Besitzstandes und ihrer Herrschaft in Mittel- und Osteuropa. In den amerikanischen Versuchen der «Entmythologisierung» der West-Ost-Politik fehlt es an Hinweisen, wie eine als durchaus möglich geschilderte Normalisierung des Verhältnisses zur Sowjetunion mit der Abnormität des Zustandes Europas in Übereinstimmung gebracht werden kann. Resignation auf der Basis des Status quo, Fixierung und Sanktionierung des Abnormalen würde nicht durch den Begriff der «Normalisierung» gedeckt, höchstens durch den sowjetischen; man müsste, wenn dies zum Inhalt einer neuen westlichen Politik werden sollte, ein zutreffenderes Wort dafür finden.

Wieviel Raum für Hoffnungen auf eine Normalisierung der Verhältnisse hinter dem Eisernen Vorhang anderseits z. B. der gegenwärtige Zustand gerade Polens – des in Amerika nach wie vor meistzitierten Beispiels friedlicher Veränderungen zum Besseren im Sowjetblock – angesichts des tiefen Malaise und offenkundigen Fiaskos auch «nationalkommunistischer» Wirtschafts- und Kulturpolitik in diesem Lande lässt, bleibt dahingestellt.

Die zurzeit verminderte Aussicht, nukleare Erpressung mit Erfolg praktizieren zu können, hat Moskau vorerst zu einer Änderung der Methode seiner Politik, kaum aber schon seiner Ziele veranlasst. Seine politische Offensive ist nicht zum Stehen gebracht worden; sie hat vielmehr recht zielsicher das Instrument der «Entspannung» für ihre Zwecke zu nutzen begonnen. Es ist ferner eine durchaus offene Frage, ob der Konflikt mit Peking, so sehr er die sowjetische Politik belästigt und belastet, diese Offensive wirksam bremsen wird; die Möglichkeit, dass chinesischer Druck auch den Kreml wieder zu schärferer Gangart zwingt, ist vorderhand nicht auszuschliessen.

Aber auch wenn sich kein solcher Zwang zur Radikalisierung auswirken sollte und wenn die Auseinandersetzung gegenwärtig keine dramatischen Verdichtungen erfährt – das Werk der sowjetischen Politik bleibt, ob mit massiven oder mit subtileren Mitteln gefördert, das gleiche: Gefälle zu schaffen, um die Entwicklung in die Richtung eines Ziels zu lenken, das sicher nicht verändert wird, solange Möglichkeiten offenbleiben, sich ihm anzunähern. Bevor die «Entspannung» nicht solide Resultate eben auf dem Gebiet erbracht hat, wo die hauptsächlichen Wurzeln und Ursachen der Spannung liegen, dürfte schwerlich der Moment gekommen sein, die harten Realitäten der Konfrontation mit der sowjetischen Politik in «Mythen» aufzulösen.

Dornenvolle Erbschaft im Kreml

Am 17. Oktober war Chruschtschew unter nicht durchschaubaren Umständen als sowjetischer Machthaber abgesetzt worden.

25. Oktober 1964

Die Kremlmauern haben auch in der vergangenen Woche ihre Geheimnisse nicht preisgegeben. Niemand, auch die Kommunisten ausserhalb des engen sowjetischen Führungskreises nicht, hat bis zur Stunde verbindlichen und offenen Aufschluss über die Vorgänge bei der Absetzung Chruschtschews und über ihre Motive und Hintergründe erhalten. Gefolgschaft und Umwelt sind wie eh und je auf die Deutung der verschämten indirekten Winke der neuen Machthaber und auf Bilder- und Schriftexegese verwiesen, wenn sie den Umschwung ergründen wollen. Und wie eh und je ist der Bezirk der Macht im kommunistischen Imperium abgeschirmt und kann das Licht der Öffentlichkeit nicht ertragen.

Doch ergibt die Schriftdeutung nicht wenige solide Anhaltspunkte für das Urteil. So hat der erste ausführliche «Prawda»-Artikel *après le coup* klargemacht, was andere Symptome bereits verraten hatten: dass die parteiamtliche Version einer Demission Chruschtschews aus Gründen des Alters und des Gesundheitszustandes keine Glaubwürdigkeit hat und sie auch gar nicht beansprucht. Der Aufschluss wurde in Form eines Sündenregisters des verabschiedeten Diktators gegeben, das als eine Aufzählung der Gründe für seine Eliminierung gelesen werden muss und das nach dem Vorbild des Rituals, welches nach dem Abgang Stalins geschaffen worden war, den Prozess einer regelrechten «Entchruschtschewisierung» – das Wort ist so hässlich wie der Vorgang – einleitet. Auch anderes Vertraute wiederholt sich: Chruschtschew ist bereits durch jenes Orwellsche «Gedächtnisloch» gefallen, durch das kommunistische Geschichte ihre einer Säuberung verfallenen Protagonisten zu «Un-Personen» degradiert und einstweilen der parteiamtlichen Vergessenheit zu überantworten pflegt.

Die Verdammungsschriftsätze nennen eine Summe von Gründen, die den anonymen früheren Machthaber haben untragbar werden lassen: Missachtung des Führungskollektivs, Subjektivismus, Personenkult, sprunghafte Eigenwilligkeit, Phantasterei, Hang zu leerem Geschwätz, Sturheit in der Verfolgung chimärischer Projekte, überbordende Risikofreude, mangelnde Führungsqualitäten, mangelnde Orientierung an der Parteilinie, andeutungsweise auch mangelnde Sorgfalt bei der Wahrung der Einheit der kommunistischen Bewegung. Die Kumulation von Fehlern und Vergehen ist eindringlich. Sie gibt ein Indiz dafür, in welchem Grade Chruschtschew – nach den Begriffen einer «konservativeren» Parteiführung – das Gebäude der sowjetischen Herrschaft aus den Fugen gebracht hat und seiner eigenen engeren Umgebung ein unkalkulierbares Risiko geworden ist. Zugleich weist das Sündenregister die Richtung, in der die Nachfolger Remedur suchen: Verschärfung der Parteidisziplin, Ausschaltung des «Subjektivismus», Unterordnung unter ein Führungskollektiv, an dem man allerdings, wenn man die Erfahrungen der Vergangenheit und den eingeborenen Charakter des kommunistischen Absolutismus in Rechnung stellt, bereits das Zeichen der Vergänglichkeit entdecken kann.

Schatten Pekings?

Aus der Aufzählung der Sünden ergibt sich jedoch kein Anhaltspunkt dafür, was das Fass zum Überlaufen gebracht hat. Es fehlt im Kreise der westlichen Beobachter nicht an verschiedenartigen Hypothesen: neue alarmierende Zeichen persönlicher Willkür oder des Nepotismus, Fiasko der Agrarpolitik, eine angebliche Schwerpunktverlagerung auf die Konsumgüterindustrie, die allerdings aus dem Redetext, auf den sich diese Version stützt, nicht schlüssig abzuleiten ist, die letzten Züge der Deutschlandpolitik, besonders die Reise Adschubejs in die Bundesrepublik und die Ankündigung eines Besuches Chruschtschews in Bonn, seine im nachhinein korrigierte Äusserung über eine angebliche sowjetische Superwaffe vom 15. September, in der wiederum die Gefährlichkeit eines ausser Kontrolle geratenen Diktators offenbar wurde. So sehr all das die Einkreisung des Machthabers enger und enger gezogen hat – die Umstände seiner Absetzung deuten doch eher auf ein Motiv von unmittelbarer Dringlichkeit hin. Es ist am ehesten in der ausweglosen Situation zu finden, in die sich Chruschtschew mit seiner Auseinandersetzung mit Peking, insbesondere mit der Einberufung einer kommunistischen «Vorkonferenz» auf den 15. Dezember zur Exkommunizierung der Chinesen, hineinmanövriert hat und von der man in Moskau offenbar annahm, dass sie nur durch seine Eliminierung noch einigermassen, wenn überhaupt, zu bereinigen sei.

China ist das akuteste, dringlichste Problem, das den Nachfolgern Chruschtschews, wer immer sie auf die Dauer sein mögen, aufgebürdet ist; ihre Entscheidungen in diesem Punkte werden weittragend sein, und sie werden zwangsweise das Verhältnis der Sowjetunion zum Westen aufs stärkste beeinflussen. Aber China ist nur ein problematischer Posten in einer äusserst problematischen Erbschaft. Abgesehen davon, dass die neuen Herren des Kreml sich ihre Machtbasis erst noch schaffen, und das heisst wohl: erkämpfen müssen und dass sie ein gewaltiges Pensum von innenpolitischen Reformen – was immer sie darunter verstehen mögen – zu bewältigen haben, hat sich in den Tagen seit dem Sturz Chruschtschews gezeigt, dass auch die Wiederherstellung der Geschlossenheit des sowjetischen Imperiums im engeren Sinne ein Unternehmen von erheblichem Schwierigkeitsgrad sein wird.

Angeschlagene Disziplin

Die osteuropäischen Regime haben auf den Wechsel in der sowjetischen Führung zögernd und grossenteils mit Zeichen einer Reserviertheit reagiert, die erkennen lässt, dass zwischen ihnen und der Führung in Moskau keineswegs mehr die selbstverständliche Identität der Interessen von ehedem und das eherne Gesetz automatischer und sofortiger Unterordnung herrschen. Dass Satelliten es gewagt haben, einem gestürzten Sowjetherrscher, der nach der Moskauer Regieanweisung lautlos in der Versenkung verschwinden sollte und verschwunden ist, Würdigungen seiner «gewaltigen Leistungen» nachzuschikken und ihm Bezeugungen ihrer «Überraschung und Bewegung», auch ihrer Wertschätzung zu widmen, weist, am Massstab kommunistischer Disziplin gemessen, auf einen fortgeschrittenen Grad der Emanzipation hin bzw. auf einen geringen Grad der Bereitschaft zu lautloser Einordnung.

Noch weiter sind manche westliche kommunistische Parteien gegangen, an ihrer Spitze die italienische und die schwedische, die die Umstände des Moskauer Machtwechsels offen kritisiert, von «undemokratischen Methoden» gesprochen und mit energischem Nachdruck Aufklärung verlangt haben. Das Tabu, das öffentliche gegenseitige Kritik unter Kommunisten während Jahrzehnten verboten hatte, ist durch die Publizierung des Testamentes Togliattis im September, eigentlich aber durch die sowjetisch-chinesischen Invektiven schon vorher durchbrochen worden. Die neue sowjetische Führung, die die Wiederherstellung der Parteidisziplin und der Einheit des internationalen Kommunismus auf ihr Programm gesetzt hat, sieht sich einer Strömung in ihrer engeren und weiteren Gefolgschaft gegenüber, die genau auf das Gegenteil, auf die weitere Lockerung solcher Disziplin, zielt.

Es wäre voreilig und unrealistisch, von einer Chruschtschewschen Fronde ohne Chruschtschew im internationalen Kommunismus zu sprechen. Wohl aber ist Moskau mit dem Willen seiner osteuropäischen Gefolgschaft konfrontiert, gewisse Errungenschaften aus der vergangenen Ära zu verteidigen, nämlich jenen «Gulasch-Kommunismus», den Chruschtschew selber noch in diesem Frühjahr in Ungarn gepredigt hatte, und jene grössere Selbständigkeit, die eine Frucht einerseits der wirtschaftlichen Insolvenz der Sowjetunion, anderseits des sowjetisch-chinesischen Streites war. So treue Lippendienste der Sache der kommunistischen Einheit erwiesen werden, so deutlich widerspricht das hintergründige Interesse der osteuropäischen Regime wie der westlichen kommunistischen Parteien einer fugenlosen Wiederzusammenschweissung des geborstenen Monolithen, die sie als mehr oder weniger selbständige Elemente wieder aufheben würde. Die Moskauer Führung wird, wenigstens in dieser Beziehung, nicht ohne weiteres dort wieder anfangen können, wo Stalin aufgehört hatte. Die Spuren der Ära Chruschtschew lassen sich im sowjetischen Imperium nicht so leicht verwischen wie in den Verlautbarungen der neuen Herren sein Name.

Polen in den Fesseln der Ostblockpolitik

Eindrücke aus Warschau

Polen, das seit dem Beginn der Ära Gomulka im Westen als ein Land auf den Wegen der Emanzipation von sowjetischer Blockherrschaft gesehen wurde, erwies sich von nahem betrachtet noch immer oder wieder als enger Satellit Moskaus.

13. Oktober 1965

Trotz manchen gegenläufigen Indizien in den letzten Jahren hat sich im Westen weitherum noch das Bild polnischer Politik erhalten, das im Oktober 1956 geprägt worden ist und in dem der Zug einer zwar behutsamen, aber im Rahmen des Möglichen zielstrebigen Loslösung aus der Vorherrschaft Moskaus dominiert. Die Bemühungen mancher polnischer Diplomaten, sich in westlichen Begriffen verständlich zu machen, nach westlicher Art zu argumentieren, ihre Probleme als rein national-polnische zu präsentieren, kommen derartigen Vermutungen über Warschau entgegen. Auch an der Weichsel selber trifft man auf diese Art der Selbstdarstellung. «Sprechen wir von polnischer Politik», hört man vom Gegenüber, wenn man sich zum Gespräch niederlässt, und Ideologie wird bisweilen mit einer wegwerfenden Gebärde aus der Diskussion entlassen.

Trotzdem muss dieser Bericht über eine Erkundungsreise nach Warschau mit der summierenden Feststellung eingeleitet werden, dass Polens Politik heute weitgehend kommunistische Blockpolitik beziehungsweise Politik Moskaus ist – sei es unter dem Zwang der Umstände, sei es durch freiwillige Identifikation. Von gewissen Paradoxien, mit denen diese Feststellung eingeschränkt werden muss, wird die Rede sein. Von Distanzierung oder gar Emanzipation von Moskau ist aber jedenfalls im Gespräch mit den Leuten aus dem Kreis und weiteren Umkreis der Machthaber kaum etwas zu spüren, auch wenn man achtgibt, dass einem Untertöne und Andeutungen nicht entgehen, mit denen im Osten der Frequenzbereich der direkten Mitteilung bisweilen erweitert werden muss.

«Warum kommen Sie eigentlich nach Warschau? Prag, Budapest, Bukarest sind doch heute viel interessanter» – diese Frage ist uns wiederholt gestellt worden, freilich nicht von Vertretern des Regimes, sondern von Intellektuellen, die mit dem gegenwärtigen Stand der Dinge in Polen unzufrieden sind und kein Hehl aus ihrer Meinung machen, dass ihr Land zurzeit ein stagnierendes Gewässer sei, nicht oder nur wenig erfasst vom Gefälle, das das übrige Osteuropa in eine gewisse Bewegung gebracht habe.

Eifersüchte

Fragestellung und Sachverhalt sind auch auf seiten des Regimes nicht unbekannt; die Reaktionen darauf sind etwas widersprüchlich. Erkundigungen nach Differenzierungen innerhalb des Ostblocks treffen fürs erste auf steinerne Gesichter. Aber es kann, wenn man genügend deutlich Rumänien, Ungarn und andere erwähnt, zu Ausfällen pikierter Eifersucht kommen, Eifersucht darüber, dass diese Staaten im Westen Polen den Rang abzulaufen drohen und dass ein sozusagen eingeborener Primat Polens in den Beziehungen zum Westen missachtet werde. Warum die Polen wohl als letzte unter den bedeutenderen osteuropäischen Staaten zum Besuch im Elysée angetreten seien, fragten wir jemanden, der im Gefolge des Ministerpräsidenten Cyrankiewicz kürzlich nach Paris gefahren war, und die stolze Antwort kam prompt: «Weil wir nicht in der Menge der anderen anstehen wollen und einen Anspruch auf besondere Behandlung haben.» Ebenso deutlich aber äussert sich auch ein Ressentiment gegen die, die sich der Disziplin der Truppe zu entziehen und im Einzelgang zu ihrer Sache zu kommen suchen. Die Reaktionen auf das, was man die Emanzipationsbewegung im Ostblock nennt und was Polen eigentlich in Gang gebracht, aber seit längerem nicht mehr aktiv weitergetrieben hat, sind komplex.

Die Konsequenz aus der Nachzüglerposition ist jedoch bei den Sprechern des Regimes keineswegs die, dass ein Wettlauf nach Westen aufgenommen oder wieder aufgenommen werden müsse. Zwar ist von Nachholbedarf im Aussenhandel mit dem Westen die Rede, und manches ist auf diesem Gebiet jetzt in Gang gekommen. Aber an einer Stelle, an der man ohne Zweifel die Ansichten der Machthaber unverfälscht zu Gehör bekommt, werden die Grenzlinien mit aller Deutlichkeit gezogen: keinerlei Zusammenarbeit, durch die «sozialistische» Prinzipien angetastet würden (dies gegen die Spekulationen über neuartige Formeln kapitalistisch-kommunistischer Kooperation im Zusammenhang mit Investitionsprojekten westdeutscher Grossfirmen), eindeutiger Vorrang der Arbeitsteilung im Comecon, der Wirtschaftsorganisation des Ostblocks (mit schmerzlicher Andeutung ihres «stellenweisen» Versagens), nachdrückliche Entschiedenheit, diese Arbeitsteilung nach Möglichkeit wieder zu verbessern, mit anderen Worten, Unterstützung der sowjetischen Versuche, die Einzelgänger in Osteuropa wieder an die Leine zu bekommen und den «Block» zu disziplinieren. A propos «Block»: In Warschauer offiziellen Kreisen wird dieser Begriff, den man sich im Westen im Hinblick auf die divergierenden Tendenzen in Osteuropa allmählich abzugewöhnen beginnt, anscheinend selbstverständlich weiterhin oder wieder verwendet...

Disengagement?

Was die polnische Aussenpolitik in den vergangenen Jahren an Plänen und Initiativen produziert hat und zum Teil noch immer mit Hartnäckigkeit propagiert, scheint zwar prima vista von einem Bedürfnis grösserer nationaler Bewegungsmöglichkeit inspiriert zu sein. Ein «Auseinanderrücken» der Grossmächte in Europa soll dafür den Raum schaffen. Worauf aber die Pläne einer «Entnuklearisierung» Mittel- und teilweise Osteuropas (Rapacki) oder eines vorläufigen «Einfrierens» der Atomwaffen in dieser Zone (Gomulka) hinauslaufen, ist in der Konsequenz schliesslich doch die Verfestigung eines sowjetischen Übergewichts auf dem Kontinent. Die eigentliche Bedrohung Westeuropas, die in erster Linie in den in der Sowjetunion stationierten atomaren Mittelstreckenraketen liegt, würde nicht beseitigt, das sowjetische Dispositiv würde überhaupt kaum berührt – während den Amerikanern in Westeuropa durch ein «Einfrieren» die Hände gebunden würden, durch eine «Entnuklearisierung» die Basis entzogen werden könnte und das atlantische Bündnis durch eine im Zeichen «europäischer Sicherheit» erhöhte faktische Unsicherheit auf jeden Fall politisch schwer belastet würde.

Der von Polen suggerierte Handel ist einseitig und wird vom Westen, de Gaulle einstweilen eingeschlossen, nicht als akzeptabel empfunden, wenigstens für so lange, als in Europa der politische *Status quo* nicht im gleichen Zug korrigiert werden kann. Mit um so weniger Hemmungen unterstützt Moskau solche Entwürfe, die seinen Interessen, um wenig zu sagen, nicht zuwiderlaufen. Der Einseitigkeit dieser Konzeptionen ist man sich auch in Warschau bewusst; mit hintergründigem Lächeln wird auf die «geographischen Gegebenheiten» verwiesen, die nun einmal unabänderlich die Sowjetunion zur ersten Kontinentalmacht prädestinierten.

Polnische Sicherheitspolitik ist also nicht auf einen ausgewogenen Kompromiss zwischen West und Ost angelegt. Sie folgt in ihren Grundzügen vielmehr der seit spätestens 1955 offenkundigen Absicht der Sowjetunion, Fragen der europäischen Sicherheit aus ihrem Zusammenhang mit einer politischen Neuordnung herauszutrennen und den *Status quo,* das heisst vor allem die Teilung Deutschlands, mit Sicherheitsarrangements zu fixieren.

Seitenblick auf die USA

Allerdings ist stellenweise in der Argumentation auch doppelter Boden spürbar. So wenig Rücksicht die polnischen Papierentwürfe auf die Stellung der Vereinigten Staaten in Europa nehmen, so heftig und gehässig gegen Washington etwa in der Frage der MLF oder des vietnamesischen Konflikts polemisiert wird, so glaubt man unter Widersprüchen und Polemik doch ein gewisses Interesse Warschaus an amerikanischer Präsenz auf dem Kontinent wahrzunehmen. Der «Gaullismus», der nun auch mit Verzögerung in einigen polnischen Köpfen nach dem Regierungsbesuch in Paris mehr oder weniger schwärmerische Formen anzunehmen begonnen hat – was der allgemeinen Ausrichtung auf Moskau nicht zu widersprechen braucht –, hat hier seine Grenzen. Da man durch harte Erfahrung «Realist» geworden sei – der Hinweis taucht mit autosuggestivem Nachdruck in den Gesprächen immer wieder auf –, könne man die amerikanische Macht von der Regelung europäischer Fragen nicht wohl ausschliessen, und im übrigen, so meint man hier zu wissen, wolle auch de Gaulle das gar nicht. Es liegt nahe, hinter solchen Äusserungen Vorstellungen einer Gleichgewichtspolitik zu vermuten, den Wunsch und das Bedürfnis, auf die Dauer nicht mit dem östlichen Nachbarn allein gelassen zu werden. Aber solche Überlegungen können, falls sie gemacht werden sollten, nach Lage der Dinge nicht offen ausgedrückt werden; die offizielle Sprache desavouiert sie, und in sichtbare Politik werden sie nicht umgesetzt – im Gegenteil.

Gedanken über Vietnam

Wenn in Kreisen des Warschauer Regimes heute von Amerika die Rede ist, geht der Mahnfinger des moralischen Zensors in die Höhe. Vietnam, Bombardierung unschuldiger Zivilisten, Aggression gegen ein sozialistisches Brudervolk – die Beziehungen hätten sich sehr verschlechtert! Die Propaganda spricht davon, dass Amerika in Polen und im Osten insgesamt infolge des Vietnamkrieges an moralischem Prestige stark verloren habe. Wer Leute fragt, die nicht in der gleichgeschalteten Sprache, sondern in ihren eigenen Worten reden, findet dafür kaum eine Bestätigung. Nicht, dass die Bombenangriffe Beifall fänden; aber neben dem Mitgefühl für ein kleines Volk, das in die Mühle der Grossmachtpolitik geraten ist, ist immer wieder und oft mit sehr eindeutigem Unterton die Frage zu hören, warum denn eigentlich die Sowjetunion nur mit starken Worten reagiere. Die Antwort von oben unterscheidet sich nicht von der unbeholfen anspruchslosen Replik der Moskauer Führer: «ein kompliziertes Problem». Man kann wohl durchaus offenlassen, wer durch den vietnamesischen Konflikt in der zwar nicht veröffentlichten, aber deswegen nicht stummen Meinung mancher Polen in seinem Prestige stärker getroffen wird, Moskau oder Washington.

Das zweite Thema, mit dem ein sinistres Bild amerikanischer Politik gezeichnet wird, ist das der MLF, des Projekts einer multilateralen Atomflotte der Nato. Die Kampagne dagegen läuft ununterbrochen, wie in Moskau, auf höchsten Touren und negiert den Umstand, dass dieses Projekt gegenwärtig noch immer in den Schubladen ruht, in die es Präsident Johnson vor bald einem Jahr versenkt hatte. MLF heisst für die polnische wie für die sowjetische Propaganda Atomwaffen für die Deutschen – was es *de facto* zwar mitnichten heisst – und rührt an den gigantischen Komplex, der «Deutschland» heisst und der die Politik des Regimes in Warschau beherrscht wie kein anderer.

Neue Konstellationen

Rückblick auf das vom Vietnamkrieg geprägte Jahr 1965.

30. Dezember 1965

Es bedürfte kühner Bedenkenlosigkeit, 1965 als ein Jahr fortgesetzter Entspannung zu bezeichnen: die Signatur hat ihm der Krieg in Vietnam gegeben, Ausdruck hochgradiger, mit politischen Mitteln bisher nicht zu bewältigender und keineswegs nur lokaler Spannung zwischen zwei Grossmächten, den Vereinigten Staaten und China, Ursache auch einer neuen Verhärtung der amerikanisch-sowjetischen Beziehungen.

Dass dieser offene, seit dem vergangenen Februar mit immer rapider steigendem Einsatz geführte Konflikt sich dennoch nicht zu einer West-Ost-Krise weltweiten Ausmasses ausgewachsen hat, kennzeichnet eine veränderte, komplizierter gewordene Konstellation: Die Zellteilung des kommunistischen Blockes, die im Herbst den Charakter einer einstweilen unwiderruflichen Spaltung zwischen Peking und Moskau angenommen hat, hat drei selbständige Kontrahenten ins Spiel und untereinander in differenzierten Gegensatz gebracht. Pekings Erfolg ist heute nicht mehr auch Moskaus Erfolg, Pekings Niederlage nicht auch Moskaus Niederlage – eher im Gegenteil; und ein Rückschlag für Amerika ist nicht mehr ein unzweifelhafter Gewinn für die Sowjetunion, sofern er China stärkt.

Die sowjetische Politik greift in dieser Lage geradezu nach der ungewohnten Rolle einer Hüterin des Gleichgewichts in Asien. Sie hat sich darin im indisch-pakistanischen Konflikt bereits geübt, von dem Augenblick an, da dort die Hand Pekings sichtbar wurde, und sie übt Stillesitzen in Indonesien, wo mit der Liquidierung einer chinesisch inspirierten kommunistischen Revolte die Waage zuungunsten Maos ausgeschlagen hat. Aber diese Politik, und insbesondere der vietnamesische Krieg, in dem sie ein sozialistisches Bruderregime praktisch hängen lässt, frisst auch an ihrer eigenen Substanz und gefährdet ihren Führungsanspruch im kommunistischen Restimperium. Die Sowjetunion wird so selber Verliererin in einem Spiel, in dem sie nach Westen ideologische Feindschaft, nach Osten ideologische Solidarität markiert, nach Westen einem Antagonismus der Interessen und einer latenten teilweisen Interessengemeinschaft zugleich, nach Osten einem Machtgegensatz Rechnung tragen muss – worüber ihr die frische Farbe der Entschliessung abhanden kommt und ihre auswärtige Gefolgschaft stark irritiert wird.

Folgen des Vietnamkonflikts

Diese Implikationen des vietnamesischen Konflikts haben sowohl eine weitere Annäherung zwischen der Sowjetunion und den Vereinigten Staaten als auch eine Wiederaufnahme ihrer Auseinandersetzung über die ungelösten europäischen Streitfragen unterbunden. Moskau hat eine neue Entspannungsgeste, für die Washington das komplexe Thema der Nonproliferation, einen Vertrag über die Nichtweiterverbreitung der Kernwaffen, anbot, bisher nicht riskieren wollen, weil es allzu offenes Paktieren mit den «Imperialisten» vermeiden muss. Washington hat seinerseits die europäischen Fragen auf sich beruhen lassen, um Moskau zu schonen und den Fortgang der sowjetisch-chinesischen Entfremdung nicht mit inopportunen gegenläufigen Bewegungen zu behindern. Die amerikanische Diplomatie ist damit so weit gegangen, den europäischen Verbündeten, denen in erster Linie die unbereinigten Probleme dieses Kontinents zu schaffen machen, China als den Feind Nr. 1 zu suggerieren und die Sowjetunion in der Rangordnung der Gegner vorläufig herunterzustufen. Doch ist eine derartige Schwenkung der atlantischen Allianzpolitik insgesamt auf den in Europa ohnehin unterschiedlich bewerteten asiatischen Konflikt nicht in Sicht. Die Dinge bleiben zwischen dem Westen und dem sowjetischen Osten in der Schwebe, und weder die «Falken» noch die «Tauben», wie sich in Washington die Befürworter eines «harten» beziehungsweise «weichen» Kurses gegenüber Moskau eine Zeitlang apostrophierten, sind auf ihre Rechnung gekommen.

Sozusagen als ein Hilfsziel, das ein antiwestliches Propagandabombardement alten Stiles ermöglicht, ohne den Westen politisch direkt und empfindlich zu treffen, hat sich die Sowjetunion die deutsche Bundesrepublik ausgewählt. Sie sucht damit eine in der Sache längst als fällig erkannte Neuverteilung der Verantwortung in der Nuklearstrategie des Westens zu verhindern, was ihr zu einem Teil bereits gelungen sein dürfte. Ferner nutzt sie den Popanz der deutschen Gefahr zur Festigung ihres von Zerfallserscheinungen bedrohten Lagers in Osteuropa. Schliesslich verfolgt sie damit ihre alte Taktik der Isolierung einzelner Partner des Bündnisses und der Spaltung der Allianz.

Für diese Taktik hat die Sowjetunion in de Gaulle im vergangenen Jahr zeitweilig einen Partner im Westen gefunden, der zwar keineswegs ihre Ziele anvisiert, der aber in der Meinung, seine eigenen Ziele auf diese Weise verfolgen zu können, ihre Bewegungen von seiner Seite aus teilweise sekundiert und ergänzt hat. Die Politik des nun für ein zweites Septennat wiedergewählten französischen Präsidenten beruht auf der Annahme, dass mit der Ablösung des alten Dualismus Raum für einen «Polyzentrismus», für das unabhängige Manövrieren auch der Sekundärmächte geschaffen sei. Sofern damit Ambitionen auf weltpolitische Wirkungen verbunden sind, hat die Annahme bisher in die Irre geführt. Weder de Gaulle noch Wilson ist es gelungen, auf die entscheidenden Auseinandersetzungen der Grossmächte, insbesondere auf die Entwicklung in Vietnam, nennenswerten Einfluss zu nehmen. Mächte der zweiten Grössenordnung sind in den grossen Ausmarchungen, wenn überhaupt, dann nur an der Peripherie Mitspieler geworden, ebenso wie etwa die Vereinten Nationen insgesamt, die sich der Möglichkeit selbständiger Einwirkung weitgehend begeben haben, seit sie sich in ihrer Finanzkrise dem Vetorecht der Hauptakteure wieder haben beugen müssen.

Auflösungssymptome

Soweit aber der gaullistische «Polyzentrismus» auf eine Auflösung des geschlossenen westlichen Zusammenhanges zielt, sind ihm Erfolge nicht versagt geblieben – negative Erfolge. Die Allianz und ihre Verteidigungsorganisation, die Nato, sind nicht imstande gewesen, ihre Strukturprobleme einer sachgerechten Regelung zuzuführen, für die auch de Gaulle bisher kein überzeugendes, den Bedürfnissen und Ansprüchen anderer Partner Rechnung tragendes Konzept vorgelegt hat. Die Gefahr, dass sein Nationalismus den Nationalismus anderer aktiviert, ist gewachsen, die Bindekraft des Bündnisses, dessen Schicksalsjahr 1969 herannaht, droht schwächer zu werden.

Eine schwere Krise hat diese Politik der nationalen Unabhängigkeit der Europäischen Wirtschaftsgemeinschaft beschert. Ob das gemeinsame Interesse, das sich in der EWG entwickelt hat, sich als so stark erweist, dass das partikulare sich ihm unterordnen muss, ob mit anderen Worten diese Krise überwunden werden kann, ohne dass die Brüsseler Gemeinschaft ihre Substanz und ihre bisherige Basis preisgeben muss, das ist am Ende dieses Jahres trotz Anzeichen französischer Kompromissbereitschaft noch eine durchaus offene Frage. Und offen und ungelöst ist nach wie vor die Frage einer europäischen Einigung im weiteren Rahmen, die zwar Gegenstand von Lippenbekenntnissen geblieben, aber nicht mehr Gegenstand kräftiger politischer Initiative geworden ist. Mit dem Gefühl der äusseren Bedrohung scheint sich der Zwang vermindert oder verloren zu haben, der die Bewegung des europäischen Zusammenschlusses in Gang gebracht hatte. Ein politisch handlungsfähiger Partner Europa ist nicht in Existenz getreten, die Entscheidungen der Grossmächte fallen ohne ihn.

Eine Schrumpfung europäischen, in diesem Falle britischen Einflusses ist auch durch den Bruch Rhodesiens, der letzten britischen Kolonie in Afrika, mit dem Mutterland manifest geworden. Die Krise, die letzte vielleicht, und zugleich eine der potentiell folgenschwersten eines langen Dekolonisierungsprozesses, stellt die aussereuropäische britische Politik und mit ihr das locker gefügte Commonwealth vor einen harten Bewährungstest. Sein Ausgang, der noch nicht absehbar ist, wird Auskunft darüber geben, ob England östlich bzw. südlich von Suez als Ordnungsmacht weiterhin seine Rolle zu spielen vermag, wenn auch nur in Konflikten abseits der grossen Konfrontation, und ob das vielfarbige Commonwealth noch eine Auffangstellung für künftige Zusammenstösse der Rassen bietet. Der Epilog zum 19. Jahrhundert, der mit diesem Kapitel geschrieben wird, eröffnet kaum verheissende Perspektiven für eine Fortdauer europäischer politischer Präsenz ausserhalb des Alten Kontinents.

Stabile Kaltfront über Europa

De Gaulles nationalstaatlich fundierte Politik hatte die supranational konzipierte EWG, für den französischen Präsidenten das Europa der «Technokraten», seit Jahren unter starke Belastung gesetzt. Das erste Luxemburger Treffen vom Januar 1966 vermochte den zugespitzten Konflikt der politischen Konzeptionen nicht zu lösen, brachte aber auch nicht den Bruch der Gemeinschaft. Sie hatte sich in der Folge mit dem Prinzip einer kaum geminderten nationalen Souveränität zu arrangieren.

23. Januar 1966

Nicht vom physischen, sondern vom politischen Wetter ist die Rede. Die Diagnose und Prognose «Frost» bezieht sich auf den Zustand der europäischen Gemeinschaften, im besonderen auf das Luxemburger Treffen der Sechs, von dem die Optimisten – sie waren diesmal allerdings nicht überaus zahlreich – sich eine Auftauung der starr gefrorenen Positionen im Streit um die Gestaltung der europäischen Gemeinschaften und wenigstens einen Anlauf für die Überwindung der EWG-Krise versprochen hatten. Was *post festum* als Positivum zu registrieren bleibt, ist wenig mehr als die Feststellung, dass es einstweilen nicht zum Bruch zwischen Frankreich und den Fünf gekommen ist. Die Aussenminister sind, ohne eines ihrer Probleme gelöst zu haben, unter der Formel der Vertagung auseinandergegangen und wollen am 28. Januar wieder zusammenkommen.

Das Gespräch bleibt also einstweilen offen. Aber es steht nicht unter geringerer, sondern im Gegenteil unter stärkerer Belastung als zuvor. Die erfreuliche Tatsache, dass es nach sechseinhalb Monaten einer akuten Krise überhaupt wieder aufgenommen werden konnte, dass Frankreich, wenn auch zu nicht unbedenklichen Bedingungen, seine «Politik des leeren Stuhles» für den Augenblick aufgegeben hat, wird im Negativen mehr als aufgewogen dadurch, dass die gaullistische Diplomatie die Verhandlungen der Sechs, indem sie sie befristete, sogleich wieder unter ultimativen Druck gesetzt hat.

Vor allem diese massive Methode des Umgangs mit den Partnern, die harte Rücksichtslosigkeit des Forderns, ist ominös. Sie weckt Zweifel am Verständigungswillen de Gaulles, und sie schränkt die Möglichkeiten des Ausgleichs ein. Zwar wird sie in Paris für das Rezept des Erfolges gehalten: mit Härte, und nur mit Härte sei die Kapitulation der Fünf zu erzwingen und die gaullistische Auffassung von wirtschaftlicher und politischer europäischer Zusammenarbeit durchzusetzen. Aber Härte des einen kann Härte des andern provozieren, wie sich an den Reaktionen Hollands nun wiederholt gezeigt hat. Auch beim deutschen Partner sind die Grenzen des Zumutbaren heute enger gezogen; so sehr die deutsche Politik nach wie vor das Odium der direkten Verantwortung für einen Kollaps europäischer und deutsch-französischer Zusammenarbeit zu vermeiden suchen muss, so wenig wird man mit einer Unterwerfung Bonns unter den französischen Willen *in extremis* rechnen können, falls Frankreich, wozu es bereit zu sein scheint, dieses Odium auf sich nehmen sollte. Der schliessliche Erfolg des Rezepts der Härte ist also ungewiss, und höchst fraglich ist es, ob damit jenes Klima des Ausgleichs erhalten beziehungsweise wieder geschaffen werden kann, in dem allein europäische Politik zu gedeihen vermag.

Krise der EWG

Nicht nur die Methode, mit der eine Umorientierung und Neustrukturierung der Politik der Sechs versucht wird, auch die Streitfragen selber, die in Luxemburg auf dem Tisch geblieben sind, rühren an den Kern der bestehenden europäischen Gemeinschaften. Die Krise, die am 30. Juni 1965 über dem Versagen der EWG vor der Frage der Agrarmarktfinanzierung ausgebrochen war, ist über ihren Anlass hinaus sogleich in den Bereich des Institutionellen hinab vertieft worden. De Gaulle stellte zwei Prinzipien in Frage, das der Mehrheitsentscheidungen und das der Supranationalität, die zu den tragenden Pfeilern der Brüsseler Organismen gehören, die aber zweifellos im Widerspruch zu seinem strikten Souveränitätsbegriff stehen. Was er fordert, ist, wenn auch nicht notwendigerweise eine formelle Revision der Verträge, so doch eine faktische Rückkorrektur der Gemeinschaften – besonders der EWG, aber über die bereits beschlossene Fusion der Exekutiven auch der noch stärker supranationalen Montanunion wie der Euratom –, eine Rückkorrektur im Sinne der Wiederherstellung voller nationaler Souveränität.

Der Stoss richtet sich einerseits gegen die EWG-Kommission, jenen «technokratischen staatenlosen und niemandem verantwortlichen Areopag», wie der General die supranationale Exekutive am 9. September letzten Jahres genannt hat, die er von einer Behörde mit beträchtlicher eigener Kompetenz auf den Status des ausführenden Sekretariats eines einstimmig entscheidenden Ministerrates reduzieren möchte. Unzweifelhaft hat die Brüsseler Bürokratie Dimensionen angenommen und Formen der Aktivität und Repräsentation entwickelt, die auch anderswo als im Elysée Kritik und Skepsis herausgefordert haben. Unter den zehn Punkten, unter denen Couve de Murville seine Revisionsforderungen in Luxemburg in dieser Sache vorgetragen hat, sind einige, über die die Fünf mit sich reden lassen. Ebenso unzweifelhaft würde anderseits aber mit einer radikalen Degradierung der EWG-Kommission eine wichtige Komponente aus dem System der Balancen nationaler und übernationaler Elemente herausgebrochen, das die Struktur der Wirtschaftsgemeinschaft darstellt, würde mit anderen Worten diese Gemeinschaft denaturiert und zu etwas anderem gemacht, als ursprünglich mit ihr beabsichtigt gewesen war. Wird das peinlich ausgewogene Gleichgewichtssystem zerstört, so muss ein anderes gesucht werden, das nicht leicht zu finden sein dürfte. Das Risiko eines Neubeginns erscheint den Partnern – und Gegnern – Frankreichs als zu hoch angesichts ihrer noch immer bestehenden Interessengegensätze, die nach einem ausgleichenden Element verlangen.

Fragliche Integration

Noch hartnäckiger wird von den Fünf das Prinzip der Mehrheitsentscheidungen verteidigt – das Prinzip wohlverstanden, nicht seine praktische Anwendung, die in den Kompromissvorschlägen Spaaks und anderer bereits weitgehend geopfert worden ist, so wie in Luxemburg die EWG-Kommission «für einmal» geopfert, das heisst vom Verhandlungstisch ferngehalten worden ist, um dem Aussenminister de Gaulles den Weg dorthin freizulegen. Das Prinzip der Mehrheitsentscheidungen ist der Rettungsring, der die Gemeinschaft durch widrige Strömungen hindurch an jenes Ufer der Integration, der künftigen Verschmelzung der europäischen Staaten, tragen soll, das man einst, 1957, so viel näher sah, als es in Wirklichkeit war und ist. Würde es preisgegeben, dann wäre die EWG zwar nichts anderes, als sie heute ist – sie hat bisher noch keinen ihrer Partner majorisiert –, aber sie könnte nicht mehr das werden, was ihre Väter mit ihr im Sinne hatten. An genau der gleichen Zukunftsfrage ist 1962 die Politische Union der Sechs gescheitert, an der Frage nämlich, ob für eine fernere Zukunft eine Tür zur Integration offengehalten werden solle oder nicht. In der EWG ist diese Tür einstweilen offen; der Kampf geht darum, ob sie geschlossen werden soll.

Solange noch wenn auch nur schmaler Spielraum für Kompromisse besteht, wird man die Alternative der europäischen Politik nicht so radikal stellen können, wie sie eine pessimistische Vorwegnahme schon seit längerem formuliert: Preisgabe der ursprünglichen und noch immer gültigen Konzeption des Zusammenschlusses – oder Verzicht auf die Mitwirkung Frankreichs. So heillose Komplikationen die erste Proposition in Aussicht stellen müsste, so undenkbar ist die zweite.

London oder Paris?

Die Vorstellung, dass man die EWG in ihrer vorgebildeten Form mit Grossbritannien sozusagen als Substituten Frankreichs zu sechst weiterführen könnte, ist naiv: der Vertrag müsste auf den Trümmern eines Debakels neu ausgehandelt werden und wäre mit Sicherheit nicht derselbe; die Regierung Wilson scheint heute keineswegs bereit zu sein, sich auf das Experiment einzulassen; und das Störpotential eines Aussenseiters Frankreich wäre so gross, dass es konstruktive europäische Politik unterbinden könnte. Das Augenzwinkern sowohl in Paris wie in anderen kontinentalen Hauptstädten mit London hatte in den letzten Monaten vorwiegend taktische Bedeutung und wollte, jeweils mit verkehrten Adressaten, besagen: ich könnte auch so, wenn du nicht willst, wie ich will.

Aber es ist unübersehbar, dass sich der Knoten schürzt. Die Hoffnung, dass die Wahlresultate des 5. und 19. Dezember de Gaulle in europäischen Fragen zugänglicher machen würden, muss nach dem ersten Luxemburger Treffen wohl begraben werden. Ihr Effekt ist eher verhärtender Art gewesen: der General sucht im Wettlauf mit der Zeit – 1967 stehen ihm Parlamentswahlen bevor – und unter konsequenter Ausnützung der Annahme, dass niemand sich europäische Politik ohne Frankreich vorstellen könne, jenes Europa zu erzwingen, das ihm vorschwebt. Der Versuch, ihn mit knapp kalkulierten Kompromissvorschlägen im einzelnen zu domestizieren und ihn von seinem grossen Konzept abzulenken, hat bisher keinen greifbaren Erfolg gehabt. Ob er, auf seine Weise, mit der Destruktion bestehender Grundlagen gegebenenfalls die Basis für eine neue europäische Zusammenarbeit wird schaffen können – das bleibt angesichts der nach wie vor bestehenden tiefen Meinungsverschiedenheiten über Richtung, Ziel und Formen des Zusammenschlusses eine weit offene Frage.

Der archimedische Punkt

Die Landung einer unbemannten sowjetischen Sonde auf dem Mond gab Anlass zu Reflexionen über die mögliche politisch-strategische Bedeutung der von den Supermächten vorangetriebenen Raumfahrt.

13. Februar 1966

Die geglückte weiche Landung einer sowjetischen Sonde auf dem Mond ist der vorläufige Höhepunkt und ein Markstein von grösster Bedeutung im konzentriertesten Kapitel technischen Fortschritts der Menschheitsgeschichte. Die enorme Spannweite vom ersten Schuss eines Flugkörpers auf eine terrestrische Umlaufbahn (Sputnik) bis zu diesem Unternehmen ist in knapp achteinhalb Jahren überbrückt worden; weniger als ein Jahr ist vergangen, seit die Mondbilder von Ranger 9 überhaupt erst die Möglichkeit einer Landung auf dem Trabanten erkennen liessen, und in diesem einen Jahr haben wir die ersten «Spaziergänge» von Menschen im leeren Raum (Wosschod 2 und Gemini 4), die ersten Bilder vom Mars (Mariner 4), deutliche Bilder von der Rückseite des Mondes (Sonde 3) und das erste Rendezvous zweier Flugkörper auf einer Umlaufbahn (Gemini 7/6) gesehen. All das sind zwar lediglich Etappenziele einer Entwicklung, die – heute kann man annehmen: mit Sicherheit – in den nächsten Jahren zum Vordringen des Menschen auf den Mond, in den nächsten zwei, drei Jahrzehnten vermutlich auf die nächsten Planeten führen wird.

Das Streben nach Zielen ausserhalb des Gravitationsfeldes der Erde bleibt der politischen Gravitation der irdischen Verhältnisse verhaftet. Es ist keine Unternehmung der ganzen Menschheit, sondern ein Konkurrenzkampf der Mächte, einstweilen und auf absehbare Zeit hinaus der beiden Supermächte, der Vereinigten Staaten und der Sowjetunion, die eine einsame Führungsposition weit vor allen andern halten. Der Wettlauf in den Raum ist und bleibt eine Funktion des West-Ost-Konflikts. Amerikanische Vorschläge zur Zusammenarbeit mit Moskau in der Raumfahrt haben bisher kein Echo gefunden, und jene voreiligen Spekulationen von 1963, dass die Sowjetunion ihrerseits das überaus kostspielige Rennen aufgeben werde, sind nun mehrmals aufs nachdrücklichste widerlegt worden.

Das Regierungsteam Kossygins hat die Erbschaft Chruschtschews auf diesem Gebiet nicht nur akzeptiert und übernommen; es wuchert mit den Talenten, die ihm übermacht sind. Konnte man das Unternehmen Wosschod 2 im März 1965, ein halbes Jahr nach dem Sturz des Diktators, noch als Fortsetzung einer früher eingeleiteten Versuchsreihe auffassen, so zeugt Luna 9 mit aller Eindeutigkeit dafür, dass das Nachfolgeregime in Moskau die Konzentration der Energien auf die Raumfahrt – auf Kosten der Konsumsektoren – aufrechterhalten, wenn nicht noch weiter verdichtet hat. Es hat gegen die mit gewaltigem Einsatz arbeitende amerikanische Konkurrenz wenigstens in wichtigen, kritischen Punkten der technischen Entwicklung den Zeitvorsprung halten können, den sich die Sowjetunion 1957 mit der Lancierung des Sputniks errungen hatte. Dabei ist der Wettlauf längst nicht mehr lediglich eine Frage der stärkeren Schubkraft, sondern der Bewältigung weit komplexerer Probleme der Navigation, Steuerung, Elektronik, Bremsung und Raumfahrtmedizin.

Wettlauf der Mächte

Es liegt auf der Hand, dass der Aufwand, den das Platz- und Vorsprunghalten in diesem Wettbewerb verlangt, nur von einem Ziel erster politischer Ordnung her gerechtfertigt werden kann. Das Ziel ist die globale Vormachtstellung, mit anderen Worten die Erfüllung des ideologischen Traumes der Weltherrschaft, den der Kommunismus seit über hundert Jahren träumt, wenn auch das Mittel, ihn zu verwirklichen, nicht mehr das des revolutionären Umbruches, sondern das der Macht ist. Man pflegt im Westen angesichts der inneren Problematik und der Schwierigkeiten des Sowjetimperiums, seiner Veränderungen und seiner eine «Koexistenz» suggerierenden politischen Parolen den Hinweis auf seine globale Aspiration als überholt abzutun. Wie anders aber als aus dieser Aspiration heraus ist seine gewaltige Investition auf dem zukunftsträchtigsten Feld der Machtentwicklung zu erklären? Aspiration ist bei weitem nicht schon Erfolg; doch sie bedeutet jedenfalls Herausforderung.

Die Sowjets können so wenig wie die Vereinigten Staaten hoffen, mit dem Vorstoss in den Raum den politischen Problemen zu entgehen, mit denen sie hier und heute konfrontiert sind. Aber sie können mit starken Rückwirkungen der Erfolge im Raum auf die politische Auseinandersetzung rechnen. Abgesehen davon ist es nicht mehr zu früh und nicht mehr ein blosses Gedankenspiel nach *Science-fiction*-Manier, wenn man die Vorstellungen auf mögliche Aspekte machtpolitischer Begegnung und Konkurrenz im Raum selber einzurichten beginnt. Das Vorkommen bisher unbekannter Mineralien könnte den Erdtrabanten zum Objekt wirtschaftlichen Interesses machen. Die Urteile der Militärs über die strategische Bedeutung des Mondes scheinen gegenwärtig noch nicht gefestigt und einheitlich zu sein; dass Stationen auf Umlaufbahnen um die Erde in diesem Sinne jedoch eine eminente Funktion haben, zeigen die zahlreichen heute bereits kreisenden militärischen Aufklärungs- und Verbindungssatelliten, zeigt die sowjetische Atomrakete mit Umlaufkapazität und lässt sich daran ablesen, dass das bemannte Raumlaboratorium, das die Vereinigten Staaten 1968 auf eine Umlaufbahn placieren wollen, unter der Ägide des Pentagons stehen wird. Wird man, unter solchen Aspekten, einen Besitzstreit um den Mond erleben, wird der Machtkonflikt auf den Weltraum übertragen, oder wird es gelingen, ihn dort zu neutralisieren? Die Frage stellt sich nun mit steigender Dringlichkeit. Aber es hat den Anschein, als sollten auch hier mit der wechselseitigen Besetzung von Positionen zuerst Fakten geschaffen werden, bevor sie konkret angepackt wird.

Ein politischer Hebel

«Gebt mir einen Punkt (ausserhalb der Erde), wo ich hintreten kann, und ich werde die Welt aus den Angeln heben.» Des Archimedes Satz tönt heute wie das machtpolitische Programm des Vorstosses in den Raum. Noch genügt die Hebelwirkung von extraterrestrischen Punkten aus nicht für den angestrebten Effekt. Aber politische Hebelwirkungen geringerer Kraft sind von daher nicht nur vorstellbar – sie sind schon wiederholt festzustellen gewesen. Chruschtschews aggressive Politik hatte in den Jahren 1958 bis 1962 mit seinen Erfolgen im Raum und ihren strategischen und rüstungstechnischen Konsequenzen zu tun. Prestige, an der vordersten Front der Raumfahrt erworben, ist Macht; das Gleichgewicht ist nur mit ebenbürtigen Erfolgen herzustellen.

Mehr und mehr beginnt die Auseinandersetzung um den Vorrang im Raum den Positionskampf auf dem Globus zu überlagern und zu beeinflussen – allerdings nicht in dem Sinne, dass sie ihn dämpfte oder gar stillegte. Vielmehr öffnet sie ihm eine neue Dimension, was ihn schwerlich mildern wird, und damit Perspektiven, die nicht zu den erfreulichen des Jahrhunderts gehören, sofern nicht die wachsende Macht der Technik ein Wachstum der Macht der Vernunft erzwingt – bevor es zum Zusammenprall kommen kann.

Gefährdete alte Wahrheiten

De Gaulles brüsker Austritt aus der Nato warf schwerwiegende Fragen der künftigen Verteidigung Westeuropas auf.

13. März 1966

Rasch lässt de Gaulle seinen Worten die Taten folgen. Was er am 21. Februar in seiner Pressekonferenz angekündigt hatte, die Herauslösung des französischen Militärinstruments aus dem Integrationsgeflecht der atlantischen Allianz und die Herstellung uneingeschränkter Souveränität auf französischem Boden, das heisst praktisch die Entfernung des alliierten Elements aus seinem Bereich, hat er in der vergangenen Woche bereits diplomatisch in die Wege geleitet. Obwohl es keine Kunst mehr ist, de Gaulles Absichten zu deuten – es sind erklärte Absichten, und die Kunst besteht lediglich darin, sie ernst zu nehmen –, sind manchen Politikern und Publizisten doch erst über diesem Eröffnungszug des Spieles, genauer: des Endspiels, die Augen so weit aufgegangen, dass sie die Krise diagnostizieren. Um die Diagnose aber, dass sich die Organisation der Nato in voller Krise, ja, wenigstens in ihrer gegenwärtigen Form, bereits in Auflösung befinde, führt heute keine verharmlosende Deutung mehr herum.

Es ist nützlich, sich zu vergegenwärtigen, was nun in Frage gestellt wird: einige alte Wahrheiten nämlich, die die Völker Europas zu vergessen, beziehungsweise durch neue Vorstellungen zu ersetzen gehalten sind, wenn sie de Gaulle verstehen oder ihm gar folgen sollen. Zuerst die Wahrheit, dass Europa bedroht oder doch mindestens gegenüber der sowjetischen Nukleargrossmacht in einer bedrohlich exponierten, für Erpressung anfälligen Lage sei. Diese Einsicht ist die Grundlage gewesen nicht nur jener atlantischen Deklaration von 1949, die zum Verteidigungsbündnis und gegenseitigen Hilfsversprechen der zwölf, später fünfzehn Staaten geführt hat, sondern auch ihrer gemeinsamen, eng verflochtenen Verteidigungsorganisation. Ist sie gegenstandslos? Ist das sowjetische Übergewicht an atomaren

Mittelstreckenraketen, die gegen Europa gerichtet sind und die den Kontinent zur sowjetischen Geisel machen können, ist das sowjetische Übergewicht an rasch verfügbaren Landstreitkräften ein Phantom? Hat sich die innere Entwicklung der Sowjetunion, haben sich die Verhältnisse in ihrem osteuropäischen Vorfeld in einer Weise entwickelt, die nach menschlichem Ermessen jede Krise und jede Gefahr des Übergriffs und der Konflagration ausschliessen, selbst im Zustand eines europäisch-sowjetischen Ungleichgewichts, der sich aus einer empfindlichen Schwächung der Nato ergeben muss? Die optimistische Antwort de Gaulles nimmt vieles vorweg, was in der Lagebeurteilung seiner Partner einstweilen höchstens als unsichere Zukunftsperspektive figuriert.

De Gaulle hat die Bedrohung Europas nicht erst vor drei Wochen weggezaubert, sondern bereits vor einem Jahr mit seinem Entwurf eines Europa «vom Atlantik bis zum Ural», der eine Symbiose der westeuropäischen Staatenwelt mit dem sowjetischen Koloss in Aussicht stellte – ohne dass er die Kardinalfrage stichhaltig beantwortet hätte, wie eine solche Konstruktion im Gleichgewicht zu halten, ihr schwächerer Teil vor dem Übergriff der dominierenden Macht zu bewahren wäre.

Wer verteidigt Europa?

Der französischen «Force de dissuasion» traut er die Protektorenrolle offensichtlich selber nicht zu; in seinem Kalkül vom Gleichgewicht der Abschreckung bleibt die Grösse «x» auf westlicher Seite der Nuklearschirm der Vereinigten Staaten. Er baut darauf, dass die Verteidigung Europas nach wie vor ein elementarer Bestandteil der amerikanischen Selbstverteidigung sei – und gleichzeitig sucht er den amerikanischen Einfluss in Europa zu eliminieren und diese Interessengemeinschaft zu unterhöhlen. Der Zeitpunkt seines entscheidenden Zuges in dieser Richtung ist ominös; er erfolgt in einem Moment, in dem der Druck des vietnamesischen Konflikts sich auf die amerikanische Präsenz in Europa auszuwirken beginnt und in Washington die Neigung wächst, Truppen aus Deutschland nach Asien abzuziehen. Will de Gaulle auf seine Weise solchen Neigungen nachhelfen? Seit langem sagt er den amerikanischen Rückzug aus Europa voraus, und seit je war es klar, dass mit dieser Prognose auch sein Wunsch zusammenfiel und der Wille, zu seiner Verwirklichung beizutragen.

Er stellt sich damit in Widerspruch zu einer weiteren alten Wahrheit, zu dem Erfahrungssatz, der gerade für Frankreich in zwei blutigen, bitteren Kriegserfahrungen erhärtet worden ist und der besagt, dass eine vorbeugende Sicherung Westeuropas gegen den Übergriff einer benachbarten Macht amerikanische Präsenz, und zwar physische Präsenz, verlangt und dass mit einer Verwirklichung der atlantischen Interessengemeinschaft *après le coup,* mit einem Befreiungskrieg also, Europa weniger geholfen wäre – heute weniger denn je. Die französische Linke hat zwar immer schon, seit der Befreiung Frankreichs durch die Alliierten, «Ami go home!» gerufen, jene Parole, die de Gaulle nun übernommen hat und mit der er sich ihre partiellen Sympathien sichert; aber der Ruf hatte lange Jahre doch die Stimme der Erfahrung, auch in Frankreich, nicht zu übertönen vermocht.

Die blosse Reduktion amerikanischer Präsenz auf die einer fernen Abschreckmacht, die ja auch, zum Beispiel nach den Vorstellungen des seinerzeitigen Radford-Planes, von einer «Fortress America» aus operieren kann, widerspricht sodann jenen Einsichten, die das strategische Denken zu Beginn der sechziger Jahre gezeitigt hat. Die Strategie der «flexiblen Antwort» besagt, dass nicht jeder Übergriff und nicht jeder Erpressungsversuch mit der nuklearen Gegendrohung zurückgewiesen werden kann, sondern dass ein differenziertes Instrumentarium von Verteidigungsmitteln ständig zur Verfügung stehen muss, wenn man jeder Art von Herausforderung begegnen will. Die Erfahrung hat gezeigt, dass ohne amerikanische Truppen in Europa dieses Instrumentarium nicht bereitzustellen ist.

Geschwächtes Bündnis

De Gaulles Vorstoss zielt zwar für den Augenblick nur indirekt gegen die amerikanischen Truppen in Deutschland, indem er ihnen das «logistische» Hinterland entzieht. Das bleibt für sich genommen nicht ohne militärische Wirkung. Die hauptsächliche Schwächung des Verteidigungsinstruments aber ist von der Auflösung seines inneren Zusammenhalts, von der Zerstörung seiner Homogenität zu befürchten. Dass blosse politische Allianz im Notfall kein ebenbürtiger Ersatz sei für eingespielte kollektive Verteidigung, ist seit 1950 der Kerngedanke schlechthin der Nato und ihres Integrationsprinzips gewesen. Inwieweit seine Verwirklichung hinter der Idee zurückgeblieben ist, ist heute weniger relevant als die sichere Aussicht, dass das Prinzip nun jedenfalls für den wichtigen französischen Sektor dahinfällt, dass sich die Allianz hier mit einer schlechteren als der optimalen Form der Zusammenarbeit wird begnügen müssen, sofern von Zusammenarbeit überhaupt die Rede sein wird. Auch wenn de Gaulle seinen bescheidenen – rückwärtigen, rheinischen und linksrheinischen – Platz in der Verteidigung Deutschlands halten will, so schwächt er mit der Auflösung des Integrationsgeflechtes doch eindeutig die alliierte Front insgesamt.

Welche Bedeutung insbesondere die Vereinigten Staaten der Erhaltung dieses engen Zusammenhanges beimessen, hat sich in der Reaktion Johnsons auf de Gaulles Vorstoss gezeigt. Der amerikanische Präsident hat ohne Besinnen die Nato als Ganzes in die Diskussionen eingeschaltet und damit zu verstehen gegeben, dass er seinerseits sich einstweilen nicht auf eine «Entflechtung» der Organisation in rein bilaterale Stränge einlassen will. Im übrigen ist, angesichts der politischen Ambitionen des französischen Staatschefs auf lange Sicht, einige Skepsis auch gegenüber der beschwichtigenden Deutung am Platz, er wolle lediglich eine Form der Kooperation durch eine andere, ihm besser zusagende, ersetzen. Im Elysée werden nicht so kleine Brötchen gebacken.

Mehr Gewicht für Bonn

Eine unmittelbare Wirkung des gaullistischen Anschlages gegen die Nato ist die Aufwertung der Bundesrepublik Deutschland als Verteidigungspartner, sowohl in der europäischen Gemeinschaft wie in ihrer Beziehung zu den Vereinigten Staaten. Die «Achse Bonn–Washington» wird verstärkt, und das Gewicht der Bundeswehr nimmt weiter zu. Der Effekt ist «kontraproduktiv»; er kann kaum in der Absicht des Elysée gelegen haben, sondern muss dort in Kauf genommen werden. Aber das ist nicht der Kern des Problems, das hier gestellt wird. Die Frage ist vielmehr die einer Gleichgewichtsstörung innerhalb der Allianz. Die Furcht vor einem künftigen Übergewicht der deutschen Streitkräfte hat schon in den langen und wechselreichen Auseinandersetzungen um die Wiederaufrüstung und Eingliederung der Bundeswehr der Einsicht in die Notwendigkeit eines deutschen Verteidigungsbeitrages die Waage gehalten. Deutschland, das war eine Wahrheit der fünfziger Jahre und ist es wohl noch immer, kann auch militärisch nicht die Führungsmacht der Allianz auf dem Kontinent sein. Was aber wird davon bleiben, jetzt, da aus dem 1954 mühselig konstruierten Gleichgewichtssystem der Nato das französische Element ausscheidet und sich die Möglichkeit abzeichnet, dass das Bündnis den Charakter einer amerikanisch-deutschen Verteidigungsallianz mit zugewandten Orten annimmt?

De Gaulle hat nicht eine Reform der Nato angestrebt, über die jederzeit die Diskussion hätte eröffnet werden können; er hat es vorgezogen, mit einseitigen Akten seinen Platz, im Bündnis, aber ausserhalb seiner Organisation, neu zu definieren. Daraus resultiert nicht nur ein ungesichertes Verhältnis Frankreichs zur westlichen Gemeinschaft, nicht nur eine empfindliche Schwächung ihres Verteidigungsinstrumentes, sondern die Notwendigkeit einer Neugestaltung der Partnerschaft insgesamt, auf schwierigerem Boden, unter erheblichen Risiken für den Zusammenhang auch ausserhalb Mitteleuropas, mit vielen offenen Fragen, in denen weiteres Potential der Auflösung steckt. Der Weg, der zu gehen ist, zeichnet sich kaum heute schon ab – und es wäre ein Wunder, wenn die sowjetische Politik die westlichen Partner den Weg zur Neukonsolidierung unbehelligt gehen liesse.

Amerikas Engagement in Vietnam

Der Kampf um die öffentliche Meinung

Eine Erkundungsreise nach Washington verstärkte die Vermutung, dass der Vietnamkrieg an der Front der öffentlichen Meinung Amerikas entschieden werde.

8. Juli 1966

Wer in diesen Wochen die Washingtoner Szene durchforscht, bleibt nicht lange im Zweifel über die Rangordnung der Probleme der amerikanischen Politik. Vietnam steht mit weitem Abstand im Vordergrund, weit vor de Gaulle und vor der Nato-Krise, die zwar als ernste und peinliche Komplikationen im Weltbild der Führungsmacht erscheinen, aber doch nicht Kristallisationspunkte der Energien geworden sind – mit Abstand auch vor den beunruhigenden Fragen der Rassenpolitik und den bedeutenden Unternehmungen der Sozialpolitik, die gleichzeitig und mit vielem anderem zusammen das schwerbefrachtete Pensum der Ära Johnson ausmachen.

Das Interesse im Lande draussen mag etwas weniger einseitig konzentriert sein; Kenner der öffentlichen Meinung warnen davor, den bevorstehenden Wahlgang zur Erneuerung des Kongresses lediglich als Test der Vietnampolitik zu deuten. Aber auch Wahlveranstaltungen scheinen zumeist über kurz oder lang bei diesem Thema zu landen, selbst wenn sie den Ausgangspunkt in Agrarfragen und «medicare» haben. Präsident Johnson selber weist bei Gelegenheit irritiert auf seine innenpolitischen Leistungen hin, etwa darauf, dass er zehn Milliarden mehr für das Erziehungswesen ausgegeben habe, als bei seiner Amtsübernahme im Buche stand – Leistungen, die er über der Vietnamfrage nicht gern in den Hintergrund gedrängt sieht. Im gleichen Atemzug stellt er aber selbstbewusst fest, dass kein Kandidat, der seine Vietnampolitik unterstützt habe, bisher in einer Primärwahl der Demokraten auf der Strecke geblieben sei, wohl aber der eine und andere, der die Regierung in diesem Punkte zu bekämpfen für gut gefunden habe...

Vietnampolitik und Wahlpolitik sind in diesem Sommer in Washington nicht voneinander zu trennen. Sie sind ineinander verflochten, nicht nur in dem Sinne, dass das, was Amerika als

Macht in Südostasien auf sich genommen hat, vor dem Wähler, Steuerzahler und direkt betroffenen Soldaten oder seinen Angehörigen in öffentlicher Auseinandersetzung vertreten werden muss. Wahlpolitik ist darüber hinaus in hohem Grade direkte Vietnampolitik geworden, seit es offenkundig ist, dass der Gegner in Hanoi seine Hoffnungen und Erwartungen auf die Schwächung der inneren amerikanischen Front und ihren eventuellen Kollaps, das heisst auf einen Stimmungsumschwung in den Vereinigten Staaten, setzt. Der Blick ist nach Hanoi gerichtet, wenn verantwortliche Regierungspolitiker die Aufmerksamkeit auf die näheren Analysen dieser Stimmung und der Motive der Opposition gegen die Kriegführung in Vietnam lenken und vor Missverständnissen warnen.

Die Stimme der «Harten»

Die Analysen sagen aus, dass der eindeutige Popularitätsverlust Johnsons zwar seine Gründe überwiegend im Vietnamkrieg hat, dass aber ebenso überwiegend die Kritik zurzeit ihre Motive in den Argumenten der «Falken» findet, jenes Lagers, das diesen Krieg, da er schon nicht hat verhindert werden können, mit einer entschlossenen Anstrengung und grossen Machtentfaltung hinter sich und zum erfolgreichen Ende bringen möchte – was immer Erfolg hier heissen mag. Der Hinweis, dass auch die Stimmen der «Hawks» zum Teil Stimmen der Kriegsgegner seien, ist einstweilen eher theoretischer Natur; wenn die praktische Alternative «Eskalation», Steigerung des Einsatzes, oder aber drastische Reduktion des Engagements heisst, schlagen sie gegen die «Doves» – und gegen die Rechnung Nordvietnams zu Buche. Einstweilen – denn was aus einer militanten Haltung von Leuten, die ja nur zum geringen Teil Kriegsgurgeln sind, unter dem Druck von «Frustration», im Falle etwa eines hinziehenden Krieges ohne entscheidende Erfolge, werden könnte, steht dahin.

Heute aber, so muss man feststellen, kommt der stärkere Meinungsdruck offenkundig von «rechts», mag auch die Kritik vom Gegenpol der «Tauben» her beredter, intensiver und durch das Medium der «grossen» Presse auch ausserhalb Amerikas vernehmbarer sein. Dass Johnson, dem niemand ein Sensorium für wahlpolitische Faktoren abspricht, vier Monate vor der Novemberwahl einen bedeutsamen und spektakulären Schritt der Eskalation im Kriege angeordnet hat, ist ein deutliches Indiz der Stimmungslage.

Die Verflechtung von Kriegspolitik und innerer Auseinandersetzung hat die Kritiker und Gegner des vietnamesischen

Engagements in eine schwierige Lage gebracht. Ihnen wird im Namen des Patriotismus eine Sünde wider das Gebot nationaler Geschlossenheit in kritischer Stunde angekreidet und der Vorwurf gemacht, sie ermutigten mit ihrer Opposition die Spekulation des Gegners auf die innere Aufweichung Amerikas und damit eine für das eigene Land kostspielig werdende Durchhaltepolitik Hanois. Solche Spekulation, ein vielleicht folgenschweres Missverständnis, liegt offensichtlich vor oder hat jedenfalls bisher die nordvietnamesische Führung geleitet. Es ist nicht das erstemal, dass als Schwäche gedeutet wird, was in Tat und Wahrheit ein Zeichen von Vitalität wie von moralischer Stärke der demokratischen Gesellschaft Amerikas ist: die Verweigerung der Gleichschaltung, das Bestehen auf Diskussion und Kritik, selbst in Belangen eines nationalen Engagements.

Die Kritik hat politische und ethische Wurzeln. Ethische dort, wo sie sich gegen vermeintliche oder wirkliche Ansätze reinen Machtdenkens, der *«arrogance of power»*, richtet. Verfechter der Regierungspolitik, die der ehrlichen und sicheren Überzeugung sind, dass Amerika in Vietnam nur tue, was ihm als verantwortlicher Weltmacht im Interesse der eigenen und globalen Sicherheit zu tun aufgetragen und was zu tun notwendig und unausweichlich sei, fühlen sich von solchen Warnungen empfindlich und ungerecht getroffen. Ob gerecht oder ungerecht – jedenfalls bildet das amerikanische öffentliche Bewusstsein aus sich heraus Korrektive und Abwehrstoffe gegen mögliche machiavellistische Deformation. Die Kritik hat in diesem Sinne eine bedeutende Funktion; sie hilft die Dinge in moralisch-psychologischer Balance zu halten, die in Washington, soweit ein gedrängter Informationsbesuch ein Urteil gestattet, trotz der zehrenden Wirkung des Krieges noch durchaus gewahrt ist.

«Überengagiert»

Das politische Hauptargument der Kritik an der vietnamesischen Verwicklung ist das Bedenken des Überengagements. *«Overextended», «overcommitted»* heissen die Stichworte; die amerikanische Macht könne unmöglich überall da, wo der Kommunismus sich innere Wirren zunutze mache, sperrend dazwischentreten, sie könne ihre Ordnungsverpflichtungen nicht überspannen. So sehr die Formel überzeugt – und die Politik hat sich ja, etwa in den Fällen Malaia und Indonesien, auch an sie gehalten –, so naiv kann sie bisweilen selbst im Munde prominenter amerikanischer Kritiker der Vietnampolitik tönen: als ob es die eine Seite, die amerikanische, allein jeweils in der Hand habe, das Mass des Einsatzes zu bestimmen, und als ob sie nicht den Einsatz des Gegners dabei in Rechnung zu stellen habe, oder als ob, nach britischem Vorbild, etwa eine Flotte allein, und möglicherweise lediglich durch ihre Präsenz, genügen könnte, um subversive Kräfte und ihre Reservoire in Schach zu halten.

Die Regierung ihrerseits argumentiert ihre Politik längst nicht mehr nur von den regionalen Gegebenheiten und Gefahren Südostasiens her. Die Unterstützung des Widerstandes gegen die kommunistische Subversion und Aggression in Vietnam ist in ihren öffentlichen Erklärungen seit langem zum Testfall amerikanischer Schutzpolitik und zur Einhaltung einer Beistandsverpflichtung schlechthin geworden.

Nun beginnt sie zum Exempel der Abschreckung jeglicher Aggression überhaupt zu werden, mit einem deutlichen Einschuss von amerikanischem Chiliasmus. Der Gedanke wird suggeriert: wenn wir dem Kommunismus in Vietnam zeigen, dass die Rechnung eines Aggressors nicht aufgeht, dann werden wir es ihm ein für allemal gezeigt haben, dann werden wir ein für allemal Ruhe haben. Der Vergleich mit Polen 1939, das heisst mit dem amerikanischen Abseitsstehen zu Beginn des Zweiten Weltkrieges, wird gezogen, um darzutun, dass man es nur um so teurer zu bezahlen habe, wenn man, anstatt den Anfängen zu wehren, dem Beginn einer Aggression passiv zusehe und sie ihren Weg gehen lasse; anderseits der Gegenvergleich mit der Intervention in Santo Domingo, die heute, nach dem günstigen Wahlausgang, als Beispiel der erfolgreichen Unterdrückung einer Subversion im Keime vorgestellt wird.

Man muss solche Doktrinen, die nun zu eigentlichen Ideologien werden, etlichen Beiwerks entkleiden, bis ihr harter Realitätskern greifbar wird: die Tatsache, dass dem asiatischen Kommunismus mit Macht entgegengetreten werden muss, wenn er eingedämmt bleiben oder eingedämmt werden soll.

An der Mauer

Wiedersehen mit dem Monstrum der Berliner Mauer, gerne vergessenes Zeugnis europäischer Realität der sechziger Jahre.

17. August 1966

Es besteht anscheinend kein dringlicher Anlass mehr, sich die Berliner Mauer anzusehen. Wer es dennoch wieder tut, der vermag nicht mehr zu verstehen, wie man sie aus dem Blick verlieren und vergessen konnte. Denn vergessen ist sie wohl von der westlichen Politik, dem öffentlichen Bewusstsein weitgehend schon entfallen, und sogar Berlin selber scheint an ihr vorbeizuleben, aufgestört höchstens hie und da für ein paar Stunden durch einen besonders infamen Mord an dieser Grenze.

Dabei ist sie die monströseste Absurdität geblieben, die Europa aufzuweisen hat, ein stachelbewehrter Wurm aus liederlich verpflasterten Kunst- und Backsteinen, stellenweise «verschönert» mit vorfabrizierten Elementen und zynisch mit Rasenanlagen garniert wie ein Monument, über weite Strecken zu einer ausgeklügelten Todesmaschinerie verfeinert, mit Schiessanlagen, versteckten Explosivstoffen, Scheinwerferbatterien, Bluthunden an Laufdrähten, bewacht von Kerlen mit dem Finger am Abzug ihrer durchgeladenen Automaten, scharf gemacht durch einen Schiessbefehl, wie man ihn im Kriege, aber an keiner Grenze im zivilisierten Teil des Kontinents mehr kennt. Dreissig Kilometer lang windet sich das Ungeheuer kreuz und quer durch Stadtquartiere; man hätte, so wird geschätzt, zehntausend Wohnungen mit dem Material bauen können, das es gefressen hat. Die Natur, unbarmherziger als das menschliche Gedächtnis, scheint ihm das mildernde Moos und Gestrüpp als schamhafte Bedeckung versagen zu wollen und spart das Denkmal methodischen Wahnsinns als eine nackte, offene Wunde von gigantischer Hässlichkeit von der Vegetation aus.

Der tägliche Propagandaschwall, mit dem die östliche Seite ihren verräterischen Repräsentationsbau zur «Friedensgrenze» zu heroisieren versucht, täuscht niemanden über seinen Charakter hinweg, der nach wie vor völlig eindeutig der einer Gefängnismauer ist, die jeden Versuch, aus dem umschlossenen

Lager der «Arbeiter- und Bauernmacht» auszubrechen, verhindern soll; an Einbruch denkt ja kein Mensch, ausser den phantasierenden Propagandisten Ulbrichts.

«Stabilisierung»

Zweifellos hat die Mauer im Käfig jene «beruhigende» Wirkung gehabt, die auch westliche Staatsmänner mit Erleichterung als einen Vorteil im Debakel des 13. August 1961 registrierten. Es ist die Beruhigung der Resignation. Das unruhige Element, das sich früher, dem natürlichen Gefälle nach Westen folgend, seinen Weg brach, ist künstlich gestaut: das ist die Berliner Formel der Koexistenz.

Die innere Auszehrung des DDR-Staates ist, wenn man von seiner nach wie vor praktizierten Ausbeutung durch den sowjetischen Protektor absieht, aufgehalten. Ostberlin bietet den Anblick zwar bei weitem nicht der Prosperität, aber einer relativen Normalisierung des Lebensstandards. Das Lebensnotwendige ist zu haben, wenn man keine westlichen Qualitätsansprüche stellt, und zur Abschöpfung überschüssiger Kaufkraft werden sogar, zwar sündhaft teuer, Güter des gehobenen Bedarfs, Autos, Haushaltmaschinen usw., angeboten. Die buchstäblich gewordene Auswegslosigkeit der Existenz in der DDR fördert ein resigniertes Arrangement, wenn auch unter starken Vorbehalten, mit der herrschenden Macht und ihrer Ordnung. Sie sucht ihrerseits ihre angeborene Unansehnlichkeit mit Repräsentation zu überschminken und bedient sich dabei alter preussisch-nationaler Ingredienzien. Ob und wieweit das verfängt, ist schwer zu sagen. Insofern der innere Widerstand gegen das Regime sich jedoch an der Existenz der Bundesrepublik und an der Hoffnung auf sie stärkte, ist er unsicherer geworden. Die Hoffnung in dieser Richtung ist gering und das Bild der Bundesrepublik getrübt durch die unaufhörlich hämmernde kommunistische Propaganda wie durch die Art, in der der Bonner Staat sich selber, auch auf den Fernsehschirmen, präsentiert.

So unverkennbar solche «stabilisierende» Wirkungen der Mauer sind, so unverkennbar ist diese Stabilität künstlich. Das Lebensgefühl in der DDR bleibt, bei aller Anreicherung mit relativem Komfort, das des Gefängnisses. Fiele die Mauer, wäre es mit der Stabilität augenblicklich zu Ende – ein solider Grund für Ulbricht, sie für die Dauer herzurichten.

Anderer Art, aber ebensosehr ins Auge fallend, sind die Wirkungen der künstlichen Trennung auf Westberlin. Der freie Teil der Stadt hat seine Funktionen verloren – die des kämpferischen Vorpostens in steter, lebhafter Auseinandersetzung mit dem kommunistischen Widerpart, die des «Schaufensters» eines überlegenen Westens, die einer freien, dem Auge des Grossen Bruders entzogenen Begegnungsstätte schliesslich von unschätzbarer Bedeutung für die Sowjetzone und weit darüber hinaus. All das hat an der Mauer ein Ende gefunden, und es ist nicht ersetzt und nicht überlagert worden durch neue Funktionen.

Westberlin – künstlich beatmet

Es wird in Westberlin zwar viel gebaut – mit Subventionen und mit Investitionsmitteln, die vorgeschossen oder garantiert werden von der Bundesrepublik, mit von dort gedecktem Risiko; junge Leute werden mit Aussicht auf bestimmte Privilegien angezogen, ohne dass der fortschreitenden Überalterung der Stadt wirksam Einhalt geboten werden könnte. Westberlin lebt vor sich hin, macht seine Einkäufe, geht seinen Vergnügungen nach, unterhält ein Kulturleben, wie es eine Zweimillionenstadt verlangt; aber der kosmopolitische Zug ist blasser geworden, von spontaner wirtschaftlicher Dynamik ist erheblich weniger zu spüren als in den grossen westdeutschen Zentren, Provinzielles wuchert in generösen neuen City-Blöcken, Politik ist, wenn sie nicht von auswärts, sozusagen besuchsweise, hereingetragen wird, das Geschäft kleiner Zirkel und schafft kaum mehr eine öffentliche Atmosphäre; an der Universität, einst kraftvolle, freiheitsbewusste Gegengründung gegen die gleichgeschaltete Lehranstalt im Ostsektor, wachsen Strömungen, die schwerlich in Einklang mit dem Gründungsideal stehen, und die einst so enge Gemeinschaft mit den westlichen Beschützern ist, nach mancherlei Enttäuschung, längst nicht mehr, was sie war. Gewiss bleibt genug Eindrückliches, Bewunderns- und Liebenswertes. Aber die Veränderung, eine zunehmende Grautönung, bleibt unverkennbar im Vergleich zu den Jahren vor der Mauer. Der Wechsel von Ost nach West durch den Slalom des Checkpoint Charlie ist nicht mehr der abrupte, mit Aufatmen vollzogene Übergang aus trostloser Trümmerwüste unter Propagandatransparenten und Polizistenblicken in das pulsierende freie Leben; so öd ist es drüben nicht mehr, so dynamisch und selbstbewusst pulsiert es hüben nicht mehr.

Ein Erpressungsmittel

Da die Politik der Westmächte sich auf das Reduit Westberlin zurückgezogen und die Mauer als Problem schon bei ihrer Entstehung im Grunde genommen abgeschrieben hat, drängte es sich für den mit diesem Problem alleingelassenen Westberliner Senat auf, seine Bemühungen und Energien auf eine politische Perforierung des Walls, auf eine wenigstens sporadische Milderung der Zertrennung der Stadt zu richten. Der Preis, den er für die verschiedenen Passierscheinabkommen und Besuchsmöglichkeiten jenseits der Gefängnismauer hat entrichten müssen, ist nicht unbedenklich, und er beginnt nun sukzessive weiter zu steigen. Ulbricht macht mit dem elementaren Kontaktbedürfnis der getrennten Stadtbevölkerung sein politisches Geschäft, das auf die Erzwingung der Anerkennung seines Regimes – und Westberlins als eines isolierten «selbständigen» Staatsgebildes – zielt. Er sucht das Dilemma zu konstruieren: Akzeptierung der Mauer mit all ihren Härten – oder Akzeptierung seines Regimes als Partner, mit eventuellen Aussichten, die Mauer dann und wann durchlässig zu machen. Brandt sucht es mit «Flexibilität» zu umgehen, mit Verhandlungen ohne formelle Anerkennung des Verhandlungspartners.

Die Waffen sind ungleich; die westdeutsche und Westberliner Seite scheint hier am kürzeren Hebelarm zu stehen. Die Gefahren liegen nicht nur im Umgang mit dem Erpresser, sie drohen auch im Westen, der deutsche «Flexibilität» da, wo er selber nichts tun kann und will, begrüsst und verlangt, aber sie offenbar gerne über jene Grenze hinaus gedehnt sähe, die der deutschen Politik gesetzt ist, nämlich der Anerkennung der Spaltung Deutschlands. Über ihre ursprüngliche Funktion hinaus, die der Abdichtung und damit «Stabilisierung» des mitteldeutschen kommunistischen Satrapenreichs, erhält die Ulbrichtsche Mauer mehr und mehr eine andere zugewiesen: die eines Erpressungsmittels zur Durchsetzung kommunistischer Deutschlandpolitik.

Der militärische Mini-look

Nach dem Austritt Frankreichs stellte die Nato ihr Konzept für die Verteidigung Europas auch offiziell von «massive retaliation» auf «flexible response» um.

13. Mai 1967

In der vergangenen Woche hat sich die Nato von einer Verteidigungsdoktrin befreit, die zwar erst gute zehn Jahre alt ist, aber im rasch sich wandelnden Atomzeitalter seit längerem als überholt gilt. Es handelt sich um die «Philosophie» der massiven Vergeltung, die besagte, dass jeder Übergriff des Gegners sogleich mit einem atomaren Gegenschlag beantwortet werde, die mit andern Worten die Verteidigung also ganz auf die atomare Abschreckung stützte. Ihre Schwäche wurde bald offensichtlich: ihr fehlte es an Glaubwürdigkeit; dass man wegen eines begrenzten Übergriffes das Risiko nuklearer Eskalation auf sich nehmen würde, war unwahrscheinlich.

Eine flexiblere, in ihren Mitteln variablere Strategie wurde verlangt, welche die politische Führung in einer ernsten Krise nicht sogleich vor die Zwangsfrage «Alles oder nichts» stellen würde, die einem begrenzten Angriff auch mit begrenzten Gegenmassnahmen begegnen und das «grosse» Abschreckmittel als Anwort auf eine entsprechend umfassende Bedrohung aufsparen würde. Die Strategie der «flexible response», die diesen Forderungen entsprach, baute die nukleare Abschreckung nicht ab, ergänzte sie aber mit konventionellen «Schild-Streitkräften», die mit begrenzten Übergriffen fertig werden sollten.

Die Vereinigten Staaten machten sich diese Doktrin faktisch seit 1961 zu eigen; formell galt in der Nato allerdings weiterhin die «massive Abschreckung», weil Frankreich an ihr als der Rechtfertigung der eigenen «force de dissuasion» wie der radikalen Reduktion der konventionell bewaffneten französischen Streitkräfte festhielt und sich Veränderungen widersetzte. Erst das Ausscheiden Frankreichs aus der Nato ermöglichte die nötige Einstimmigkeit der Partner zur Anpassung.

Die Ironie will es aber, dass diese flexible Strategie im Augenblick, da sie formell zur Verteidigungsdoktrin der Nato erhoben wird, vom Faktischen her bereits in Frage gestellt erscheint. Das Faktum liegt in dem für nächstes Jahr beschlossenen Truppenabbau in Europa. 35 000 Mann amerikanische, 6000 Mann britische Truppen, dazu fast die Hälfte der amerikanischen taktischen Luftgeschwader werden den Kontinent verlassen. Der Beschluss ist das Signal für weitere Reduktionen – was zu erwarten war, was aber kaum der Vorsatz und Zweck der Übung ist: das belgische und das kanadische Kontingent in Deutschland werden verdünnt, und es ist die Rede von einer «Umrüstung» oder «Umgliederung» auch der deutschen Bundeswehr, was schliesslich ebenfalls auf einen gewissen Abbau hinauslaufen dürfte.

Der amerikanische Truppenabzug wird zwar nicht Abzug, sondern «Rotation» oder *«redeployment»* genannt: die abgezogenen Verbände sollen einer zentralen Eingreifreserve in den Vereinigten Staaten angehören, aber der Nato fest «zugeteilt» bleiben und sporadisch per Lufttransport in ihre deutschen Sektoren gebracht werden, um mit ihrer Aufgabe vertraut zu bleiben.

Präsenz auf Flügeln

Dass die Erhöhung der Lufttransportkapazität und damit der Beweglichkeit die Probleme der Truppenentfaltung und -präsenz verändert, ist natürlich; dafür wurde sie ja schliesslich unternommen. Technisch und organisatorisch ist eine Verschiebung grosser Truppenverbände in sehr kurzer Zeit über den Atlantik möglich, und sie wird mit den künftigen Transportflugzeugen noch besser möglich sein.

Die Frage ist, ob sie politisch so leicht sein wird wie technisch, ob die weit vom Krisenherd stationierten Truppen wirklich «so gut wie präsent» sind. Ihre Entsendung in kritischer Lage verlangt einen Beschluss; er enthält mehr Elemente der Unsicherheit als die ständige Anwesenheit der Truppen an Ort und Stelle, die automatisch wirkt. Er ist der innenpolitischen Diskussion und Polemik ausgesetzt, und was das bedeuten kann, ist an den amerikanischen Auseinandersetzungen um die Kontingente für Vietnam zu ermessen. Und es bleibt das Risiko, dass eine Truppenvermehrung im Zustand politischer Spannung die Krise verschärfen würde und dass man davor zurückscheuen und zu spät kommen, die Abschreckwirkung also «verpassen» könnte.

Das Kalkül dieser Rotation beruht auf dem Vertrauen darauf, dass man vor der Dramatisierung eines Konflikts in jedem Fall eine genügende «politische» Vorwarnfrist haben werde, dass ein Überraschungsangriff also auszuschliessen sei.

Diese Annahme lässt sich in der heutigen Lage zweifellos begründen, allerdings weniger aus dem militärischen Potential des Gegners heraus, das eine plötzliche Aktion nach wie vor ohne weiteres gestatten würde, als aus seinen gegenwärtigen vermutlichen Absichten und seiner allgemeinen Verfassung heraus, die nicht auf einen kriegerischen Willen zu deuten scheinen. Bei militärisch verantwortlichen Führern stösst diese Art Schlussfolgerungen allerdings auf starke Bedenken; sie müssen, wenn sie ihrer Pflicht genügen sollen, im Auge behalten, wozu der Gegner imstande ist, und dem Rechnung tragen, und sie können sich in ihren langfristigen Vorbereitungsmassnahmen für die Verteidigung nicht auf das unsicherere Element wechselnder Absichten verlassen. Für die Lagebeurteilung im Grossen trägt jedoch die Politik die Verantwortung. Ihr Urteil an der Verteidigungsministertagung der Nato lautete: keine unmittelbar drohende Gefahr.

Wieviel Flexibilität bleibt?

Ob dieser Befund eine Schwächung der Verteidigung Westeuropas rechtfertigt, ist eine andere Frage. Eine Schwächung – darum kommt man nicht herum – bedeuten aber die Truppenreduktionen auf dem Kontinent, welchen Namen man ihnen immer geben möge. Für die Verteidigung zählt das, worüber sie mit Sicherheit verfügen kann, und sicher ist, was da ist – und es wird bald weniger da sein.

Wird man unter diesen Umständen noch von «Vorwärtsverteidigung» sprechen können, sofern dieses Wort in den Begriffsjonglierkünsten unserer Tage seinen Sinn behalten sollte, der bisher war: Beginn der Verteidigung am Eisernen Vorhang in Deutschland, keine kampflose Preisgabe von westeuropäischem Territorium? Und wird eine revidierte, verdünnte *Ordre de bataille* inskünftig imstande sein, einen begrenzten Übergriff der andern Seite nicht nur aufzuhalten, sondern zurückzuweisen? Und wird man also noch mit der vielbeschworenen «Flexibilität» auf verschiedenartige Herausforderungen reagieren können, wie es die Doktrin der flexiblen Antwort verlangt? Man muss es bei den ernsten Fragen bewenden lassen – ernst auch in bezug auf die politischen Konsequenzen einer eventuell negativen Antwort.

Was aber bei der Truppenverdünnung in Europa – der konventionellen wie auch der nuklearen Abschreckverbände – besonders in die Augen springt, ist ihre Einseitigkeit. Der Westen baut seine Truppenbestände in Europa ab, aber östlich der Demarkationslinie ist keine Spur einer Gegenleistung zu erkennen. Es sind bisher – darin scheinen die westlichen Nachrichtendienste übereinzustimmen – keine sowjetischen Verbände aus der DDR oder dem westlichen Russland abgezogen worden. Man gibt zwar in Washington der Hoffnung auf ein «Gleichziehen» der sowjetischen Seite Ausdruck; aber man erwartet es nicht, wie Staatssekretär Rusk mit aller Eindeutigkeit erklärt hat. Mit dieser Resignation und dieser Einseitigkeit der Abbaumassnahmen ist man bereits weit entfernt von jener ostpolitischen Erklärung Johnsons vom Oktober letzten Jahres, in der der amerikanische Präsident eine «schrittweise und ausgewogene *(balanced)* Revision der Truppenstärken auf beiden Seiten» angeregt hatte.

Gleichgewichtsstörung

Wenn dieser einseitige, kompensationslose Truppenabbau im Westen das Gleichgewicht zwischen West und Ost in Europa empfindlich stören sollte, dann werden sich wohl über kurz oder lang politische Folgen einstellen – in Deutschland, dessen Verbindung mit der atlantischen Allianz in erster Linie in der Sorge um die Sicherheit begründet war und ist, dessen Sicherheit aber immer relativer wird, wie in der Allianz insgesamt und in ihrer Haltung gegenüber östlichen Projekten für die europäische Sicherheit. Man bezeichnet die Verdünnung der Truppen auf westlicher Seite neuerdings als eine Vorleistung auf Entspannung. Als solche hätte sie nur einen Sinn, wenn sie von der andern Seite honoriert würde. Für etwas noch zu bezahlen, was der andere bereits weggeschenkt hat, ist bisher in Moskau nicht der Brauch gewesen.

Europa hat wenig Grund, sich bei dieser Wendung der Dinge über Amerika zu beklagen. Die Vereinigten Staaten haben über zwanzig Jahre hinweg die Hauptlast der Verteidigung dieses Kontinents getragen. Ihr Engagement hier ist zwar nicht als ein Akt des Altruismus zu verstehen; sie haben sich selber verteidigt, indem sie Europa hielten. Aber Europa hat unter ihrem Schutz leben und sich in ungeahnter Weise entwickeln können – ohne, insgesamt gesehen, einen angemessenen Anteil an seiner eigenen Verteidigung zu übernehmen, ohne jene Truppen bereitzustellen, welche die Allianz als notwendig für eine ausgewogene Verteidigung erachtet hatte.

So problematisch die Perspektiven sind, die der amerikanische Beschluss einer Truppenreduktion auf diesem Kontinent eröffnet – unverständlich wäre es nicht, wenn in seinen Motiven auch ein gewisser Überdruss über die Passivität und Stagnation Europas seine Rolle gespielt haben sollte.

Abrüstung der Nichtgerüsteten

Kritische Beurteilung des Entwurfes zum Atomsperrvertrag, den die Vereinigten Staaten und die Sowjetunion gemeinsam kurz zuvor der Genfer Abrüstungskonferenz vorgelegt hatten.

27. August 1967

Quod licet Iovi non licet bovi, was dem Jupiter zusteht, steht nicht auch jedem Ochsen zu – das wäre das passende Motto über dem Entwurf zu einem Atomsperrvertrag, den die beiden Supernuklearmächte Amerika und die Sowjetunion nach langem Hin und Her am Donnerstag auf den Tisch der Genfer Abrüstungskonferenz gelegt haben.

Was an diesem Vertragstext mit seiner schrecklich gewundenen, in eine kaum mehr menschliche Sprache gefassten Präambel zuerst und vor allem ins Auge fällt, ist das krasse Missverhältnis und Ungleichgewicht zwischen Geben und Nehmen, zwischen der Leistung der Nichtnuklearen und der der Atommächte.

Die ersten verzichten in eindeutigen und harten, keine Auswege offenlassenden, bindenden Formulierungen auf den Besitz, die Kontrolle, die Herstellung und die Beschaffung atomarer Waffen für eine unbeschränkte Frist, das heisst für alle Zukunft. Die zweiten verzichten auf nichts, das heisst lediglich auf die Weitergabe ihrer Kernwaffen und waffentechnischen Kenntnisse – die weiterzugeben sie zum vornherein nicht im Sinne haben. Im übrigen aber steht es ihnen völlig frei, weiterhin Atomwaffen aller Kaliber in jeder Menge zu produzieren, ihre *«overkill»*-Kapazitäten beliebig zu vermehren, neue Waffen zu entwickeln und – wenigstens unterirdisch – zu testen.

Lediglich eine völlig vage Passage in der Präambel spricht davon, dass der Verzicht der Habenichtse gewisse Abrüstungsmassnahmen der Nuklearmächte «erleichtern» könnte; aber niemand wird dadurch zu irgend etwas verpflichtet. Dieses Abkommen, sollte es unterzeichnet werden, als einen Beitrag zur Abrüstung zu bezeichnen wäre Irreführung. Mit Abrüstung hat es nichts zu tun – es friert lediglich die atomar Nichtgerüsteten auf ihrem Stande Null ein, ohne die Gerüsteten im geringsten zu behelligen.

Eine derartige Ungleichheit in einem zwischen unabhängigen Partnern frei und ohne Zwang zu vereinbarenden Vertrag – es soll sich ja nicht um ein Diktat handeln – ist ziemlich neu. Im Teststoppabkommen von 1963 gingen alle Partner, die Nuklearen wie die Nichtnuklearen, immerhin die gleichen Verpflichtungen ein, auch wenn sich daraus für sie Konsequenzen von sehr unterschiedlichem Gewicht ergaben. Gegen die eklatante Unausgeglichenheit des vorliegenden Entwurfs zum Atomsperrvertrag sträubt sich das Gefühl für Gleichheit, Gerechtigkeit und Fairness; mancher wird ihn als unmoralisch, als eine untragbare Zumutung, als Versuch der Errichtung eines Rüstungs- und Machtmonopols, ja einer Unterwerfung der Staatenwelt unter den Willen der Supermächte empfinden.

Diktat der Nuklearmächte

Diese Vorwürfe werden nicht so leicht zu entkräften sein; sie gehen kaum weit am Sachverhalt vorbei. Doch kann die Überlegung nicht in solchen Reaktionen steckenbleiben. Das Problem, das der Vertragsentwurf angeht und zu lösen versucht, hat unzweifelhaft Gewicht und Bedeutung. Eine uferlose Weiterverbreitung des Atomwaffenbesitzes könnte wohl die Risiken von Zusammenstössen erhöhen und die globale Sicherheit entsprechend vermindern. Strategische Denker von Rang dividieren zwar aus völliger Unberechenbarkeit der Lage, wie sie aus einer weiten Verbreitung von Atomwaffen entstände, einen höheren Grad von Sicherheit heraus: Wenn keiner wissen kann, was der Druck auf den Knopf insgesamt und für ihn selber für Folgen hat, wird jeder vorsichtig. Aber das allgemeine Bewusstsein vermag solcher Logik doch nicht ohne weiteres zu folgen und wird eine Welt kaum für sicherer halten wollen, in der Nasser und Castro, Korea und Albanien – oder etwa auch ein deutscher Teilstaat – Atomwaffen besässen. Es besteht also nicht nur bei jenen, die ihr Atomwaffen-«Monopol» garantiert sehen wollen, sondern auch bei den meisten anderen ein Interesse an einer Verhinderung ausgebreiteten Kernwaffenbesitzes – ob dieses Interesse nun der logischen oder pseudologischen Durchleuchtung standhält oder nicht.

Kandidaten für Atombomben

Die Frage ist dann erstens, ob ein Vertrag nach dem vorgelegten Muster die Gefahr der Atomwaffenverbreitung wirksam zu bannen vermag, zweitens, welche Opfer der Nichtnukleare dafür erbringen will und im Interesse seiner eigenen Sicherheit wie unter dem Gesichtspunkte seiner – relativen – Unabhängigkeit verantworten kann.

Die Tauglichkeit des Vertrages als ein Instrument der «Atomsperre» hängt in hohem Masse von zwei Faktoren ab, die einstweilen noch unbekannt sind: von der Zahl und «Qualität» der Unterzeichner und von der Art der Kontrollen, mit denen seine Durchführung überwacht wird.

Welche Staaten schliesslich unterschreiben werden, steht dahin. Mit Sicherheit ist zu erwarten, dass das kommunistische China und Frankreich nicht beitreten werden. Das reisst bereits zwei bedenkliche Lücken in das perfektionistisch entworfene, globale Atomsperrsystem, eine in Asien, eine in Europa. Angesichts der Atommacht China auf alle Möglichkeiten wirksamer Selbstverteidigung zu verzichten und die Sorge um die eigene Sicherheit vor atomarer Erpressung oder Attacke ganz auf die Grossmächte zu überwälzen, ist ein Schritt, zu dem sich, nach sicheren Anzeichen, Indien nicht wird entschliessen können; es wird dem Vertrag, dessen Revisionsbestimmungen sehr schwerfällig und kaum praktikabel sind, allem Anschein nach ebenfalls fernbleiben. Ob weitere Staaten in Asien dem indischen Beispiel folgen wollen, wird man sehen. Fernbleiben will, aus anderen Gründen (Beeinträchtigung der zivilen Verwendung von Atomkraft), auch Brasilien: auch da ist offen, wie weit das Beispiel Schule macht. Zögernd verhalten sich im europäischen Bereich Schweden und Italien, die beide die Unausgeglichenheit von Leistung und Gegenleistung zwischen Nuklearen und Nichtnuklearen beanstanden. Von den 120 Unterschriften, welche die amerikanische Nonproliferationspropaganda bereits in der Tasche zu haben glaubt, ist man in Wahrheit sehr weit entfernt.

Wer kontrolliert?

Der zweite unbekannte Faktor liegt in den Kontrollbestimmungen. Amerikaner und Russen, die in einer merkwürdig verklemmten Gemeinsamkeit den gegenwärtigen Entwurf vertreten – sie legen zwei separate Entwürfe vor, die jedoch identisch sind, wagen also nicht, in aller Form zu ihrer Solidarität oder «Komplizität» in Sachen Nonproliferation zu stehen –, haben es sich in diesem Punkte eher leicht gemacht: Sie haben den Artikel 3, der die entscheidenden Kontrollbestimmungen enthalten soll, einfach leer gelassen. Ihr Entwurf wird dadurch zu einem Fragment, in dem ausgerechnet das wesentliche Stück fehlt.

Man fragt sich, warum entgegen allen Grundsätzen diplomatischer handwerklicher Solidität der Abrüstungskonferenz denn überhaupt ein Dokument zur Diskussion und Stellungnahme vorgelegt wird, das, weil an der Stelle des kardinalen Artikels ein grosses Loch klafft, gar nicht beurteilt werden kann. Die Gründe für dieses unter dem Gesichtspunkt der Sache jedenfalls ungewöhnliche und forcierte Vorgehen dürften auf politischer Ebene liegen. Washington liegt offenbar viel an einem gemeinsamen Auftreten mit der Sowjetunion gerade in einer Phase, wo über dem Vietnamkonflikt und nach dem Nahostkrieg die sowjetisch-amerikanischen Beziehungen belastet und gespannt sind, und Moskau scheint, nach längerem Zögern und Ausweichen, nun wieder die Vorteile jenes Bilateralismus mit Amerika wahrnehmen zu wollen, der in den letzten Jahren so sichtbar auflösende Wirkung im westlichen Zusammenhang gezeitigt hat. Daneben mögen Bedürfnisse der Propaganda und interne Washingtoner Rivalitäten zwischen Staatsdepartement und Abrüstungsagentur ihre Rolle gespielt haben.

Wirtschaftlicher Konkurrenzvorteil?

Wie die Lücke des Kontrollartikels im Kreise der Genfer Abrüstungskonferenz ausgefüllt wird, ist noch nicht abzusehen. Von den Formulierungen zu diesem Punkte werden aber jedenfalls weitgehend auch die praktischen Möglichkeiten unbehinderter ziviler Forschung und Produktion auf dem Nuklearsektor abhängen, die im Entwurf in allgemeiner Form zugesichert werden. Die Bedenken gegen eine diskriminierende Lösung, welche zivile Entwicklungen auf dem Atomgebiet nur in militärisch nichtnuklearen Staaten, aber nicht bei den Atommächten, unter eine einseitige, einäugige Kontrolle stellen würde, sind noch keineswegs ausgeräumt. Die Nichtnuklearen werden hier genau zusehen müssen, dass ihre eventuellen politischen Verzichtleistungen zugunsten globaler Sicherheitsinteressen nicht plötzlich in Konkurrenzvorteile amerikanischer Atomkonzerne umgemünzt werden. Sie werden nicht zugeben können, dass ihre eigenen zivilen Nuklearindustrien einfach dem sowjetischen Bedürfnis nach vollständiger Kontrolle der deutschen Nuklearentwicklung mitgeopfert werden.

Der von Washington und Moskau vorgelegte Entwurf ermöglicht in seiner heutigen Gestalt den Drittstaaten noch kein Abwägen der Vor- und Nachteile und keine Urteilsbildung, weil er weder das, was die Welt an Sicherheit gewinnt, noch das, was die Partner dafür an Opfern zu erbringen haben, mit der nötigen Klarheit erkennen lässt. Mit Entscheidungen hat es also keine Eile. Wenn nicht alles täuscht, wird einige Zeit vergehen, bis in Genf die Lücke des Entwurfs gefüllt und ein Vertragswerk gereift sein wird, das dem Zweck der Nonproliferation, der Nichtweiterverbreitung von Atomwaffen, einigermassen gerecht werden kann und einer genügenden Zahl von Staaten akzeptabel erscheint – vor allem solchen, die in die Nähe der Schwelle zum Atomklub vorgerückt sind.

Aber es ist nun auch für unsere Behörden nicht mehr zu früh, das Thema der Nonproliferation genauer ins Auge zu fassen. Vor voreiligen Festlegungen in bezug auf das Genfer Entwurfsfragment – pro wie contra – wird man sich dabei hüten müssen. Hingegen sollten in den Erwägungen Alternativen zu einem möglicherweise doch sehr problematischen Vertrag nicht ausser acht gelassen werden.

«Eine Milliarde Chinesen»

Staatssekretär Rusk rechtfertigte das amerikanische Engagement in Vietnam unter anderem mit der Gefahr einer vom Bevölkerungspotential her zu erwartenden erdrückenden Übermacht Chinas über die Völker Asiens.

22. Oktober 1967

Die Nuklearmacht China mit einer Milliarde Menschen – das ist das Tableau des kommenden Jahrzehnts, das der amerikanische Aussenminister Rusk mit warnender Gebärde an die Wand projiziert hat. Er wollte damit zwar vor allem den Hintergrund schaffen für die Verteidigung des Engagements in Vietnam. Aber der Hintergrund ist ein Thema für sich; es greift über den Fall Vietnam weit hinaus, hat von Jahr zu Jahr stärker dominiert und ist nun, in der höchst nachdrücklichen Betonung, die Rusk ihm gibt, geradezu das Thema der amerikanischen Politik geworden.

Man kommt nicht daran vorbei, die Schwankungen zu registrieren, denen die Bewertung Chinas im amerikanischen Urteil in letzter Zeit unterworfen war. In der «Rangfolge der Gegner» Amerikas ist Peking in den vergangenen drei, vier Jahren in dem Mass nach vorn gerückt, als sich der Einsatz in Vietnam erhöhte. Die Unterschiede, die Washington zwischen einem bösartigen, aggressiven, unfassbaren chinesischen und einem nach Kuba scheinbar «pragmatisch», vernünftig und traitabel gewordenen sowjetischen Kommunismus machte, liessen erkennen, dass Peking Moskau von der ersten Stelle dieser Rangfolge verdrängt hatte.

Die «Kulturrevolution» und der Zusammenbruch des chinesischen Prestiges im Ausland führten dann aber wieder zu einer ausgesprochenen Verharmlosung des chinesischen «Phänomens» in Amerika. Man habe die Chinesen gewaltig überschätzt und sich von ihrem Potential über Gebühr beeindrucken lassen, was sei schon an ihnen – so war noch in diesem Jahr von berufenen Kennern und Entscheidungshelfern in Washington zu hören. Und kaum hatte der skeptische Zuhörer solche impulsiv optimistische Urteile verdaut, überraschte McNamara mit der Ankündigung, dass Amerika nun doch, um den unberechenbaren Risiken chinesischer Nuklearrüstung zu begegnen, ein Raketenabwehrsystem schaffen müsse. Belanglos können ein Gegner und eine Bedrohung nicht sein, die Entscheidungen von derart grosser strategischer Tragweite notwendig machen; Strategie ist schliesslich nicht nur eine Funktion von Innen- und Wahlpolitik...

Washingtons chinesisches Feindbild

Chinas Rang als Gegner ist nicht nur an diesem ABM-System abzulesen. Auch das militärische Engagement in Vietnam gibt ein Mass dafür. Die direkte Verbindung dieses Engagements mit der «chinesischen Gefahr» hat zwar ihre logischen Tücken: So sicher es ist, dass ein Rückzug Amerikas aus Vietnam, das heisst ein Erfolg Nordvietnams und des von ihm abhängigen Vietcong, zugleich die Stellung Chinas in Asien und seinen Druck auf andere Staaten der Region gewaltig verstärken würde, so deutlich ist anderseits, dass der nordvietnamesische Gegner Amerikas vorläufig eben nicht mit dem chinesischen identisch ist, dass Hanoi vielmehr auch seinerseits, wie Washington, chinesischen Einfluss «einzudämmen» versucht. Die offizielle amerikanische Sinngebung des Krieges stützt sich nun aber, wie Rusks Darlegung zeigt, weniger auf Eindämmung des Kommunismus in Asien im allgemeinen als auf Eindämmung des chinesischen Kommunismus im besonderen. Das Engagement wird vom vietnamesischen Gegner diktiert, aber es zielt auf den chinesischen – womit auch sein Umfang begründet wird. Die Paradoxie der Argumente mag bis zu einem gewissen Grade der Paradoxie der Lage entsprechen.

Auf Vietnam fixiert

Es ist aber jedenfalls erstaunlich und beunruhigend, wieviel amerikanische Macht von diesem – wenn auch in den grösseren «chinesischen» Zusammenhang gestellten, so doch regional nach wie vor eng begrenzten – Konflikt absorbiert wird. So viel, dass Verpflichtungen dieser Macht in anderen Regionen nun doch allmählich ernsthaft tangiert werden. Die Knappheit an Marinepiloten bleibt nicht ohne Einfluss auf die Fähigkeit der amerikanischen Flottenverbände ausserhalb des Pazifiks, ihre Aufgabe der Abschreckung und «Feuerwehr» zu erfüllen. Der Abzug zweier Brigaden und einiger Luftgeschwader aus Europa, auch wenn er als «Rotation» bezeichnet wird, steht in zu offenkundigem Zusammenhang mit den Truppenanforderungen aus Vietnam, als dass er isoliert beurteilt werden könnte. Nun kommt dazu die Ableitung eines Teils der für Europa bestimmten strategischen Reserve nach Vietnam. Von den ursprünglich fünf für Notfälle auf unserem Kontinent in Amerika bereitgehaltenen Divisionen ist eine jetzt in Asien gebunden, zwei haben nur stark reduzierte Bestände, und die übrigen sind «ausgekämmt» worden, das heisst, sie haben ihre Spezialisten ebenfalls nach Vietnam abgegeben.

Die Schwächung des amerikanischen Machtengagements in Europa wird von den europäischen Alliierten nicht wettgemacht. Ihre Folge ist im Gegenteil bekanntlich auch bei ihnen ein Truppenabbau. Die politische Etikette dieses Vorganges heisst «Entspannung». Sie ist auf militärischem Gebiet allerdings vorläufig eine einseitige Angelegenheit. Eine materielle Reduktion sowjetischer Militärmacht wird in der Suggestion des Entspannungszustandes einstweilen ersetzt durch die Hoffnung im Westen, es komme im Osten ebenfalls zu Truppenkürzungen.

Dass Entspannungspolitik in Europa in manchen ihrer Aspekte mit der Gewichtsverlagerung nach Asien zu tun hat und ihre direkte Folge ist, liegt auf der Hand. Der Aktivierung des einen Spannungsherdes entspricht das Bedürfnis nach Stilllegung des anderen, da die Kräfte nicht für alle Seiten reichen – und da beide Supermächte, die amerikanische wie die sowjetische, sich durch denselben Gegner, den chinesischen, herausgefordert fühlen. Der Feind meines Feindes ist zwar noch nicht ohne weiteres mein Freund – aber seine Schonung ist jedenfalls angezeigt.

Vorrang Asiens

Wie weit diese Schonung geht und welchen Wandel sie im Verhältnis zwischen Washington und Moskau und in der allgemeinen Konstellation bewirkt hat, mag man an einem einzigen Vergleich ablesen: Mit demselben leidenschaftlichen Eifer, mit dem Amerika noch vor drei Jahren gegen Moskau eine Teilhabe seiner europäischen Verbündeten an seiner Nuklearmacht propagiert hat, verficht es heute, zusammen mit Moskau, ihren dauernden Ausschluss von jeglicher Teilhabe an Nuklearmacht. Es ist kaum übertrieben, zu sagen, dass Europa mit einem Atomsperrvertrag einen Teil der Zeche für Vietnam zu bezahlen haben wird – der Zeche für sowjetisch-amerikanisches Einvernehmen, dessen Bedeutung durch den Vietnamkrieg so stark gestiegen ist.

Für Moskau ist die Herausforderung durch China kaum eine geringere, als sie es für Rusk ist. Aber die Gewichtsverschiebung der sowjetischen Politik nach Asien ist vorläufig weniger ersichtlich als die der amerikanischen. Möglicherweise sind im Kreml die grossen Entscheidungen noch umstritten, ist dort die «Rangfolge der Gegner» noch nicht so klar, wie sie zurzeit in Washington klar zu sein scheint, sieht man sich dort noch in der Rolle eines Halbbeteiligten, der von einem amerikanisch-chinesischen Abnutzungskampf schliesslich profitieren würde.

Solange die Sowjetunion diese Gewichtsverlagerung nach Asien nicht vollzieht, bleibt Europa ein Brennpunkt, auch wenn Amerika ihm vorübergehend wenig Beachtung schenkt. Aber selbst für den Fall, dass beide Supermächte sich entschieden Asien und dem chinesischen Dritten zuwenden sollten, würde dieser Kontinent nicht zur windgeschützten Ecke, in der man abseits vom Gigantenkampf friedlich Kohl pflanzen und unbeachtet, gleichsam ausserhalb des Kalküls der Grossen, etwas Politik im Kleinen machen könnte. Denn aus diesem Kalkül, Gleichgewichtskalkül, wird Europa auf die Dauer nicht zu lösen sein; es wird darin ein entscheidender und deshalb immer wieder umstrittener Posten bleiben – wie schwer auch immer die Milliarde Chinesen die Albträume in Washington und Moskau zu belasten vermag.

Umwertung der Werte?

Der Vietnamkrieg liess auch in der schweizerischen Publizistik, konform der internationalen Amerikakritik, Zweifel an der moralischen Rechtfertigung des amerikanischen kriegerischen Engagements aufkommen.

4. Februar 1968

«Vokabeln» wie die von der «freien Welt» seien im Bombenregen von Vietnam brüchig geworden, hat kürzlich ein Leitartikler in einem Zürcher Wochenblatt geschrieben. Er dürfte mit seiner Bemerkung nicht allein stehen. Es braucht schon lange nicht mehr den Mut zum Einzelgang, um solches zu sagen; man ist damit in wachsender Gesellschaft. Auch mancher, der nicht ohne weiteres die jeweilige intellektuelle Mode mitzumachen gewillt ist, fragt sich, was mit den Begriffen geschehen ist, in denen er sich bisher die Welt einigermassen erklärt und zurechtgelegt hat.

Ist es biedermännische Leichtgläubigkeit und Rückständigkeit, in der «freien Welt» noch immer mehr als eine blosse «Vokabel» zu sehen? Ist Freiheit hier so wenig wie dort, oder dort so viel wie hier?

Einige der «Fachidioten des Protestes» – der Volltreffer stammt vom Konstanzer Professor Dahrendorf, alles andere als ein konformistischer Denker – entziehen sich der Frage in einer Art von Diversion, indem sie nämlich so tun, als ob «Freiheit» ohnehin ein irrelevanter Begriff geworden sei. Es müsse «Revolution» gemacht werden, da könne man nicht jeden fragen, und einigen müsse man in der Gesellschaft der Zukunft dann eben auf die Füsse treten. Für die Vorbereitung der «Revolution» werden allerdings Freiheitsrecht und entsprechender Naturschutz von der Gesellschaft verlangt. Dem Zeitgenossen nicht gänzlich jugendlichen Alters tönt das höchst unoriginell; es ist ihm mit revolutionären Machtergreifungen diverser Art deutlich genug demonstriert worden, was solche Phrasen dann in Wirklichkeit heissen und welche Hekatomben ihren Weg in die politische Wirklichkeit begleiten. Er ist zutiefst und aus Erfahrung antirevolutionär; aber seine Erfahrungen, auch wenn sie nur die des Zuschauers sind, schrecken die Unerfahrenen offenbar nicht mehr. Man kann und soll sich nicht darauf verlassen, dass Versuchungen, die eine Generation gründlich überwunden hat, die nächste nicht wieder locken. Eine freiheitsverächterische Phraseologie – von «Ideologie» kann man angesichts ihrer intellektuellen Dürftigkeit nicht wohl sprechen – ist jedenfalls auf der protestierenden «Linken» wie «Rechten» wieder im Kommen, und man wird ihr einmal mehr begegnen müssen.

Aber zurück zur Frage, ob von einer freien Welt im Unterschied zu einer unfreien oder weniger freien noch gesprochen werden könne. «Vietnam» wird gerufen in einem Tone, als ob danach nur noch Schweigen übrigbliebe. Reden ist in der Tat nicht leicht, wo getötet wird, und enthusiastische Argumente wollen auch den Freunden Amerikas und dem, der sich überlegt, was wir alle in Europa ohne Amerika heute wären, nicht von der Zunge.

Zerrbilder der Freiheit

Aber desavouiert sich hier wirklich eine freiheitliche Ordnung selber? Richtet sie sich gegen die Freiheit eines anderen, ist nördlich des 17. Breitengrades Freiheit, würde Südostasien «frei», wenn durch den Abzug Amerikas der kommunistischen Expansion die Bresche geöffnet würde, wollen die asiatischen Völker Kommunismus?

Zu welchen Bedenken auch immer das amerikanische Engagement in Asien Anlass geben mag, der Charakter der Abwehr einer freiheitsfeindlichen Aggression ist ihm im Kern nicht abzustreiten, auch und gerade wenn man nicht übersieht, dass die Zukunft der amerikanischen Macht in Asien auf dem Spiel steht. «Vietnam» ist kein stichhaltiges Argument gegen die freiheitliche Ordnung, besonders solange sie sich, wie in den Vereinigten Staaten, mit völlig offener innerer Auseinandersetzung der Versuchung der Macht zur Gleichschaltung widersetzt.

Hier, in der inneren Ordnung, liegt ein nicht weniger entscheidendes Vergleichskriterium. Freiheit im liberalen Sinn heisst freier, vor dem Zugriff der Macht geschützter Raum für die Entfaltung des Einzelnen und der Gruppen. Ist er in der freien Welt eingeschränkt und im kommunistischen Bereich ausgeweitet worden? Nichts spricht für das erste, und sehr wenig für das zweite.

Das ist kein Plädoyer für Griechenland und Spanien und ihre diktatorischen Regime. Man kann sie beide zurzeit vielleicht einer antikommunistischen Gruppierung, aber nicht eigentlich der freien Welt zurechnen. Die eine ist mit der anderen nicht identisch, sowenig wie der Antikommunismus der Nationalsozialisten mit dem Antikommunismus der Demokratien identisch war. Und wer es mit der Freiheit ernst meint, wird die Linie auch hier streng ziehen müssen, wie es der Europarat vergangene Woche als ein freiheitlich-parlamentarisches Organ mit einer vielleicht nicht sehr realistischen, aber im Grundsatz doch legitimen Entschliessung getan hat.

Aber wie kann man im Namen der Freiheit gegen die Unterdrückungspolitik von Diktaturen mit faschistischem Einschlag protestieren und die noch krassere Unterdrückung in den kommunistischen Regimen mit Schweigen, mit zunehmend wohlwollendem Schweigen übergehen? Wie kann man Kumulierung von Macht auf der einen, der amerikanischen, Seite als eine Gefahr für die Welt denunzieren und sie auf der anderen Seite, wo sie allmählich das Gleichgewicht in Europa in Frage stellt, ohne weiteres hinnehmen? Die Schizophrenie der Proteste lässt darauf schliessen, dass mit der Handhabung des Kriteriums der Freiheit wie der Macht etwas nicht mehr stimmt.

Zweierlei Mass

Wie knapp im kommunistischen Bereich der Raum der Freiheit nach wie vor – und trotz mancherlei durchaus ernstzunehmenden Lockerungssymptomen an einzelnen Stellen – bemessen ist, dafür gibt es bis in diese Tage hinein Belege genug. Man kann den emigrierten tschechischen Dichter Mnacko befragen, man kann es am Risiko ermessen, das Vakulic mit der Forderung nach schöpferischer Freiheit eingegangen ist, man kann es von dem zu sieben Jahren Konzentrationslager verurteilten sowjetischen Schriftsteller Galanskow hören, der festgehalten hat, dass sich in der Sowjetunion nur die Zehen in den Stiefeln frei bewegen können, «und das nur deshalb, weil die Bewacher es nicht sehen». Ist auch dies für westliche Literaten als Kriterium irrelevant, halten sie es etwa mit Heines zynischem Vers: «Beschränkung traf nur die g'ringe Zahl derjenigen, die drucken lassen»? Wird eine Wirklichkeit verändert lediglich dadurch, dass man es überdrüssig wird, sie zu sehen?

Die Advokaten der Indifferenz entziehen sich der Herausforderung, vor die Osteuropa sie nach wie vor stellt, mit einem Argument eigener Art. Was im Osten der Staat etwa da und dort noch sündigen möge, das sündige im Westen heute die konforme Gesellschaft durch Isolierung und «Verfemung» der nonkonformen Elemente; für die Betroffenen komme es aufs selbe heraus. Es wird auch bei uns wieder etwa von «Hexenjagd» gesprochen, wenn ein Journalist für extreme Kommentare in der Presse keine Abnehmer mehr findet oder wenn die Verfechter der bestehenden Ordnung in ähnlich entschiedener Art replizieren, wie die Kritiker angreifen. Oder es wird die These der Soziologen von der «Manipulierbarkeit» der Demokratie ausgespielt, «die unweigerlich zur Infragestellung der Demokratie im schweizerischen Sinne führen muss» – wie es die Progressisten der Berner Universität neuerdings deutschen Streitschriften nachformulieren.

Stecken in solcher Kritik irgendwelche haltbare Alternativen zu einer Ordnung, wie sie, im Prinzip jedenfalls, in der freien Welt besteht? Wir vermögen sie nicht zu sehen. Zu sehen ist hingegen sehr wohl, dass durch Indifferenz gegenüber dieser Ordnung, oder aber durch ihre Überbeanspruchung im anarchischen Protest, für den in beängstigender Weise nun abermals Deutschland die Exempel statuiert, etwas in dieser freien Welt brüchig werden könnte. Es wäre mehr als nur die Vokabel.

Osteuropa auf der Suche nach Freiheit

Die Vorboten des «Prager Frühlings» signalisierten in der bis dahin stalinistisch tiefgefrorenen Tschechoslowakei eine Bewegung der «Liberalisierung», liessen aber zugleich die Schwierigkeit einer reformerischen Gratwanderung erkennen.

31. März 1968

Man hat im Westen seit Jahren die Freiheit Osteuropas nicht mehr ernst genommen. Die amerikanische Politik desinteressierte sich in dem Masse, als das Gleichgewicht der Vernichtungswaffen die Sicherung eines konfliktfreien Verhältnisses mit der Sowjetunion gebot; und für den Gaullismus war aus dem breiten Spektrum der Freiheit nur eben das Band der aussenpolitischen Bewegungsfähigkeit der osteuropäischen Staaten von Interesse, bis auch für ihn das Verhältnis zu Moskau den Vorrang erhielt.

Das öffentliche Bewusstsein, 1956 noch in leidenschaftlicher Wallung über die Erhebung Ungarns wie über den hoffnungsvollen polnischen Frühling, sank nach dem Rückfall in die erzwungene oder freiwillige Gleichschaltung in diesen beiden Ländern allmählich mit der Politik in Gleichgültigkeit oder resignierte Skepsis zurück und fügte sich ins scheinbar Unabänderliche. Das Bedürfnis der «Verdrängung» hat die Mode aufkommen lassen, jeden Hinweis auf das ungelöste Problem Osteuropas geradezu als Ruhestörung und als Manifestation einer Gesinnung des «Kalten Krieges» abzustempeln und abzutun, genau wie es die kommunistische Propaganda, die ursprüngliche und eigentliche Promotorin des «Kalten Krieges», in aggressiver Selbstwehr seit eh und je selber getan und anderen suggeriert hat.

Die Vorgänge der letzten Wochen in der Tschechoslowakei und in Polen belegen aber aufs eindeutigste, dass an Ort und Stelle das Thema der Freiheit mitnichten in die historischen Akten abgeschoben ist, sondern sich mit elementarem Nachdruck wieder in die politische Tagesordnung drängt. Das löst im Westen vielenorts ungläubig-hilflose Verwunderung aus und ruft unsere eifrigen Anti-Anti-Kommunisten auf den Plan, die um liebgewordene Fiktionen, so die These von der «Normalität» des bisherigen Zustandes in Osteuropa, zu bangen beginnen. Sie haben Schwierigkeiten, diese Vorgänge zu deuten, die so wenig Zufriedenheit mit einer Ordnung verraten, die angeblich nur «kalte Krieger» noch für revisionsbedürftig hielten.

Prager Reform von oben

Es lohnt sich, die Elemente auf ihre Bedeutung hin etwas genauer anzusehen, die der Anschauungsunterricht der letzten Wochen vermittelt hat. Es trifft zu, dass die Entwicklung in der Tschechoslowakei bisher, wenigstens im grossen ganzen, von «oben», das heisst von der neuen Parteispitze und ihrem reformerisch gesinnten Kader, gesteuert und kontrolliert war und sich nicht gegen die Partei und ihr «System» richtete – wobei nach den letzten Erläuterungen Prags zum künftigen Aktionsprogramm dieses «System» allerdings nicht mehr als etwas für alle Zukunft Unverrückbares erscheint. Mit der Feststellung der Richtung und der Grenzen der gesteuerten Bewegung ist aber noch nichts ausgesagt über ihre Antriebe und über die Kräfte, die sie in Gang gesetzt haben. Es ist offensichtlich, dass mit der Reform von oben auf einen Druck von unten geantwortet wird, der offenbar unwiderstehlich geworden ist und dem mit Veränderungen des Regierungsstils, des Regierungspersonals und der Regierungsform Rechnung getragen werden soll. Ob diese begrenzten Veränderungen dann aber wirklich das decken, was eine breite, wenn auch nicht organisierte Opposition will, ist eine offene Frage. Nicht minder stark als der Wille zur Reform ist auch in der neuen Prager Führung der Wille, die Dinge unter Kontrolle, das heisst die Bewegung in Schranken zu halten.

Am Anfang der beschleunigten Phase der Veränderung seit Beginn dieses Jahres steht die etappenweise Entmachtung Novotnys, des zweitletzten führenden Stalinisten im engeren Sinn im europäischen Osten – der letzte heisst Ulbricht. Mit Novotny ist seine Garde gefallen, zu der nicht von ungefähr die Inhaber der Schlüsselstellungen für die innere Kontrolle des Landes gehörten, der Innenminister, der Generalstaatsanwalt, die höheren Chargen des Staatssicherheitsdienstes und Leute aus der Armeeführung. Gefordert und zum Teil schon im Gang ist die Revision des Slansky-Prozesses, mit dem zu Anfang der fünfziger Jahre der Stalinismus seine aktiven und potentiellen Gegner ausgeschaltet hatte. All das ist «Entstalinisierung», mit zwölfjähriger Verspätung auf Chruschtschew, Gomulka, Kadar vollzogen, also Beseitigung von «Auswüchsen», denen man im sowjetischen Bereich den beschönigenden Namen des «Personenkultes» gegeben hat, der aber für vieles steht, was wesentlich deutlichere Bezeichnungen verdient.

So wie in Ungarn und Polen 1956 hat aber auch in der Tschechoslowakei die Entwicklung rasch über den Raum hinausgegriffen, der ihr mit «Entstalinisierung» sorgfältig abgezirkelt war. Schon die seit längerem eingeleitete Wirtschaftsreform hat den Rahmen des «Systems» zwar nicht gesprengt – die Reformtheoretiker suchen sie jedenfalls als systemkonform zu deuten –, aber sie hat diesen Rahmen mit ihren Forderungen der Dezentralisierung und der Rentabilität gedehnt, und es steckt in ihr unübersehbar die «rumänische Tendenz» der Lokkerung allzu enger Blockbindungen und der Abhängigkeit von Moskau.

Ventile des freien Wortes

Gedehnt, noch weiter gedehnt wird der Rahmen des «Systems» durch die Forderungen und Konzessionen in Richtung auf eine «Demokratisierung» und «Liberalisierung». Zwar sind die Grenzen in Prag jetzt abgesteckt worden. An der Herrschaft der einen Kommunistischen Partei wollen auch die Reformer nicht rütteln lassen. Aber sie sagen: einstweilen nicht, und sie erklären beschwörend, warum sie jetzt nicht, noch nicht, eine Alternative bieten können: um ein «Ungarn», will sagen eine Intervention der Sowjetunion gegen eine demokratische «Eskalation» zu verhüten.

Man kann es vorläufig dahingestellt sein lassen, ob die kommunistische Führung in Prag weiter gehen möchte und in Zukunft weiter gehen will als bis zum Punkt, den sie heute markiert. Die Tatsache aber, dass sie offen erklärt, warum sie bei einer Etappe haltmachen müsse, deutet unmissverständlich darauf hin, dass die Erwartungen, jedenfalls ausserhalb der Partei, weiterreichen. Sie waren im übrigen bereits öffentlich zu vernehmen: Mehrparteiensystem, freie, geheime Wahlen, eine Demokratie «wie vor 1938». Im Augenblick, da die Ventile der freien Rede aufgehen, ertönt also im kommunistisch gelenkten Staat der Ruf nach einer Ordnung, deren Merkmale eher die der bürgerlichen Demokratie als die «sozialistischer Errungenschaften» wären – auch wenn das Stichwort «sozialistische Demokratie» heisst und einige dieser «Errungenschaften», vor allem die sozialpolitischen, keineswegs in Frage gestellt werden. Das dürfte über den wahren inneren Zustand dieser und anderer «Volksdemokratien» mehr aussagen als tausend Artikel gelenkter Federn.

Was von der Führung an Teilkonzessionen an solche Forderungen angeboten wird, tönt im übrigen bemerkenswert genug und lässt problematische künftige Belastungen des «Systems» ahnen: Trennung der Machtfunktionen zwischen Parlament, Regierung, Justiz, «Demokratisierung» der Partei, Kontrolle von «unten» und vor allem unbeschränkte Freiheit der Meinungsäusserung. Das ist bis auf den letzten Punkt zwar nur «Ersatz» für freies demokratisches Kräftespiel, und es ist, solange die wirkliche Macht bei der einen Partei liegt, die damit letztlich doch für die Aufrechterhaltung der «Diktatur des Proletariats» sorgen kann, in keiner Weise gegen den Rückfall geschützt. Man hat es in Polen erlebt, wie wenig eine kommunistische Staatspartei auf die Dauer auch nur dosierte Freiheit erträgt und wie rasch sie auf einen liberalen Frühling wieder den rauhen autoritären Herbst folgen lassen kann. Die Entwicklung in Prag enthält keine Garantie für die Zukunft; aber sie ist ein hoffnungsvoller Ansatz, der Beginn einer schwierigen und vielfach bedrohten Gratwanderung, bei der man, wie die dunklen Erfahrungen gezeigt haben, abstürzen kann – aber vielleicht nicht abstürzen muss.

Eine Gratwanderung

Höchst ungewiss ist, ob aus all dem eine grössere aussenpolitische Beweglichkeit der Tschechoslowakei resultieren wird. Das abgenützte Disziplinierungsmittel des Deutschlandschrecks hat zwar in Prag offensichtlich nur noch geringe Wirkung; die Aversionen beginnen sich im Gegenteil nun auch offen gegen das, von Moskau aus gesehen, «falsche» Deutschland, nämlich die DDR Ulbrichts, zu richten, deren orthodoxe Schulmeisterei und Bevormundungsversuche man satt hat. Unter der Decke kommunistischer Solidarität regen sich auch heftig wieder «vorkommunistische» nationale Ressentiments gege Polen und Ungarn. Aber die neuen Herren betonen ihre Bindung an die Sowjetunion, und sie brauchen damit nicht unbedingt nur Taktik und die erhärtete Maxime im Sinn zu haben, dass im Widerspruch zur sowjetischen Macht in Osteuropa wenig, auch innenpolitisch wenig, auszurichten ist. Schliesslich ist in der Tschechoslowakei bei allem Unabhängigkeitsdrang der Münchner Pakt von 1938 nicht vergessen, in dem der Staat Masaryks von seinen westlichen Schöpfern und Protektoren dem deutschen Imperialismus preisgegeben wurde.

Während in Prag die Führung verbrennt, was bis gestern angebetet werden musste, und mit Konzessionen und gelenkter Reform bestätigt, wie wenig der kommunistische Staat in seiner tiefgefroren stalinistischen Gestalt die Geister und die Gemüter zu binden vermochte, leistet das Warschauer Regime den Beweis für seine Wurzellosigkeit mit der Unterdrückung, mit der es den Regungen der Opposition begegnet. Kann man auf anderes als auf tiefe Zerrüttung, Demoralisierung und abgründigen Zynismus schliessen, wenn eine polnische Regierung kommunistischer Observanz, um sich des Rufs an den Universitäten nach mehr Freiheit, keineswegs etwa nach «westlicher Demokratie» zu erwehren, das grausige Gespenst des Antisemitismus zu Hilfe ruft – also zu genau jenem Mittel greift, mit dem die Nationalsozialisten seelischen Bodensatz aufgewühlt haben, um «Volk» für sich zu mobilisieren? Wenn nur auf solche Weise noch ein problematischer Konsens zwischen Regierung und Untertanen geschaffen werden kann, «wäre es da nicht doch einfacher, die Regierung löste das Volk auf und wählte ein anderes?» – um dem Kommunisten Bert Brecht in seinem Jubiläumsjahr mit seinem Nachwort zum 17. Juli 1953, betitelt «Die Lösung», die Ehre zu geben.

So nicht

Die Berliner Ausschreitungen an Ostern waren der öffentliche Auftakt zu Jahren der Gewalttätigkeit in den Städten Europas und zu einem Zerfall der Rechtsordnung und der Regeln politischer Auseinandersetzungen, der in eine tiefe Bewusstseinskrise führte.

16. April 1968

Erschreckende Bilder sind den Zeitgenossen über die Ostertage am Fernsehschirm aus Deutschland vorgeführt worden; vielleicht folgen heute noch schlimmere: enthemmte Scharen zerstörungssüchtiger junger Leute, Brandfackeln gegen Zeitungsgebäude, brennende Wagen, brennende Zeitungshaufen, geplünderte Redaktionen, gehackte Rhythmen skandierender Sprechchöre, Kreuze als Schlagwaffen, ein eindringlich warnender Regierungschef, knüppelschwingende Polizei, Wasserwerfer, Chaos. Bilder, die nicht von sehr fern an die amerikanischen «heissen Sommer» oder, für Leute mit Gedächtnis, an Berliner Strassenschlachten am Vorabend des Unterganges der Weimarer Republik erinnern. Bilder entfesselter Gewalttätigkeit der Strasse, in Frage gestellter staatlicher Autorität, eines tiefen Zerwürfnisses der Generationen. Bilder eines anhebenden Generationenkrieges?

Der wohlwollende Betrachter könnte das alles über den Nenner einer emotionalen Explosion nach dem Attentat auf den linksradikalen Studentenführer Dutschke setzen und als Momentreaktion deuten und verharmlosen. Ohne Zweifel hat die begreifliche Erregung über die Berliner Untat viele Jugendliche auf die Strassen getrieben und aufrührerisch gestimmt. Aber diese Erregung erklärt nicht den ganzen Vorgang; sie erklärt nicht die gleichgeschaltete Sprache der Proteste und Protestchöre und die Gleichschaltung der Aktionen. Dahinter steckt Organisation, Zielstrebigkeit und lange vorbereitete, bewusste Herausforderung.

Man kann Verständnis dafür aufbringen, dass das Verlagsunternehmen Springer, das einen erheblichen Teil der deutschen Presse unter seine Kontrolle gebracht hat und mit einem Massenblatt fragwürdiger Sorte ebenso fragwürdige Instinkte mobil hält, sich das Misstrauen vieler kritischer Geister zugezogen hat, die in diesem Konzentrationsprozess die Gefahr einer Manipulation der Meinungsbildung sehen. Dieses Grossunternehmen der Presse zum handlichen Sündenbock schlechthin zu machen für das, was man am sogenannten Establishment auszusetzen hat, kann jedoch kaum mehr die Reaktion wahrhaft kritischer Geister, das heisst nach herkömmlichem Begriff: denkender Leute, sein, sondern erinnert schon eher, in der Primitivität der Vereinfachung und der Demagogie, an das fürchterliche Spiel, das eine «Bewegung» anderer Couleur in den dreissiger Jahren mit anderen zurechtgemachten «Sündenböcken» in Deutschland gespielt hat. Wird «Springer» für den gärenden deutschen Linksradikalismus heute das, was der «jüdische Parasit» damals für den deutschen Rechtsradikalismus war? Die nackte Gewalttätigkeit, mit der abermals dem «Sündenbock» zu Leibe gerückt wird, sprengt vollends den Rahmen jeder demokratischen Auseinandersetzung; sie ist nichts anderes als der Versuch, mit dem Terror der Strasse den «Standpunkt» einer kleinen Gruppe, will sagen ihre Gemütswallungen, den übrigen aufzuzwingen. Dieses Zerbrechen der demokratischen Regeln lässt auf tiefsitzendes Unheil schliessen.

Linker Faschismus?

Die «sozialistischen» deutschen Hochschulgruppen, und als ihr treues Echo auch ihre schweizerischen Verbündeten, suchen ihre bisherigen Taten als «unkonventionelle Aktionen» auszugeben, die lediglich in der verfälschenden Darstellung einer übelwollenden, unobjektiven Presse als Gewaltakte verketzert worden seien. Das Publikum hat sich von diesen «unkonventionellen» Aktionen inzwischen sein eigenes Bild machen können.

Sicher ist das, was in mühsamen Abhandlungen als die «Ideologie» des neuen Radikalismus verkündet wird, nicht «Faschismus», sondern gewissermassen sein seitenverkehrtes Gegenbild. Was ins Auge sticht, sind jedoch die Methoden der Agitation. Man mag zögern, sie direkt als «faschistisch» zu bezeichnen; man kommt nicht darum herum, ihre frappierende Ähnlichkeit mit denen der faschistischen Kolonnen von ehedem festzustellen: beide suchen das «System» und seine Staatsmacht zu unterhöhlen, indem sie sie bewusst und systematisch provozieren; beide sind in ihrem Wesen und in ihrer Erscheinung antidemokratisch. Die «Ideologie» erscheint im übrigen in den Ausschreitungen dieser Tage vorwiegend als eine reduzierte Ideologie des Sachschadens.

Dass es sich bei diesen Herausforderungen um bewusste Taktik handelt, ist seit langem aus den Erklärungen der jungen Revolutionäre selber offenkundig geworden, die ihrer Gefolgschaft suggerieren, dass ohne «Provokation» nichts zu erreichen sei. Sie geniessen dabei die wohlwollende Toleranz eines Teils der deutschen Intelligenz – ausgerechnet jener, die sich gerne als «humanistisch» bezeichnet, nicht zu vergessen einige der allerchristlichsten Theologieprofessoren, die zu etwas «Rabbatz» auf der Strasse zu ermuntern pflegten, was immer auch die Folgen waren.

Provokationen und Reformen

Das ominöse Wort von der Notwendigkeit «provokativen» Verhaltens geistert auch bei den schweizerischen «Fortschrittlichen». Es wird nicht unnütz sein, seine Interpretation genau zu beobachten. Es mag auch nicht unnütz sein, wieder einmal auf die Grenzen der Auseinandersetzung in einem demokratischen Staat hinzuweisen und jenen etwas zum Überlegen zu geben, die versucht sein könnten, abermals eine revolutionäre «Bewegung» von aussen zu importieren und sie in diesem Lande zu kopieren.

Diese Grenzen sind in einer freiheitlichen Ordnung weit gespannt. Es gibt nichts, worüber nicht diskutiert, auch öffentlich diskutiert werden kann, inklusive der Änderung der Verfassung; es gibt ausser den legitimen strafrechtlichen keine gesetzlichen Schranken der Werbung für nonkonforme Überzeugungen. Die Auseinandersetzung ist nicht nur erlaubt, sie ist notwendig in einer Demokratie unserer Art, die sich neuen Gegebenheiten nur anpassen kann, wenn sich die Mehrheit von der Anpassung überzeugen lässt.

Für unser Teil haben wir aus der Meinung kein Hehl gemacht, dass auch die Struktur unserer Hochschulen Reformen ertragen könnte, durchaus auch Reformen im Sinne vermehrter Mitwirkung der Studenten. Darüber kann man reden, soll man reden. Der schweizerische Weg der Auseinandersetzung ist aber der der Versachlichung des Gesprächs. Es mag mühsam sein, grosse Emotionen zu stichhaltigen Alternativen in der Sache herabzustimmen und zu verdichten. Aber wie anders soll man weiterkommen?

Der Weg der Provokation jedenfalls vermag keine Stagnation zu überwinden, was immer seine Verfechter sich und anderen einreden mögen. Im Gegenteil. In unserer konkreten Lage würde ein «provokativer» Radikalismus der Studenten all das in akute Gefahr bringen, woran den Universitäten jetzt in höchstem Masse gelegen sein muss: die Ausstattung der Hochschulen mit jenen Mitteln, die ihnen die Anpassung an die Anforderungen der Zeit ermöglichen sollen. Es gibt genug Leute, die nur darauf warten, dass die öffentliche «Stimmung» für ein Referendum gegen das Hochschulfinanzierungsgesetz und für eine Verwerfung dieser «Vorlage für eine privilegierte Minderheit» reif wird.

Abgesehen davon: «Provokation» der Gesellschaft schlägt unweigerlich auf die Provokateure zurück. Sie mögen denen, die sie als ihre Ziele auswählen, «Sachschaden» zufügen; den wirklichen Schaden werden sie selbst tragen. Wo die öffentliche Ordnung gestört wird, ist der Herausgeforderte der Staat, der die Verantwortung für ihren Schutz wie auch für den Schutz des öffentlichen und privaten Eigentums trägt. Er ist im vollen Recht, und er handelt im Interesse seiner Bürger, wenn er dafür seine Mittel einsetzt, notfalls, gegen die Gewalt, die der Gewalt – auch wenn er dabei die Replik im angemessenen Rahmen halten und nicht seinerseits einer «Eskalation» der Gewalt Vorschub leisten soll. Niemand als vielleicht ein Grüppchen von Taktikern der Provokation kann sich hier chaotische Zustände wünschen, niemand kann an Bildern von Knüppeleien und Wasserschlachten Gefallen finden. Sie können peinliche Wirklichkeit nur werden, wenn man sie willentlich heraufbeschwört, «provoziert».

Auseinandersetzung, wenn es sein muss, scharfe Auseinandersetzung um Überzeugungen mit der Waffe der Argumente: ja! Auseinandersetzung nach dem Beispiel, das uns zurzeit vorgeführt wird: so nicht!

Geborstene Fassade der Grandeur

Die französischen Maiunruhen enthüllten Schwächen des gaullistischen Staates.

26. Mai 1968

«Zuerst die Grandeur und jetzt das Chaos», hat der Vorsitzende der Zentrumsfraktion, Duhamel, am Dienstag in der Debatte im Palais Bourbon ausgerufen. Das ist, aus der Perspektive des Tages gesehen, in der Tat die augenfällige vorläufige Kurzbilanz der raschen, erschreckenden Verwandlung Frankreichs. Sie braucht nicht schon die Schlussbilanz des Gaullismus schlechthin zu sein, und sie erklärt nicht das Wesen und den Charakter der Verwandlung. Aber vor aller Augen steht eine unzweifelhaft geborstene Fassade, und Dinge kommen zum Vorschein, die zum imposanten Dekor der V. Republik in krassestem Gegensatz stehen. Eklatanter hätte der Kontrast zwischen *pays légal* und *pays réel* nicht sein können, als er es am vergangenen Wochenende war, als der Sendbote eines neuen Bewusstseins nationaler Grösse und Unabhängigkeit mit monumentaler Gebärde über jubelnden Rumänen ragte, indes seine eigene Hauptstadt der Anarchie verfiel.

Die Anfälligkeit der gaullistischen Republik für das Virus des Protestes und Aufruhrs und die Heftigkeit ihrer Reaktion springen ins Auge. Was der Bundesrepublik Deutschland an Ostern zwar schlimme Tage bereitet hatte, was dort aber immerhin isoliert und einigermassen unter Kontrolle gehalten werden konnte, das hat in Frankreich wie ein Buschfeuer in kürzester Zeit über die radikalen Studentengruppen hinaus Millionen erfasst und ist, wie die Lähmung des Landes und die weiterbrodelnde Unruhe zeigen, mitnichten unter der Kontrolle jener Staatsmacht, die sich bisher als der zuverlässigste Garant von Stabilität und Ordnung im westlichen Europa empfohlen hatte.

Woher diese plötzliche Neigung, um nicht zu sagen, dieser explosive Drang, die Charaktermaske der V. Republik loszuwerden und sich von einer Seite zu zeigen, die der Rhetorik dieser Republik längst fremd geworden ist? Woher das plötzliche Versagen der Regierungsautorität in einem Regime, das so viel auf Autorität gesetzt hat? Woher der Hang zum Chaos in einem Land, das sich aus Angst vor dem Chaos eben diesem autoritären Regime anvertraut hatte?

Man hat es hier ja wohl kaum mit einer unerklärlichen, seltsamen Anwandlung zu tun, die das französische Volk aus heiterem Himmel befallen hätte. Und es ist auch kaum so, dass ein unterirdischer, bisher verborgener, allgemeineuropäischer Strom des Unbehagens, der Unzufriedenheit und Opposition nun plötzlich, und mehr oder weniger zufällig in Frankreich, an die Oberfläche durchbricht – auch wenn man einmal mehr, und diesmal recht drastischen Anlass hat, sich zu fragen, ob das Bild relativ unproblematischer Normalität, das man sich in den letzten Jahren von Europa zu machen beliebte, wirklich das vollständige Bild vom Zustand dieses Kontinents war und ist.

Protestwelle

Aber was in Frankreich geschieht, hat seine spezifisch französische Vorgeschichte. Es ist zwar ausgelöst worden durch die studentische Unruhe, die ein allgemeines «Zeichen der Zeit» in West und Ost ist, die heftige Begleiterscheinung einer Entfremdung der Generationen. Diese Unruhe ist jedoch vorwiegend ein Katalysator von Entwicklungen auf anderer Ebene – in Westdeutschland eines Rutsches nach rechts, in Frankreich eines Aufruhrs von links.

Die Turbulenz im *Quartier Latin* dauert zwar an, und sie ist alles andere als eine Bagatelle: sie hat schliesslich den Eckstein aus dem Gefüge der Regierungsautorität herausgesprengt und Pompidou zu zweifacher Kapitulation gezwungen oder verführt: zum Zurückweichen vor dem Druck der Strasse und zur Ausnahmeamnestie. Aber der studentische Aufruhr tritt an Bedeutung hinter das zurück, was er ausgelöst hat und was, in bewusster und betonter Trennung von ihm, eine Protestbewegung eigener Art geworden ist.

Wogegen richtet sie sich? Das ist nicht einfach und eindeutig zu sagen. Die Gewerkschaftsführungen, welche die Bewegung zu steuern versuchen, kanalisieren sie in einkommens- und sozialpolitische Postulate. Sie sind nicht eigentlich revolutionärer Natur, und die Regierung hat sich beeilt, ihre Bereitschaft zum Gespräch anzukündigen. Die gravierende Frage ist allerdings, was sie die französische Volkswirtschaft kosten werden. Die Folgen könnten hier sehr ernst sein, auch in bezug auf die Fähigkeit und den Willen Frankreichs, die fällig werdenden nächsten Etappen der europäischen Wirtschaftsintegration zu bewältigen.

Abgesehen davon, zeigt der Proteststreik mit den Fabrikbesetzungen und der Isolierung von Betriebsleitungen Züge, die über einen blossen Arbeitskonflikt hinausweisen und die Struktur der Ordnung visieren; und mit der neu anschwellenden Kritik der *Ordonnances,* der auf dem Dekretswege unter Ausschluss des Parlaments verfügten sozialpolitischen Massnahmen, kommt die autoritäre Regierungsmethode selber unter Feuer.

Der Protest ist Welle auf Welle gerollt: nach den Studenten die Arbeiter, nach ihnen die Angestellten des Dienstleistungssektors, nach ihnen die Landwirtschaft, darüber die Drohung der Ordnungskräfte, der öffentlichen Autorität den Dienst zu versagen. Die Motive sind zu verschiedenartig, als dass man sie über einen anderen gemeinsamen Nenner als den eines weitverbreiteten Malaise allgemeiner Natur setzen könnte. Ziel sind die «Zustände» unter der seit sechs Jahren im Zeichen de Gaulles amtierenden Regierung, was immer an diesen «Zuständen» den einzelnen Gruppen und Schichten den Anstoss besonderen Ärgernisses gibt.

Untergründe des Unbehagens

In den Protest mischen sich Elemente viel älteren Unbehagens – am gleichschaltenden Zentralismus zum Beispiel, der seit dem Absolutismus, mit Frühphasen bis ins Mittelalter, das sakrosankte Prinzip des französischen Staates war und ist, das unberührt auch die Erschütterungen der grossen Revolution überdauert hat. Die Forderung nach Autonomie der Hochschulen hat vor diesem Hintergrund geradezu umstürzlerischen Charakter.

Ob all das wieder ins «normale» Gleis zu bringen ist, mit einigen Konzessionen an die Gewerkschaften, die Landwirtschaft, die Universitäten, mit Figurenopfern auf dem Schachbrett der Regierung, mit einem Plebiszit unter allgemeiner Formulierung, das ist die Frage.

Das Parlament hat zwar, mitten im Chaos und trotz der Leidenschaftlichkeit der Debatte, in der Abstimmung über die letzte Tadelsmotion einmal mehr jenes Bild von gaullistischer «Normalität» geboten, das man unter dem prekären Mehrheitsverhältnis seit den letzten Wahlen gewohnt ist: es hat mit knapper Überzahl vom Sturz der Regierung abgesehen. Ein Vertrauensvotum wird man das Resultat nur der Form nach nennen können, und ein Bedürfnis nach Stabilität im engeren bisherigen Sinne verrät es nur insofern, als es Hemmungen vor Neuwahlen im gegenwärtigen Augenblick bezeugt. Es gibt aber vor dem Hintergrund dessen, was im Land vor sich geht, kaum die Legitimation für blosses «Weitermachen» ab.

Immerhin hat diese Abstimmung de Gaulle die – relative – Freiheit des Handelns gegeben. Er hat zur Stunde, da diese Zeilen in Druck gehen, noch nicht gesprochen. Wird er von dem, was sein Land aufwühlt, so unberührt bleiben, wie er sich den Anschein gibt? Sein Gleichmut war nicht leicht zu interpretieren; sein Schweigen, von ihm selber bei Gelegenheit als ein Rezept der Autoritätswahrung ausgegeben, konnte in diesem Fall Ratlosigkeit mindestens ebensogut wie Überlegenheit bedeuten. Die Pose: *«Le roi règne, et ne gouverne pas»* gibt ihm aber jedenfalls die Möglichkeit des Figurenwechsels und wenigstens des Versuches, abermals die Rolle des Schiedsrichters der Nation, wenn nicht ihres Retters aus der Wirrnis zu beanspruchen.

Aber so leicht und ohne weiteres wird er sich der Identifikation seiner Person mit seiner Regierung nicht entziehen können. Es waren unzweifelhaft seine Männer, und letztlich war es auch seine Politik, gegen die sich die Explosion des Unmutes gerichtet hat. Das Werk der Versöhnung der Nation mit sich selber, sein Werk, zeigt einen tiefen Riss. Er kann durch das Bedürfnis nach Wiederherstellung der Ordnung überdeckt werden, welches das Bedürfnis nach Demonstration des Malaise wieder einmal ablösen wird.

Aber mit der magischen Kraft des Gaullismus, die in den letzten Jahren und besonders in den letzten Monaten stark abgenommen hat, dürfte es für einmal vorbei sein. Der Glanz verblasst, der Verputz bröckelt, der gaullistische Staat zeigt seine innere Problematik unverhüllt – und sie erweist sich als nicht geringer als die mancher seiner Nachbarn, inklusive jenes Englands, das der General so selbstbewusst wegen der «inneren Schwierigkeiten» Londons von der europäischen Gemeinschaftsunternehmung fernhalten zu müssen glaubt.

Der Preis der Aggression

Mit der Besetzung Prags am 21. August brach die Sowjetunion das Reformexperiment Dubčeks *manu militari* ab. Einmal mehr zeigte es sich, wie die Realität des Herrschaftssystems in Osteuropa aussah und wie wenig der Westen dagegen zu tun vermochte bzw. gewillt war.

25. August 1968

Was in der Tschechoslowakei in diesen Tagen geschieht, ist durch die Nachrichten, so wirr und wechselhaft sie sind, doch so deutlich umrissen, dass sie ihr eigener Kommentar sein können. Am Urteil des Volkes über den brüderlichen Eingriff seiner Nachbarn zur Beseitigung seiner inneren «Schwierigkeiten» ist kein Zweifel möglich, ebensowenig an seiner Haltung gegenüber den Aggressoren.

Noch ist diese Haltung nicht die des braven Soldaten Schwejk, wenn sie es auch wohl werden wird, sollten die fremden Herrscher ihre Macht etablieren können. Vielmehr ist sie bestimmt von offenem, kühnem und erfindungsreichem, wenn auch zumeist waffenlosem Widerstand. Die Leute von Radio, Fernsehen, Presse leisten Unwahrscheinliches, um der Wahrheit, die nach Masaryks hoffnungsvollem Wort siegen wird, ihre Stimme zu geben; die Jungen setzen ihr Leben aufs Spiel, um sie den schweigend höhere Befehle ausführenden fremden Panzerbesatzungen zu sagen. Regierung, Parteiführung, Nationalversammlung trotzen ungebeugt der Zumutung der Okkupanten, soweit sie noch frei reden können. «Noch hat kein Böhme seinen Herrn verraten» – so scheint es wenigstens.

Rätselhaft ist das Verhalten der Besetzungsmacht, deren rollende Mastodonten zwar die Strassen beherrschen, die aber bis zur Stunde weder die Kollaborateure gefunden hat, auf die sie wohl zählte, noch es wagt, *manu militari* den äusseren Widerstand zu ersticken, was ihr wohl möglich wäre. Ihre Weisung ist offenbar, wenigstens das Blutbad nicht zu wiederholen, wenn sie schon Ungarn 1956 wiederholt. Trotzdem ist die Frage bang genug, was werden wird.

So wenig man weiss, welches Mass an Leiden, Unrecht und Perfidie die nächsten Akte der Tragödie bringen werden, so deutlich sind einige der Konsequenzen bereits zu erkennen, die sich aus dem Überfall der kommunistischen Vormacht und ihrer Komplizen auf das sozialistische Brudervolk ergeben.

In erster Linie die Zerstörung des Weltkommunismus. Nach dem Ungarnaufstand hängten die Italiener jenen Leuten auf der Linken, welche die Intervention der sowjetischen Panzer, der *carri*, gebilligt und proletarische Solidarität geübt hatten, den unübertrefflichen Beinamen «carristi» an. Nach dem Coup gegen die CSSR gibt es jedenfalls zurzeit unter den Kommunisten im Westen keine nennenswerte Gruppe von *carristi* mehr. Die kommunistischen Parteien Frankreichs und Italiens haben mit vielen anderen die Nabelschnur nach Moskau, an der sie mehr oder weniger immer noch hingen, zerschnitten. Es wird, wenn überhaupt möglich, dann nicht leicht sein, die nährende Verbindung wieder herzustellen. Der Preis wäre, nach der «chinesischen», eine weitere Spaltung. Und eine «Internationale» im früheren Sinn einer manipulierten Befehlsempfängerorganisation ist für absehbare Zeit nicht mehr vorstellbar.

«Reduit» des Ostblocks

Das ist ein tiefer Einschnitt in der Geschichte einer Bewegung, die «Weltrevolution» zu ihrem Ziel erklärt hat. Die Sowjetunion hat sich in einem Grade wie nie zuvor von ihrem eigenen ideologischen Lager isoliert. Ihr direkter Einfluss ist dort jetzt reduziert auf den Umkreis des Imperiums, das sie mit der Macht ihrer Waffen beherrscht.

Ist das die nichtbedachte Folge eines überstürzten Abenteuers, oder handelt es sich um eine bewusste Option für den Rückzug ins slawische «Reduit», für die Preisgabe des internationalen Instruments? Auf jeden Fall muss Moskau sich unter einem Zwang des Handelns gefühlt haben, der nicht einmal mehr die dürftigste Tarnung erlaubte. Ein Frühlingslüftlein freiheitlichen Geistes auf einem Vorposten hat, so hat man es offenbar auch im Kreml beurteilt, den eurasischen Koloss mitsamt seinem osteuropäischen Schutzgürtel in Gefahr gebracht. Die innere Schwäche, die sich hier manifestiert, lässt die äussere Macht freilich nicht weniger fürchterlich erscheinen. Wem es nur auf Beherrschung ankommt, der kann Überzeugung sehr wohl durch Panzer ersetzen.

Auf das Prinzip brutaler Gewaltherrschaft und völliger Gleichschaltung zurückgeworfen ist der «Ostblock», der nun wirklich wieder zum Block gepresst wird. Das Signal von Prag zeigt den Satelliten überdeutlich, wo die Grenzen der Bewegungsfreiheit liegen. Sie sind jetzt weit enger gezogen als vor zwölf Jahren. Im Unterschied zu Ungarn hat die Tschechoslowakei weder die Alleinherrschaft der Kommunistischen Partei noch ihre Bindung an den Warschaupakt in Frage gestellt. Innerparteiliche Demokratisierung, wirtschaftliche Reform innerhalb der Marge des verbindlichen Dogmas, die Anknüpfung von Handelsbeziehungen mit dem westlichen Nachbarn waren Grund genug, um die gleichmachende Walze in Bewegung zu setzen.

Und was den Warschaupakt betrifft, diese angebliche Partnerschaft zum angeblichen Schutz vor angeblichen Aggressionsgefahren aus dem Westen, so hat er sich als Exekutionswerkzeug gegen seine eigenen Mitglieder in der Hand der Vormacht entpuppt und in dieser niedrigen Perversion bewährt. Dass dieses Bündnis, mit der Fuchtel der «deutschen Gefahr» bei Gehorsam gehalten, einem seiner Mitglieder, dem ersten slawischen Opfer nationalsozialistischer Aggression, deutsche Truppen ins Land schickt und Ulbricht als eifrigen Assistenten der Strafexpedition wirken lässt, setzt auf die Gewalttat noch die ausgesuchte Demütigung.

Wie lange hält der Schock?

Man hat in den letzten Tagen die Deutung hören können, Moskau habe der Intervention in Prag nicht nur seinen internationalen Apparat, nicht nur eine für das Koexistenz-«Image» vorteilhafte Lockerung des Regiments in Osteuropa, sondern auch die west-östliche Entspannungspolitik insgesamt geopfert. In diesem Punkt wird man sich vor voreiligen, von der Emotion inspirierten Schlüssen hüten müssen.

Wohl ist für den Augenblick, und solange sowjetische Truppen an der bayrisch-tschechischen Grenze stehen – weiter vorn in Mitteleuropa, als sie je seit dem Krieg gestanden haben –, die Konzeption eines neuen, weichen, europäischen «Sicherheitssystems» gegenstandslos, das die sowjetische Politik lange Zeit so intensiv propagiert hat – mit beträchtlichem Erfolg bei einigen Nato-Partnern. Wohl müssten in der atlantischen Allianz einige Fragen im Lichte der heutigen Realitäten neu überlegt werden, die Fragen etwa, ob ein weiterer Abbau der konventionellen Truppen auf dem Kontinent sich noch rechtfertigen lasse und ob die idyllische Vorstellung ausreichender Vorwarnfristen, mit der dieser Abbau bisher begründet wurde, angesichts der Erfahrung des plötzlichen militärischen Überfalls weithergeholter Luftlandeverbände noch haltbar sei.

Der Prager Schock von 1948 hatte den Anstoss zum westlichen Verteidigungsbündnis und zu seiner militärischen Organisation, der Nato, gegeben. Wird der Prager Schock von 1968 die Entwicklung wieder auf den politischen und psychologischen Stand jener Jahre zurückzwingen? Es ist mehr als zweifelhaft.

Zweifelhaft ist vor allem, ob die Vereinigten Staaten über den Prager Vorgängen ihre vorrangige Politik der zweiseitigen Verständigung mit der Sowjetunion preisgeben werden und wollen. Diese Politik hat ihren harten Kern in einem vitalen und legitimen Interesse: in der Vermeidung eines nuklearen Konfliktes mit der anderen Supermacht. Ob dieses Interesse all das zwingend rechtfertigt und verlangt, was diese Politik in den letzten Jahren an Blüten getrieben hat, steht dahin. Über den Atomsperrvertrag zum Beispiel werden manchen Europäern heute neue Zweifel aufsteigen, und wer dieses Dokument geteilter Weltherrschaft der Supermächte noch nicht unterzeichnet hat, wird den Augenblick kaum für günstig halten, das jetzt zu tun.

Amerikanisches Desinteresse

Diese bilaterale Verständigung hat in den letzten Jahren das Tabu von Jalta, das Kriegsabkommen über die Abgrenzung der beiderseitigen Interessensphären in der Nachkriegswelt, behutsam beachtet. Die früheren Proklamationen für eine Korrektur der damit geschaffenen Verhältnisse in Europa sind aus der amerikanischen Politik längst verschwunden – inklusive derjenigen für die Unterstützung einer Wiedervereinigung Deutschlands.

Was hinter dem Eisernen Vorhang geschah, war für Washington nicht mehr *res nostra,* in Ungarn nicht, in Ostberlin nicht – und ist es auch jetzt in der Tschechoslowakei nicht. Johnson hat die amerikanisch-sowjetischen Beziehungen sorgsam aus dieser Sache herausgehalten, hat mit keinerlei Sanktionen gedroht, weder vorbeugend noch *après coup,* und selbst das Luftfahrt- und das Konsularabkommen mit der Sowjetunion scheinen wie ein Augapfel gehütet zu werden, damit da kein zusätzlicher Schaden in Moskau geschehe. Der Resolutionsentwurf der Uno hat vorwiegend deklamatorische Bedeutung; wenn die USA ihn unterstützen, dann bestätigt das, so wie der Stand der Dinge nun einmal ist, geradezu seine relative politische Harmlosigkeit.

Vom amerikanisch-sowjetischen Verhältnis aber hängt alles andere und weitere im wesentlichen ab. Wenn Washington entschlossen ist, es zu schonen, dann geschieht nichts, was die Sowjetunion als Brüskierung empfinden würde, weder bilateral noch in der Nato noch etwa in Sachen Osthandel. Die Politik der Entspannung, besonders das Abrüstungsgespräch, auf das die amerikanische Regierung so viel gesetzt hat, mag ein Moratorium erleiden. Dass die USA ihr abschwören werden, ist unwahrscheinlich. Es mag bitter sein, Illusionen fahren zu lassen, aber Illusionen könnten hier weitab von den politischen Realitäten führen.

Lektionen der Ohnmacht

Trotzdem wühlt eine Grundwelle des Protestes Europa auf beiden Seiten des Eisernen Vorhangs auf, und nicht nur Europa. In das würgende Gefühl der Empörung und des Jammers mischt sich die Erbitterung über die Ohnmacht. Es mischt sich darein, unabweisbar, aber auch Skepsis. Dreimal in einem Dutzend Jahre – Ungarn 1956, Berliner Mauer 1961, Prag 1968 – ist die Welt durch die Brutalität der sowjetischen Politik erschüttert worden, zu schweigen von dem, was Moskau zuvor unter Stalin sich aufs Gewissen geladen und was es zwischendurch, etwa mit dem Ultimatum gegen Berlin und mit der Kubakrise, den andern an bedrohlichen Situationen beschert hat.

Und welche Lehren sind daraus gezogen worden? Wer auf den dem Sowjetkommunismus angeborenen Zug skrupelloser Gewalttätigkeit und auf die Realität seiner Macht hinwies, wer mahnte, dass die ebenso grosse Hoffnungen wie Illusionen weckende Entwicklung in Osteuropa rückläufig werden könnte, ist bis vor kurzem noch als «Kalter Krieger» apostrophiert worden von jenen, die mit Thomas Mann den Antikommunismus für die grösste Torheit des Jahrhunderts hielten. Was werden sie, denen heute kein Wort der Verdammung hart genug sein kann, in ein paar Monaten, wenn's hoch kommt, in einem halben Jahr, sagen? Sie, dieselben, die sich bemühten, unser Volk von seinem «Ungarn-Komplex» zu heilen und von seinem «sturen Antikommunismus» – ein polemischer Slogan für den Widerwillen gegen jeglichen Totalitarismus – und von anderen «Zöpfen» zu befreien?

Der fromme Wunsch nach Entspannung

Wenige Wochen nach dem sowjetischen Militärcoup gegen die Tschechoslowakei – vom gaullistischen Minister Debré als «Verkehrszwischenfall» bezeichnet – war «Entspannungspolitik» wieder die Parole in den westlichen Hauptstädten.

13. Oktober 1968

«Entspannung» ist eine zählebige magische Formel. Sie hat, so scheint es, auch den 21. August von Prag überstanden, ohne dass ihre Kraft beeinträchtigt worden wäre – genauer gesagt: ihre autosuggestive Kraft im Westen, denn eine Kraft, welche die Wirklichkeit im Sinne des Entspannungskonzepts, im Sinne einer Auflösung der Blöcke, einer Überwindung der Konfrontation und einer Annäherung von Ost und West bewegt hätte, hat ihr nicht, jedenfalls nie im Masse der Erwartungen innegewohnt.

Zwar hatte Entspannungspolitik, unübersehbar, mit den Versuchen einer Emanzipation einzelner osteuropäischer Länder von sowjetischer Vorherrschaft und einer «Liberalisierung» in der Tschechoslowakei zu tun, ebensosehr aber auch mit den sowjetischen Manövern, diese Versuche zu stoppen. Die vorläufige Bilanz dieser Politik aber ist ein katastrophaler Rückfall in die schlimmsten Zeiten sowjetischer Herrschaft in Osteuropa und in eine Konstellation und in ein Klima, die das Gegenteil eines entspannten Zustandes sind.

Trotzdem hält sich die Formel. Kiesinger und Brandt, de Gaulle und Debré, Rusk, sie alle haben sie in den vergangenen Wochen verwendet und bestätigt, sie alle haben zum Ausdruck gebracht: wir bleiben dabei.

Das hat verschiedene Gründe. Erstens unzweifelhaft den, dass niemand gern zugibt, dass eine Politik gescheitert sei, auf die er so viel gesetzt hatte. Das ist der deutsche und der amerikanische so gut wie der französische Fall. Zweitens das Fehlen einer konstruktiven Alternative: man wehrt sich dagegen, in die Sterilität eines neuen Kalten Krieges, in die reine «Konfrontation» zurückzufallen, die man bis vor kurzem für überwunden hielt, die keine Lösung der vielen ungelösten Fragen zwischen

West und Ost gedeihen lassen und überdies die Gefahr eines tödlichen Zusammenpralls erhöhen. Umgekehrt gesagt: Nur «Entspannung» könnte die schliessliche Lösung solcher Probleme gestatten, seien es die zwischen Washington und Moskau hängigen der Rüstungsbeschränkung, sei es die deutsche Frage oder de Gaulles vielbeschworene gesamteuropäische Verständigung – Fragen von sehr unterschiedlichem Aktualitätsgrad, wie leicht zu sehen ist.

Drittens spielt die Macht der Gewohnheit oder eine Art von Trägheitsgesetz eine erhebliche Rolle, das eine rasche Umstellung der Politik auf neue Realitäten ohnehin nur mit Verzögerung erlaubt, besonders in einer Allianz und besonders in einem Fall wie dem amerikanischen, wo man sich der europäischen Realitäten erst wieder bewusst werden müsste, nachdem man sie seit Kennedy zu verdrängen und seit Johnsons Vietnamkrieg zu vergessen begonnen hatte. Und viertens gibt es schliesslich Motive, die Politikern mit Wahlen vor Augen näher als all das liegen und die etwa einen Hubert Humphrey – den Mann, der allen alles sein will und der nichts ungesagt lässt, für was überhaupt Worte zu finden sind – bewegen, sich als «Friedenspräsident» mit dem Versprechen regelmässiger Konsultation mit den Sowjetführern, ausgerechnet jetzt, zu empfehlen.

Autosuggestion

In diesem Beharren liegt das Risiko der Palmström-Logik (dass «nicht sein kann, was nicht sein darf»), der blossen Autosuggestion und Verwechslung von Illusion und Wirklichkeit, das Risiko, dass eine Politik sich an Wünschen, vorgefassten Meinungen und an weit in der Zukunft liegenden Möglichkeiten orientiert und dabei an den harten Gegebenheiten der Gegenwart vorbeizielt. Solche Autosuggestion steckte in der lange Zeit hartnäckig wiederholten Behauptung, dass sich nach der Invasion der Tschechoslowakei durch sowjetische Armeen das strategische Gleichgewicht in Europa nicht verändert habe, obwohl statt der früheren 27 heute 42 sowjetische Divisionen westlich der Weichsel stehen, die «aus dem Stand» heraus operieren könnten.

Das Risiko unzeitgemässer Hoffnungen und illusionärer Politik steckt auch in optimistischen Deutungen, die an Äusserungen und Gespräche des sowjetischen Aussenministers Gromyko in New York anknüpfen und die eine Gesprächs- und Entspannungsbereitschaft Moskaus und die Möglichkeit suggerieren, dass der Faden dort wieder aufgenommen werden könne, wo er am 21. August abgerissen worden ist. Gromyko hat zu erkennen gegeben, dass die Sowjetunion an Rüstungsgesprächen verschiedenster Art mit dem Westen, insbesondere mit den Vereinigen Staaten, nach wie vor interessiert und dass sie auch geneigt sei, den «Dialog» mit der Bundesrepublik über das Thema des Gewaltverzichts fortzusetzen – allerdings unter Bedingungen, die Bonn immer wieder zurückgewiesen hat und die diese Gespräche in die Sackgasse geführt haben.

Aber das war nicht mehr als ein Entlastungs- und Diversionsmanöver am Rande der sowjetischen Politik, als Versuch mit mehreren Ködern leicht erkennbar. Die Sowjetunion mag die Wiederaufnahme von «Gesprächen» anstreben, die sich schon früher als nützlich in ihrem Sinn erwiesen haben, weil sie auf der Gegenseite Illusionen förderten und Spannungen erzeugten. Mit Entspannung hatten solche «Gespräche» schon bisher nichts zu tun, und nichts deutet darauf hin, dass sie heute mehr als Taktik meinen und etwa auf Resultate zielen würden, die sie bisher nicht abgeworfen haben.

«Breschnew»-Doktrin

Im Gegenteil. Im Zentrum der sowjetischen Politik stehen heute Tatsachen, erklärte Absichten und Tendenzen, die zu Entspannungshoffnungen in schroffstem Gegensatz stehen und sie auf Schritt und Tritt desavouieren.

Statt eines Abbaus der Blöcke erleben wir die neue Zusammenschweissung des einen Blockes unter einem Zwang und einer Gewalt, die sich von der stalinistischen Herrschaftsmethode in nichts unterscheiden. Statt dass den Staaten Mittel- und Osteuropas Bewegungsfreiheit gewährt und vermehrt wird, die nach dem gaullistischen Konzept zu *détente, entente, coopération* und zu neuer Verflechtung Europas hätte führen müssen, erleben wir ihre totale erzwungene Unterwerfung unter den Willen des sowjetrussischen Imperialismus – unter Verleugnung und Verkehrung selbst der kommunistischen Doktrin vom Zusammenleben der «Gemeinschaft» sozialistischer Staaten, die wie zum Hohn heute von Moskau mit «Commonwealth» übersetzt wird.

Nichts markiert diesen Sprung, auch den ideologischen Sprung weit zurück, deutlicher als eine Gegenüberstellung der früheren, wenn auch rein theoretischen Proklamationen Moskaus über dieses Zusammenleben mit der Doktrin, welche die «Prawda» ex cathedra Ende September dazu verkündet hat. Früher, etwa in einer Moskauer Erklärung vom 30. Oktober 1956, hatte es geheissen, dass dieses Zusammenleben «nur auf den Prinzipien einer völligen Rechtsgleichheit, der Respektierung der territorialen Integrität, der politischen Unabhängigkeit und der Souveränität, der Nichteinmischung in die inneren Angelegenheiten der andern» gegründet werden könne; jetzt heisst es, dass Souveränität ein abstrakter, fiktiver Begriff sei, der in dieser «Gemeinschaft» nicht gelten könne, dass «die Souveränität der sozialistischen Länder den Interessen der sozialistischen Welt und der weltrevolutionären Bewegung nicht entgegenstehen» dürfe, mit andern Worten, dass sie dem Willen Moskaus untergeordnet sei.

Das ist nicht nur von finsterer Vorbedeutung für die Zukunft Osteuropas, sondern auch für all das, was man unter Entspannung bisher verstand und sich darunter erhoffte – abgesehen davon, dass es in eklatantem Widerspruch zur Satzung der Vereinten Nationen steht, die das nationale Eigenleben in Worten garantiert.

Druck auf das Glacis

Aber die Bedeutung dessen, was am 21. August geschehen und als weiterreichender Prozess eingeleitet worden ist, liegt nicht nur in der Einkapselung und Gleichschaltung des östlichen Blocks unter der Herrschaft der Sowjetunion. Auch seine westlichen Nachbarzonen diesseits der Trennlinie sind unter stärkeren Druck gesetzt. Kossygins Besuch in Finnland signalisiert ihn für Skandinavien; die Bundesrepublik und Berlin bekommen ihn aufs deutlichste zu spüren; und mit der Kampagne gegen die österreichische Publizistik, die wie zu Goebbels' Zeiten mit der Forderung einer Gesinnungsneutralität bedroht wird, ist auch Österreich in den Schatten einer vorverlagerten sowjetischen Glacispolitik geraten.

Dazu kommt die militärische Massierung in Böhmen, die, auch wenn sie rein «defensiv» zu verstehen wäre, durch die Veränderung der Gewichtsverhältnisse tief in den Westen hinüberwirkt und den Stand auch der politischen Waage nachhaltig beeinflusst.

Diese Tatsachen und Tendenzen prägen das Gesicht Europas und das heutige Lagebild insgesamt weit stärker als die peripheren Manöver Gromykos in New York. Und sie wiegen weit schwerer und rufen weit dringlicher nach einer westlichen Politik, die ihnen Rechnung trägt, als eine Perspektive auf sehr weite Sicht, in der Entspannung nach wie vor als Voraussetzung jeglicher Verständigung erscheinen mag.

Für Entspannung und Verständigung braucht es zwei Partner, die dazu willens sind. Diese zwei Partner gibt es heute nicht. Es gibt den einen, der auf seiner imperialistischen Bahn hart zuschlägt, mit Repression, Drohung und Diversion operiert und nichts anderes im Sinne hat, als sich rücksichtslos durchzusetzen, soweit ihm die Risiken überhaupt tragbar erscheinen. Und es gibt den andern, der an der Vorstellung von Verständigung hängt und Gefahr läuft, diese Vorstellung auf den Gegenspieler zu übertragen und darüber das zu vernachlässigen, was er jetzt tun müsste, um sich für die Zukunft überhaupt die Rolle ebenbürtiger Partnerschaft zu sichern und zu erhalten.

Die Rollen werden nach der Macht, nicht nach dem guten Willen bemessen. Was der Westen an Macht, innerer und äusserer Stärke und Einfluss heute verliert oder nicht wiederzugewinnen vermag, das wird er morgen oder übermorgen, wenn die Zeit gekommen ist, bei Verständigungslösungen zu bezahlen haben, über deren Inhalt östliche und westliche Konzeptionen bekanntlich weit auseinandergehen.

Der Trug der roten Fahne

Die breite neomarxistische Welle in Teilen der europäischen Intelligenz und der Hang zum Bruch mit überkommenen Vorstellungen von Recht, Staat, Gesellschaft, Familie drängten die Frage nach der Aktualität liberaler Grundüberzeugungen auf.

26. Januar 1969

Für manchen Liberalen ist dies eine beunruhigende und in beunruhigendem Masse widersprüchliche, verwirrte und schwer zu entwirrende Zeit geworden. Über Nacht und ohne zwingenden Grund scheint ihm vieles oder alles in Frage gestellt und in Zweifel gezogen, was er für gesichert, durch Erfahrung und Erfolg bestätigt und gesichert, gehalten hatte.

Überall in der westlichen Welt, die der liberale Gedanke geprägt hat, sieht er die rote Fahne des Aufruhrs und der radikalen Absage aufgepflanzt, ohne dass er sich schlüssig erklären könnte, warum, und ohne dass die Revolutionäre selber in ihrem dissonanten Chor ihm schlüssig erklären könnten, warum – und vor allem: wo es hinaus soll. Schwankt infolge eines nicht zu enträtselnden Umschwunges der Geschichte der Boden, geht die Stabilität einer bestandenen Ordnung in Brüche, droht die Ordnung selber – keine perfekte, aber doch nach seinem Ermessen eine optimale, wenn nicht durch und durch humane, so doch im Vergleich zu den bestehenden Alternativen zur Rechten wie zur Linken weit menschenwürdigere Ordnung – zu versinken?

Nicht dass die Situation der Anfechtung für den Liberalen neu wäre. Seine Sache ist selten in ihrer Geschichte für längere Dauer irgendwo gesichert gewesen. Er hat, allein in diesem Jahrhundert, sich der Herausforderung des totalitären Marxismus wie des totalitären Faschismus stellen, dass heisst kämpfen müssen. Es war eine Auseinandersetzung mit einigermassen klar erkennbaren Alternativen, an einigermassen klaren Fronten. In beiden Fällen ging es darum, den Menschen vor dem Anspruch totaler Verstaatlichung und Gleichschaltung zu schützen.

Der Kampf ist nicht ausgestanden. Wenn man von ihm in der Vergangenheit reden kann, dann nur insofern, als im einen Fall, dem des Faschismus, die äussere Macht gebrochen wurde, die ihn zur ernsten Bedrohung werden liess, im andern, im sowjetkommunistischen, die äussere Macht sich zwar gemehrt hat, die Ideologie aber sich zu reinem Machtopportunismus zu zersetzen beginnt und ihre Ausstrahlung verliert.

Die Anfechtung und Herausforderung von heute ist anderer Art. Sie kommt nicht von aussen, sondern von innen; sie ist nicht oder noch nicht potenziert durch eine bedrohliche fremde Macht, wenn diese Macht auch vom Zerfall freiheitlicher Positionen profitiert; sie ist nicht als durchgebildete Alternative zu fassen, sie ist nicht einmal sicher als Erscheinung zu deuten. Denn niemand kann mit Gewissheit sagen, ob man es mit einer kurzlebigen Modeströmung des Aufruhrs, mit einer an Jugendjahre gebundenen und mit ihnen verschwindenden besonderen seelischen und sozialen Verfassung, mit anarchischen Verfallssymptomen einer Spätzeit oder mit Vorzeichen tiefgreifender Wandlung zu tun hat – worüber sich allerdings die Welt vor den Phänomenen von 1917 und 1933, mit denen die heutigen aber offensichtlich nicht durchwegs zu vergleichen sind, auch nicht sogleich im klaren war.

«Sozialismus» der Urgrossväter

Die Herausforderung verwendet Parolen, die zum Teil kaum das meinen, was sie sagen, oder die zu einem andern Teil als Anachronismen wirken. «Sozialismus» zum Beispiel ist eines ihrer magischen Worte geworden, nachdem es in der Gesellschaft seinen Glanz eingebüsst hat. Aber es ist nicht der Sozialismus, den die demokratischen Sozialisten des Westens meinen, die sich ihrerseits unter dem Druck der Realitäten wie der Einsicht seit längerem oder kürzerem des dogmatisch-marxistischen Ballastes entledigt haben. Es ist auch nicht das, was die sowjetische Propaganda so nennt; auch das ist der «neuen Linken», mit gutem Recht, verdächtig. Sie hält es entweder mit der reinen Utopie, unter Verleugnung all der keineswegs zufälligen negativen Erfahrungen, die mit ihrer Verwirklichung gemacht worden sind; oder sie hält sich an die exotisch-extremen Versionen eines Castrismus oder Maoismus, wobei mehr Romantik als konkrete Kenntnis im Spiel ist; oder sie projiziert Idealvorstellungen in die Prager Reform, von der niemand sagen kann, was aus ihr, auch ohne sowjetische Intervention, geworden wäre, und deren Tauglichkeit als Modell für nicht durch das Comecon ausgepowerte Staaten unter stärkstem Zweifel steht.

«Sozialismus» sodann als Kampfparole ausgerechnet einer Bewegung, die gegen die Erstarrung der Gesellschaft und gegen die Einengung individueller Freiheit protestieren und kämpfen will – jenes System, das eindeutiger als andere in der Wirklichkeit einen eingeborenen Hang zur Erstarrung, Bürokratisierung und damit zur Freiheitsbeschränkung unter Beweis gestellt hat! Urchristlicher oder verweltlichter Idealkommunismus kleiner Gemeinden genügt ja auch der «neuen Linken» nicht; sie will ein gesamtgesellschaftliches «System» – aber sie erspart sich den Gedanken, was mit idealkommunistischen Vorstellungen passiert, wenn sie unter Zwang auf eine moderne, komplizierte Gesellschaft übertragen werden, und was dabei mit der Gesellschaft passiert.

Nicht weniger widerspruchsvoll ist die Parole der Revolution. Sie meint, so ist es nun immer wieder verkündet worden, und so wird es von San Francisco bis Westberlin in Anläufen praktiziert: zusammenschlagen – und dann sehen, was daraus wird. Das liegt unter dem starken Verdacht des Nihilismus und trägt, als eine Flucht aus den Komplikationen der heutigen Gesellschaft in die scheinbare Vereinfachung der Zerstörung, offensichtlich neurotische Züge. Einen Weg zum konstruktiven Umbau weist es nicht, ein zumutbares Wagnis stellt es nicht dar. Man kann damit, wenn man die Vernunft nicht abdanken heisst, ganz einfach nichts anfangen, was freilich nicht bedeutet, dass die Gefahr dadurch geringer wird.

Widersprüche

Besonders absurd wird der Widerspruch, wo die Parole des revolutionären Zusammenschlagens sich mit der legitimen Forderung einer gerechteren Verteilung der Güter in globalem Rahmen, also mit der Entwicklung der Dritten Welt, verbindet. Die Industrie- und Wohlstandsgesellschaft, die ihre Leistungskraft, ihre Fähigkeit, «Überfluss» zu schaffen, nicht zuletzt ihrer differenzierten Arbeitsteilung, also ihrer Komplizierung, verdankt, soll in ihrer Struktur zerstört werden – und wer schafft dann den Überfluss, wer hilft den weniger Entwickelten, was bleibt für gerechtere Verteilung übrig? Auch hier hat man Mühe, Rationalität und Logik zu sehen.

Und wie soll man überzeugt werden, dass mit extremer Intoleranz das Ziel einer toleranteren Gesellschaft verfolgt, mit dem gewalttätigen Machtwillen einer Mini-Minorität das höhere Glück aller herbeigeführt werden kann?

Die Herausforderung mag wirr, in erster Linie eine Herausforderung der Vernunft und des Erfahrungswissens sein. Aber sie ist nun doch fassbar geworden. Und damit ist auch der besorgte Liberale gestellt und gezwungen, sich zu stellen, was abermals heisst: zu kämpfen. Er kann sich weder Geschichtsfatalismus leisten und sich in eine angeblich unausweichliche radikale Umwertung ergeben, noch bevor sie stattfindet und ohne dass klar wäre, wohin sie zielt, noch kann er in die kulturpessimistische Klage vom Zerfall der Zeiten resignieren, noch kann er sich angesichts von unausgegorenem Neuem mit der blossen Rolle des Verfechters eines Ancien régime begnügen, die ihm angehängt werden soll. Zuviel steht auf dem Spiel.

Es mag zu seiner Irritation beitragen, dass er die Stimmen der grossen liberalen Mahner nicht mehr hört, welche die letzte Generation in ihrer Auseinandersetzung geführt haben. Es herrscht in der Tat eine seltsame Stille im Wald – Stille der Konsternation oder Engagementscheu? –, die manchen zur Vermutung veranlasst, es sei im Lager der freiheitlichen Ordnung nichts oder wenig mehr vorhanden und ihre überzeugten Verfechter fänden nichts oder wenig mehr zu sagen und hätten sich hinter ihre Verschanzungen zurückgezogen.

Aktueller Liberalismus

Aber die Inventur zeigt das Gegenteil. Zur Überwindung auch der Krise der Gegenwart hat die liberale Auffassung von Staat und Gesellschaft weit mehr und Wesentlicheres zu bieten als ihre zerstörerisch radikalen Widersacher mit ihren in zweiter und dritter Auflage immer nebulöser werdenden gesellschaftlichen Hypothesen. Sie geht ja vom Menschen und von seiner Freiheit aus und sucht ihn vor Verstaatlichung und Vergesellschaftung, vor Kollektivierung zu schützen. Was anderes meint, wenn man ihm bis in seinen echten Grund nachgeht, eben der Protest gegen Bevormundung und Einengung – auch wenn er sich, irregeleitet, Theorien verschreibt, die in der Realität dann zu noch mehr Staat, Kollektiv, Kontrolle, Zwang führen müssten?

Der Liberalismus weiss auch einiges über Macht und ihre Gefahr und Versuchung; darum sucht er ihrer Konzentration in Staat und Wirtschaft zu begegnen und die Gewalten getrennt zu halten. Und er weiss einiges über die Problematik gleichschaltender, unbedingter Ideologie und kann sich über die Erfahrungen mit ihr nicht hinwegsetzen, als seien sie nie gemacht worden und als sei sein Fonds realistischer Skepsis lediglich totes, historisches Material.

Und er hat schliesslich gerade in unserem Staat eine Ordnung inspiriert, die der reformierenden Umgestaltung und Anpassung alle Türen offen hält und die auf den reformerischen Impuls geradezu angelegt ist. Zweifellos ist es ein Hauptteil der

Aufgabe der neuen Herausforderung gegenüber, diese Ordnung in ihren wesentlichen Zügen zu erhalten, denn eine ebenbürtige oder bessere figuriert wahrlich nicht im revolutionären Angebot. Erhalten aber heisst nicht Verteidigung alles Bestehenden, bloss weil es besteht. Es schliesst den Nachweis überlegener Lebenskraft, also die Fähigkeit zur Reform, ein, da, wo Reform notwendige Anpassung an veränderte Gegebenheiten ist; diese Fähigkeit war ein Element liberaler Dynamik, und sie muss es bleiben.

Das sind keine Lichter aus dem neunzehnten Jahrhundert, die heute unter dem Scheffel zu halten wären. Sie vermögen den Weg auch in der heutigen Situation über seine kritischen Strecken hin zu beleuchten – vorausgesetzt, man zünde sie an.

Die Trennung von de Gaulle

De Gaulle hatte dem Referendum vom 27. April 1969 über eine Regionalreform für Frankreich die Entscheidung für oder gegen ihn selber unterlegt. Die Franzosen stimmten gegen seine Vorlage, und der Präsident kehrte ihnen – ein Jahr nach den Pariser Maiunruhen – ohne Zögern am 28. April den Rücken.

4. Mai 1969

Das Bild, das Frankreich in seiner ersten nachgaullistischen Woche gezeigt hat, ist zur Überraschung manches besorgten Beobachters das relativer Normalität. Die Unheilsprognose jener Politiker, die das Referendum vom letzten Sonntag als Wahl zwischen der Person des nationalen Führers und dem Chaos dramatisiert haben, hat sich nicht – noch nicht – erfüllt; das angekündigte Chaos zögert hereinzubrechen; lediglich am Währungshorizont ballen sich die Wolken. Aber die geradezu routinehafte Art und Weise, in der sich die politischen Lager an das Geschäft der Bestellung von Nachfolgekandidaten für die Präsidentschaft machen, lässt vorläufig nicht den Eindruck tiefer Benommenheit und eines ungeheuren Vakuums aufkommen, das der Abgang einer unersetzlichen Führergestalt geschaffen hätte. Wird Frankreich sich leichter von de Gaulle und seiner Ära trennen, als es selber geglaubt oder sich den Anschein gegeben hatte?

Natürlich besagt die eine ruhige Woche, besagt der Umstand, dass die Schockwirkung wie die vorangekündigte grosse Krise vorerst nicht eingetreten ist, wenig und nichts Schlüssiges für die Zukunft – ausser vielleicht dem einen, dass sozusagen auf allen Seiten die Hemmung ausgeprägt ist, Ordnung durch Anarchie abzulösen. Die Bemühung, zu verhindern, dass der verabschiedete Staatschef mit seiner düsteren Prognose recht bekomme, wäre, falls sie anhält, ein bedeutendes, wenn auch paradoxes Zeichen seines fortwirkenden Einflusses.

Es wird nicht das einzige bleiben. Abgesehen von jener starken politischen Bewegung, die aus dem Namen der unverwechselbaren, einmaligen Persönlichkeit an der Spitze wenn nicht eine Ideologie, so doch einen -ismus abgeleitet hat – und die damit das Erbe bestreiten und fortführen will –, hinterlässt de Gaulle in Frankreich Spuren, die kaum so rasch verwischt sein werden. Es ist der Moment, sie etwas näher auf ihre Haltbarkeit hin zu prüfen. Was Person und Ära de Gaulle für das Land bedeuten, das ist, jedenfalls für die Dauer, nicht an der Schlussphase allein zu messen, in der der Überdruss des Publikums überhandzunehmen begann und vor allem oder allein noch die Angst vor der Alternative das Regime im Sattel hielt.

In zwei geschichtlichen Momenten und in zwei Verkörperungen hat de Gaulle das «bessere Frankreich» dargestellt: als zentrale Gestalt des Widerstandes gegen den Imperialismus Hitlers und als Ordner und Stabilisator eines in politische Ausweglosigkeit verirrten, *«ingouvernable»* gewordenen Staates. In beidem ist er, wenn man will, eher ein «Romantiker» als ein nüchterner Realist gewesen, geleitet von einer *«certaine idée de la France»,* in der seinem Land von der Vorsehung selber *«une destinée éminente et exceptionnelle»* reserviert war, in der «Frankreich nicht Frankreich sein kann ohne Grandeur» – wie es im berühmten Einleitungsabschnitt seiner Memoiren heisst.

Es ist sehr fraglich, ob das Volk, das mit dieser «gewissen Idee von Frankreich» geführt werden sollte, dauerhafte Veranlagung zu solcher Romantik hat und ihr über längere Strecken zu folgen bereit ist, als es 1429 der Jeanne d'Arc unter dem weissen Lilienbanner von Chinon bis Reims gefolgt war. Vieles spricht dagegen.

Résistance

Dennoch hat sich gezeigt, dass eine irrationale Bindung und Vorstellung dieser Art das Stärkste und Unerschütterlichste und zugleich letztlich auch politisch Erfolgreichste war, was in der grossen Prüfung der europäischen Nationen 1940 von Frankreich gegen den reissenden Wolf des Dritten Reiches aufgeboten werden konnte. Was de Gaulle damals im Dienste seiner Idee von Frankreich getan hat, war nicht nur ehrenvoller und realistischer als die anpasserische Kollaboration der Pseudorealisten, es bot später auch die einzige Stütze für eine Wiederaufrichtung des gedemütigten und gebrochenen nationalen Bewusstseins.

Das Comeback des Generals von 1958 hat von ihm aus gesehen eine ähnliche, vom Lande aber wohl anders bewertete Bedeutung gehabt. Herstellung von Ordnung in den politischen Wirrungen der IV. Republik, die ans Ende ihres Lateins gelangt war, und Sicherung der inneren Stabilität hiess für de Gaulle, nach seinem Leitsatz: «sehr hoch visieren», die Grundlage der Grösse, einer «erstrangigen» Stellung Frankreichs schaffen. Das Land selber hätte und hat sich wohl mit Ordnung und Stabilität als Selbstzweck nach den enervierenden Erfahrungen der Nachkriegsjahre begnügt.

Hier lag denn auch der Keim der Entfremdung zwischen dem Visionär an der Spitze und der Gefolgschaft, der Entfremdung auch zwischen dem offiziellen gaullistischen Frankreich und seiner Umwelt, wenigstens den Demokratien des Westens.

De Gaulle hat zwar mit einem seiner Axiome durchaus richtig und nahe den Realitäten gelegen: Die Nationen sind – mit spärlichen Ausnahmen – in der Tat auch nach dem letzten Krieg wieder die Elemente und Einheiten der internationalen Politik geworden, sie haben, selbst wo sie am Boden lagen, stärkere und natürlichere Bindungen schaffen oder sich erhalten und die Energien in höherem Mass auf sich ziehen können als supranationale Gebilde und Konzeptionen. Insofern war die Rolle des Restaurators der Nation aus der Erniedrigung, des Staates aus der politischen Dekadenz, die de Gaulle übernahm, zeitgemäss und heilsam.

Grandeur

Das Problem war das des Masses, das Verhängnis die Neigung, *zu* hoch über die Köpfe hinweg zu visieren. In der Restauration Frankreichs hatte er das Volk hinter sich, nicht aber im Bemühen, Frankreich als Grossmacht zu restaurieren. Überdies lag das Ziel jenseits des Erreichbaren, war die Basis zu schmal und zu wenig tragfähig. Die Konzepte, die er hintereinander in dieser Richtung entwarf und durcheinander im Wechsel verfolgte, scheiterten zumeist, weil zu wenig Macht dahinter stand: der Anspruch, im Direktorat der globalpolitischen Schiedsrichter zu sitzen, der Versuch, in Ostasien als Alternative zu Amerika wieder Fuss zu fassen, als Vormacht der Latinität Lateinamerika hinter sich zu gruppieren, als Vormacht der *«Francophonie»* Kanada zu spalten, das «französische» Afrika zu sammeln, der Versuch, mit den Nukleargrossmächten in Konkurrenz zu treten und eine Strategie «nach allen Azimuten» aufzubauen.

Gescheitert ist sodann der Versuch, auf neue Art unter französischer Führung Europa zu einigen und als Gewicht in der Weltpolitik wieder zur Geltung zu bringen. Hier war das Misslingen nicht primär in der zu schmalen Machtbasis begründet, sondern in der Methode: Zerstörung oder Lähmung der Ansätze, die für die Einigung Europas bestanden, Ausschaltung jeglicher Konkurrenz, besonders der britischen, um den Führungsanspruch, Gegensatz zu den Vereinigten Staaten, ohne deren Schutz die Sicherheit Europas inklusive Frankreichs illusorisch ist.

Gescheitert ist schliesslich der Versuch, die erstarrte Front innerhalb des grösseren Europa aufzulösen, die osteuropäischen Nationen aus ihrer Zwangsgemeinschaft loszueisen und zugleich – ein einstweilen unlösbarer Widerspruch – eine Partnerschaft mit der Sowjetunion zu entwickeln. Spätestens seit dem 21. August 1968 ist das Fiasko der Bemühung offenbar, sowjetische Blockpolitik durch die Verständigung der Nationen über den Graben hinweg aufzusprengen.

Isolierung

Auch innenpolitische Unternehmungen von grösster Bedeutung, in der Richtung wohlgezielt und gut angelegt, sind fehlgegangen, weil die prestigepolitische Optik zu hoch visierte: Die Stabilisierung der Währung, kaum war sie gesichert, wurde zum Ausgangspunkt eines offenbar chimärischen Kampfes gegen den Dollar, und das Ende ist eine akute Krise des *Franc*. Der Impuls zur dringlich nötigen Modernisierung der Industrie führte, weil er Frankreich in allen Schlüsselgebieten der technischen Entwicklung zugleich hätte an die Spitze bringen sollen, zur Zersplitterung der Kräfte mit dem Resultat, dass weder auf dem nuklearen noch auf dem elektronischen, noch auf dem Raumforschungssektor der Anschluss erreicht wurde. Dem wirtschaftlichen Aufschwung wurde das Bleigewicht eines um das Anderthalbfache vergrösserten Staatshaushaltes von sehr beschränkter produktiver Wirkung angehängt.

Und schliesslich hat die Rückbeziehung aller Politik auf den einen, hoch, zu hoch zielenden Führungswillen, auf die eine Formel «de Gaulle oder das Nichts», zu einer Stauung der inneren Widerstände geführt, des Widerwillens gegen den permanenten Zwang zur Grösse, der doch wenig Greifbares ausser einer spürbarer werdenden Isolierung Frankreichs eintrug. Der Damm der Hemmungen ist dieser Stauung in dem Moment gewichen, als die Aussicht auf einen möglichen Übergang zu einer Art von Normalität die Angst vor dem Chaos schwinden liess.

Die Absage an de Gaulle ist nicht als Wunsch zur Rückkehr in vorgaullistische Zustände zu verstehen – wenn damit freilich auch die Gefahr des Rückfalles in Wirrungen der bekannten Art keinesfalls gebannt ist. Die zentralen Leistungen der letzten elf Jahre, Ordnung, Aufbau, Stabilität, dürften ihren Platz mindestens in der Rangordnung der Wünsche und Werte behalten.

Auch wird der ausserordentliche Mann, der in ausserordentlichen Situationen das Ausserordentliche getan und geleistet hat, von dieser Absage in seiner geschichtlichen Würde nicht berührt. Wohl aber ist die breite Gefolgschaft des Ausserordentlichen, des Zwanges und Hanges zum Ausserordentlichen in sozusagen normalen Zeiten müde und überdrüssig geworden. Ihre eigene «gewisse Idee von Frankreich» ist offenbar eine bescheidenere als die des Visionärs, ihr Visier ist nicht auf den Scheitelpunkt der *Grandeur* gerichtet.

Das wirft zwar die Frage auf, was «Gaullismus», respektive das, was davon erhalten bleiben soll, nicht nur ohne de Gaulle, sondern auch ohne den Leitstern der «Grösse» noch sein könne und werde. Es könnte aber durchaus auch Aussichten haltbarer demokratischer Gestaltung und für die Partner eines entspannten Umganges mit der europäischen mittleren Macht Frankreich eröffnen.

Amerikanische Unrast

Eine Informationsreise in die Vereinigten Staaten ergab den Befund einer sich stärker nach innen wendenden, in Vietnam des auswärtigen Engagements müde gewordenen Nation.

22. Juni 1969

Wer in diesem Sommer mit Fragen nach der Politik der stärksten Weltmacht im Kopf nach Washington kommt, muss sich alsbald einer ungewohnten neuen Perspektive akkommodieren. Nach wie vor kann er sich zwar in den Büros im Weissen Haus, im Staatsdepartement und im Pentagon aus Lageanalysen und Urteilen kompetenter Experten und Verantwortlicher der Exekutive einen globalpolitischen *Tour d'horizon* unter amerikanischem Blickpunkt zusammensetzen. Die Welt ist den Sprechern der Weltmacht – heute wie gestern – lückenlos präsent, und es spricht auch nichts dafür, dass sie die internationalen Verantwortungen der Vereinigten Staaten auf einer weniger empfindlichen Waage neu wägen wollten. Nixon und sein Stab sind unzweifelhaft und entschieden «internationalistisch», und sie zeichnen das Profil ihres Willens recht deutlich.

Aber das vermag gegen den Eindruck nicht aufzukommen, dass die Blickrichtung des Landes vorwiegend eine andere ist. Im Vordergrund stehen, gewaltig dimensioniert und dominierend, die inneren Probleme Amerikas. Nicht der Zustand der Welt, sondern der Zustand des Landes ist die Hauptfrage und -sorge der Nation. Der Globus erscheint demgegenüber wie durch das umgekehrte Fernglas gesehen. Wohl nie seit den dreissiger Jahren ist die amerikanische Gesellschaft in ähnlichem Masse ihrer inneren Problematik gewahr geworden.

Doch ist die Krise anderer Natur als damals. Sie resultiert nicht aus wirtschaftlicher Not; nach wie vor prosperiert Amerika – alles in allem genommen und gemessen an den bisher gewohnten Massstäben. Aber es sind manche dieser Massstäbe, die vielen Amerikanern fraglich geworden sind, es ist ein mit fast explosiver Heftigkeit sich verbreitendes Bewusstsein von Unstimmigkeit, das die alte Selbstgewissheit zu erschüttern begonnen hat.

Angebahnt ist der Prozess allerdings von langer Hand in der schonungslosen Kritik, mit der Amerika selber den «amerikanischen Traum» wie die amerikanische Wirklichkeit zu analysieren und zu sezieren und beide einander gegenüberzustellen pflegt: ein permanenter Vorgang in der puritanischen Gesellschaft, der relativ geringe verändernde Wirkung zeitigte, solange er literarisch blieb, der breitere Spuren zog, als die sozialen und psychologischen Wissenschaften und Pseudowissenschaften sich der «Entmythologisierung» der überkommenen Vorstellungen verschrieben, und der tiefgreifende Unruhe von dem Moment an auslöste, als Kritik in Reform mündete.

Unverkennbar ist hier jenes klassische Muster wirksam, das *Tocqueville* einst in ein paar hellsichtigen Sätzen beschrieben hat: nichts stimuliert Unrast so sehr wie Reform; was an Missständen behoben wird, schärft um so mehr das Bewusstsein für das, was an Missständen bleibt.

Reformentwürfe

Was Kennedy unter dem Schlagwort einer «New Society», Johnson unter dem einer «Great Society» der Nation als Reformaufgabe vor Augen stellte, ist ein monumentales Programm für Jahrzehnte: Gleichstellung der Rassen und Integration der Minderheiten, Ausmerzung der Armut, Sanierung der monströs gewordenen Städte und Vorstädte wie der gefährdeten Natur, Ausrottung des organisierten Verbrechens, Ausbau der Gesundheitsfürsorge, der Sozialversicherung, des Erziehungswesens, um nur einige zentrale Punkte zu nennen. Es ist als ebenso eindrücklicher Katalog von Missständen und Unstimmigkeiten zu lesen, die in dem Masse nun bewusster werden, als Reformbemühungen sie ins Auge fassen – die nicht nur bewusster werden, sondern, wie sich beispielsweise in der Rassenfrage gezeigt hat, zum Teil auch objektiv akuter.

So hat ein Gefühl von innerer Problematik, ja von Krise weitherum die Gemüter zu durchdringen begonnen. Elementares scheint nicht mehr zu stimmen. Die Klage über die Unsicherheit auf den nächtlichen Strassen ist allgegenwärtig in den Städten, weit über die Nachbarschaft der unruhigen Ghettos hinaus; Karateschulen schiessen aus dem Boden, die Drugstores bieten überall Sprühdosen mit Tränengas zur Selbstverteidigung feil; die Statistik meldet über hundert Morde in den ersten fünf Monaten des Jahres allein im Washingtoner Distrikt. Weder das Elend der ausgedehnten Slums noch das organisierte Verbrechen sind neue Erscheinungen in Amerika, aber sie werden mit empfindlicheren Organen plötzlich schärfer wahrgenommen. Statistische Zahlen der Sozialproblematik zeitigen heute Schockwirkungen, wie etwa die Million Leute, die in der Achtmillionenstadt New York von öffentlicher Fürsorge abhängig sind, wie die 45 000 Personen, denen in Washington (etwa eine Million Einwohner) im Rahmen eines Hilfsprogramms gegen Unterernährung Lebensmittel zugeteilt werden müssen.

So erdrückend die Probleme scheinen, so selbstverständlich allerdings hält sie der praktische soziale Geist des Landes für lösbar, und zwar für lösbar im Rahmen der bestehenden Gesellschaftsordnung. Die grosse Mehrheit der Amerikaner denkt nicht daran, diese Ordnung grundsätzlich zu ändern. Die Arbeiter wollen nicht etwas anderes, sondern mehr von dem, was sie schon haben: einen zweiten Wagen, ein besseres eigenes Haus, mehr «Status».

Linke und rechte Militanz

Aber da ist die Minderheit, besonders auf den Universitäten, die grundlegend verändern will, die jene Werte verwirft, die den Amerikanern bisher als selbstverständlich, wesentlich und unantastbar gegolten haben, die das Prinzip des freien Wettbewerbs, den *pursuit of happiness* im landläufigen Sinn, den Drang nach Aufstieg und Status als Deformation des Menschlichen verurteilt und die sich einstweilen dagegen sperrt, den verbindlichen *way of life* zu begehen (30 Prozent des letzten Harvard-Jahrganges optieren für das mässig bezahlte Lehramt, statt wie früher fürs Business). Je grösser die Konformität der überkommenen Vorstellungen vom Leben in der Gesellschaft, um so radikaler der Protest dagegen.

Von da her aber entsteht eine Gegenbewegung. Die progressive Unrast erzeugt eine konservative. Die Frage: *«What's wrong with America?»* erhält bei vielen einen Unterton der Irritation. Die Stimmung gegen die unruhigen Elemente auf den Universitäten wie unter den Farbigen verhärtet sich, militante Abwehr gegen den Protest und Nonkonformismus formiert sich, «Ruhe und Ordnung» gewinnt als Parole an Anziehungskraft, nicht selten in Konkurrenz gegen «Reform».

Die Tendenz nach «rechts», darüber sind sich viele amerikanische Beobachter einig, ist heute schon bei weitem die stärkere und nimmt mit jeder spektakulären Manifestation des «linken» Protestes weiter zu. Die wahlpolitischen Entscheidungen in Los Angeles und New York, die zunehmende Popularität des kalifornischen Gouverneurs Reagan, eines «Harten», werden als jüngste deutliche Indizien dafür zitiert. Die Spannung zwischen «Liberalen» und «Konservativen» ist weit stärker spürbar, als sie es in den vergangenen zwei Jahrzehnten war.

Heisst das, dass Amerika, in so hohem Masse mit sich selber beschäftigt, bis zu einem Grade *«inward looking»* geworden ist, der es an Abkehr von der Aussenwelt denken liesse? Die Antwort kann nicht «Ja» sein; aber man zögert auch mit einem vorbehaltlosen «Nein». Die Frage steht nicht in dieser allgemeinen Fassung zur Debatte. Isolationismus nach dem Muster der zwanziger und dreissiger Jahre ist nicht gangbar; dazu sind die vitalen Interessen der Vereinigten Staaten, nicht zuletzt die ihrer Sicherheit, heute zu weit gespannt. Was als «Neo-Isolationismus» bezeichnet wird und von Präsident Nixon kürzlich unter diesem Titel in aller Form kritisch apostrophiert worden ist, gibt sich nicht als ein globales, pauschales Programm, wenigstens nicht in den öffentlichen Äusserungen. Die Kritik, die von dorther am aussenpolitischen Engagement geübt wird, ist, zurzeit jedenfalls, punktuell, und ihr hauptsächlicher Ansatzpunkt ist Vietnam.

Neo-Isolationismus

Der Vietnamkrieg hat die amerikanische Nation geschüttelt wie kein anderes Ereignis seit 1945. In einer Weise geführt, die das erdrückende materielle Übergewicht der Vereinigten Staaten nicht voll zur Geltung bringen konnte und durfte, mit einer politischen Zielsetzung, die den glatten militärischen «Sieg» ausschloss, mit Wehrpflichtigen, die sich oft genug fragen mögen oder in deren Namen zu Hause gefragt wird, was sie in den fernen Reisfeldern und Dschungeln zu suchen hätten, mit einem Gegner, dem trotz oder wegen der Primitivität seiner Rüstung mit den zur Verfügung gestellten Mitteln nicht beizukommen war und ist, ist dieser Krieg zur zweifellos frustrierendsten, demütigendsten Erfahrung dieser amerikanischen Generation geworden. Er wurde einem Präsidenten zum Verhängnis, und er wurde im Krisenjahr 1968 zum Katalysator eines politischen Malaise, das weit über seinen Anlass hinausging und noch immer weiter wirkt.

Der Wunsch, diesen Krieg zu beenden, ist allgemein und keineswegs auf die protestierenden Studenten beschränkt, die «Vietnam» für sinnlos halten; auch das sonst eher konservative «Suburbia» scheint ihn in breiten Schichten zu teilen, auch wenn er dort freilich nicht Beendigung um jeden Preis bedeutet. Der innenpolitische Druck auf einen massiven Abbau des Engagements ist jedenfalls erheblich.

Es wird für die Regierung nicht leicht sein, ihm gegenüber das eminente aussenpolitische Interesse durchzusetzen. Sie hat nicht unbeschränkt Zeit, eine akzeptable politische Lösung des Konflikts auszuhandeln, die der amerikanischen Position in Asien Rechnung trägt. Welches die Folgen sein würden, wenn diese Lösung innert nützlicher Frist nicht gefunden werden sollte, ist allerdings nicht vorauszusagen. Die Rückwirkung bei Frustrationen solcher Art ist unberechenbar; sie könnte Resignation, sie könnte aber auch das Gegenteil, ein Versuch der schnellen Entscheidung *in extremis* durch Macht, sein, sowenig wahrscheinlich das gegenwärtig tönen mag.

«Post-Vietnam»

Dass Amerika des kriegerischen Engagements der heutigen Form in Vietnam offenkundig müde ist, bedeutet nicht Abkehr vom auswärtigen Engagement schlechthin oder eine generelle restriktive Neudeutung der auswärtigen Interessen der Nation. Es heisst aber auch nicht, dass es solche Tendenzen nicht gäbe; sie haben bis in den Senat hinein ihre entschiedenen Vertreter.

Es kommt auch nicht von ungefähr, dass etwa die Rüstungsprogramme der Regierung auf dem Capitol heute einer minuziösen, fast systematisch anmutenden Detailkritik unterzogen werden, was darauf hindeutet, dass «Verteidigung» auch in der Öffentlichkeit nicht mehr jener nahezu sakrosankte Budgetposten ist, der sie zuzeiten war. Nixon hat sich veranlasst gesehen, gegen eine Tendenz der «einseitigen Abrüstung» und Verketzerung des Militärischen ziemlich massiv vom Leder zu ziehen. Politiker, die sich davon betroffen fühlten, haben gegen solche verallgemeinernde Verdächtigungen vehement protestiert – was wiederum heisst, dass pauschale Qualifikationen dieser Art – Neo-Isolationismus, einseitige Abrüstung, Pazifismus – doch nicht als populär eingeschätzt werden; derartiges will man nicht auf sich sitzen lassen.

Der «Trend» scheint irgendwo in einer pendelnden Mitte zu liegen zwischen Behauptung der Macht nach aussen und Konzentration nach innen. Das Glück im Winkel und abseits der Stürme, auf das die amerikanische Verfassung angelegt war und ist, wird dieser Generation kaum noch beschert sein. Die Führungsrolle in der Welt aber wird für diese Regierung, die sie wahrzunehmen entschlossen ist, mit schwerer innerer Problematik belastet sein. Sie wird mit engagierter Aussenpolitik gegen manche nach innen ziehende Strömung zu schwimmen haben.

Ein Ostwind besonderer Art

Im Sommer 1969 schien Moskau unter dem Druck seiner sich stärker ausbildenden Zweifronten-Situation wie auch im Hinblick auf die Neuwahlen in der Bundesrepublik und auf eine eventuelle Neuorientierung der deutschen Politik nach Westen hin umgänglicher zu werden. Ein Jahr nach «Prag» gingen Hoffnungen auf eine Milderung der sowjetischen Herrschaft über Osteuropa um.

3. August 1969

Ein neues, in der Tat recht interessantes Zusammensetzspiel beginnt die politischen Leitartikler im Westen zu passionieren. Spielmaterial sind «kremlologische» Fragmente aus jüngster Zeit, die etwas anders aussehen oder auszusehen scheinen als die gewohnten; und was sich daraus zusammenfügen lässt, beflügelt hier und dort die Phantasie bis zur Erwartung, dass da über kurz oder lang aus dem Puzzle ein bedeutsam gewandeltes Bild der sowjetischen Politik entstehen könnte oder werde.

Am stärksten fällt die Veränderung der Symptome im Verhältnis Moskaus zu Bonn auf. Bis vor kurzem gab es da nur die monotone Leierkastenmelodie von den westdeutschen Friedensstörern, Revanchisten und Kriegstreibern, mit der man in den seit dem 21. August 1968 vergangenen Monaten besonders auch noch die widrigen Panzergeräusche aus der Tschechoslowakei zu übertönen suchte. Nun gibt es plötzlich anderes: ein gewaltiges Geschäft, Rohre von der Ruhr gegen sowjetisches Erdgas, über das zielstrebig verhandelt wird; die Wiederaufnahme des diplomatischen Gesprächs über Gewaltverzichtserklärungen, das über dem Beharren Moskaus auf einem «Interventionsrecht» gegenüber der Bundesrepublik abgebrochen war; eine offene Tür bei Kossygin für den Botschafter Bonns wie für eine Parlamentarierdelegation, allerdings – aufschlussreich im Zeitpunkt des deutschen Wahlkampfes – vorerst für die der Opposition; eine milde Rede des Aussenministers Gromyko vor dem Obersten Sowjet, in der unpolemisch und mit Nachdruck nicht nur der Wunsch nach einer «Wendung» in den gegenseitigen Beziehungen und nach friedlicher Zusammenarbeit mit Bonn zum Ausdruck gebracht, sondern auch eine Avance, wie verklausuliert auch immer, für eine «Normalisierung» der Lage Westberlins gemacht wird.

Diesen Wechsel von eiskalt zu lauwarm hat man in den letzten zwanzig Jahren so oft erfahren, dass es eigentlich nicht schwerhalten müsste, den Gleichmut zu bewahren. Das Wechselbad ist im Kampf um die aussenpolitische Orientierung der Bundesrepublik in den fünfziger Jahren wiederholt angewendet worden, man hat es 1955 als Vorspiel zum Besuch Adenauers in Moskau, 1964 als letztes Manöver Chruschtschews und zwischendurch noch das eine und andere Mal erlebt, ohne dass es je unverfänglich positive politische Resultate erbracht hätte. Das heisst nicht, dass das Spiel sich stets mit gleichem Ablauf wiederholen müsse; es besagt nur, dass ein Wechsel der sowjetischen Taktik noch keineswegs schon einen Wechsel der sowjetischen Politik bedeutet.

Milderes Klima in Moskau?

Man hat es hier offensichtlich aber nicht nur mit einer «Sonderaktion Bonn» des Kreml zu tun. Ähnliche Wechsel der Tonlage sind nach anderer Richtung zu beobachten. Washington ist von Gromyko mit wohlwollenden Äusserungen bedacht worden und erhält günstige sowjetische Resonanz nicht nur für den Entschluss, in Gespräche über Rüstungsbegrenzung einzutreten, sondern auch auf Anregungen der Zusammenarbeit in der Raumfahrt – kein Wunder nach dem Erfolg von Apollo 11 – und auf die Idee eines sowjetisch-amerikanischen Gipfeltreffens. Humphrey glaubte in seiner Unterredung mit Kossygin «grössere Diskussionsbereitschaft» als früher und den Wunsch nach Verbesserung der Beziehungen zu den Vereinigten Staaten feststellen zu können, wenn er auch, so wenig wie die Emissäre der westdeutschen FDP, irgendwelche Anzeichen von Nachgiebigkeit zu melden wusste.

Auch der belgische Aussenminister Harmel meinte milderes Klima zu spüren und fand seine Moskauer Partner umgänglich in Fragen der sogenannten Europäischen Sicherheitskonferenz, für die die Sowjetunion ja bei den europäischen Regierungen insgesamt nicht ohne Erfolg guten Wind zu machen sucht. Der japanische Aussenminister ist mit höchst bedeutsamer Gebärde nach Moskau eingeladen worden, Persien, Afghanistan, Pakistan und Indien werden intensiv umworben, den asiatischen Staaten insgesamt wird von Breschnew ein vager Plan «kollektiver Sicherheit» suggeriert.

Nicht dass in diesem Puzzle alles homogen wäre. Eben noch hat das Moskauer Juni-Konzil der kommunistischen Parteien in militant «antiimperialistischen» Deklarationen geschwelgt, und Verteidigungsminister Gretschko hat nach Gromykos zahmer Rede wieder, verbal, wild gegen die Amerikaner vom Leder gezogen und sie der bewussten Verschärfung der internationalen Lage bezichtigt – ganz abgesehen von den antiamerikanischen, antiwestlichen Pflichtübungen der sowjetischen Propaganda, die zur Erhaltung der proletarischen Wachsamkeit unverändert täglich weiter exerziert werden.

Auch wenn da auf verschiedenen Klavieren verschieden gespielt wird, so sind die milderen Töne doch nicht zu überhören. Es ist auch nicht schwer zu schliessen, woher sie inspiriert sind: von der wachsenden sowjetischen Präokkupation mit China, von der zunehmend ungemütlicher werdenden Lage in den fernöstlichen Grenzgebieten. Der Drang, Kräfte, eigene und fremde, gegen 800 Millionen Chinesen zu mobilisieren und zu gruppieren und die allgemeine Konstellation für die Auseinandersetzung zu verbessern, die sich dort mehr als nur abzeichnet, ist offensichtlich. Die sowjetische Diplomatie obliegt mit auffallender Penetranz selbst an den unwahrscheinlichsten Adressen, zum Beispiel eben in Bonn, ihrem neuen Auftrag, die «gelbe Gefahr» mitsamt der historischen Rolle Russlands als Hüterin zivilisatorischer Gesittung in starkes Licht zu setzen, auch wenn sie sich dabei natürlich (noch) nicht der Spenglerschen Begriffe bedient.

Druck von China her

Die Frage wäre demnach, besonders für Europa – in ähnlicher Weise auch für Japan –, ob unter dem Druck der «chinesischen» Sorge die Sowjetunion nicht nur umgänglicher, sondern für die Lösung seit langem hängiger Fragen zugänglicher werde, ob sie bereit sei, für den Abbau einer Zweifronten- oder Mehrfrontensituation, in der sie sich zu ihrem Missbehagen heute sieht, mit Zugeständnissen einen Preis zu zahlen, den jedes Ding, auch in der Politik, nun einmal hat.

Die Antwort darauf ist, vorerst jedenfalls, nicht «Ja». Nichts deutet darauf hin, dass hinter der Offensive freundlicher Einladungen zur Zusammenarbeit und milder Absichtserklärungen eine Bereitschaft zur Revision sowjetischer Herrschaftsvorstellungen und -methoden etwa in Osteuropa stehe. Gerade dort zeigt die sowjetische Politik nach wie vor ihr gewohntes, hart verkrampftes Gesicht. Der Jahrestag des 21. August wird in der Tschechoslowakei in Form von sowjetischen Manövern, das heisst mit der Manifestation militärischer Macht, begangen; der Druck auf Prag bleibt unerbittlich und sucht die restlose Unterwerfung zu erzwingen, ja nach der stalinistischen Manier sogar die rückblickende Neudeutung und

Umfälschung der Vorgänge von 1967/68, aus denen, wie im Falle Ungarns, eine «Konterrevolution» zurechtgemacht werden soll; die Breschnew-Doktrin der begrenzten Souveränität sozialistischer Staaten wird nach aussen zwar geleugnet, nach innen aber neu bekräftigt mit der zynischen Formel vom «Recht des Freundes», einem befreundeten sozialistischen Volk auch in seinen inneren Schwierigkeiten «Hilfe zu leisten».

Moskau sucht sich für künftige Entwicklungen im Fernen Osten nicht dadurch zu wappnen, dass es im Westen Ballast abwirft, sondern indem es sich bemüht, dort den Status quo zu fixieren. Das ist das primäre Ziel der stark propagierten Europäischen Sicherheitskonferenz wie die Basis der bilateralen Verständigung mit den Vereinigten Staaten, wie die Bedingung einer «Normalisierung» des Verhältnisses mit der Bundesrepublik. Zu einer andern Politik dürfte die Führungsspitze im Kreml schon mit Rücksicht auf ihr prekäres, labiles inneres Gleichgewicht, mit Rücksicht auch auf die Spannungen in ihrem Herrschaftsbereich zurzeit kaum willens und kaum handlungsfähig sein.

Auf der Basis des Status quo

Das reduziert die Bedeutung der sowjetischen Gesten beträchtlich. Es müsste auch die westlichen Erwartungen reduzieren, nicht zuletzt jene deutschen Spekulationen, die auf die – sichtbar für den Wahlkampf tempierten – direkten und indirekten Anregungen Moskaus und Ostberlins hin prompt ausgebrochen sind, dass eine andere Regierung in Bonn das Verhältnis der Bundesrepublik zur Sowjetunion und zur DDR um einen kräftigen Ruck verbessern würde.

Damit ist nicht gesagt, dass die politische Bedeutung der neuen sowjetischen Taktik, sofern sie sich bestätigen sollte, gleich Null sei. Es sind auch auf der Basis des *Status quo* diverse Verbesserungen der gegenwärtigen Zustände zwischen West und Ost durchaus denkbar, zum Beispiel auf dem Gebiet der strategischen Rüstung, im Verhältnis zwischen Bundesrepublik und DDR, zwischen der Bundesrepublik und Polen, in der Situation Berlins. Diplomatische Aufklärungsaktionen wie die angekündigte westliche Berlin-Initiative, mit denen Verständigungsmöglichkeiten ausgelotet werden sollen, sind sinnvoll. Der beschränkte Ertrag, den Operationen mit zurückgesteckten Zielen abwerfen könnten, könnte mehr sein als das Nichts, das bei der Alternative «alles oder nichts» in der Regel herausschaut.

Aber das eigentliche Ziel westlicher Politik kann nicht das der sowjetischen, kann nicht ein Beitrag zur Sicherung totalitärer Beherrschung eines abgesiegelten, von Selbstbestimmung ausgeschlossenen Osteuropa sein. Zu Arrangements und Zugeständnissen, die im Sinne einer Klimapflege in dieser Richtung die unglücklichen Verhältnisse verfestigen würden, besteht gerade jetzt kein Anlass. Der Ostwind besonderer Art, der sich vom Amur her erhoben hat, bläst nicht in erster Linie dem Westen, sondern der Sowjetunion ins Gesicht. Er mag mit der Zeit über Asien hinaus einiges auch in Europa in Bewegung bringen; diese Region von Bewegung abschirmen und in Tiefstarre halten zu helfen kann nicht Aufgabe westlich-sowjetischen Zusammenwirkens sein.

Die Giganten am grünen Tisch

Im November nahmen die beiden Nukleargrossmächte diplomatische Gespräche miteinander auf über eine Begrenzung ihrer strategischen Waffen (Salt).

16. November 1969

Am Montag erfolgt in Helsinki der Auftakt zu einer politischen Grossunternehmung, die lange hat auf sich warten lassen und die, als man schon zweifelte, nun doch ziemlich unversehens und unerwartet in Gang gekommen ist: der «Dialog» zwischen den Vereinigten Staaten und der Sowjetunion über die Beschränkung der strategischen Waffen (*Strategic Arms' Limitation Talks,* Salt). Beide Seiten haben offensichtlich Berge von internen Schwierigkeiten bewältigen müssen, nur schon um ihre jeweilige eigene Position zu klären. Zwischen ihrem ersten grundsätzlichen «Ja» und dem Konferenzbeginn liegt weit mehr als ein Jahr – liegt in Amerika ein Präsidentenwechsel und in Moskau der Überfall auf die Tschechoslowakei mit seinen inneren und äusseren Folgen.

Trotzdem ist Salt für die leicht entzündliche optimistische Phantasie Amerikas eine Zauberformel geworden, die Entspannungshoffnungen weckt und Abrüstungsmagie beschwört. Ein Tross von Reportern lauert in Helsinki auf «news» von Bedeutung, die von diesem grünen Tisch aber für längere Zeit kaum zu erwarten sein werden.

Von Abrüstung aber ist hier nicht die Rede und wird vorerst nicht die Rede sein. Nicht um Verminderung der Rüstungslasten geht es in diesem Gespräch von Grossmacht zu Grossmacht, sondern um die Verhinderung einer drastischen abermaligen Erhöhung, um die Verhinderung eines neuen scharfen Wettlaufes zu einem unbekannten, in Zukunftsnebel verhüllten, unheimlichen Ziel.

Beide Seiten haben neue strategische Waffen im Ärmel: die Russen ein Antiraketensystem (ABM), mit dem sie Teile ihres Territoriums gegen Fernwaffenangriffe schützen zu können hoffen, eine Fernlenkwaffe, die mit weit geringerer Vorwarnzeit treffen kann als die gebräuchlichen Interkontinentalraketen (FOB), ein Missil mit gesteigerter Schubkraft (SS-9) und Mehrfachsprengköpfe mit Streuwirkung; die Amerikaner Mehrfachsprengköpfe, die einzeln gezielt werden können (MIRV), und die Anfänge eines ABM-Systems.

Vieles von diesem Neuen ist noch nicht «truppenreif», kann es aber jeden Augenblick werden. Alles ist zu denken in Verbindung mit nuklearer Zerstörungskraft, sofern man sich das Unvorstellbare überhaupt denken kann. Dazu kommen auffallende Zahlenverschiebungen in den «alten» Arsenalbeständen: die Sowjetunion hat in den letzten vier Jahren die Zahl ihrer Interkontinentalraketen mehr als verdreifacht und besitzt davon heute praktisch gleichviel wie die Vereinigten Staaten (1050), und sie hat ihre Flotten-Missile beträchtlich vermehrt; ihre neuen Raketen sollen das Äquivalent von 25 bis 30 Megatonnen Sprengstoff befördern, gegenüber fünf Megatonnen der stärksten amerikanischen Titan 2.

All das signalisiert, abgesehen vom Gigantismus des Zerstörungspotentials, die Gefahr, dass das bisherige Gleichgewicht der Abschreckung, auf dem unsere relative Sicherheit beruht, ins Wanken kommt bzw. dass es nur mit einer gewaltigen materiellen Anstrengung auf einer «höheren» Ebene wieder aufs neue hergestellt werden kann.

Rüstungsschraube ohne Ende?

Beide Perspektiven sind erschreckend. Ob aber beide Seiten sie gleichermassen auch als erschreckend empfinden, wird sich erst noch zeigen müssen. Die Verhandlungen werden Auskunft geben, ob ihre Interessen sich in der Verhinderung eines neuen Rüstungswettlaufes und eines sicherheitspolitischen Abenteuers mit unvorhersehbarem Ausgang berühren. Es wäre voreilig, in der blossen Aufnahme des Gespräches schon ein sicheres Anzeichen dafür zu sehen, dass beide ihre Sicherheitspolitik auf dem heutigen Gleichgewicht des Schreckens gründen lassen wollen, dass sich in Helsinki eine Art Wiener Kongress entwickle, in dem gefährlich sich regende Dinge im Tiefgefrierverfahren für längere Zeit zur Ruhe gebracht werden.

Man hat, zum mindesten in Washington, sich sehr bemüht, Salt zu entpolitisieren, indem man die rüstungstechnischen Fragen sorgfältig aus den politischen Verwachsungen und Verknotungen herauspräparierte. Sie sollen isoliert und politisch keimfrei auf den Tisch kommen und sich dort nicht berühren mit Vietnam, dem Nahen Osten, den osteuropäischen und deutschen Fragen, auch nicht einmal mit der Nato und der

Mittelmeerstrategie. Nur von blankem Stahl, von Megatonnen, Elektronik, Schubkräften, Schusspräzision, von Quantitäts- und Qualitätsvergleichen soll die Rede sein, und auch da soll noch etliches ausgeschlossen bleiben, zum Beispiel alle Waffen der Nato inklusive der ihr zugewiesenen Polaris-Raketen. Auf dieser begrenzten Basis soll es dann, wenn es gut geht, zum Tauschhandel gleichwertiger Verzichte auf allerdings recht ungleichartige «gadgets» kommen, und resultieren sollte daraus eine Art von langdauernder «Parität», ein fixiertes Gleichgewicht.

Lassen sich Rüstungsfragen zwischen Grossmächten nach solcher Ausklammerungsmethode lösen? Einleuchtend ist, dass das Unternehmen sich ausweglos und hoffnungslos verfahren müsste, wenn politische Fragen einbezogen würden. Das würde auf eine Pauschalbereinigung aller Streitfragen hinauslaufen, die nicht denkbar ist, heute nicht und nicht für lange Zeit. Ebenso einleuchtend ist aber, dass die hochkomplexe Materie der Rüstung ihrerseits selber vorwiegend politischer Natur ist und dass Verhandlungen darüber aus der Politik der Mächte nicht herauszulösen und von ihr nicht zu isolieren sind, dass mit Rückwirkungen und Wechselwirkungen gerechnet werden muss.

Die Grossmächte unter sich

Allein der Umstand, dass Washington mit Moskau über Sicherheitsfragen von weltweiter Bedeutung zweiseitig verhandelt, schafft für die Amerikaner zum Beispiel ein Allianzproblem. Sie haben es vorerst eingedämmt mit der Zusage voller und rechtzeitiger Konsultation mit ihren europäischen Partnern. Diese Konsultation schränkt ihre Handlungsfreiheit ein, eliminiert aber auf die Dauer kaum die Tücken der Prozedur; man hat hier zu viele Erfahrungen, als dass man die Möglichkeit von Konflikten ausschalten könnte. Auch die Sowjetunion hat ihr Problem des Bilateralismus. Dass sie mit dem «imperialistischen Aggressor» verhandelt, trägt ihr zwar nicht im Warschaupakt Misstrauen ein – dort wird es eher die Resignation verstärken –, wohl aber in Peking, und dies im Augenblick, da sie sich um eine Entspannung des prekären Verhältnisses zu China bemüht. Anderseits gibt es ihr eine auf die Dauer kaum nur theoretische Möglichkeit, Westeuropa, oder einige seiner Staaten, mit dem Gespenst der zweiseitigen Verständigung zwischen den Supermächten nachhaltiger zu eigenen Ostexkursionen zu animieren. Das Instrument dafür ist mit der Lancierung der sogenannten Europäischen Sicherheitskonferenz bereitgestellt, auf die einige europäische Regierungen bedeutend positiver reagiert haben als Washington.

Niemand wird heute im Westen schlüssig interpretieren können, wie und als was die Sowjetregierung den strategischen Dialog mit den Vereinigten Staaten in erster Linie sieht – ob eher als einen ernsthaften, auch in ihrem Interesse notwendigen und dringlichen Versuch, durch Verständigung einen neuen Rüstungswettlauf zu vermeiden, oder ob eher als ein Vehikel ihrer traditionellen, auf Spaltung des Westens angelegten Politik. Beides steckt drin. Die Vorsicht, mit der Nixon sich an das Experiment macht, ist nicht nur von der Schwierigkeit des konkreten Themas, sondern von der politischen Ambivalenz dieser Verhandlung her gerechtfertigt und angezeigt.

Tauwetter im Dezember?

Verschiedene Stränge westlicher Entspannungspolitik und des Gesprächs mit Moskau überkreuzten sich, z. B. ein amerikanischer in «Salt», ein deutscher in Brandts «Ostpolitik».

14. Dezember 1969

Den Aussenministern der Nato-Partnerstaaten, die in der ersten Dezemberwoche in Brüssel beraten hatten, wird man nicht leichtfertigen Optimismus in der Beurteilung der näheren Perspektiven der Ost-West-Politik vorwerfen können. Zwar stehen sie alle unter dem Impuls der Hoffnungen auf Entspannung und strapazieren dieses meistgebrauchte, an politischer Substanz jedoch nach wie vor arm gebliebene Stichwort des Jahrzehnts wieder und wieder.

Aber die Bilanz, die sie in ihren Schlusserklärungen gemeinsam gezogen haben, ist recht nüchtern. Dem Propagandarummel um die sogenannte Europäische Sicherheitskonferenz, der Europa in bezug auf diese Monsterveranstaltung wundergläubig und ungeduldig machen will, haben sie sich entzogen mit dem Hinweis, dass konkrete und konstruktive Ergebnisse in Sicht kommen müssten, ehe man sich darauf einlassen wolle.

Auch haben die westlichen Aussenminister «zur Kenntnis genommen», dass auf dem 1968 von ihnen abgesteckten Weg zu einer Entspannung, dem über ausgewogene gegenseitige Truppenverminderungen, bisher nichts erreicht worden ist. Zur Kenntnis genommen, wenn auch nicht formell, haben sie in diesem Zusammenhang auch überdeutliche Äusserungen des sowjetischen Aussenministers, dass Verhandlungen über dieses Thema in näherer Zukunft aussichtslos seien und nicht ins Programm der von Moskau propagierten Unternehmung über europäische «Sicherheit» gehörten. Das heisst, dass die Sowjetunion einerseits nicht an einen Abzug, auch nicht einen partiellen, aus Osteuropa denkt, anderseits, dass sie eine Truppenverminderung nach ihrem Geschmack, nämlich eine einseitige, nur im Westen stattfindende, billiger und ohne Aufwand ihrerseits zu erreichen hofft – durch den Abzug amerikanischer Truppen in zwei Jahren, der bereits seit einiger Zeit wieder durch das amtliche und öffentliche Gerede spukt.

Die Möglichkeiten einer Entspannung, die etwas Konkretes bedeuten würde, einer Neugestaltung des europäischen «Sicherheitssystems», die mit Sicherheit noch irgend etwas zu tun hätte, sind unter diesen Umständen ziemlich stark beschränkt. Aber Diplomatie soll ja auch Unmögliches versuchen. Als Annäherungsweg zu dem immer noch nicht näherrückenden Ziel empfiehlt der Ministerrat der Nato den bilateralen, den der Verhandlungen zwischen einzelnen Staaten in West und Ost – nicht zum erstenmal und auch nicht, weil da unmittelbar Greifbares winkt, sondern weil dieser Weg bekanntlich von einigen Regierungen mit oder ohne Rat ihrer Partner bereits begangen wird.

Grünes Licht für Bonn

Insbesondere haben durch diese Empfehlung den öffentlichen Segen erhalten die Diskussionen zwischen den Vereinigten Staaten und der Sowjetunion über eine Beschränkung der strategischen Waffen in Helsinki und die Versuche Bonns, mit Moskau und Warschau ins Gespräch zu kommen. Sogleich nach der Brüsseler Nato-Tagung ist denn auch der westdeutsche Botschafter im Kreml angetreten, um das seit den frühen sechziger Jahren vorgesponnene Thema von «Nichtangriffs-» beziehungsweise, wie die Etikette heute heisst, «Gewaltverzichtserklärungen» diplomatisch zu konkretisieren. Und schon ist wieder einmal zu lesen: europäisches Tauwetter.

Moskau hat seinerseits der Aufnahme dieses Gesprächs mit Bonn eine Gipfelkonferenz mit seinen osteuropäischen Satelliten vorgeschaltet. Auch dort ist, wenn man das Communiqué vom 5. Dezember richtig deutet, der bilaterale Weg der Annäherung skizziert worden, die Entwicklung der «Beziehungen zu allen anderen europäischen Staaten ... entsprechend den Prinzipien der Gleichberechtigung, der Nichteinmischung in die inneren Angelegenheiten, der Achtung der Souveränität, der territorialen Integrität und der Unantastbarkeit der Grenzen» usw. – wie sich die östliche Formelsprache auch nach dem Überfall auf die Tschechoslowakei und trotz Breschnew-Doktrin nach wie vor oder wieder ausdrückt.

Ob sich die verschiedenen Aufklärungstrupps aus West und Ost auf ihren gesonderten Pfaden nicht nur diplomatisch, sondern auch in einem gemeinsamen Verständnis der Probleme begegnen werden, das ist hier nun freilich die Kardinalfrage. Das erwähnte Moskauer Communiqué selber begründet sogleich solide Zweifel daran. Denn es bekräftigt für diese «Entwicklung der Beziehungen» mindestens in einem Punkt jene alte Forderung, die Bonn und seine Partner bisher als unannehmbar bezeichnet haben – dass, unter anderem, «die Interessen des Friedens und der Sicherheit es erfordern, dass alle Staaten gleichberechtigte Beziehungen auf völkerrechtlicher Grundlage zur Deutschen Demokratischen Republik aufnehmen».

Grenzen der Bewegung

Es wird in erster Linie Sache der Bonner Regierung sein, zu entscheiden, ob und bis zu welchem Punkte sie unter solchen Umständen ihre ostpolitische Offensive weiterführen will, auf die sie so grosses Gewicht legt, ob und wie sie sich gegebenenfalls aus dem Widerspruch ihrer Deutschlandpolitik – Anerkennung der Existenz zweier deutscher Staaten nach «innen», Verweigerung der Anerkennung, und Verhinderung der Anerkennung durch Dritte, nach aussen – herauslösen kann. Sie erhält zwar von einigen Seiten – wie neulich von der Londoner «Times» – enthusiastisches Lob für ihre östlichen Aktivitäten: «Was Unbeweglichkeit war, ist jetzt Bewegung; wo Mangel an Ideen herrschte, ist jetzt frische Phantasie am Werk.» Aber mit einem von Hintergedanken eher egoistischer Art kaum ganz freien Attest von Bewegungsfreude und Phantasie ist der Regierung Brandt auf die Dauer wohl kaum gedient. Sie will schliesslich nicht nur «verzichten», sondern, nötigenfalls mit Verzichten, in Begriffen deutscher Politik etwas erreichen. Was kann sie erreichen?

Die Frage ist dem Westen insgesamt gestellt, dem sich die Bonner Regierung, jedenfalls in der von ihr eingeschlagenen Richtung, nun als eine Art Schrittmacherin bei der Auflockerung des West-Ost-Verhältnisses empfiehlt. Wenn von gleichwertiger Truppenverminderung nicht die Rede sein darf, weil Moskau nicht will, wenn anderseits «Normalisierung», wie Moskau sie versteht, bedeuten soll: Anerkennung der Teilung Deutschlands und darüber hinaus Fixierung der Teilung Europas, Erhaltung des sowjetischen Herrschaftssystems mit all seinen schlimmen Attributen in Osteuropa – was soll und kann dann bei solcher Art von Entspannungspolitik herausschauen?

Handel, technische Zusammenarbeit? Hier dürften Geben und Nehmen zwischen West und Ost in absehbarer Zeit, alles in allem genommen, schwerlich ins Gleichgewicht kommen. Mehr äussere Bewegungsfreiheit für den einen und anderen osteuropäischen Staat? Sie wird angestrebt in Bukarest, Budapest, vielleicht auch in Warschau, vielleicht auch, wenigstens noch «innerlich», in Prag – aber bis zu welchem Punkte wird das Moskau Breschnews sie erlauben?

Das gemeinsame Interesse: Friede

Gewaltverzicht? Erklärungen dieses Inhalts könnten möglicherweise einiges zur atmosphärischen Aufhellung und Entlastung in West und Ost, im Westen dann allerdings auch einiges zur Verbreitung nach wie vor unzeitgemässer Sorglosigkeit beitragen. Aber niemand, der noch eine persönliche oder eine Schulerinnerung an den *Kellogg-Pakt* von 1928, an jenes nahezu universelle Abkommen zur Ächtung des Krieges, mit sich trägt, wird solchen Papieren viel politisches Gewicht zutrauen. In Putzgers altem historischem Atlas prangte in der Ausgabe der dreissiger Jahre auf der letzten Seite eine imposante Weltkarte, auf der die 60 Staaten eingefärbt waren, die sich in jenem Pakt vertraglich verpflichtet hatten, auf Krieg zu verzichten und sich einer internationalen Schiedsgerichtsbarkeit zu unterziehen; man betrachtete sie 1939 bis 1945 mit eigenen Gefühlen. Mehr Sicherheit wird auch in den siebziger Jahren nicht aus so etwas entstehen.

Das überragende gemeiname Interesse von West und Ost, so wird man vernünftigerweise annehmen dürfen, und darüber hinaus das einzige, das mit einiger Wahrscheinlichkeit zu bestimmen ist, ist heute die Erhaltung des Friedens. Er ist zurzeit durch gegenseitige Abschreckung der Grossmächte, durch Rüstung gesichert.

Aber bei weitem nicht alles, was hier unter den Titeln der besseren Friedenssicherung und der Entspannung an Konzepten angeboten wird, hat mit Sicherung des Friedens und Entspannung auch wirklich zu tun, am allerwenigsten die Europäische «Sicherheitskonferenz», so wie sie zur Diskussion gestellt ist. Vieles hat weit eher den Charakter des alten, in den Grundzügen gleichgebliebenen, lediglich in der Anlage und vor allem in den Wortetiketten hie und da wechselnden Positionsspieles, in dem es um ganz anderes geht: um Auseinandermanövrieren der Gegenseite, um Isolierung und Einspinnen eines wichtigen Störelements, zum Beispiel der Bundesrepublik Deutschland, um Absicherung des totalitären Herrschaftsbereiches.

Die Auflösung dieses Spiels in selbständige Einzelzüge vieler Partner ist ein Experiment, das seit de Gaulle auf westlicher Seite bald den einen, bald den anderen lockt. Seine sichtbaren Erfolge stehen hinter seiner sichtbar gewordenen Problematik deutlich zurück.

Der Eckpfeiler Amerika

In den Vereinigten Staaten nahmen im Zeichen des Vietnamkrieges Tendenzen eines Abbaus der amerikanischen Präsenz in Europa politische Formen an.

1. Februar 1970

Ein vertrautes Hausgespenst westlicher Politik hat seinen Umgang wiederaufgenommen: einmal mehr ist von einem künftigen massiven amerikanischen Truppenabbau in Europa die Rede.

Der Spuk hat seine Ursachen. Da wäre ein Satz aus der letzten Rede Präsident Nixons zu zitieren: «Wir werden treu zu unseren vertraglichen Verpflichtungen stehen, aber wir werden unser Engagement und unsere Präsenz, was die Angelegenheiten der anderen Länder betrifft, abbauen.» Der Satz steht in der Botschaft über den «Stand der Union» vom 23. Januar, die insgesamt, vor dem Hintergrund der tiefgreifenden vietnamesischen Erfahrung, ein neuer Anlauf zum Versuch ist, den ungelösten inneren Problemen Amerikas ihren Rang vor oder mindestens neben den äusseren der Grossmacht zu sichern – ein Versuch, den jeder Präsident seit Roosevelt unternommen hat und den keiner so, wie er ihn entwarf, durchzuführen vermochte. Nixons Satz bedarf der amtlichen aussenpolitischen Interpretation, die demnächst nachgeliefert werden soll. Was in bezug auf Europa konkret aus ihm abzuleiten ist, bleibt vorläufig offen.

Da ist sodann der nun anscheinend von mehr als der Hälfte der Senatoren unterstützte Resolutionsantrag Mansfields, der mit seinem Verlangen nach «wesentlichen Kürzungen» *(substantial reductions)* der amerikanischen Truppenbestände in Europa seit Jahren über der Politik der Regierung hängt. Ahnungsvolle Prognostiker übersetzen «substantial» schon heute mit «hunderttausend Mann» und mehr – die Hälfte der amerikanischen Streitkraft in Deutschland.

Da gibt es schliesslich bereits vollzogene kräftige Abstriche am Verteidigungsbudget und für das laufende Jahr vorgesehene Mannschaftsreduktionen, die den Bestand der amerikanischen

Streitkräfte um nicht weniger als zehn Prozent etwa auf das Niveau von 1961 herabsetzen werden. Beide treffen vor allem die amerikanische Kapazität zur konventionellen Kriegführung, indes die nukleare Waffe intakt bleibt. Daraus ist der Schluss gezogen worden, dass es mit der Strategie der «flexible response», der dem Angriff angemessenen Abwehr, zu Ende gehe und Amerika im Begriffe stehe, sich wieder vorwiegend auf die reine Abschreckwirkung seiner atomaren Mittel zu stützen.

Alles dies und noch mehr hat in jüngster Zeit die pessimistische Spekulation aufblühen lassen. Wieweit sie abwegig ist, wird sich weisen. Offensichtlich aber ist sie voreilig, denn die Sache ist keineswegs entschieden. Den Vermutungen können, in Erwartung der Verdeutlichungen Nixons, Erklärungen aus dem Führungskreis Washingtons entgegengesetzt werden, vor allem die des Unterstaatssekretärs Richardson, die die Erhaltung einer «substantiellen» Präsenz in Europa nach wie vor und mit grossem Nachdruck als ein vorrangiges Erfordernis amerikanischer Sicherheits- und Allianzpolitik bezeichnen. Schärfer, als Richardson die verhängnisvollen Konsequenzen eines Abbaus umrissen hat, kann keine Kassandra der Alten Welt sie fassen.

Das Minimum der Glaubwürdigkeit

Solange der Fall hypothetisch ist, mag es genügen, einige seiner Perspektiven mit andeutenden Strichen zu skizzieren. «Dass andere Nationen das Ihrige tun», ist eine ständig wiederkehrende Forderung der Entlastung suchenden amerikanischen Politik, und die Europäer können schlecht sagen, sie seien damit nicht gemeint. Aber die Erfahrung lehrt, dass eine Reduktion der amerikanischen Präsenz nicht ein Ansporn für die andern ist, «das Ihrige» zu tun, sondern dass sie im Gegenteil von ihnen als grünes Licht gedeutet wird, auch ihrerseits abzubauen.

Wieviel Abbau aber verträgt die Verteidigung dieses Kontinents noch? Dessen, was ihr auf der anderen Seite gegenübersteht, vermöchte sie sich heute schon nur durch einen schnellen Griff nach den atomaren Waffen zu erwehren, sofern von «wehren» da noch die Rede sein könnte. Je abhängiger die Verteidigung aber von diesen Zerstörungsmitteln wird, desto unglaubwürdiger wird sie; je unglaubwürdiger sie ist, desto mehr verliert sie ihren Sinn, der nur in der Kriegsverhinderung durch Abschreckung – glaubwürdige «Disuasion» eben auch gegen Übergriffe unter der atomaren Schwelle – liegen kann. Zerfall der Sicherheit könnte aber nicht ohne politische Folgen bleiben. Man würde sich dem Stärkeren fügen müssen.

Sollte aber, entgegen der wohlbegründeten Erwartung, ein massiver amerikanischer Truppenrückzug doch eine europäische Willensregung auslösen, die Lücke zu füllen – wer sollte sie füllen? Frankreich, England? Die Nennung der Namen schon erweist die Vorstellung als irreal. Die Augen pflegen sich bei solchen Erwägungen auf die Bundesrepublik Deutschland zu richten – für einen Moment, aber nicht für länger. Denn der Gedanke einer weiteren Stärkung der ohnehin schon stärksten konventionellen westeuropäischen Militärmacht ist den meisten oder allen ihrer Partner höchst unerwünscht. Schon eine relative Gewichtszunahme der Bundesrepublik, die aus der blossen Verminderung des amerikanischen Gegengewichts resultieren müsste, würde als alarmierende Störung der innereuropäischen Balance empfunden. Die doppelte Rolle der amerikanischen Streitkräfte in Europa – die des Protektors gegen die östliche Grossmacht wie die des Gleichgewichtsfaktors innerhalb des Bündnisses – erscheint unter solchen Umständen als unerlässlich und unersetzbar.

Tücken der Spekulation

Abgesehen davon – Bonn könnte diesen Ersatz zurzeit nicht bieten, auch wenn es wollte; denn es ist mit der Bundeswehr in ihrer heutigen Stärke bereits in Nöten. Und es wollte nicht, auch wenn es könnte; denn wie würde sich eine weitere Aufrüstung der Bundeswehr reimen mit einer Ostpolitik, die so intensiv die Verständigung mit Moskau sucht, und zwar über das Mittel von «Gewaltverzichtserklärungen»?

Hier kann man den Bezirk der Hypothese verlassen und sich fragen, nicht, was geschehen würde, wenn Washington einen Truppenabbau in grösserem Ausmass, etwa nach 1971, durchführen würde, sondern was es bedeutet, wenn heute in diesem Punkt neue Ungewissheit entsteht und Unruhe sich verbreitet. Das hypothetische Gespenst kann nämlich politisch unversehens sehr real werden, auch ohne dass es Fleisch und Blut annimmt.

Man braucht nicht viele Worte darüber zu verlieren, dass im Zeichen solcher Ungewissheit west-östliche Verhandlungen über einen beiderseitigen Truppenabbau in Europa gegenstandslos würden. Die Nato zeigt bekanntlich an solchen Vereinbarungen Interesse, und sie wären übrigens das einzige vorstellbare Traktandum der vom Osten so stark propagierten sogenannten europäischen Sicherheitskonferenz, das mit «Sicherheit» überhaupt etwas zu tun hätte. Moskau wird keine Gegenleistung in Erwägung ziehen für etwas, was gegebenenfalls dann gratis zu haben wäre. Ob die Verfechter und Praktiker der Breschnew-Doktrin für Gespräche über gegenseitige Truppenverminderungen überhaupt zu gewinnen wären, ist allerdings auch ohne das fraglich. Sie haben, mit dem Blick auf ihre Besetzungsarmeen in Osteuropa, bereits einmal deutlich «njet» gesagt. Um so bedenklicher müsste ein einseitiger Abbau sein.

Ungewissheit über Amerika aber brächte die Basis nicht nur der Sicherheits- und Allianzpolitik, sondern auch der heutigen Entspannungsversuche, besonders der deutschen, ins Wanken. Diese Versuche sind nur möglich, und sie sind ohne Schaden grössten Ausmasses nur durchzuführen, wenn der westliche Rückhalt, besonders der sicherheitspolitische, intakt bleibt. Die Regierung Brandt hat ihre Politik, jedenfalls in ihrer offiziellen Diktion, ausdrücklich von diesem Rückhalt her angelegt. Man kann sie einstweilen auf ihren Erklärungen behaften, dass sie nicht eine Neutralisierung der Bundesrepublik sucht, nicht eine Zwischenstellung zwischen West und Ost, in der sie dann schaukeln und den Schwerpunkt zwischen den beiden Welten nach ihrem Belieben bestimmen könnte.

Deutsche «Verzichte»

Was sie sucht, ist vielmehr ein «normales Verhältnis» zum Osten, was immer das heissen mag. Sie mag sich auf lange Sicht davon eine Verbesserung der nach wie vor absurden Zustände im geteilten Deutschland versprechen. Und sie ist bereit, selbst ohne direkte Aussicht auf halbwegs adäquate Resultate mit «Verzichten» zu zahlen, mit der überfälligen Anerkennung der polnischen Westgrenze einerseits, mit der rechtsverbindlichen Anerkennung der DDR anderseits, die sie nun faktisch angeboten hat, und schliesslich mit Osthandel. Ob sie irgend etwas erreichen wird, steht dahin.

In diesem Augenblick der Ungewissheit im Osten aber durch Ungewissheit im Westen die konsolidierte Basis der deutschen Politik zu unterhöhlen, wäre gefährlich. Das würde der mit grossen Risiken belasteten ostpolitischen Bewegung eine Beschleunigung ins Vage hinaus, in die Richtung des Abenteuers verleihen.

Was heute als «Aufhänger» und Mittel der Verständigungsversuche dient, könnte dann bald problematischer Inhalt werden. «Gewaltverzicht» zum Beispiel. Er lässt sich mit der bisherigen Sicherheitspolitik durchaus vereinbaren, sofern er nicht ein Opium wird, unter dessen Einfluss die harten Tatsachen der Bedrohung durch Macht euphorisch vernebelt werden. Aber Gewaltverzichtserklärungen sind kein Ersatz für Sicherheit. Sie ist nicht durch papierene west-östliche Verständigungsformeln zu garantieren, sondern nur durch eigene beziehungsweise kollektive Leistung. Ihr einseitiger Abbau würde nicht den Ausweg zu einer realen politischen Alternative öffnen, sondern zu einer Chimäre.

Der Dritte im Bunde

China hatte sich mit selber entwickelten Kernwaffen und am 24. April dann auch mit dem Start eines ersten eigenen Erdsatelliten die Insignien einer Nukleargrossmacht erworben.

28. April 1970

Dass die Chinesen in den «Raum» und in den Rang der «Weltraum»-Mächte vorstossen würden, lag in der Natur der Dinge und war zu erwarten. Aber zwischen sicherer, kalkulierbarer Anwartschaft auf diesen Rang und dem praktischen Ausweis, dass man ihn belegt hat, besteht ein Unterschied von politischem Gewicht. Die Einschätzung Chinas als Macht durch die beiden etablierten Supermächte, die Vereinigten Staaten und die Sowjetunion, ist bis in die jüngste Zeit starken Schwankungen ausgesetzt gewesen; denn zu beurteilen war vor allem ein Potential. Nun hat man es nicht mehr mit Möglichkeiten, sondern mit einem eindeutigen Ist-Zustand zu tun. Mit dem Erwerb der Fähigkeit, an jedem Punkt der Erde mit gewaltiger Zerstörungskraft einzugreifen, ist der Status einer Globalmacht verbunden.

Noch fehlt zwar einiges, um die Glaubwürdigkeit des Anspruches fest zu untermauern: die industrielle Massenproduktion des überallhin reichenden Zerstörungsmittels und die sogenannte gesicherte Zweitschlagkapazität, das heisst die Fähigkeit, vernichtend zurückzuschlagen, auch nachdem man selber getroffen worden ist. Das ist aber eine blosse Frage der Zeit, und zwar einer relativ kurzen Zeit. Die Beschleunigung des Rüstungstempos auf dem Gebiet der Nuklearwaffen und ihrer Träger ist unübersehbar. Zwischen der ersten Nuklearexplosion und dem ersten erfolgreichen Satellitenstart der Chinesen liegen weniger Jahre als zwischen den vergleichbaren sowjetischen und amerikanischen Stichtagen; und die sowjetische Raketenproduktion hat ihren Rückstand auf die amerikanische, was interkontinentale Missile betrifft, in sehr kurzer Zeit aufholen und sogar in einen Vorsprung verwandeln können (1200 gegen 1054 Interkontinentalraketen nach der neuen Übersicht des Instituts für Strategische Studien).

Man wird also China, mag seine Produktion auf noch so vielen Gebieten hintendreinhinken, heute unter dem strategischen Gesichtspunkt faktisch zu den drei Weltmächten zählen müssen; jedenfalls wäre man gut beraten, es im Blick auf die nächste Zukunft zu tun. Die politischen Wirkungen des Raumschusses vom 24. April werden zum mindesten im asiatischen Bereich, in Indien und Japan zum Beispiel, nicht lange auf sich warten lassen.

Dieser neuen Konstellation, obwohl sie seit längerem vorauszusehen war, entspricht aber das Bild keineswegs, das die «bestandenen» Supermächte der Welt vorzeigen. Es ist das herkömmliche einer Machtspannung und Machtverständigung zwischen zwei Polen. Washington und Moskau tun so, als ob über strategische Rüstung globalen Massstabes, und nicht nur darüber, zwischen ihnen, und ihnen allein, entschieden und beschlossen werden könne. Sie haben unter sich jenen Atomsperrvertrag ausgehandelt, den sie, unter Ausschluss aller weiteren Modifikationen, den Nichtnuklearen mit mehr oder minder sanftem Druck zur Unterschrift hingeschoben haben; und sie haben sich zu zweit soeben in Wien an den Tisch gesetzt, um unter sich einen Rüstungsstopp auf den für ihr strategisches Gleichgewicht kritischen Sektoren auszuhandeln – sofern das beiderseits tatsächlich die gleichgerichtete Absicht ist.

Ein Mächtedreieck in Sicht

China ist von diesem Konvent der Supergrossen ausgeschlossen. Aber sein Schatten, nicht mehr zu übersehen, liegt nun über ihm. Rüstungsstopp ist keine Sache mehr, bei der sich lediglich zwei Partner ins Auge sehen. Jeder von ihnen wird einen ständigen Seitenblick auf dem abwesenden Dritten haben, mit dem keiner von ihnen, wenigstens was die substantielle Frage betrifft, zurzeit im Gespräch steht. Das beabsichtigte Verfahren eines Austausches von Verzichten wird noch schwieriger, wenn beide nicht nur an die wechselseitige Bedrohung, sondern auch an die Gefahr von dritter Seite zu denken haben. Diese Gefahr hat zwar schon bisher, vor allem in der Entwicklung von Abwehrsystemen gegen Nuklearangriffe, beiderseits eine erhebliche Rolle gespielt. Aber jetzt ist sie greifbarer, wenn auch nicht berechenbarer geworden.

Zwar ist die Spekulation durchaus erlaubt, dass auch die Nukleargrossmacht China sich nach jenen Normen verhalten werde, die der Besitz des apokalyptischen Zerstörungsmittels und damit der verstärkte Zwang zu Vorsicht und zu verantwortlichem Handeln den anderen Nuklearmächten auferlegt hat. Aber Spekulation ist nicht Verständigung. Ein nicht ganz geheurer Rest von Ungewissheit bleibt. Er müsste aufgelöst werden, wenn jener relative Grad von Sicherheit erhalten bleiben soll, den das Gleichgewicht des Schreckens der Welt bisher gewährt hat – wenigstens in jenem Bereich, den die «nukleare Schwelle» vom Dschungel der «nationalen Befreiungskriege» trennt.

China müsste also, mit anderen Worten, in das «Konzert» der Nukleargrossmächte einbezogen werden. Es ist nicht zu erwarten, dass dies zu anderen Bedingungen als denen der Parität, der Gleichrangigkeit zu bewerkstelligen sein wird.

Parität zu dritt? Sie wird etwas Anderes und Komplizierteres sein als Parität zu zweit. Ob sie die Verhältnisse im Grossen ebenso stabilisieren und tiefgefrieren wird, wie das Gleichgewicht im Ost-West-Konflikt nun schon bald herkömmlicher Art es vermochte, oder ob da noch tektonische Verschiebungen im Machtgefüge bevorstehen, ist nicht vorauszusehen. Jedenfalls gilt es, allmählich von der Vorstellung einer zwischen zwei Polen gespannten Welt den längst fälligen Abschied zu nehmen.

Wirrnisse deutscher Politik

Der Machtwechsel in der Bundesrepublik hatte u. a. seltsame Verkehrungen bisheriger politischer Fronten zur Folge. SPD und FDP, die früher jegliche Deutschlandpolitik am Ziel einer «Wiedervereinigung» gemessen hatten, betrieben nun aktiv die Anerkennung der «sogenannten» DDR, also der Spaltung Deutschlands, und die in der Ära Adenauer europäisch-westlich orientierte CDU/CSU übernahm in manchem das polemische Vokabular eines deutschen Nationalismus.

3. Mai 1970

Nicht immer erleichtert ein wenig Gedächtnis das rasche Urteil über Fragen von heute. Wer es beispielsweise bei der Betrachtung aktueller deutscher Politik in Anspruch nimmt, gerät bald in ein Gestrüpp seltsamer Paradoxien. Das politische Bonner «Who's Who» ist ziemlich durcheinandergeraten.

Leute und Gruppen, in SPD und FDP, die ein Jahrzehnt lang gegen jeglichen Abstrich an der Forderung einer «Wiedervereinigung» mit eruptiver Leidenschaft gekämpft und ihn in denkwürdigen Debatten als «Verrat» an Deutschland gebrandmarkt haben, sind heute konsequente und oft ebenso aggressive Verfechter einer vollen Anerkennung der Zweistaatlichkeit, das heisst Spaltung Deutschlands. Dafür protestieren andere Leute und Gruppen, in CSU und CDU, mit dem Vokabular ihrer Gegner von gestern – ebenfalls «Verrat», dazu «Ausverkauf deutscher Interessen», «Verzichtpolitik» – heute gegen jede Preisgabe des Gedankens nationaler Selbstbestimmung, die lange Zeit den Nationalstaat als überholt bezeichnet und das «Nationale» insgesamt klein geschrieben hatten. Eine renommierte Wochenzeitschrift, die noch vor wenigen Jahren giftig über eine Spinger-Zeitung hergefallen war, weil sie es gewagt hatte, einen ausländischen Artikel ohne Beifügung der damals noch obligatorischen Gänsefüsschen bei der Abkürzung DDR nachzudrukken, plädiert heute in jeder Nummer für die Beseitigung überlebter deutscher Tabus, während die Springer-Presse von ehedem unbegrenzter nationaler Experimentierfreude auf «keine Experimente!» umgeschaltet hat oder worden ist. Früher wurde einer im Bundestag ausgezischt, wenn er die DDR ohne das schmückende Beiwort: «die sogenannte» erwähnte; heute wirkt er mit diesem Beiwort komisch.

Hat hier der Zahn der Zeit eines seiner Werke getan? Oder wirkt Ironie des Schicksals, indem sie den einen zwingt, zu vollziehen, wogegen er sich gewehrt hat, den andern, zu bekämpfen, was er selber in die Wege geleitet hat? Oder hat man es wieder mit einer der Peripetien des deutschen Geistes zu tun?

Dieser Geist ist jedenfalls seinerseits hilfreich bei der Hand mit einer in der jüngeren deutschen Geschichte nicht zum erstenmal angewendeten Formel, nämlich der von der «normativen Kraft des Faktischen». Sie besagt für den kruden politischen Gebrauch, dass etwas, was und weil es zwanzig Jahre bestanden hat, den Rang einer geschichtlichen Notwendigkeit erhält, die anerkennen muss, wer auf Realismus hält. Das Reich Bismarcks ist demnach also, nachdem es knapp das Jubiläumsalter eines mittleren Vereins erreicht hatte, der historischen Ablösung durch eine zwar nicht ideale, aber eben anzuerkennende Realität unausweichlich verfallen.

«Realpolitik»

Man wird von jenen, die ausserhalb dieses Reiches leben konnten, keinen Einspruch gegen diese Theorie und Formel erwarten. Man nimmt sie mit Interesse zur Kenntnis als ein Zeugnis dafür, wie relativ rasch glühend beschworene und als ehern gepriesene Realitäten abgeschrieben werden können, wenn man nur behend genug nach dem greift, was man für den jeweiligen Mantelsaum der Geschichte hält. Was dem Hintergedanken die Tür öffnet, wann wohl der nächste dieser Säume greifbar wird.

Oder sollte auch dieser Realismus hintergründig sein und Paradoxien bergen? Wäre Anerkennung der Realitäten als Methode zu deuten, sie desto sicherer zu überwinden, Anerkennung der Spaltung als Voraussetzung aktiver gesamtdeutscher Politik? Wären jene, die so lange einer gesamtdeutschen Politik den Vorrang vor allem anderen gegeben haben, die aber heute die Anerkennung der deutschen Teilung verlangen und dafür den Vorwurf der «Verzichtpolitik» hören müssen – wären sie in Tat und Wahrheit immer noch die, wenn auch heimlichen, «Nationalen»? Und wären die, die an einem gesamtdeutschen Selbstbestimmungsrecht festhalten, faktisch die Partei des Status quo, der fortgesetzten Teilung? Wären die eingangs registrierten Schwankungen und Brüche demnach mehr nur verbaler oder taktischer als substantieller Art?

Der Wortstreit in Deutschland ist verwirrend geworden und, obwohl er in aller Öffentlichkeit geführt wird, nicht ganz zu durchdringen. Nicht alles, was gemeint ist, wird gesagt, und nicht alles, was gesagt wird, ist gemeint. Wer sich zu sehr an die Worte klammert, dem könnten die Absichten entgehen.

Sicher ist allerdings eines: weder der Streit um die Deutschlandpolitik noch die Durchsetzung dieser oder jener Variante davon werden in absehbarer Zeit am Faktum der Teilung irgend etwas zu ändern vermögen. Insofern bleibt alles, wie es seit zwanzig Jahren ist.

Der deutsche Blick nach Osten

Es gibt bei näherem Zusehen noch andere Konstanten. Was zum Beispiel die Ausgangslage bei der deutschen Linken wie bei ihrem Koalitionspartner mit der heute von ihnen gemeinsam betriebenen Politik verbindet, ist ihre Konzeption einer Verständigung mit dem Osten, mit Moskau wie mit Ostberlin. Zwar ist die Notwendigkeit von «Ostpolitik», besonders seitdem jeder westliche Staat das Seine in dieser Richtung tut, auch für die Bundesrepublik nicht zu bestreiten, und sie ist auch keineswegs erst eine Erfindung der heutigen Regierung. Sie wurde von Aussenminister Schröder noch unter Adenauer eingeleitet und in den folgenden Kabinetten ausgebaut; Amerika hat sie seit Kennedy ermuntert. Sie suchte, auch noch unter Aussenminister Brandt, ihr Ziel jedoch eher auf dem Umweg über Osteuropa, verzeichnete mindestens in Rumänien Erfolge und hatte Aussicht auf weitere, als ihr der brutale Eingriff der Sowjetunion in der Tschechoslowakei und die neue Gleichschaltung der Satelliten durch die Interventionsdoktrin und -drohung Breschnews diese Route dann blockierte.

Ein Element dieser Ostpolitik scheint immerhin heute wieder aktivierbar zu sein: Polen. Es gibt Anzeichen dafür, dass über stichhaltige Zusicherungen Bonns in bezug auf die Westgrenze und die territoriale Integrität Polens hier ein Stück «Normalisierung» bewältigt werden könnte. Es wäre das bisher überzeugendste – und am längsten schon fällige – Resultat der Bemühung um Verständigung im Osten. Um so merkwürdiger wäre es, wenn ausgerechnet dieses relativ unverfänglichste, auf breiter innenpolitischer Basis angelegte Stück Ostpolitik einer sich unerbittlich entfaltenden Dialektik zwischen Opposition und Regierung zum Opfer fallen sollte.

Bedeutend geringer ist die Überzeugungskraft, die bisher von den beiden andern ostpolitischen Unternehmungen der Regierung Brandt ausgegangen ist, vom «Gespräch» mit Moskau und von der Annäherung an die DDR. Nicht nur, dass sie vorläufig weder Resultate eingebracht noch die Aussicht auf Resultate eröffnet haben: obwohl die Konversationsstunden des Emissärs Bahr bei Gromyko kaum noch zu zählen sind, haben sie noch nicht einmal in die Nähe von Vorverhandlungen geführt oder Nahrung auch nur für Ahnungen einer Änderung der sowjetischen Haltung gegeben, und das Verhältnis zur DDR hat mit dem Erfurter Gespräch in nichts den Charakter der «Konfrontation», der ungeminderten Gegensätzlichkeit, verloren.

Dieser unerfreulichen Bilanz kann man entgegenhalten, dass solche Unternehmungen auf lange Sicht angelegt sind und nur durch Beharrlichkeit Erfolgschancen erhalten. Dabei wird man sich allerdings fragen müssen, ob der hektische, spektakuläre Blitzstart, mit dem sie ausgelöst wurden, und der innenpolitische Erfolgszwang, dem sich Brandt damit ausgesetzt hat, genügend Energien und langen Atem für das Beharren übriggelassen haben.

«Deutschland» – eine Verantwortung der Sieger

Ebenso wie die Methode wirft aber auch die Anlage dieser Ostübung skeptische Fragen auf. Sie ist zwar auch im Westen im Rahmen und unter dem Titel der Entspannungsversuche begrüsst worden. Aber es ist offensichtlich, dass es gerade zwischen der Bundesrepublik und der Sowjetunion mitsamt ihrer ostdeutschen Satrapie vorläufig keinen gemeinsamen Nenner von Entspannung gibt – es sei denn, die schwächere Seite übernehme den der stärkeren.

Hier aber werden die Grenzen des Spielraums immer deutlicher sichtbar, die man anfänglich zu ignorieren schien. Sosehr die Westmächte einen deutschen Beitrag zur Entspannungspolitik schätzen, so wenig könnten sie es zulassen, dass er zu einer Gewichtsverschiebung in Europa zugunsten der Sowjetmacht führt und ihre eigene Position in Mitteleuropa schwächt. Nicht von ungefähr haben Washington und Paris ihre Verantwortung für Berlin und für Deutschland als Ganzes in jüngster Zeit nachhaltig in Erinnerung gerufen – sogar im Falle der polnischen Westgrenze, deren endgültige und formelle Anerkennung sie, wie im Potsdamer Abkommen vorgesehen, nach wie vor für einen Friedensvertrag vorbehalten wollen, bei dem sie Partei sind.

Eine deutsche Ostpolitik, die westliche Prärogativen und Interessen empfindlich berührte, hätte offenbar keine Chancen der Unterstützung durch die Partner der Bundesrepublik mehr; im Alleingang betrieben, wäre sie aber zum vornherein hoffnungslos.

Es mag dahingestellt bleiben, ob man in Bonn diesen Zusammenhang jederzeit klar vor Augen hatte und in welchem Masse man bei den östlichen Operationen mit dem Gedanken einer gewissen Emanzipation vom Westen spielte. Dass es Neigungen in dieser Richtung im Regierungskreis gab und gibt, dass die Entfremdung vom Westen bei einzelnen Exponenten der Bonner Politik rapide Fortschritte gemacht hat, ist so unverkennbar wie im selben Regierungskreis der entschiedene Widerstand anderer Exponenten gegen diese Tendenzen. Insgesamt resultiert daraus der Eindruck von Unentschiedenheit und verwischten Konturen, zu dem allerdings auch, nicht zu übersehen, die Ungewissheit über die künftige Europapolitik Amerikas das Ihre indirekt beiträgt.

Verwischung der Konturen droht auch im Kardinalpunkte des ganzen Komplexes, nämlich im Verhältnis von freiheitlicher Ordnung und totalitärem System in Deutschland. Er ist in gewissen öffentlichen Ermunterungen zu einer Ostorientierung der deutschen Politik bereits unkenntlich geworden. Die Scheu vor deutlichen Abgrenzungen, aus Rücksicht auf das «Gespräch» mit der DDR-Führung, nicht weniger aber die Mobilisierung nationaler Emotionen gegen die Politik Brandts im Straussschen Sektor der Opposition, fördern ihrerseits Begriffsverwirrung – zu schweigen von der sich verstärkenden Agitation für ein «sozialistisches Deutschland», die von unten her sich in der Sozialdemokratie verbreitet.

Brandt ist ausgezogen, um mit einigen, vielleicht kühnen und schmerzlichen Schnitten die zweifellos unklare Lage der Bundesrepublik zu klären. Es zeigt sich, dass nach Einleitung des Prozesses die Unklarheiten in wesentlichen Fragen eher zu- als abnehmen.

Europa und der Moskauer Vertrag

Am 12. August hatte Bundeskanzler Brandt in Moskau den Vertrag zwischen der Bundesrepublik Deutschland und der Sowjetunion unterzeichnet.

23. August 1970

Die euphorische Welle, die, nicht ohne kräftige Impulse aus propagandistischen Pumpwerken, den Abschluss des deutsch-sowjetischen Vertrages begleitet hat, scheint bereits etwas abzuebben. Einiges von dem, was sie an alten und neugeschaffenen Fakten überspült hatte, taucht aus den Wirbeln auf und regt kritische Inspektion an, auch bei etlichen vorher wenig kritischen Beobachtern des Moskauer Schauspiels.

Fragen hangen in der Luft. In Deutschland vorerst die, was dieses Abkommen, das im Verhältnis von Leistung und Gegenleistung offensichtlich nicht im Gleichgewicht ist, besonders für die Verbesserung der Lage Berlins nachträglich noch abwerfen werde und was der einmal mehr an die Wand projizierte «Ozean der Möglichkeiten» des Osthandels für die deutsche Wirtschaft berge; in Westeuropa die Frage, was ein engeres und intensiveres deutsch-sowjetisches Zusammenwirken für die eigenen Interessen und Konzeptionen, für das Gleichgewicht auf dem Kontinent und für die europäische Integration bedeute.

Die Fragen zeigen, dass die eigentliche Bedeutung dieses Vertrages in den Zukunftsmöglichkeiten liegt, in dem, was daraus gemacht und entwickelt wird. Er setzt zwar schon einen tiefen Einschnitt durch das, was er ist. Aber an der praktischen Besiegelung des heutigen Zustandes Deutschlands ist neu lediglich das Siegel. Der Zustand bleibt im wesentlichen, was er war. Weder die deutsche noch die «westliche» Politik hatte ein Rezept und die Möglichkeit – man wird beifügen müssen: und den festen Willen –, ihn zu ändern. Das heisst allerdings nicht, dass die nun auf unbegrenzte Zeit ausgesprochene faktische Anerkennung der Teilung Deutschlands nicht höchst problematische innere Folgen haben kann. Jene Beobachter, die im Hinblick auf solche Folgen Bedenken vor allzu drastischen Schnitten geäussert haben, sind leider mit ihrer Besorgnis noch keineswegs widerlegt.

Doch steht im Vordergrund heute nicht so sehr, was durch diesen Vertrag in Begriffen der «deutschen Frage» geschehen ist. Wichtiger ist seine Auswirkung auf die künftige Gestaltung des deutsch-sowjetischen Verhältnisses und damit auf die europäische, atlantische und west-östliche Politik schlechthin, die in hohem Grade nun von diesem Verhältnis abhängig sind.

Eine Prognose dieser künftigen Entwicklung ist nicht möglich. Eines steht immerhin fest: das Gewicht der aussenpolitischen – und handelspolitischen – Entscheidungen Bonns ist für alle andern, besonders für seine bisherigen Partner, durch die Gewinnung von «Spielraum» im Osten erheblich grösser geworden. Das ist – so wenig sich die jeweiligen Gegebenheiten gleichen – ein schon fast traditioneller Vorgang in der deutschen Politik. Auch Mitte der zwanziger Jahre hatte die Diplomatie Berlins den «Bündniswert» Deutschlands durch gezielte, damals vor allem wirtschaftliche Zusammenarbeit mit der Sowjetunion zu steigern vermocht und dafür eine Stärkung Moskaus in Kauf genommen. Die Genugtuung über solche Gewichtszunahme ist in deutschen Magazinpublikationen heute mit Blick auf Russland schon geradezu auf «Don Carlos» gestimmt: «Arm in Arm mit dir, so fordr' ich mein Jahrhundert in die Schranken.»

Bonn – Zünglein an der Waage?

Deutschland als Achse Europas, als Laufgewicht der Waage zwischen West und Ost, als profitierender Dritter, der sich auf west-östlichen Gegensätzen emporschaukelt – das sind Angstvorstellungen manches westlichen Politikers im letzten Vierteljahrhundert gewesen. Sie nun bereits in Fleisch und Blut verwirklicht zu glauben, wäre verfehlt, mindestens verfrüht. So einfach ist die Mechanik der internationalen politischen Waage nicht.

Aber es ist nicht verwunderlich, dass vor allem in Frankreich sich nun die alten Bedenken in die neuen Perspektiven drängen; verwunderlich ist höchstens, dass es erst jetzt geschieht. Die Wende kam ja nicht über Nacht. Sie ist für die französische Politik besonders eklatant. Vor vier Jahren noch glaubte de Gaulle, in Moskau als Sprecher Bonns und Europas schlechthin auftreten zu können. Jetzt ist die Rolle eines *interlocuteur valable* für seinen Nachfolger dort drastisch reduziert. Zwar braucht ihn vorerst nicht, mit umgekehrtem Vorzeichen, ein Bismarckscher «cauchemar des coalitions» zu plagen; eine

Umkehrung der Allianzen ist nicht in Sicht. Aber die Möglichkeit etwa, sein Teil Russlandgeschäft nun durch die Hände Bonns vermittelt zu bekommen, wäre für ihn Umkehrung genug, die Aussicht, Brandt gegen Pompidou und Pompidou gegen Brandt, mit ungleichen Chancen, ausgespielt und die Drähte in den Händen des Kreml zu wissen, wäre Albtraum genug.

Ein Wettlauf der Europäer nach Moskau mit gegenseitigem Ausstechen ist nicht auszuschliessen. Er hätte schlimme Folgen; der Hauptgewinn ginge in jedem Fall an den Stärksten, der weder in Paris noch in Bonn noch in Rom sitzt. Das alte Spiel mit fünf oder vier oder drei Bällen vermag keiner der europäischen Staaten heute mehr zu spielen.

Die Runde, die jetzt in Moskau eröffnet worden ist, kann nicht im Geiste rein nationaler Politik bestanden werden. Sie wird diesseits der «Linie» ein Test der europäischen Gesinnung sein. Ob aus ihr eine gemeinsame Politik abermals zu beleben sein wird oder ob sie unter der Wirkung und Nachwirkung der gaullistischen Vorstellung uneingeschränkter nationaler Handlungsfreiheit ihre politische Kraft verloren hat, wird sich weisen.

Welche Substanz und verändernde Dynamik der deutsch-sowjetische Vertrag erhalten wird, hängt auch, und nicht in letzter Linie, vom Osten ab. Die rasch einberufene Gipfelkonferenz der kommunistischen Parteihäupter des Warschauer Paktes dürfte dem Versuch gegolten haben, die Auswirkungen zu koordinieren, zu bemessen und zu begrenzen. Auch hier kommt ein Test in Gang.

Die Rolle der DDR

Bonn schreibt dem Vertrag bekanntlich ein Entspannungspotential zu, das sich auch für Osteuropa günstig auswirken müsse; nun, da die Fuchtel einer «deutschen Bedrohung» beseitigt sei, würden auch die Völker des Sowjetimperiums mehr Bewegungsfreiheit, mindestens in Richtung Bundesrepublik, erhalten. Für Moskau stellt sich umgekehrt die Frage, wie nach Wegfall des «deutschen Arguments» die Disziplin und der Zusammenhalt mit dem Machtzentrum weiterhin zu sichern sei. Es wird sich bald zeigen, wieviel und was für Spielraum aus der neuen Konstellation besonders für Budapest, Prag und Warschau resultieren kann.

Anderseits ist im Osten ein Problem «DDR» zu bewältigen. Westliche Spekulationen suggerieren, dass Ulbricht durch den Moskauer Vertrag arg in die Ecke gedrängt sei und unter starken sowjetischen Druck gerate, seinerseits mit entspannenden Massnahmen an der verhärteten innerdeutschen Front, vor allem in Berlin, das grössere Spiel mitzumachen. Einige solcher Gesten, zum Beispiel in der Passierscheingewährung und im Ausbau der Kommunikationsmittel, sind denkbar. Kaum denkbar aber sind Massnahmen, die das Regime in Ostberlin ernsthaft tangieren, ihm grössere Risiken auferlegen oder etablierte Prinzipien der sowjetischen Politik, zum Beispiel ihre These vom «selbständigen staatlichen Gebilde Westberlin» oder ihre grundsätzliche Forderung einer vollen Anerkennung der DDR, in Frage ziehen würden.

Das macht den Raum für Konzessionen ziemlich schmal. Da aber die Ratifizierung des deutsch-sowjetischen Vertrages abhängig gemacht ist von substantiellen Verbesserungen der Lage Berlins und die Bonner Regierung einige spezifisch deutsche Früchte ihrer Moskauer Verhandlungen vorweisen können sollte, wird Ulbricht das eine und andere Zugeständnis vermutlich machen müssen. Ob es «substantiell» sein wird oder nicht, ist wohl eher eine politische als eine sachliche Frage. Man kann es immer als substantiell bezeichnen, wenn der Drang, den Weg zur Ratifikation freizulegen, entsprechend gross ist. Auch für die westlichen Schutzmächte würde es kein leichtes sein, den deutsch-sowjetischen Vertrag an ihren eigenen unerfüllten Forderungen *in puncto* Berlin scheitern zu lassen.

Nationale Regungen

Die Frage, was aus diesem Vertrag gemacht wird, hängt schliesslich auch und in erheblichem Ausmass von der inneren Auseinandersetzung in der Bundesrepublik ab. Sie zeigt problematische Züge: auf dem einen Extrem das trügerische Selbstgefühl, nun Europa aus den Angeln heben zu können, auf dem andern die Parole schwarzen Verrates an Deutschland. Sollte eine solche Polarisierung das Bild bestimmen, dann wäre das Ergebnis rasch eine gründliche Isolierung der Bundesrepublik.

Darüber wird man sich auch bei der Opposition klar werden müssen. Eine Kampagne gegen den Vertrag unter rein nationalem Motto würde ausserhalb der Bundesrepublik kein Verständnis finden, sondern im Gegenteil abschrecken. Solange die SPD, zu ihrer Zeit, diese Art Opposition gegen die Westintegration der Bundesrepublik trieb, war sie innerhalb der europäischen Sozialdemokratie isoliert; die Unterstützung, die Brandt für seine Ostpolitik im Westen fand, mag auch – wenn auch nicht primär – daher rühren, dass die von einigen

Oppositionssprechern vertretene «nationale» Alternative Skepsis und Hühnerhaut auslöste.

Wenn diese Ostpolitik nicht zu einem sowjetisch-deutschen Zusammenspiel auf Kosten Europas und zu einer folgenschweren Gewichtsverschiebung führen soll – wozu sie nach ihrer Anlage durchaus führen könnte –, dann bedarf sie auch in Bonn des europäischen Gewichtes und Gegengewichtes. Nationalismus dieser oder jener Sorte – der «russophilen» wie der oppositionell-«gesamtdeutschen» Variante – würde die Bundesrepublik aus Europa schliesslich hinausdrängen.

Finnland – ein Modellfall?

Im Zusammenhang mit der neuen deutschen Ostpolitik begann man von «Finnlandisierung» Deutschlands und Westeuropas zu sprechen. Auf Grund von Informationsgesprächen in Helsinki wird der finnische Sonderfall bzw. seine Tauglichkeit oder Untauglichkeit als Modell für westeuropäische Staaten zur Diskussion gestellt.

30. August 1970

Der gute Name Finnlands muss seit einigen Monaten für eine neue Wortschöpfung herhalten, die sich schnell wie eine Mode verbreitet hat. Man spricht von «Finnlandisierung», ursprünglich der Bundesrepublik Deutschland, nun auch Westeuropas schlechthin. Visiert ist ein auf dem Weg über eine Neutralisierung vorstellbarer Zustand stärkerer Abhängigkeit dieser Zone vom Willen der Sowjetunion. Die westdeutsche Opposition empfindet ihn als drohende Gefahr im Gefolge der heutigen Ostpolitik Bonns, amerikanische Wissenschafter (Kilmarx) analysieren ihn als eine unerfreuliche, aber durchaus mögliche Perspektive für Europa, und sehr detachiert sich gebende Engländer fassen ihn, etwa im «New Statesman», als durchaus akzeptabel für Amerika wie für Europa ins Auge.

Es mag von Nutzen sein, den Begriff von dorther etwas zu beleuchten, von wo er den Namen entlehnt hat. Finnland hat das zu verwirklichen vermocht, was den westlichen Staatsmännern vorschwebte, als sie sich in Jalta 1945 mit Stalin über die Zukunft Europas auseinandersetzten bzw. sich mit ihm zu einigen wähnten: Russland, so anerkannten sie, habe ein legitimes Interesse, dass seine direkten europäischen Nachbarn eine ihm «freundlich» gesinnte Politik trieben; Stalins Zusage, dass diese Länder «unabhängig und demokratisch» sein sollten, verstanden sie – trotz ominösen Warnzeichen, besonders in Polen – so, wie man diese Begriffe in den Demokratien noch heute versteht. Aber von allen westlichen Nachbarn der Sowjetunion hat einzig Finnland sich im Sinne dieser Konzeption halten und durch mancherlei Gefährdungen hindurch entwickeln können. In Mittel- und Osteuropa ist aus dem Gebot des Wohlverhaltens gegenüber der Sowjetunion bald überall die erzwungene «sozialistische» Gleichschaltung und ferngesteuerte totale Herrschaft Moskaus geworden.

Es ist eigentlich verwunderlich, dass niemand heute von einer «Finnlandisierung» Osteuropas spricht. Sie wäre eine überzeugende Formel, nicht nur für eine Rückkehr zu einer tragfähigen Verständigung der Grossmächte, sondern für eine Lösung drückender Probleme, die den Namen «Entspannung» zu Recht tragen könnte. Aber da Moskau nicht will, erübrigt sich nach den zurzeit geltenden Regeln auch im Westen die Diskussion darüber...

Finnland ist jedenfalls kein Modellfall der Nachbarschaftsbeziehung zur Sowjetunion geworden, sondern ein Einzelfall geblieben. Was hat die Sowjetunion dazu bewogen, hier von ihrem Schema der Satellisierung abzuweichen, obwohl die Ausgangslage für Helsinki, wegen der Kriegspartnerschaft mit dem Dritten Reich 1941 bis 1944, eher ungünstig war?

«Sowjetisches Sicherheitsbedürfnis»

Die Antwort darauf setzt sich aus verschiedenen Elementen zusammen, doch lösen sie insgesamt das Fragezeichen nicht ganz auf. Hielt Stalin eine nordische Demokratie für unverdaulich? War die Abwehr innerer subversiver Gleichschaltungstendenzen in Finnland entschlossener und geschickter als anderswo, besonders im Krisenjahr 1948? Spielte in Moskau die skandinavische Konstellation eine entscheidende Rolle – das Bedenken, dass eine Eingemeindung Finnlands in den Warschaupakt das Gegengewicht der Nato in Skandinavien stärken und die weiteren Möglichkeiten Moskaus dort beschneiden würde?

Wirkte sich mithin also auch hier indirekt das europäische Engagement Amerikas aus? Man stellt es im Gespräch in Helsinki nicht in den Vordergrund – vielleicht nicht nur aus Gründen der Opportunität, das heisst der Rücksicht auf den Grossen Bruder. Obwohl die Finnen ohne jeden Zweifel eindeutig «westlich» orientiert sind, ist der Westen hier weiter weg, geographisch wie politisch; er hat im einsamen Winterkrieg dieses Volkes 1939 keine Gewichte gegen die sowjetische Aggression zur Geltung gebracht oder bringen können. Seine Bedeutung für Finnlands Überleben in einer dauernd prekären Situation ist aber trotzdem unübersehbar.

Die zurzeit am prominentesten vertretene Deutung des finnischen Ausnahmefalls – beredt und wendig argumentiert im repräsentativen Buch des Diplomaten Max Jakobson über «Finnlands Neutralitätspolitik» – stellt die Sache auf ein einfacheres, fast verführerisch simples Rezept ab: Finnland verdanke sein vergleichsweise günstiges Geschick im Schatten des kolossalen Nachbars der Einsicht, dass nicht durch Widerstand gegen, sondern durch Eingehen auf das «Sicherheitsbedürfnis» der Sowjetunion freier Spielraum zu gewinnen war. Das ist die «Philosophie» der sogenannten Paasikivi-Kekkonen-Linie, das heisst der von den beiden Präsidenten seit 1944 befolgten Politik. Sie impliziert unter anderem, dass die Zurückweisung der sowjetischen Forderungen 1939, und damit der heroische Winterkrieg, Folgen einer Fehleinschätzung der Lage gewesen seien und somit auf «Irrtum» beruhten – eine Deutung, die der Kriegsgeneration begreiflicherweise auch heute noch nicht leicht eingeht.

Ob diese Deutung den «Fall Finnland» schlüssig zu erklären vermag, sei dahingestellt. Dass sie aber keinen Schlüssel für das Verhalten der Sowjetunion insgesamt und für den Umgang mit ihr bietet, dass diese Verallgemeinerung vielmehr in die Irre führen müsste, zeigen die Verhältnisse bei den mittel- und osteuropäischen Nachbarn Russlands deutlich genug: dort hat blosse Berücksichtigung des – sehr dehnbaren – sowjetischen «Sicherheitsbedürfnisses» nirgends genügt und keinen Staat vor Gleichschaltung und Unterwerfung bewahrt.

Eine Neutralität besonderer Art

Finnland selber aber hat auf der Grundlage des Prinzips, nichts zu tun, was Moskau als eine wesentliche Beeinträchtigung seiner Interessen empfinden könnte, eine Politik entwickeln und eine relative innere und äussere Bewegungsfreiheit gewinnen können, die von den Möglichkeiten der Warschaupaktstaaten aufs deutlichste absticht. Es bezeichnet diese Politik als eine der Neutralität, und Moskau hat diesen Begriff noch im letzten finnisch-sowjetischen Communiqué mitunterzeichnet.

Eine Neutralität durchaus eigener Art, dessen ist man sich auch in Helsinki bewusst, denn sie schliesst einen Widerspruch ein, nämlich einen einseitigen, nur auf einen «Fall West» (mit namentlicher Nennung Deutschlands) ausgerichteten Beistandsvertrag mit der Sowjetunion. Und sie erlaubt in der Praxis einseitige Initiativen, wie die für eine europäische Sicherheitskonferenz, die mindestens im Zeitpunkt ihrer Lancierung weit mehr den Interessen Moskaus als denen Washingtons oder Frankreichs entgegenkamen. Für Helsinki war die Hauptfrage in diesem Falle jedoch, ob sie den finnischen Interessen nütze; sie nützte Finnland in Moskau offenkundig mehr, als sie ihm im Westen schadete, und passte ins grosse Konzept – also schien sie gerechtfertigt.

Neutralitätspolitik solcher Art ist nicht zuletzt deshalb

möglich, weil Finnland im Westen mit einem grossen Kapital von Wohlwollen und berechtigtem Verständnis für seine Lage – und also mit weiten Toleranzmargen – rechnen kann. In der Tat wäre Pochen auf den Buchstaben unsinnig gegenüber einer Politik, die ständig die Grenzen ihrer Möglichkeiten erkunden und unter erheblichen Risiken an diesen Grenzen operieren muss. In ihrem Kern, im Bestreben, sich aus den Grossmachtkonflikten herauszuhalten, ist sie auch als Neutralitätspolitik glaubwürdig genug.

Auch hier aber wäre Verallgemeinerung höchst problematisch. Es ist denkbar, dass die Sowjetunion eines Tages, wenn ihr Gewicht in Europa weiter zunehmen sollte, die finnische Variante von Neutralität mit einer gewissen Aufdringlichkeit als Modell von Neutralitätspolitik schlechthin empfehlen könnte. Das kann sie nicht sein – jedenfalls dort nicht, wo kein Zwang einer «finnischen» Situation besteht, der andere, «klassische» oder jedenfalls bewährte Wege verschliesst.

Es gibt in Finnland heute keine öffentlich vertretene Alternative zur Paasikivi-Kekkonen-Politik des behutsamen Umganges mit der Sowjetmacht, also keine formierte aussenpolitische Opposition. Umstritten ist oft das Mass des Entgegenkommens an Moskau; ein verbreitetes Gefühl des «Zuviel» hat das Regierungslager in den letzten Wahlen Stimmen gekostet.

Druck nach innen

Man wird auch nicht behaupten können, die Finnen empfänden ihre Lage bei aller nun sichtbaren Prosperität als komfortabel oder normal. Ihre Zwänge sind nicht nur in der Aussenpolitik spürbar. Es ist schwer zu beurteilen, ob und wo auch der inneren Bewegungsfreiheit, zum Beispiel bei der Zusammensetzung der jeweils regierenden Koalition, von Moskau her gegebenenfalls Grenzen gesetzt würden; sicher ist, dass die innere Entwicklung in Moskau genau registriert wird und dass manche Verantwortliche in Helsinki auch hier grösste Vorsicht für angezeigt halten.

Auch die öffentliche Meinungsäusserung steht mindestens psychologisch unter einem gewissen Druck. Sie ist zwar frei, aber die Presse muss sich, sogar wegen der blossen Publikation kritischer Leserbriefe zu einzelnen Aspekten etwa der finnisch-sowjetischen Handelsbeziehungen, von höchster Stelle scharfe offene Mahnungen zur Zurückhaltung gefallen lassen, die weiter gehen, als öffentliche Zurechtweisungen zum Beispiel in der Schweiz auch in den kritischen Phasen der letzten Bewährungsprobe je gegangen sind.

Das mag ebenfalls, auch wenn es bisweilen Unmut auslöst, zum anspruchsvollen Spiel gehören, mit dem der grosse Nachbar bei Laune gehalten und von der Glaubwürdigkeit einer Politik überzeugt werden muss, die seiner Gewohnheit massiver Herrschaft und Gleichschaltung eigentlich fremd ist. Die Nation spielt es insgesamt mit, aus Einsicht in die Notwendigkeiten und in einer Disziplin, die angesichts ihrer eindeutigen demokratischen Haltung und ihres Willens zur Unabhängigkeit um so bemerkenswerter ist.

Koexistenz solcher Art ist in dieser Lage ein mühsames Geschäft. Es besteht vor allem darin, den Raum der Selbständigkeit gegen ein ständiges latentes, manchmal offenes Misstrauen des übermächtigen Partners offenzuhalten. Der Erfolg ist offenkundig – aber er ist nicht auf die Dauer gesichert. Jede Verschärfung der west-östlichen Spannung, das hat man wiederholt erfahren, schlägt sich in bedrohlicher Form im finnisch-sowjetischen Verhältnis nieder.

Deshalb gründet die Hoffnung auf Stabilisierung dieses Verhältnisses und auf Entlastung sich heute vor allem auf Entspannung grösseren Stils. Man wünscht sie in Helsinki ohne Vorbehalte. Doch liegt ein Vorbehalt unausgesprochen in der Lage Finnlands beschlossen: eine Entspannung, die das Gleichgewicht in Europa verrücken, der Sowjetunion ein Übergewicht verschaffen würde, würde auch die Grundlagen dieser hochempfindlichen Politik gefährden. An einer «Finnlandisierung» Europas, welche den sowjetischen Einflussbereich nach Westen vorschöbe, könnte Finnland selber kaum ein Interesse haben; mit einer Verallgemeinerung seines Falles zum Modell für Westeuropa ist ihm nicht gedient.

Nixon am Mittelmeer

Eine neue Europareise Präsident Nixons war im besonderen auf die Sicherheit im Mittelmeerraum ausgerichtet, die vor allem durch den Nahostkonflikt gefährdet schien.

27. September 1970

Für nächste Woche ist eine Europareise Präsident Nixons angesagt. Fünf der vorgesehenen sechs Stationen beziehen ihre aktuelle Bedeutung vom Nahostkonflikt und von der dadurch aufgeworfenen Mittelmeer-Problematik: Madrid, Rom, Belgrad, Neapel als Hauptquartier der 6. Flotte, London als Verwalterin von Restpositionen einer vergangenen Mittelmeermacht. Paris und Bonn, das eine Hort einer in Amerika stark verdächtigten mediterranen Ambition, das andere bisher ein «must» für jeden europareisenden amerikanischen Präsidenten, sind ausgelassen.

Irland schliesslich ist unverkennbar Wahlkampfetappe im Hinblick auf die Neubestellung des amerikanischen Kongresses im November. Dieser Wahlgang überschattet überhaupt und insgesamt die Europatournee. Man weiss nicht recht, handelt es sich «um eine Reise auf der Suche nach Frieden oder um eine Reise auf der Suche nach Wählern» – um es in den Worten zu sagen, mit denen der damalige Präsidentschaftsaspirant Nixon 1966, ebenfalls vor der «Midterm»-Wahl, die Asientour Präsident Johnsons kritisch kommentiert hat. Ist es beides, das zweite durch das erste? Die amerikanischen Deuter jedenfalls halten auch bei diesem Reiseunternehmen den Blick unentwegt auf dem wahlpolitischen Aspekt.

Das heisst jedoch nicht, dass Washington das objektive Problem nicht erkannt habe, das sich im Mittelmeer, nicht erst neuerdings, stellt – wie viel Subjektives auch in seine Behandlung einfliessen mag. Die Situation im Nahen Osten, so hatte Nixon am 2. Juli in einer vielbeachteten Äusserung festgestellt, sei gefährlicher als die in Südostasien, weil sie die Möglichkeit eines Zusammenpralls der Supermächte enthalte; sie sei so «furchtbar gefährlich» wie seinerzeit das balkanische Pulverfass vor dem Ersten Weltkrieg.

Diese bedrohliche Möglichkeit haben seither viele Kommentatoren vor Augen, die einen, indem sie nachweisen, wie akut die Gefahr sei, die andern, indem sie nachweisen, wie gering sie sei, da ja keine der beiden Supermächte dieses Risiko eingehen wolle und beide deshalb «zum Frieden verdammt» seien, wie ein deutsches Wochenblatt so schön schreibt. Als ob Krieg immer nur dann entstünde, wenn beide Seiten ihn wollten.

Nabelschnur Europas

Niemand mag die Explosionsgefahr bagatellisieren, der während der letzten Wochen auf seinem europäischen Zuschauersitz hart an der Bühne das zeitweise über die Rampe hinausgreifende Drama im Vorderen Orient verfolgt hat. Aber die Frage: Krieg oder Frieden, Kollision oder Verständigung der Mächte, ist nicht die einzige, die an diesen Auseinandersetzungen interessieren kann. Auch wenn sie nicht im fürchterlichen Eklat gipfeln, sondern als Krise unter der Schwelle des grossen offenen Konflikts weiterschwelen, haben sie ein weltveränderndes Potential in sich. Sie sind längst, und seit langem erkennbar, nicht mehr regionaler, sondern globalpolitischer Natur. Die Verteilung der Gewichte in weltweiter Dimension steht hier zur Entscheidung.

Für die Sowjetunion ist der Nahostkonflikt von Anfang an ein Vehikel zur Erreichung weiterer Ziele gewesen. Sie liegen primär an den Seewegen nach Asien, vom Suezkanal durch das Rote Meer an die Küsten und in die Weiten des Indischen Ozeans. Visiert ist letztlich das aufsteigende China mitsamt jenen südostasiatischen Zonen, in deren revolutionären Kriegen sich der sowjetische Einfluss bisher deutlich als begrenzt erwiesen hat. Nicht von ungefähr beginnen sich entlang dieser weltstrategischen Route, die das britische Imperium einst und für lange zu sichern vermochte, denn auch bereits Flecken des möglichen chinesischen Gegenansatzes anzudeuten, in Albanien, beim intransigenten arabischen Element von Palästina über Südjemen bis Muskat und Oman und an der afrikanischen Ostküste. Einstweilen sind sie noch, beinahe, *quantité négligeable.*

Nicht zu vernachlässigen, sondern von grösster Bedeutung aber wären die Wirkungen eines solchen politisch-seestrategischen Durchbruches – für den sich die Sowjetunion durch den Aufbau einer gewaltigen Flottenmacht systematisch und von langer Hand rüstet – auf die Erdölversorgung vor allem Europas (und Japans) aus dem Mittleren Osten. Hier könnte im Krisenfall eine Abhängigkeit mit weittragenden politischen Folgen entstehen – ganz zu schweigen von den politischen Auswirkungen einer stärkeren sowjetischen Flottenpräsenz im Mittelmeer, die bereits, in Nordafrika stärker, in Südeuropa andeutungsweise, zu spüren sind, ganz zu schweigen auch von den Folgen, die sich von da her wie von Asien her für Amerika selber ergeben müssten.

Viel, Entscheidendes, steht auf weitere Sicht auf dem Spiel. Der Schlüssel, den Zugang zu drei Kontinenten zu öffnen wie zu schliessen, liegt im Nahen Osten. Napoleon, die Briten, die Deutschen haben um ihn gekämpft, und vor ihnen haben die Assyrer, die späten Griechen, die Römer und sogar einige ihrer mittelalterlich-kontinentalen Erben globale Herrschaftsentscheidungen am östlichen Mittelmeer gesucht. Neu ist es also nicht, was wir erleben, weniger einschneidend für unser aller künftige Geschichte aber auch nicht.

Russische Militärmacht am Nil

Ein Jahrzehnt lang war nach dem letzten Krieg das Mittelmeer sozusagen ein «Mare nostrum» Amerikas, der westlichen Vormacht. Truman hatte Stalin in einer ersten Anwendung der Politik des «Containment» den Zugang zu diesem Raum verlegt. 1956 hatte Moskau in Ägypten Fuss zu fassen begonnen, und Chruschtschew griff mit Raketendrohungen, wie solvent sie damals immer gewesen sein mögen, in den Suezkonflikt und das britisch-französische Expeditionsabenteuer ein.

1970 stehen schätzungsweise 10 000 oder mehr «Militärexperten» des Sowjetblocks, zum grösseren Teil mit Kampfaufträgen, am Nil und bemannen etwa 100 Raketenrampen und fast so viele supersonische Jagdflugzeuge. Ein «umgekehrtes Vietnam» hat man diesen eskalationsträchtigen Kern einer Streitmacht genannt, der an diesem Ort eine eindeutige Gewichtsverschiebung zuungunsten Amerikas darstellt.

Darauf waren aus den Vereinigten Staaten zwei etwas widersprüchlich tönende Antworten zu vernehmen. Die eine war ein Ausspruch des präsidentiellen Beraters für Sicherheitsfragen, der besagte, die sowjetischen Truppen müssten aus Ägypten wieder «vertrieben» *(to expel)* werden. Die andere war eine Friedensinitiative des Staatssekretärs, der den «Rogers»-Plan eines abermaligen Waffenstillstandes auf der Basis des militärischen Status quo und anschliessende Verhandlungen über eine Beilegung mindestens des israelisch-ägyptisch-jordanischen Konflikts auf der Grundlage der bekannten Uno-Resolution von 1967 vorlegte.

Die verbal konstruierte Synthese zwischen beiden Antworten war die offizielle Deutung, «to expel» bedeute «durch Verhandlungen vertreiben». Die Verhandlungen, wie Rogers sie angelegt hat und wie er sie über die palästinensisch-jordanischen Wirren hinweg zu retten sucht, zielen in erster Linie auf Frieden – auf einen Frieden, so wäre demnach in zweiter Linie zu vermuten, der dann Moskau den Boden für seine Machtpräsenz in Ägypten entzöge.

Ist das aber der Friede, den die Sowjetunion im Auge hat? Dass sie im Nahen Osten immer massiver Fuss fassen konnte, verdankt sie schliesslich dem arabisch-israelischen Konflikt. Er mag seine Dienste vorläufig getan haben und steht augenblicklich der Erreichung des zweiten Ziels, der Öffnung des Suezkanals und des Weges in den Indischen Ozean, hemmend im Wege. Insofern mögen die amerikanischen und die sowjetischen Interessen in dem einen Punkt des friedlichen Arrangements zurzeit konvergieren.

Mächtekonflikt

Aber sie gehen zweifellos radikal wieder auseinander, wo und wenn die eine Seite die Sicherung des Machtertrages anstrebt, den ihr der Konflikt eingetragen hat, die andere Seite aber diesen Ertrag liquidieren oder mindestens abbauen will. Der Friede, der im Nahen Osten angestrebt wird, hebt den Interessenkonflikt der Grossmächte höchstens vorübergehend, aber nicht an der Wurzel auf. Die eine will etwas, was die andere verhindern muss, wenn sie nicht abdanken soll.

Unbarmherzige Gegensätze solcher Art werden heute gern in der Formel der «Parität» der Weltmächte aufgelöst, die allmählich eine Art Mythos wird. Kann es an einem geradezu geometrisch klaren Kreuzungspunkt fundamentaler Interessen «Parität» geben?

Keine Beschönigung hilft darüber hinweg, dass hier letztlich Macht gegen Macht steht und dass die Entscheidung eine Frage der Macht ist. Das heisst, wohlverstanden, nicht Zwang zu kriegerischer Auseinandersetzung grossen Stils, die so untragbare Risiken in sich trägt, dass sie verhindert werden muss, und die im übrigen keine Probleme mehr löst; denn weltweite Trümmerfelder sind keine Lösungen. Wohl aber heisst es Zwang zum angemessen dosierten Engagement der Abschrekkung. Man hat in den letzten zwei Wochen im jordanischen Chaos ein Beispiel solcher Mischung von Machtdemonstration und Zurückhaltung erlebt, mit dem, auch wenn ein abschliessendes Urteil über seine Wirkung noch nicht möglich ist, wenigstens nachdrücklich dargetan wurde, dass die Vereinigten Staaten ein Abgleiten des Nahen Ostens in Anarchie nicht tatenlos hinnehmen würden.

So sehr die gegenwärtige innere Verfassung Amerikas dem *«foreign commitment»* widerstrebt, so offenkundig ist der Zwang zum Engagement im Nahen Osten und im Mittelmeer. Seine Abschwächung käme angesichts der Stosskraft des Gegenspielers der Abdankung gleich und würde der Sowjetunion Möglichkeiten eröffnen, welche die vielbeschworene «Parität» der beiden Grossmächte sehr bald und gründlich einseitig unterhöhlen müsste.

Zurück in die Steinzeit?

Die weltweite Ausbreitung des Terrorismus begann die Grundlagen der Rechtsstaatlichkeit und des zivilisierten Zusammenlebens zu unterhöhlen. Jüngstes Beispiel waren eine erpresserische Entführung und ein politischer Mord in Quebec, die die kanadische Regierung zur Ausrufung des Kriegszustandes zwangen.

25. Oktober 1970

Things fall apart; the center cannot hold;
Mere anarchy is loosed upon the world...
The best lack all conviction, while the worst
Are full of passionate intensity.

W. B. Yeats

In raschen, gewaltigen Schüben greift die Anarchie von Kontinent auf Kontinent über. Was man im Frühjahr, als das Treiben der Tupamaros mit dem Mord an Graf Spreti einen ersten Höhepunkt fand, noch als eine lateinamerikanische Besonderheit deutete, hat über die palästinensischen Geiselentführungen bis zum kanadischen Geiselmord Schule gemacht. Winzige, zum Verbrechen bereite Minderheiten haben ein Mittel gefunden, ganzen Völkern mitsamt ihren Machtapparaturen ihren Willen aufzuzwingen oder fundierte Ordnungen aus den Angeln zu heben und sie ins Notrecht zu stürzen. Schneller als die Cholera hat sich die Ansteckung verbreitet, befördert von den Kommunikationsmitteln. Wo sie, unbehindert durch Informationsbarrieren, hinreichen und latent Anfällige treffen, ist kein Staat mehr sicher. Die Drohung hängt über Berlin wie über Amerika, über Japan wie über der Schweiz.

Von einem Jahr aufs andere ist ein internationales Sicherheitsproblem von ganz anderer Art und Dimension entstanden als jenes, das die Politik schon so lange in Atem hält. International ist es, weil es alle betrifft, wenigstens alle jene, die nicht zum vornherein und ständig mit scharfer Repression jede nonkonforme Regung unter Kontrolle halten und ersticken. Ob jedoch internationale Massnahmen ihm beizukommen vermögen – abgesehen, vielleicht, von Schutzmassnahmen für den Flugverkehr –, ist fraglich. Denn der Konflikt ist nicht zwischenstaatlicher, sondern innergesellschaftlicher Natur; er hat Bürgerkriegscharakter.

Geiselnahme und Geiselmord sind im übrigen nur besondere Ausprägungen einer allgemeineren subversiven Tendenz. Das Problem, das die Welt zu allen andern hinzu jetzt drückt, heisst: enthemmte Bereitschaft zur organisierten Gewalttat gegen die Gesellschaft. Mit ihm leben wir seit längerem. Es hat seine Vorgeschichte in Theorie und Praxis. Marcuse gehört dazu, wie die japanischen, amerikanischen, deutschen und französischen Universitätsunruhen, mit einigem Vorbehalt selbst die Zürcher Krawalle dazugehören.

Bröckelndes Fundament des Rechts

Wer sich das Ganze als eine bewusste und genau angelegte, zentral gesteuerte globale Verschwörung zurechtlegt, macht es sich allerdings zu einfach. Vor den *terribles simplificateurs* ist auch hier zu warnen, so sehr oder gerade weil sie immer mehr offene Ohren finden. Hier ist, bei allen Querverbindungen, die man entdecken und noch mehr konstruieren und in eindrücklichen Papierdiagrammen aufzeichnen kann, mehr und anderes im Spiel als bloss manipuliertes, ferngesteuertes Verhalten. Dazu sind die agierenden revolutionären Gruppen und Zirkel zu sehr untereinander zerfallen und zerstritten, verfolgen sie zu verschiedene Ziele, ist auch das Risiko einer schliesslichen «kontraproduktiven» Wirkung ihrer Herausforderung zu gross, als dass es ein imaginärer, überragender ordnender Kopf einer internationalen Konspiration kalkulieren und kontrollieren könnte. Die Gemeinsamkeit der Aktionen liegt nicht in der Organisation, sondern in der Ansteckung, in der psychologischen Voraussetzung und im Zerstörungswillen.

Gemeinsam ist der gewalttätig-anarchischen Tendenz – soweit sie nicht enger umschriebene, konkretere Zwecke verfolgt – das Bestreben, freiheitliche Ordnungen durch Unterhöhlung der Autorität *ad absurdum* zu führen und ein Chaos zu schaffen, das dann der Nährboden für Umgestaltung nach freilich höchst vagen und widersprüchlichen utopischen Vorstellungen wäre. Autorität soll sich entweder als Papiertiger erweisen oder aber ihren postulierten «faschistischen», «repressiven» Charakter enthüllen. Ich bedrohe dich mit der Waffe: Gibst du nach, hast du bewiesen, dass du ein Feigling bist, auch künftig nachgeben wirst und dass ich dich in der Hand habe; schiesst du zurück, hast du bewiesen, dass du ein Gewalttäter und Mörder bist, also ein Feind der Gesellschaft, und intolerant dazu – so etwa mag die Vorstellung solcher provokatorischer Enthüllungstaktik gehen.

Es gibt Interpreten, die das als Romantik abtun und dahinter die Neuauflage des zwar irregeleiteten, aber immerhin edlen, weil Ungerechtes rächenden Räuberhauptmannes Rinaldo Rinaldini sehen. Man sollte, so meinen sie etwa mit Bezug auf Quebec und die drastischen Massnahmen der kanadischen Regierung, nicht mit dem Vorschlaghammer auf eine Erdnuss schlagen.

Damit ist die Tragweite der Bedrohung jedoch unterschätzt. Wenn aus dem Treiben der Tupamaros aller Länder «Zustände» werden, dann ist das Fundament der Gesellschaft, das Prinzip ihrer rechtlichen Ordnung geborsten. So hoch sich diese Ordnung, entsprechend der Entwicklung der Gesellschaft und der Zivilisation, in Jahrhunderten differenziert hat, so rasch und tief könnte ihr Absturz zurück ins Steinzeitalter erfolgen. Wenn Gewalt das gängige Mittel würde, um Interessen durchzusetzen, dann wäre man dort angelangt. Dann wäre man beim Kampf aller gegen alle, dann wäre es vorbei nicht nur mit der Rechtssicherheit, sondern mit der Sicherheit schlechthin – dem ersten Zweck jeder staatlichen Organisation und dem ersten Anspruch der Person an den Staat.

Reaktionen von rechts

Man kann über solche Konsequenzen noch im Konjunktiv sprechen. Aber man wird sich bewusst sein müssen, dass eine Rechtsordnung nicht viel an Durchlöcherung und Zerfall verträgt. Wenn sie nicht mehr für alle gleichermassen gilt und nicht mehr gegen alle gleichermassen durchgesetzt werden kann, dann ist sie bereits im Kern, nämlich in ihrer Autorität, angeschlagen. Jedes Beispiel erfolgreicher, hingenommener Herausforderung brütet seine Wiederholung – von solchen Kettenreaktionen sind wir Zeugen – und schwächt anderseits das Vertrauen in die gesetzliche Ordnung – das ist ebenfalls zu spüren, auch in unserem Lande.

Der Rechtsstaat steht, international gesehen, in einem Überlebens-Test. Das stellt ihn vor die peinliche Wahl der Mittel – peinlich, weil er unter Umständen Recht vorübergehend ausser Kraft setzen muss, um es für die Zukunft zu erhalten. Er wird sich, wenn er seinen Namen verdient, an das Gebot der Verhältnismässigkeit der Mittel halten. Zu Notstand und Notrecht wird keine demokratisch gewählte Regierung leichtfertig Zuflucht nehmen. Aber ebenso wenig kann sie sich gegebenenfalls dieser *ultima ratio* verschliessen, wie das Beispiel Trudeau nachdrücklich zeigt.

Die letzten, die das zu tadeln befugt wären, sind jene, die ihrerseits mit der Provokationstaktik und der Gewalttat als politischem Mittel liebäugeln. Sie sind auch die letzten, die darob triumphieren könnten, etwa weil die etablierte Gewalt, ihrer Erwartung und Voraussage gemäss, nun den ihr angeblich innewohnenden «faschistischen» Charakter und Hang zeige. Was hier zum Vorschein kommt, hat nichts mit «Faschismus» zu tun, weder im präzisen historischen noch im verschwommenen, pseudowissenschaftlich-gängigen Sinn der Bezeichnung. Es ist die Notwehr einer Gesellschaft, die die Grundlagen ihrer freiheitlichen Ordnung – und nicht nur eines bestimmten «Systems» – durch anarchische Provokation bedroht sieht.

Im Hintergrund lauert allerdings eine Gefahr für Provokatoren und Provozierte zugleich. Je stärker die Irritation der Mehrheit durch die Gewaltexzesse der kleinen Minderheiten, je verwegener die Herausforderung des Rechtsstaates wird, um so vernehmlicher wird überall der Ruf nach der «starken Hand». Im Phänomen des *«backlash»,* was immer ihn auslöst, steckt Ominöses. Daraus könnte eines Tages wenn nicht «Faschismus», so doch «Reaktion» in des Wortes engster Bedeutung werden – nicht weil Derartiges in offenen demokratischen Gesellschaften zum vornherein im Charakter angelegt wäre, sondern weil es durch systematische Unterhöhlung der gesetzlichen Ordnung gezeugt und buchstäblich heraus-gefordert würde. Es gäbe dabei keinen lachenden Dritten.

Ungestraft wird nirgends – man erinnere sich an das Ende der Weimarer Republik! – die erhaltende, tragende, offene, tolerante, liberale Mitte zerstört. Wenn sie nicht mehr hält, innerlich und äusserlich, dann ist Yeats' Untergangsvision, niedergeschrieben nach dem Ersten Weltkrieg, Wirklichkeit geworden.

Verständigung in Warschau

Am 18. November wurde nach langwierigen Verhandlungen ein Vertrag zwischen Polen und der Bundesrepublik Deutschland paraphiert, in dem Bonn auch für sein Teil die Oder-Neisse-Grenze anerkannte und auf Ansprüche auf die Ostgebiete des einstigen Deutschen Reiches verzichtete.

18. November 1970

Mit weniger Bedenken, als der deutsch-sowjetische Vertrag vom 12. August sie aufdrängte, wird man die Verständigung zwischen Bonn und Warschau auch von einem europäischen Gesichtspunkt aus als einen Erfolg bezeichnen. Hier werden keine Gewichte zugunsten der östlichen Supermacht auf diesem Kontinent verschoben. Mit dem Begriff der «Normalisierung» des Verhältnisses der Bundesrepublik zum Osten wird man zwar auch in diesem Fall zurückhaltend umgehen müssen: jene Normalisierung, die man im Westen als Resultat von Entspannung anstreben möchte – der freie, unbehinderte Austausch und Verkehr zwischen Menschen und unabhängigen Völkern –, ist auch hier nicht in Sicht. Aber wenigstens wird nun eine Hypothek getilgt, die das deutsch-polnische Verhältnis ein Vierteljahrhundert lang schwer belastet und die seine Entwicklung bisher blokkiert hat: die Streitfrage der Oder-Neisse-Grenze.

Man versteht es, dass diese Grenze zur Obsession der polnischen Politik und zum A und O ihres Verhältnisses zu Deutschland geworden ist. Denn sie ist eine Annexionsgrenze; die Konstruktion, dass sie einen geschichtlichen «Urzustand» Polens wiederherstelle, wie er unter den Piasten zu Beginn des Jahrtausends bestanden hatte, begründet im zwanzigsten Jahrhundert kaum mehr einen überzeugenden historischen Anspruch. Die Entscheidungen, die zu dieser Grenze führten, fielen nicht aus Erwägungen der polnischen Geschichte, und sie fielen auch nicht in Polen, sondern im wesentlichen im Kreml: Stalin verfügte die «Westverschiebung» seines Nachbarn, weil er dessen ukrainisch-weissrussische Ostgebiete, die er sich im Pakt mit Hitler zurückgeholt hatte, bei der Sowjetunion behalten wollte.

Die Verschiebung ging zulasten des Deutschen Reiches. Die neue Westgrenze ist für Polen lebenswichtig, und sie ist, wenn auch aus anderen Gründen als denen einer fraglichen geschichtlichen «Legitimität», ein Faktum geworden, das sich ohne schwerste Erschütterung Mittel- und Osteuropas nicht mehr zurückkorrigieren lässt. Aber sie blieb, obschon durch den östlichen Protektor und das ausgesprochene oder stillschweigende westliche Einverständnis durchaus solid gesichert, psychologisch und damit auch politisch so lange belastet, als die Bundesrepublik, als «Rechtsnachfolgerin» des Reiches, ihr die Anerkennung verweigerte.

Die Bundesrepublik ihrerseits pochte bei dieser Weigerung auf das Potsdamer Abkommen der Siegermächte, das die endgültige Grenzziehung im Osten einem Friedensvertrag vorbehält und die Gebiete östlich der Oder und der Lausitzer Neisse bis dahin zwar der polnischen «Verwaltung», nicht aber *expressis verbis* der polnischen Souveränität zuweist. Die polnischen Juristen lesen oder zum mindesten deuten es anders.

Politische Implikationen

Der Kern der Sache ist jedoch offenkundig nicht juristischer, sondern politischer Natur, und zwar in zweifacher Beziehung: der Hauptwiderstand gegen eine Anerkennung der Oder-Neisse-Grenze kam und kommt aus dem Lager der aus ihrer ostdeutschen Heimat Vertriebenen, und sie vermochten zwei Jahrzehnte lang die Entscheidung zu blockieren, da beide grossen Parteien das dort gesammelte Wählerpotential sich nicht entfremden wollten. An diesem politischen *fact of life* sind seit den Tagen des polnischen Oktobers Einzelvorstösse von CDU- wie von SPD-Politikern für eine Regelung des Verhältnisses zu Polen immer wieder gescheitert.

Zweitens stand die «gesamtdeutsche» Verpflichtung der Bundesrepublik einer solchen Bereinigung im Wege. Die Bonner Regierung beanspruchte zwar, gestützt auf das Grundgesetz und den Deutschlandvertrag mit ihren Alliierten, stellvertretend für das ganze Deutschland zu sprechen, aber sie sah sich nicht imstande, einen Gebietsverlust vertraglich zu sanktionieren, der Gesamtdeutschland tangierte. Mit Polen hat die Bundesrepublik ja keine gemeinsame Grenze. Mit ähnlich schwieriger Logik hat Polen seinerseits vom fernen Bonn die Anerkennung seiner Westgrenze gefordert, obwohl es den gesamtdeutschen Anpruch der Bundesrepublik bestreitet, von der Zweistaatlichkeit Deutschlands ausgeht und mit dem einen Teilstaat, seinem Nachbarn DDR, die Grenzfrage schon 1950 geregelt hat.

Auf welche Weise die diversen Knoten gelöst beziehungsweise durchhauen wurden, werden erst die noch nicht veröffentlichten Vertragstexte zeigen. Ohne «Pragmatismus» wird es kaum gegangen sein – einen Pragmatismus, der, ähnlich wie bei der Einleitung des direkten Gesprächs auf Regierungsebene mit der DDR, den gesamtdeutschen Anspruch der Bundesrepublik weiter verbauen dürfte und damit die Fassade der «Hallstein-Doktrin» noch absurder werden lässt.

Auch die Anerkennung der Oder-Neisse-Grenze durch Bonn entspricht einem alten Postulat der sowjetischen Deutschlandpolitik. Wie ernst es Moskau damit war, darüber ist immer wieder spekuliert worden. Denn eine Entlastung des deutsch-polnischen Verhältnisses von dieser Streitfrage könnte, theoretisch, zu einer Lockerung der polnisch-sowjetischen Bindungen führen und die Bewegungsfähigkeit Warschaus erhöhen. Manche Hoffnungen im Westen bauen auf diese Überlegung. Ob und in welchem Grade die Wirklichkeit ihr folgen wird, bleibt abzuwarten.

Keine Schwächung Moskaus

Moskau hat seinerseits nach Möglichkeit einer solchen Entwicklung vorgebeugt, nicht nur mit der Breschnew-Doktrin, die nach wie vor über dem Ostblock hängt, sondern auch dadurch, dass der deutsch-sowjetische Vertrag diesem und eventuellen anderen Abkommen vorgeschaltet wurde. Er schafft Möglichkeiten, die Annäherung der Bundesrepublik an die osteuropäischen Staaten zu regulieren, zu dosieren und auf sowjetische Interessen abzustimmen. Auch in Bonn dürfte im übrigen dafür gesorgt sein, dass das Verhältnis zu Moskau den Vorrang behält.

Ob das Vertragswerk von Warschau Polens Spielraum wesentlich erweitern wird, steht also dahin. Aber wenigstens ist eine Barriere entfernt. Auch ist für Bonn eine Möglichkeit eröffnet, mit der Zeit einiges von dem abzutragen, was seit 1939 in dem Lande aufgetürmt geblieben ist, bei dem Deutschland am tiefsten in Schuld steht und wo am meisten wiedergutzumachen wäre. Jene Aussöhnung und Rehabilitierung der Bundesrepublik auch im Osten einzuleiten, die im Westen längst weit gediehen ist, war bekanntlich eines der ersten Ziele schon der alten «neuen Ostpolitik» Bonns seit 1961 gewesen.

Gegen den Warschauer Vertrag wird keiner der westlichen Verbündeten der Bundesrepublik Einwände erheben, nachdem es offenbar gelungen ist, mit einer Minimalformel den Vorrechten der Siegermächte und dem Vorbehalt des in unbestimmter Ferne schwebenden Friedensvertrages Genüge zu tun. De Gaulle hatte die faktische Anerkennung der polnischen Westgrenze längst vorweggenommen; Washington und London fühlten sich lediglich durch die Rücksicht auf Bonn gehindert, das gleiche zu tun.

Offen ist nun noch die Frage der innerdeutschen Opposition. Aussenminister Scheel hat ihr in den Verhandlungen Rechnung zu tragen versucht mit der Bemühung, wenigstens eine Vereinbarung über Familienzusammenführung über die Grenze hinweg nach Hause zu bringen.

Ob das genügen wird, um die Parolen von «Verrat» und «Verzicht» wenigstens zu dämpfen, wird man sehen. Was ein Jahrzehnt und länger als Dunkelziffer einer Opposition gegen jede Regelung der Grenzfrage im Osten in den politischen Rechnungen Bonns figuriert und jede Unternehmung in dieser Richtung lahmgelegt hatte, wird nun zu zählen sein. Bei allem Verständnis für die Schwere des Verzichts, des endgültigen Verlustes der Heimat für die allerdings dünner werdende Generation jener, denen Ostdeutschland wirklich noch Heimat war, bei allen Bedenken auch gegen die völkerrechtliche Fixierung eines Unrechts – der «Westverschiebung» wie der Vertreibung – als Basis einer Neuordnung wird man hoffen, dass die nun getroffene Lösung innenpolitisch verdaut werde. Die unheilvolle Kettenreaktion von «Vergeltung» und Vergeltungsdrohung, die – das kann Europa nicht vergessen – ihre auslösende Ursache in der zerstörerischen deutschen Machtpolitik Hitlers hatte, muss endlich abreissen.

Nicht verteidigungswürdig?

In Kreisen der schriftstellerischen Linken der Schweiz, die oft genug bloss deutsche Protestposen imitierte, figurierte das eigene Land mehr und mehr nur noch als Zerrbild und als realitätsfernes Klischee.

31. Januar 1971

Kürzlich ist vom bernischen Obergericht der Militärdienstgegner und Grossrat Arthur Villard zu einem Monat Gefängnis unbedingt verurteilt worden, weil er öffentlich zur Dienstverweigerung aufgerufen hatte. In einer Rede in Genf hatte er, was er nicht bestreitet, zur Nachahmung jener Amerikaner aufgefordert, die ihre Einberufungsbefehle verbrennen. Allerdings will er diese Aufforderung nicht «allgemein», sondern lediglich als eine «Distanzierung von einer Armee» aufgefasst wissen, die einem «Kriegsverbrecher wie Westmoreland» militärische Ehren erweise. Das Gericht hat Villard diese Relativierung einer nach Gesetz (nach dem vollkommen eindeutigen Art. 276 des StGB) strafbaren Aufforderung jedoch nicht abgenommen.

Westmoreland, einstiger amerikanischer Oberkommandierender in Vietnam, heute Stabschef der *US-Army,* war in dieser zweiten Eigenschaft bekanntlich zu einem offiziellen Gegenbesuch in der Schweiz empfangen worden. Man hatte ihm hier die Fähigkeit unseres Kleinstaates zur Verteidigung seiner Unabhängigkeit und Neutralität zu demonstrieren gesucht, wie man das, mit Überlegung und gutem Grund, immer wieder seit den Kaisermanövern von 1912 vor den Mächtigen getan hat. Die Person des amerikanischen Stabschefs konnte man sich dabei nicht aussuchen.

Gegen dieses Urteil hat eine Gruppe von schweizerischen Schriftstellern, die von andern Äusserungen her bekannte, kritisch engagierte Oltner Sezession des Schriftstellerverbandes, öffentlich protestiert. Das ist ihr gutes Recht. Im Protest stehen jedoch Dinge, die man ihrerseits wiederum unter die Lupe nehmen muss, als Aussagen wie als Symptome einer Haltung und eines Zustandes unserer öffentlichen Diskussion, an denen man nicht mehr gleichgültig vorbeisehen kann.

Erstens wird das Urteil als ein Schlag gegen die Freiheit der Rede und der Überzeugung in unserem Lande bezeichnet. Die Justiz habe sich angemasst, «die abweichende Meinung» unter Strafe zu stellen. Denn nichts anderes als «abweichende Meinung» ist es nach Auffassung der Protestierenden, wenn einer öffentlich sagt, eine Armee, die Westmoreland militärische Ehren erweise, «habe ihren Anspruch auf Gehorsam verwirkt». Dass Villard nicht nur das gesagt, sondern zur Verweigerung dieses Gehorsams bzw. der Dienstpflicht in aller Form aufgerufen hat – ob nun «allgemein» oder spezifisch wegen des Vietnamgenerals – und dass er deswegen und nicht wegen «abweichender Meinung» verurteilt worden ist, davon sagt die Protesterklärung kein Wort.

Intellektuelle Redlichkeit?

Damit ist dieser Gruppe von Intellektuellen gegenüber die Frage ihrer intellektuellen Redlichkeit aufgeworfen. Sie unterschlagen und vertuschen das Wesentliche, mit andern Worten, sie manipulieren die öffentliche Meinung, sie, bei denen jedes dritte Wort eine Anklage gegen Manipulation zu sein pflegt.

Was die Sache betrifft, so liegt sie doch wohl einigermassen klar. Wo ist der Staat auf der Welt, die sogenannt progressiven eingeschlossen, der, sofern er die allgemeine Wehrpflicht kennt, den öffentlichen Aufruf zu ihrer Verweigerung ohne Strafsanktion hinnehmen kann? Die offene Diskussion über die Dienstpflicht bleibt, jedenfalls in Ländern mit liberaler Ordnung, von solchen Sanktionen unberührt. Sie fällt in die Domäne der Meinungsfreiheit. Will die Oltner Sezession wirklich so tun, als kenne sie den Unterschied nicht zwischen Diskussion über Sinn und Zweckmässigkeit eines Gesetzes und dem Aufruf, das legal und in demokratischer Abstimmung gesetzte Recht zu brechen?

Apropos: Falls diese Leute gegen die allgemeine Dienstpflicht sind – sind sie dann für ein stehendes Heer und damit zwangsweise für die Schaffung einer Militärkaste im demokratischen Staat, oder sind sie für völlige Entwaffnung und damit völlige Entwertung der Neutralität? Allzu viele Alternativen gibt es ja nicht zu dem, was wir haben, und für etwas wird sich auch der entscheiden müssen, der grundsätzlich «dagegen» ist.

Ihre eigene Logik führen die 34 «Oltner» dann zu ihrem eigenen Schluss: «Wer die Schweiz mit solchen Mitteln verteidigt, fordert die Frage heraus, was an ihr verteidigungswürdig sei.» Die herausgeforderte Frage ist ihrerseits als Herausforderung angelegt. Sie geht in der Tat ans Lebende. Denn impliziert sie nicht die Antwort: nichts? Einige der Unterzeichner dieses Aufrufs sind jedenfalls an diese Antwort schon ziemlich nahe herangekommen, so Max Frisch in seinem nicht zu vergessenden Aufsatz nach den Zürcher Krawallen oder Friedrich Dürrenmatt in seinem «Schweizerpsalm», einer neuerdings in Fortsetzungen erscheinenden rhythmisierten Polemik der schärfsten Anklage gegen sein Land.

Ein Zerrbild der Schweiz

Wirklich nichts? Nichts, müsste man in der Tat sagen, wenn jenes Zerrbild die Wirklichkeit wäre, das jetzt immer häufiger in der radikalen Publizistik, mit einer offenbar unstillbaren Rage gegen die Schweiz im Leib, von diesem Lande entworfen wird. Da gibt es nur noch Geldsäcke, Geheimkonten, Ausbeuter, Waffenschieber, geheime Verführer, Meinungsmanipulatoren, atomsüchtige Generäle, gekaufte Gewerkschaftsbonzen, gekaufte Professoren, gekaufte Politiker; da ist die Mehrheit faschistisch oder faschistoid, wenn nicht offen, dann insgeheim, da verstopft eine unbewältigte Vergangenheit den nationalen Verdauungstrakt, da übt die Majorität Meinungsterror gegen die Minderheit, und obrigkeitlicher Hang zur Gewalttat bestimmt das öffentliche Leben. Kurz, es wäre, um es mit Dürrenmatt zu sagen, das Land,

«In welchem es langsam genierlich wird,
Einem Bundesrat die Hand zu reichen.»

Wirklich? Wer von diesem Land nichts wüsste, müsste schon stutzig werden über die Unzahl von uralten Klischees und Versatzstücken aus dem 19. Jahrhundert, mit denen die Szene da für ein klassenkämpferisches Stück zurecht möbliert wird, oder über die Importe, mittels deren hier das imitiert wird, was man anderswo spielt oder schon gespielt hat. Wer aber von diesem Lande etwas weiss – wie könnte er es in seiner Substanz wiedererkennen in der grotesken, bösartigen Karikatur, die ihm von den literarischen Polemikern unserer Tage vorgehalten wird?

Gewiss ist der Fall Bührle – die Umgehung von Waffenausfuhrbestimmungen – ein Skandal und verdient keinen anderen Namen – aber ist er jene überrragende Tatsache der Schweiz, zu der etwa Dürrenmatt ihn zu machen sucht? Gewiss ist die Geld- und Goldballung in einigen Banktresoren, ist der Konsumtaumel, ist der Schwund des staatsbürgerlichen Bewusstseins unheimlich – aber ist mit bedenklichen Zeiterscheinungen eine gültige allgemeine Analyse dieses Landes zu bestreiten? Ist da nicht auch, neben vielem andern, was zu erwähnen wäre, ein immenses aktiviertes Potential von selbstlosem Dienst, von öffentlichem Gewissen, von Reform- und Modernisierungswillen, von abwägender, nüchterner Klugheit?

Mahner sind ernst zu nehmen. Aber ist der noch ein Mahner, der in Bausch und Bogen alles verwirft? Und kann man als Kritik an der Realität ernst nehmen, was die Realität in ihren Proportionen so grotesk verzeichnet?

Denker und Marschierer

Ist Degeneration nur am Objekt der Kritik festzustellen oder etwa auch im Urteil der radikalen Pauschalkritiker? Es gibt für das letztere Anhaltspunkte. Sie halten sich nämlich für die einzigen, die denken; die anders denken als sie, denken nach ihrer Meinung nicht. Respektable Selbsteinschätzung. Ganz einverstanden mit Dürrenmatt: «Die Stützen meines Landes sind die, welche denken, nicht jene, die mitmarschieren.» Bloss – wo sind die Denker und wo die Marschierer? Gehört einer, der munter im Zug eines unsäglich konform gewordenen Nonkonformismus marschiert und den in seinen Zirkeln modisch gewordenen Globalverriss des Landes *con gusto* mitmacht, höchstens in Sorge, wie er den Vorredner an Radikalität noch übertrumpfe – gehört er zu den Denkern, oder ist da nicht auch bereits ein schönes Stück Mitmarschieren dabei? Zu schweigen von der beachtlichen Arroganz und vom intellektuellen Hochmut, die sich in solchen Monopolansprüchen verraten.

Denken heisst ja nicht Emotionen formulieren; Unterscheiden gehört wohl immer noch dazu. Differenzierende, unterscheidende Kritik würde treffen und erst noch nützen – sofern es dem Kritiker ums Nützen zu tun ist. Nur ist sie freilich etwas anspruchsvoller, weil man einigermassen kennen muss, was man aufs Korn nimmt, und das schöne Abbruch-Honegger-Gefühl kommt mitsamt dem helvetischen Untergangspathos und der Propheteneloquenz vielleicht etwas zu kurz dabei.

Nur als Anregung an Dürrenmatts Denkende: Wie wäre es zum Beispiel mit einigen an den Realitäten orientierten Gedanken über die Lage, in der wir uns alle befinden in jenen Staaten Westeuropas – da man das Wort «freie Welt» scheint's nur noch in Anführungszeichen brauchen soll, sei es anders gesagt –, in denen man der Gesellschaft auch die gröbsten Anklagen noch frei und offen, gedruckt und ungestraft ins Gesicht schleudern kann? Ein paar politische Gedanken, mit denen sich vielleicht eine Brücke zum Thema «verteidigungswürdig» schlagen liesse.

Wenn dieser Staat mit den Grundzügen seiner liberalen Ordnung – über einzelnes liesse sich, wie gesagt, via differenzierende, konkrete Kritik reden – nicht verteidigungswürdig ist, welcher ist es dann, und wo liegt die Alternative? In jenem Totalitarismus, der als Drohung von seiten der stärksten Militärmacht des Kontinents nach wie vor, und heute deutlicher als gestern, über Europa hängt? Oder in jenem Totalitarismus der Utopisten, welche der Mehrheit die total neue Welt nach der immer noch höchst verschwommenen Vorstellung einer kleinen Minderheit aufzwingen will?

Wenn man aber diese Alternativen nicht akzeptiert, dann bleibt für den, der verändern will, doch nur der Weg über Reform nach demokratischer Regel. Wie aber soll Bereitschaft zu Reformen wachsen, wenn das Ganze radikal heruntergerissen wird? Sehen unsere radikalen Literaten, die ja nicht Literatur, sondern Politik meinen, nicht ihren Verlust an politischer Glaubwürdigkeit und Überzeugungskraft, sehen sie nicht, dass die Masslosigkeit ihrer Kritik statt Aufmerksamkeit mehr und mehr ablehnende Verhärtung bewirkt?

Der Drache und der Bär

Am 6. April hatten die Chinesen, nach langer Selbstisolation durch eine chaotische «Kulturrevolution», mit der Einladung einer amerikanischen Tischtennis-Equipe ein erstes sichtbares Zeichen der Öffnung gegenüber Amerika gegeben. Die Pingpong-Diplomatie bereitete den Weg für einen Besuch Nixons in Peking und eine schliessliche «Normalisierung» des amerikanisch-chinesischen Verhältnisses vor.

18. April 1971

Die globalpolitische Wirklichkeit hat sich in dieser Woche mit einer ebenso plötzlichen wie deutlichen Bewegung dem Bilde weiter angeglichen, das man sich von der allgemeinen Mächtekonstellation her schon lange machen konnte und musste. Das Bild ist in der geometrischen Abstraktion ein Dreieck, im politischen Drehbuch ein hochinteressantes, wechselvolles und spannungsreiches Dreieckverhältnis zwischen den Grossmächten Amerika, Sowjetunion und China. Die Wirklichkeit ist der Strukturformel insofern etwas schuldig geblieben, als die eine der drei Seiten, die Verbindungsstrecke Washington–Peking, bisher nicht ausgezogen war. Zwar waren alle drei Potenzen real genug, dass sie sich gegenseitig genau im Auge behalten mussten. «Im Spiel» miteinander, bald in Konfrontation, bald in Annäherung, bald im Auseinanderstreben, waren Washington mit Moskau, Peking mit Moskau, Moskau mit beiden – kaum aber Washington mit Peking.

Das Spiel, in das diese beiden nun miteinander getreten sind, ist zwar vorläufig nur Tischtennis. Aber seine politische Implikation und Bedeutung liegt offen zutage. So demonstrativ wie die Chinesen den Moskauer Kongress des «sozialistischen Weltsystems» geschwänzt hatten, so demonstrativ luden sie, kaum war er vorbei, unter anderen eine amerikanische Sportequipe samt journalistischem Tross in ihre so lange ehern verschlossene, den Amerikanern so gut wie verbotene Hauptstadt; Ministerpräsident Tschou En-lai in Person trat auf, erinnerte mit Nachdruck an regen früheren amerikanisch-chinesischen Austausch, sprach von der Wiederaufnahme der Freundschaft «zwischen beiden Völkern» und kündigte geradezu eine chinesische Ära der «Öffnung» an. Und Präsident Nixon, auf der Höhe der Situation und schnell schaltend, replizierte auf der Stelle mit einem ausführungsreif der Schublade entnommenen Plan zum Abbau gewisser Barrieren, die solchen Austausch bisher behindert hatten.

Gewiss ist all das noch nicht sehr viel. Aber es bedeutet angesichts der Umstände und angesichts des tiefgefrorenen Zustandes der amerikanisch-chinesischen Beziehung doch mehr, als die blossen Fakten besagen. Gewiss sind Tschous bemerkenswerte Erklärungen, besonders die zuhanden der unruhigen Jugend, zweideutig, kann sein Programm der «Öffnung» auch als ein Programm des aktiveren Exportes chinesischer Revolution gelesen werden; aber das gehört zu den Risiken des Pingpongs und zu den Elementen des «Spiels» zwischen Grossmächten, besonders zwischen ideologisch so konträren, das ja keinesfalls ein harmloses Freundschaftsspiel wird sein können. Gewiss wäre die Erwartung abwegig, das schwerfällige Ballett der internationalen Politik komme nun plötzlich in Schwung und in raschen Figurenwechsel. Aber es beginnt sich an dem nun zehn Jahre alten Faktum zu orientieren, dass es drei, mindestens drei Machtzentren gibt, und nicht nur die eine West-Ost-Problematik – sowenig sie, besonders für Europa, an Bedeutung verlieren wird –, dass es zwei konkurrierende kommunistische Mächte gibt, worüber sich ein Dritter zwar nicht unbedingt wird freuen, worauf er sich aber in seinem Verhältnis zu beiden wird einrichten müssen und können.

Rätselraten

Soviel zur «Physik» der Macht. Was die chinesisch-amerikanische Annäherungsbewegung im globalen Rahmen dereinst – sicher nicht morgen und nicht übermorgen – bewirken wird, was sie für die Entwicklung in Asien bedeutet, liegt im Dunkel der Zukunft. Nicht erhellt ist vorläufig auch ihr Motiv und Anstoss. Ist sie in erster Linie als Versuch des Ausbrechens aus der selbstgewählten Quarantäne, der nun anscheinend überwundenen Phase der «Kulturrevolution» zu deuten oder als Reaktion auf sowjetische Politik, ist sie eine Resonanz auf Nixons Rückzugsstrategie in Vietnam oder will sie in hintergründiger Absicht den Amerikanern Brücken aus Asien heraus bauen helfen? Auf die Entschlüsselung der Chiffre wird man wohl noch einige Zeit warten müssen. Inzwischen wird man gut tun, die Bewegung nicht spekulativ über das hinaus zu vergrössern, was sie im Augenblick bedeutet.

So gering sie ist – sie steht immer noch in Kontrast zum Bild der Erstarrung, das der Parteitag der kommunistischen Konkurrenzmacht in Moskau geboten hat. Dort hat keine

«Öffnung»; wie relativ sie auch sei, zur Diskussion gestanden. Im Gegenteil: den Vorrang hatten die Straffung der Disziplin und machtmässige Sicherung des sowjetischen Imperiums.

Man könnte freilich mit einigem Recht sagen: In punkto «Öffnung» sind die Russen schon längst so weit und wesentlich weiter als die Chinesen. Sie verhandeln immerhin mit Amerika über Rüstungsfragen, haben politische Verträge mit «kapitalistischen» beziehungsweise «imperialistischen» Staaten geschlossen, bemühen sich um gewisse Beziehungen, gewisse Konferenzen, einen gewissen Handel mit ihren Gegenspielern. Zu einer Öffnung, die diesen Namen ohne Anführungszeichen verdiente, hat das allerdings bisher nicht geführt, ebensowenig zu einem Ausgleich, in dem sich Geben und Nehmen etwa die Waage hielten.

Sowjetische Kontraste

Die Tendenz in dieser Richtung ist vielmehr, wie Breschnews Rede deutlich zeigte, wenn nicht eine der Rückläufigkeit, so doch eine der Stagnation. Weit gewichtiger als das Interesse an Rüstungsvereinbarungen mit Amerika sind die gewaltige Rüstungsanstrengung der letzten Jahre und der Wille, sie weiterzuführen, ins Bild getreten. Weit gewichtiger als politische Arrangements mit dem Westen scheinen das unbedingte Halten der eigenen, auch der vordersten Positionen in Europa und der Kampf gegen Symptome innerer Aufweichung. Probleme der Herrschaft – der absoluten Herrschaft – bewirken eine Rückwendung nach innen, auf die Selbstbehauptung; nach aussen wird, als Schild wie als drohendes Schwert, Macht gezeigt. Das macht es selbst den Optimisten vorerst schwierig, etwa an eine in absehbarer Zeit erreichbare ausgewogene, für alle Seiten annehmbare Berlin-Regelung noch zu glauben – die ein erstes Anzeichen für eine Bereitschaft zu wirklicher, ausgleichender Entspannung sein könnte, dafür, dass man in West und Ost unter Entspannung endlich das Gleiche oder wenigstens Vergleichbares zu verstehen begänne. Es macht auch den Glauben an die verändernde Kraft einer «Ostpolitik» im modischen Sinne noch schwieriger und ernüchtert die euphorische Vorstellung, dass hier und heute eine Übung auf Gegenseitigkeit, mit Leistung und adäquater Gegenleistung, ein «ehrliches Geschäft» zwischen dem Westen und der Sowjetunion, in Gang zu bringen sei.

Der sowjetische Immobilismus in Europa hat zweifellos mit China zu tun, das heisst mit der Zweifrontensituation, in die das Sowjetreich zwischen Ussuri und Elbe geraten ist. Die

Bewegung, die zwischen Washington und Peking sich anzudeuten beginnt, kann Moskau nicht gleichgültig lassen. Wird sie auch den erdhaften Koloss in Bewegung bringen, und in welche, oder wird sie ihn noch mehr verhärten und in Abkapselung führen? Wird die Sowjetunion ihrerseits sich, unter der Dreiecks-Konkurrenz, zu «Öffnungen» im Westen im Sinne von Ausgleichslösungen bequemen oder wird sie mit Türmen der Macht Schach bieten – etwa im Nahen Osten, den sie mit neuen Rüstungslieferungen zurzeit wieder anheizt, oder wird sie ihre Chinapolitik aktivieren müssen? Die Ungewissheiten und die nicht vom Schreibtisch her zu beantwortenden Fragen mehren sich. Das «Spiel» der Grossmächte scheint jedenfalls um neue Möglichkeiten bereichert zu werden, die wahrgenommen werden wollen, auch vom machtlosen Europa – das Spiel, in dem tödlicher Ernst stecken kann und von dem unser Schicksal in weit höherem Grade abhängt als von den heimischen revolutionären Zuckungen, von denen wir unsere Aufmerksamkeit so bereitwillig in Anspruch nehmen lassen.

Der blinde Fleck für Macht

Mit der mühsam erreichten Verständigung der vier einstigen Sieger- und Besetzungsmächte über die Existenzbedingungen (West-) Berlins – das Viermächteabkommen wurde am 3. September unterzeichnet – hielt man weitherum den Weg für eine generelle Normalisierung der West-Ost-Beziehungen in Europa für geebnet. Die Einsicht, dass Sicherheitsfragen von Machtfragen nicht zu trennen sind, kam der öffentlichen Diskussion immer mehr abhanden.

5. September 1971

Ein Jahr lang und länger ist Berlin im Westen als Testfall der Entspannungspolitik angesehen worden. Nach der Verständigung der vier Mächte wird mit wachsender Zuversicht darauf gesetzt, dass der Test, jedenfalls in den ihm gezogenen engen Grenzen, bestanden werde. Der beflügelt vorauseilenden Phantasie erscheint, bevor es noch soweit ist, der Weg der Entspannung damit nun freigelegt. Ihr bieten sich folgende mehr oder weniger konkrete Aussichten – soweit sie sich um Konkretes überhaupt kümmert – vorerst an: eine amerikanisch-sowjetische Übereinkunft über eine wenigstens partielle Begrenzung weiterer strategischer Rüstung; eine allgemeine Verständigung über Truppenreduktionen beiderseits der Trennlinie in Europa; eine Intensivierung des wissenschaftlich-technischen Austausches.

Bis all das unterschriftsreif auf dem grünen Tisch liegt, wird natürlich noch viel Zeit vergehen. Auch hängt der Fortschritt zu solchen Zielen von mancherlei zurzeit noch Unwägbarem ab, besonders davon, dass nichts Böses passiert, dass nicht ein widerwärtiger Zwischenfall, etwa à la Prag 1968, oder ein neues Nahostdrama ihn stört. Aber das Angebot dieser erfreulichen Perspektiven ist, wie gesagt, vorläufig an die Phantasie gerichtet, die sich an Hindernissen, besonders an bloss eventuellen, nicht stösst, wenn sie einem Silberstreif am Horizont entgegenfliegt.

Sie sieht aus ihrer Höhe auch mehr als nur Tinte auf Papier und diplomatische Konferenzen. Beginnen nicht ganz allgemein die Schatten von Konfrontation und Bedrohung zu weichen, die so quälend ein Vierteljahrhundert über West und Ost gelegen haben? Verdeutlichen sich nicht die Aussichten längerfristig konfliktfreier Koexistenz, wenigstens in Europa? Haben nicht, in West und Ost gleichermassen, das Bedürfnis und der Drang stark zugenommen, sich an den äusseren Fronten zu entlasten und die Energien an dringliche Aufgaben des inneren Ausbaus zu wenden?

Man kann solche Fragen, die seit längerem die öffentliche Stimmung durchdringen, nicht mit den alten Kassandrarufen und der Beschwörung einer Kriegsgefahr beantworten. Sie wären unglaubwürdig; es geht in Europa, wenn man den Horizont schon auf diesen einen Sektor einengen will, heute nicht um Krieg oder Frieden, sondern um politische Gestaltung und darum, unter wessen Einfluss sie stehen wird. In den Fragen stekken zweifellos Elemente wenn nicht der Wirklichkeit, so doch einer vermutlichen oder, besser, vermuteten Tendenz. Aber eben: Elemente, jedoch nicht das Ganze, eine Tendenz, jedoch nicht die einzige.

So deutlich zurzeit der Wille zum Abbau von Konfrontation sein mag, so deutlich ist auch, dass das, was dahinter zum Vorschein kommt, nicht eine retablierte, wieder heile, sondern eine nach wie vor heillos gespaltene Welt ist, deren Probleme – insbesondere die, welche die Menschen am unmittelbarsten treffen – noch keineswegs gelöst werden durch eine Milderung der feindseligen Gegenüberstellung. So günstig sich ein Koexistenzklima entwickeln mag – Klima allein ist kein Ersatz und kein Äquivalent für Sicherheit und Gleichgewicht. So ausgeprägt der Drang zur Rückwendung nach innen sein mag – er kann leicht das Gegenteil von Entlastung bewirken, wenn er nämlich Leerräume hinterlässt, die dann andere auszufüllen trachten.

Es kennzeichnet verbreitete Vorstellungen der Gegenwart von Politik, dass sie so viel auf die verändernde Kraft des guten Willens setzen beziehungsweise das Übel aus mangelndem gutem Willen herleiten, die Bedingungen der Macht aber negieren und aus dem Bild verdrängen. Das lässt manche politisch gemeinte Äusserung, insbesondere von Literaten, zu blosser «Literatur» werden – eben weil sie die politische Sache mit einem untauglichen Geschoss nicht zu treffen vermag. Als jüngst in einer Diskussion zwischen Professionellen der internationalen Politik die strategischen und rüstungsmässigen Voraussetzungen einer gesicherten Koexistenz mit der Sowjetunion erwogen wurden, wischte ein skandinavischer Vertreter der ungeduldigen Generation sämtliche Argumente und Bedenken unwirsch vom Tisch mit der Erklärung, Atomwaffenarsenale, Flotten, Panzerarmeen, all das sei heute blosse «Folklore», gegenstandslos und eigentlich inexistent in wahrer Politik, und wenn nicht als *«hardware»,* so doch aus den Gedanken schleunigst zu verabschieden.

Der junge Mann dürfte mit seiner Neigung, sich in seinen politischen Konzepten über Faktoren und Gegebenheiten der Macht souverän hinwegzusetzen, heute in recht zahlreicher Gesellschaft sein. Im Drang, von Fronten loszukommen, die man als überholt empfindet, deren Ursprünge man nicht mehr kennt und deren Sinn nicht einleuchtet, und zum allgemeinen ewigen Frieden vorzustossen, und zwar heute und jetzt, zählen alte Erfahrungen nicht mehr, wie etwa die, dass Macht am sichersten und eigentlich nur durch Gegenmacht in Schranken zu halten ist, dass Ungleichgewicht der Macht keine Basis für ausgewogene politische Regelungen und Verständigung bietet, dass das Vakuum, das einer lässt, seinen Gegenspieler fast unwiderstehlich anzieht usw.

Opas Welt?

Man kann das, wie gesagt, alles beiseite wischen als unbrauchbare Bestandteile von Opas Welt und einer uninteressant gewordenen Prähistorie, deren Regeln in der Epoche der grossen Friedensbeschwörung nicht mehr gelten und die ja überdies sichtbar in Sackgassen geführt hat. Es wäre nicht das erstemal, dass eine Generation so denkt – und das Schicksal verhüte, dass es ihr so gehe wie ihren Vorgängern aus der Väterwelt, die in Oxford 1938 Absagen an Machtpolitik jeder Form inklusive Wehrdienst proklamierte und ab 1939 die Köpfe hinhalten musste, weil jemand anders auf dem Kontinent sich an die Proklamation nicht halten wollte.

Aber das Zeitalter, so ist mit starken Gründen zu vermuten, ist doch noch nicht angebrochen, das die alten Erfahrungen ausser Kraft und Geltung setzte. Ungestraft wären sie, jedenfalls einseitig, nicht in den Wind zu schlagen. Und davon, dass man allerseits und überall dort, wo es darauf ankommt, das Element der Macht aus den politischen Vorstellungen nun löschen wolle, dass es unter den Mächten einen Konsens gebe, ein Zusammenleben neuer Qualität zu versuchen, ohne Macht ins Spiel zu bringen – davon kann offensichtlich leider keine Rede sein. Eine Ordnung, eine regionale oder globale, ist im Spannungsfeld divergierender Interessen und Aspirationen vorläufig nicht denkbar ohne machtmässige Infrastruktur, die sie im Fundament absichert. Kein Aufschwung guten Willens vermöchte auf die Dauer darüber hinwegzuhelfen oder hinwegzutäuschen.

Eilige Krimreise

Nach der «Bereinigung» der deutschen Frage drängte die Sowjetunion auf eine europäische Sicherheitskonferenz, die ihr den im Zweiten Weltkrieg errungenen Besitzstand allgemein verbriefen sollte. Bundeskanzler Brandt trat am 16. September, ohne die früher übliche Absicherung im Westen – «Wir sind ein mündiger Staat» –, einen selbstbewussten Alleingang zu Breschnew auf die Krim an.

18. September 1971

Moskau ist dabei, mit raschen Schlägen das Eisen Berlin, solange es noch heiss ist, zum Instrument vorwärtsdrängender Westpolitik zu schmieden. Kaum war die Unterschrift unter das Teilabkommen der vier Mächte gesetzt – unter dem zynischen Begleitgeräusch von Schüssen an der Mauer übrigens –, wurde schon der westdeutsche Regierungschef Brandt, ob mit oder ohne Anregung aus der Bundesrepublik, zum Treffen mit Breschnew auf die Krim bestellt. Der Eile, mit der Bonn in den letzten zwei Jahren seine Ostpolitik vorangetrieben hat, entspricht seit einigen Monaten das russische Tempo. Es hat sich bereits in der abschliessenden Phase der Berlinverhandlungen an einen offenbar vorgefassten knappen Terminkalender gehalten, den man sogar – so sicher ist Moskau heute seiner selbst – dem Partner in Bonn bekanntgab.

Brandt ist auf die Aufforderung in einer Art eingegangen, die an einigen Stellen im Westen eine gewisse Nachdenklichkeit hat aufkommen lassen. Er macht in sehr betonter Weise einen Alleingang. Von Konsultation mit seinen Verbündeten – mit Frankreich gibt es bekanntlich einen Vertrag, der sie vorsieht – war nicht die Rede, sehr bewusst vielmehr davon, dass man in Bonn dergleichen heute in eigener Regie erledige. Die westlichen Partner mussten sich mit knapper nachträglicher Information über den gefassten Entschluss begnügen.

Damit wird zwar, so könnte man anmerken, lediglich die Praxis fortgeführt, die diesseits und jenseits des Atlantiks auch nach de Gaulle wieder eingerissen hat. Man beliebt, sich unter Freunden gegenseitig mit Überraschungseffekten in der Art von Knallzigarren zu traktieren. Vor dem Hintergrund der in letzter Zeit so oft repetierten Beteuerung Bonns, dass man Ostpolitik stets und allezeit und immer nur aus der «festen Verankerung im Westen» heraus betreiben wolle und werde, ist das Vorgehen des westdeutschen Bundeskanzlers aber doch auffallend. Es hat für einmal wieder den vertrauten Hauch von *«Rapallo»* in die Atmosphäre gemischt und Bonn in die Lage versetzt, zu erklären, dass erstens «Rapallo»-Verdächtigungen jetzt wie stets und allezeit Unsinn seien und dass man sich zweitens an solche Alleingänge zu gewöhnen habe, da man in Bonn «mündig» geworden sei.

Drängen auf eine «Sicherheitskonferenz»

Das Treffen auf der Krim, das als Begegnung zweier Parteiführer, nicht als offizielle Regierungssache zu verstehen ist (worin immer der Unterschied liegen mag), wird in Zusammenhang gebracht mit dem sowjetischen Willen, nun endlich die seit fünf Jahren mit wechselnder Intensität und wechselnder Zielsetzung propagierte sogenannte europäische Sicherheitskonferenz zu verwirklichen. Sie ist der Sowjetunion bekanntlich von der Nato als eine Art Bewährungsprämie für ein Berlinabkommen in Aussicht gestellt worden. Bonn hat sie seit einiger Zeit zu befürworten begonnen, allerdings ohne grossen Schwung; man schien dort zu zweifeln, ob Moskau daran wirklich so interessiert sei, wie es den Anschein machte, und vermochte Sinn und Zweck der Übungsanlage nicht präzis zu deuten.

Das kann man im einzelnen in der Tat auch heute noch nicht. Es ist unklar, ob und was diese Konferenz mit «Sicherheit» zu tun haben soll. Soll in ihrem Rahmen über beiderseitige Truppenreduktionen gesprochen werden, oder wird dieses Thema, wie das der Nuklearrüstung, amerikanisch-sowjetischen Gesprächen oder breiter angelegten Abrüstungskonferenzen reserviert? Sollen zwischen den Blöcken Nichtangriffs-Erklärungen ausgetauscht und damit die Grundlagen eines neuen «Sicherheitssystems» aus Papier statt aus *«hardware»* gelegt werden? Oder sollen Handel und technischer Austausch dominieren – obwohl es in diesem Bereich permanente west-östliche Institutionen längst gibt? Sollen sich EWG und Comecon miteinander arrangieren? Oder sollen nicht Blöcke, sondern die einzelnen Staaten «Gesamteuropas» enger miteinander verflochten werden auf der Basis gesicherter Souveränität, das heisst auf Kosten jener Doktrin und Praxis, die mit dem Namen Breschnew verbunden sind? Die Rumänen und andere scheinen es zu hoffen, aber gerade weil sie es hoffen, dürfte Moskau schwerlich bereit sein, dem Unternehmen gerade diese Richtung zu geben oder dieses Risiko in Kauf zu nehmen.

Man sieht die Traktandenliste dieser «gesamteuropäischen» Veranstaltung also bei weitem noch nicht. Lediglich das magische Stichwort «Entspannung» schwebt vorläufig über einem gestaltlosen Nebel. Aber darunter verstehen die Sowjetunion und die Vereinigten Staaten, Rumänien und die DDR, die Bundesrepublik und England keineswegs das gleiche.

Was man hingegen einigermassen sieht, ist die Konstellation im allgemeinen und im einzelnen, unter der die Staaten zu diesem Entspannungsversuch antreten sollen, und die Richtung, in die sie damit gewiesen sind. Dazu einige Notizen pro memoria.

Gegensätze im Westen

Die westliche Welt trägt sich mit einem ungelösten Währungs- und Handelsproblem, das ihren Zusammenhalt ernstlich belastet und über dessen Bereinigung die Meinungen weit auseinandergehen. Amerika konfrontiert seine Partner nicht nur mit drohendem Protektionismus, sondern auch mit einem starken Drang nach Entlastung und Reduktion des auswärtigen Engagements. Entspannungspolitik in Europa stimuliert dort den Abbau von Präsenz in der Alten Welt und *vice versa* – Brandt und Mansfield geben sich gegenseitig Auftrieb, wie man gesehen hat und weiterhin sieht. Amerikanischer Abbau zeitigt, so wie die geistige und politische Verfassung Europas nun einmal ist, Abbau auch hier, nicht eine Anstrengung zur Kompensation aus eigener Kraft, wie man es von einer vitalen Zivilisation erwarten würde. Entspannungspolitik nimmt zuzeiten Formen des Wettlaufs europäischer wie nordamerikanischer Regierungen um die Gunst der Sowjetunion an, gibt Moskau also reichlich Gelegenheit, die einen gegen die andern auszuspielen. Auf deutschem und ehemals deutschem Boden hat sie überdies zur praktisch vollständigen Erfüllung der sowjetischen Konditionen, jedenfalls der vorläufigen, geführt. Überdies schafft der wirtschaftliche Riese Bundesrepublik («Wir sind wieder Nummer 1 in Europa») innereuropäische Gleichgewichtsprobleme.

Eine Häufung von innerwestlichen Interessen- und Tendenzgegensätzen also, von ungelösten Fragen und Unsicherheiten, von Lähmungs-, Ermüdungs- und Degenerationserscheinungen, welche Geschlossenheit und Tatkraft in einer Verhandlungskonfrontation mit der Sowjetunion ernstlich in Frage stellen und eine Sogwirkung von jener Seite erwarten lassen, die weiss, was sie will.

Das Sowjetimperium seinerseits ist zwar keineswegs unbelastet von Problematik. Es hat seine drückende chinesische Sorge, das Versagen seiner Wirtschaft, zentrifugale Tendenzen und latente Unrast im Satellitengürtel auf der Negativseite seiner Buchhaltung. Aber seine Macht, die ja mehr ist als die Addition von Flugzeugen, Panzern, Schiffen und Nuklearraketen, die auch an der Fähigkeit gemessen wird, den politischen Willen politisch durchzusetzen – diese Macht ist, relativ zu dem, was sich ihr entgegenstellt, beträchtlich gewachsen, besonders in Europa. Moskau operiert mit Selbstverständlichkeit und unbekümmert von jener «Position der Stärke» aus, die der Westen für sein Teil kritisch zersetzt und mehr oder weniger verspielt hat. Es sucht in seiner Zweifrontensituation seine Herrschaft im Westen für alle Eventualitäten gegen Zerfall und Unterhöhlung zu sichern. Die beste Sicherung, besser als Abkapselung durch Mauern, liegt darin, auch im Vorfeld des eigenen Bereiches sein Übergewicht, ein Machtgefälle zu eigenen Gunsten, zur Geltung zu bringen. Die Frage, um die es heute und auf weitere Sicht hier eigentlich geht, ist die, ob Westeuropa ein politisches – nicht militärisches – Glacis der Sowjetunion werden soll oder wird, in dem niemand, weder die Vereinigten Staaten noch China, etwas zu suchen hat und Einfluss entfalten kann.

Daran, und nicht nur an das vieldeutige grosse Suggestivwort der «Entspannung» wird man neben einigem anderen zu denken haben, wenn man im Ernst von der «europäischen Sicherheitskonferenz» spricht, welche die Sowjetunion in dieser Situation anstrebt. Daran werden auch Neutrale denken müssen, um deren Einspannung vor das grosse Projekt sich eine Seite seit längerer Zeit bemüht. Sie werden sich zu überlegen haben, ob sie ihre Neutralitätspolitik universal oder lediglich regional verstehen wollen, ob sie sich aktivieren lassen, ob sie die «moralische Autorität» des Neutralen, von der ihnen dann und wann mit Bedeutung gesprochen wird, einsetzen wollen in einer einzigen Richtung, für eine bestimmte Politik, die im Effekt einer Grossmacht zulasten anderer zugute kommen würde oder könnte. Es dürfte sich für sie empfehlen, einstweilen an der Formel festzuhalten, die zwar das Interesse auch des europäischen Neutralen an einer europäischen Konferenz statuiert und seine Teilnahme offen hält, die aber mit dem Engagement zurückhält, bis wirklich einigermassen klar zu sehen ist, wie und worauf eine solche Veranstaltung angelegt ist und was sie gegebenenfalls zu bewirken vermag.

Gipfel an Gipfel

Die amerikanisch-chinesische Annäherung setzte auch die sowjetische Westpolitik in Bewegung. Präsident Nixon wurde für den Mai 1972, nach seiner vorgesehenen China-Reise, nach Moskau eingeladen. Sogleich erwachten in Europa die alten Ängste wieder, man könnte Opfer eines «Bilateralismus» der Grossmächte werden. Eine Serie von Konsultationstreffen auf höchster Ebene wurde angekündigt.

5. Dezember 1971

Wer auf der politischen Bühne Bewegung verlangt, kommt jetzt auf seine Kosten. Jedenfalls eilen die Hauptpersonen auf der ihnen zugewiesenen höchsten Ebene hin und her wie nie zuvor. Irgend etwas hat plötzlich Tempo ins Spiel gebracht. Es ist nicht sehr schwer, zu erraten, was.

Die «grosse Bewegung» der amerikanischen Politik, ihre Schwenkung in Richtung China, hat sekundäre Aktionen unterschiedlichen Charakters ausgelöst beziehungsweise notwendig gemacht. Zuerst eine, die auf die Sowjetunion zielt. Man mag sich streiten, ob man den Besuch Nixons in Moskau als «sekundär» bezeichnen kann und darf. Dem Zeitablauf, der Logik und dem ursächlichen Zusammenhang nach ist er es jedenfalls. Weil Nixon zu Mao geht, hat ihn auch der Kreml eingeladen – mit einiger Eile und offenbar nicht ohne einen nachdrücklichen, aber erfolglosen Versuch, die Reihenfolge der Visiten noch umzukehren.

Das Festhalten an dieser Reihenfolge setzt den Besuch in Moskau in ein besonderes Licht, schmälert aber nicht seine Bedeutung. Es macht klar, dass Washington die dritte, noch «unterentwickelte» Macht China in seine Politik auch gegenüber der Sowjetunion einbeziehen und seine Sache nicht auf ein exklusives «bipolares» Verhältnis der beiden «entwickelten» Supermächte abstellen will. Ebenso klar ist aber auch, dass Amerika in seinem Kontakt mit der Sowjetunion auf weit konkretere Resultate ausgeht, als sie von einer ersten Annäherung an China schon zu erwarten sind: auf Rüstungsvereinbarungen, auf ein Arrangement über Truppenreduktionen, auf eine Klärung europäischer Fragen.

Gerade das aber bedingt nun eine weitere Serie von Handlungen. Die Einsicht, dass vor dem Schritt in die Weite solcher Grossmächtepolitik das «eigene Haus» einigermassen in Ordnung gebracht werden müsse, beziehungsweise dass der deplorable Zustand der Allianzen Amerikas eine denkbar schlechte Basis sei für Versuche der Verständigung mit den grossen Gegenspielern – diese Einsicht scheint sich nun auch in Washington gebieterisch aufgedrängt zu haben.

So wenigstens müsste man schliessen aus der nun unvermittelt inszenierten Grossveranstaltung eines ganzes Reigens von Gipfelgesprächen zu zweit, die bis in den Januar hinein an den verschiedensten Schauplätzen abrollen sollen. Wäre die amerikanische Politik im Begriff, sich über die Interessen ihrer Partner bei der Suche nach Arrangements auf Grossmächte-Ebene generell hinwegzusetzen – wessen sie in letzter Zeit in steigendem Masse verdächtigt wurde –, dann vermöchte der Sinn dieser beachtlichen Anstrengung der Konsultation nicht einzuleuchten. Sie wäre blosse Show.

Konsultationsreigen

Etwas von Show und noch mehr von Hektik und Improvisation haftet ihr freilich an. Den Gedanken an Wahlkampf wird man dabei nicht leicht los, an ein «Public Relations»-Unternehmen, das den Namen des Präsidenten und republikanischen Kandidaten für 1972 mit gewaltiger Publizität ins Gedächtnis der Wähler eingravieren soll. Auch die Eile, mit der das Ganze in Gang und über die Runden gebracht wird, ist nicht von gutem für einen Klärungsprozess, in dem manches nach gründlicher, vertiefter Behandlung ruft, wenn eine dauerhafte Korrekturwirkung erzielt werden soll. Überdies ist vieles im bilateralen Gespräch auf höchster Ebene gar nicht zu bereinigen, weil es multilateralen Charakter hat und in weiteren Kreisen verhandelt werden muss.

So mancher berechtigte Einwand angebracht werden kann und angebracht ist gegenüber diesem etwas allzu «amerikanisch» wirkenden Grosseinsatz, diesem merkwürdigen Ballett genau abgezirkelter Ortsveränderungen, bei dem sich Gewicht und Stellung der einzelnen Partner sozusagen aus den Kilometern ermitteln lassen, die sie dem Präsidenten entgegenkommen beziehungsweise die er ihnen entgegengeht – so bedeutungsvoll ist doch, dass die Konsultation auch in Washington für dringlich erachtet wird und dass sie stattfindet. Aus allen Himmelsrichtungen fliegen von nun an einen Monat lang in generalstäblich bemessenen Abständen die Verantwortlichen der wichtigsten Partnerländer ihre mit protokollarischer Finesse bestimmten Treffpunkte an, Medici aus Brasilien und Trudeau aus Kanada nach Washington, Pompidou auf die

Azoren, Heath auf die Bermudas, Brandt nach Florida, Sato nach Kalifornien.

Ein Problem haben sie alle gemeinsam: die Störung ihrer Beziehungen zu den Vereinigten Staaten, die durch die handelspolitischen und monetären Massnahmen des Weissen Hauses ausgelöst worden ist, deren Ursache in der amerikanischen Zahlungsbilanzkrise liegt und die den Handelsverkehr der freien Industrienationen unter sich und ihr Verhältnis zur Dritten Welt, damit das Gesamtgefüge des Wirtschaftsaustausches im weitesten Umfange und damit die politische Stabilität der Allianzen und Partnerschaften Amerikas gefährdet. Nixon muss den Nixon-Schock behandeln. Mit Symptomkuren wird er ihn nicht unter Kontrolle bringen; Schmieren und Salben hilft nicht mehr allenthalben. Die Wurzel müsste gefasst werden, und sie steckt zu einem nicht unerheblichen Teil in Amerika selber. Das Gespräch mit den Betroffenen allein wird, wenn die Behandlung damit ihre Bewenden haben sollte, also kaum auf den Grund führen. Vielleicht vermag es jedoch den Weg zu einer Therapie zu öffnen oder wenigstens zu zeigen.

Europäische Ängste

Für die Europäer unter den Gesprächspartnern Nixons steht ein zweites Problem hinter diesem ersten an Dringlichkeit und Bedeutung nicht zurück: die Wahrung ihrer Interessen in Begegnungen der Grossmächte unter sich, von denen sie ausgeschlossen bleiben, besonders in einer amerikanisch-sowjetischen Verständigung. Die Situation ist recht aufschlussreich. Einzelne von ihnen sind selber in der Verfolgung ihrer eigenen Geschäfte mit Moskau recht nonchalant mit der Allianz und ihrem amerikanischen Protektor umgegangen und haben Sondertouren eingelegt, zum Teil in der irrigen Meinung, durch Einzelgänge ausserhalb des Verbandes auch den Sowjetblock zu innerer Lockerung zu animieren. Nun, da sich abzeichnet, dass die Sowjetunion ihrerseits in wichtigen Fragen, wie etwa dem Truppenabbau, Amerika und nicht die Europäer für den massgebenden Partner hält und dass Amerika anderseits eben in dieser Frage für sich Konsequenzen aus der europäischen Entspannungspolitik ziehen könnte, die einigen Europäern keineswegs passen – nun erfährt Allianzpolitik, Koordination, gegenseitige Abstimmung oder wenigstens das Verlangen nach diesen nahezu vergessenen Dingen auch auf dieser Seite des Atlantiks plötzlich wieder eine beachtliche Aufwertung.

Das wäre kein schlechter Anlass zu genauer Wiederbesinnung darüber, wo denn die eigentlichen, wichtigen, nicht negoziablen Werte westlicher Politik und dementsprechend die Prioritäten liegen oder liegen müssten, was «Entspannung» nach bisher geübter Manier und Methode bewirkt hat und bewirken kann und was nicht und wo die Grenzen des Zuträglichen und der Zugeständnisse hier liegen. Die Einsicht, dass ein weiterer Zerfall der gemeinsamen Politik zur Verhinderung sowjetischer Vorherrschaft in Europa weder im westeuropäischen noch im amerikanischen Interesse liege, könnte notwendig gewordene Reparaturarbeiten an der vernachlässigten Basis der Allianz anregen. *Pourvu que cela dure.*

Friedensrhetorik und Friedenspolitik

Das Moskauer Gipfeltreffen zwischen dem amerikanischen Präsidenten und den sowjetischen Machthabern vom 22. bis zum 30. Mai hatte voluminöse, Entspannung verheissende, aber politisch nicht eben gehaltreiche Dokumente produziert, von denen sich dann die Amerikaner sogleich wieder etwas distanzierten. Die Grossmächte stellten die Weichen für die seit vielen Jahren von der Sowjetunion geforderte Konferenz, die nun als «Konferenz für Sicherheit und Zusammenarbeit in Europa» (KSZE) in Helsinki diplomatisch vorbereitet werden sollte.

4. Juni 1972

Die Pressephotographen, die jeweils zum Tisch der grossen Politik zugelassen werden für die paar Minuten, da dort posiert und vom Wetter geredet wird, haben der Welt in den vergangenen Tagen zwei Bilder von interessantem Kontrast geliefert. Das eine aus Moskau: Nixon und Breschnew in einsamer Konfrontation, allein am langen Tisch, hinter sich leere Stuhlreihen; das andere, längst gewohnte Routineaufnahme, von der Nato-Tagung in Bonn: 15 Aussenminister ums übliche Oval gesetzt, ihre Berater hinter sich. Auf beiden Szenen wurde, wenn auch nicht mit identischer Traktandenliste und unter identischen Perspektiven, über dasselbe gesprochen: über west-östliche Entspannung, Annäherung, Zusammenarbeit und auch über Sicherheit. Die Bilder klassifizieren sich ohne Kommentar von selber nach ihrer Bedeutung.

Die Zwei haben in Moskau mehr als eine Zeitungsseite voll gemeinsamer Worte gefunden und unterzeichnet. Darunter ist vieles, was ernst, entschieden und historisch tönt, jedoch keine Bindekraft hat und nicht mehr ist als eine Sammlung von allgemeinen Vorsätzen für gutes Betragen. Welche Verbindlichkeit will man etwa Äusserungen wie denen zumessen, dass man miteinander «im Geiste der gegenseitigen Rücksicht auf die Position des anderen» verkehren werde und dass damit der Versuch unvereinbar sei, «sich auf Kosten der Gegenseite auf direktem oder indirektem Wege einseitige Vorteile zu verschaffen»? Derartiges ist einfach zu schön, als dass es im Verhältnis der Mächte, hüben wie drüben, wahr sein beziehungsweise werden könnte; es ist Wechselgesang himmlischer Chöre, nicht Politik.

Anderes werden bestimmte Völker, deren politisches Leben unter der permanenten Drohung einer bestimmten Doktrin steht, als Zynismus hören, etwa die mit der Unterschrift Breschnews gezeichnete Versicherung, man werde dazu beitragen, «dass alle Länder... ohne fremde Einmischung in ihre inneren Angelegenheiten leben können».

Soviel Rhetorik, stellenweise leere, stellenweise falsche, in der Moskauer Erklärung der beiden Mächtigsten steht, so wenig wird man sie natürlich insgesamt als unpolitisch abtun können. Erstens formuliert sie eine unzweifelhaft bestehende Gemeinsamkeit ernsthafter Interessen der beiden Grossmächte, aus der weitere Teilstücke gemeinsamer Politik zu fertigen sind und ein amerikanisch-sowjetischer Bilateralismus weiterentwickelt werden kann, der mehr Bedeutung erhalten könnte, als manchen Partnern und Klienten der Grossen lieb sein mag. Zweitens steckt auch in der Gemeinsamkeitsrhetorik ein Politikum – ein vielleicht nicht von beiden Seiten im gleichen Sinne gewolltes oder beabsichtigtes, aber vermutlich dennoch wirksames.

Ende der Konfrontation?

Diese Rhetorik suggeriert, dass mit der erklärten Absicht der beiden Mächte, den Frieden zu sichern, der Friede faktisch gesichert und die «Ära der Konfrontation» endgültig überwunden sei. An dieser euphoriefördernden Suggestion hat die sowjetische Politik ein Interesse. Sie kann ihr als psychologisches Instrument dienen in der nächsten Phase, in der es um europäische «Sicherheit» geht, im Kampf um die öffentliche Meinung im Westen – sie selber ist in diesem Punkte ja unempfindlich –, die abrüstungsreif gemacht werden soll, soweit sie es nicht schon ist. Auch Nixon spielt mit dieser Euphorie; er steht im Wahlkampf. Längerfristig aber dürften ihm und dem Westen insgesamt daraus eher Probleme erwachsen: verstärkter Druck auf Abzug aus Europa, Druck auf Abrüstung *coûte que coûte*.

Nicht umsonst hat sein Berater Kissinger, kaum war die Tinte der Unterschrift trocken, die Moskauer Erklärung sehr kühl relativiert und sie als möglichen «taktischen Zug» der Sowjetunion bezeichnet, darauf angelegt, den Westen «einzulullen» – ein taktischer Zug, den der Präsident immerhin mitgemacht hat. Nicht umsonst hat Luns auf der unmittelbar folgenden Nato-Tagung in Bonn vor Entspannungseuphorie, haben auch Bundeskanzler Brandt, Scheel und andere vor einer Abwertung und Aushöhlung der Verteidigung gewarnt und unterstreicht das Communiqué der atlantischen Bündnispartner, dass Verteidigung und Entspannung «untrennbar» seien. Nicht umsonst – wenn man gewisse journalistische Bilanzen, diesmal amerikanische, der Moskauer Begegnung liest, in denen der

Umstand, dass Breschnew neuerdings *«okay»* statt *«charascho»* zu sagen liebt und dass das Kremlorchester «Oh, Susanna» spielte, bereits zur Ouverture der grossen Wandlung wird. Auch schon gehabt.

Jedenfalls haben die Zwei den Grundton gegeben, auf dem die vielen das folgende Stück, die Konferenz für Sicherheit und Entspannung in Europa, nun zu spielen versuchen werden. Die atlantischen Bündnispartner haben sich entschlossen, die erste Etappe davon, die multilaterale Vorbereitung auf diplomatischer Ebene in Helsinki, jetzt in Angriff zu nehmen, nachdem die Vorbedingungen dafür, die Inkraftsetzung der Berliner Abkommen, nun nahezu erfüllt sind. Der Ausgang des Unternehmens ist nicht abzusehen, wohl aber seine Problematik. Es wird zum einen darum gehen, mit der Sowjetunion ein Gespräch über das Zusammenleben in Europa aufzunehmen, ohne dass dabei einseitig weitere Positionen geräumt werden, ohne dass die Gewichte der Macht sich weiter verschieben, ohne dass die wirklichen Pfeiler der Sicherheit brechen und, im Vorgriff auf Künftiges, Papier und Einbildung anstelle von *«hardware»* bereits zu ihrer Stütze werden. Zum anderen geht es, auf dieser intakt zu haltenden Basis, um Resultate des Gesprächs, das heisst um die Verbesserung der Qualität dieses Zusammenlebens.

Helsinki in Sicht

Es wird ein politischer Willenstest grossen Stils auf breiter Basis und von einstweilen unbestimmter Dauer sein. Er wird viel Gegensteuerung gegen die Abdrift von Illusionen verlangen. Wie es um die innere Verfassung der westlichen Allianz bestellt ist, wird sich im Druck der Verhandlungen und Manöver erst noch erweisen müssen. Sie hat ihre schwachen Stellen im Norden und Süden, und auch in der Mitte des Kontinents ist politisch nicht alles durchsichtig. Sie spricht nicht mit einer Stimme und ist anscheinend auch nicht so bald dazu zu bringen, mit einer Stimme zu sprechen; die Harmonie auch des europäischen Konzerts in ihrem Rahmen wäre erst noch herzustellen.

Das Konferenzunternehmen basiert auf der souveränen Gleichheit aller Staaten, die von den beiden Grossen in der Moskauer Erklärung eben wieder nachdrücklich proklamiert worden ist. Es verhält sich damit wohl etwa so wie in Orwells Tierstaat: *All animals are equal; but some are more equal than others.* Im Osten wird die Vielzahl der «Gleichen» in wesentlichen Dingen zu manipulieren sein, im Westen kaum, trotz den evidenten Gewichtsunterschieden.

Die Risiken sind also offenkundig. Trotzdem erscheinen sie den Bündnispartnern tragbar. Sie haben Trümpfe, und sie rechnen damit, sie auch ausspielen zu können. So wäre etwa den wirtschaftlichen Bedürfnissen des sozialistischen Blocks und seinem Verlangen nach technischem Austausch die Forderung vergrösserter Freizügigkeit entgegenzusetzen, den Konzepten papierener Sicherheitsgarantien und des Bündnisabbaues die Vorstellung einer ausgewogenen gegenseitigen Rüstungs- und Truppenreduktion.

Man wird sehen, ob es zu solchen Tauschgeschäften kommt. Sicher ist es nicht. Es gibt im weiten Vorfeld der Vorverhandlungen auf westlicher Seite zum Beispiel bereits das Bedenken, man könnte Moskau mit Freizügigkeitsvorschlägen – mit Vorschlägen also, den tristen Status quo der Tennung wenigstens etwas aufzuhellen – zu nahe treten und damit die Entspannung gefährden. Man fragt sich, was von Entspannung überhaupt noch übrigbliebe, wenn man ausgerechnet diese Frage ausklammern wollte.

Vertreibung aus Ägypten

Am 18. Juli wies Präsident Sadat die sowjetischen Militärberater, über 20000 an der Zahl, aus Ägypten aus. Eine seit den späten fünziger Jahren systematisch ausgebaute sowjetische Machtposition am Mittelmeer und am Suezkanal wurde damit liquidiert.

23. Juli 1972

Die Wegweisung der sowjetischen Militärberater aus Ägypten hat es in sich. Auch wenn die direkt und indirekt Beteiligten und Betroffenen die Massnahme der ägyptischen Führung aufs schonendste verbal verpacken, Kairo von einer vorüberziehenden «Sommerwolke» spricht, Moskau im lang verzögerten offiziellen Communiqué die Sache gar als Schluss aus einem freundschaftlichen «Meinungsaustausch» darzustellen sucht («beide Seiten hielten es für zweckdienlich, das Militärpersonal... in die Sowjetunion zurückzubringen», heisst es unübertrefflich harmlos bei Tass) und Washington diskret schweigt, so ist doch kein Zweifel, dass hier etwas geschehen ist, was die Szene tiefgreifend verändert, und zwar nicht nur die lokale und regionale.

Allein schon im äusseren Bild der Handlung kommt manches zusammen, bei dem man sich erst einmal die Augen reibt, bevor man es für wirklich hält – sofern man natürlich nicht zu den Auguren gehört, die das, nachträglich, alles schon längst und genau so haben kommen sehen. Buchstäblich über Nacht sieht sich eine Weltmacht veranlasst, Positionen zu räumen, die sie während mehr als anderthalb Jahrzehnten sukzessive aufgebaut und ausgebaut hat zu einem Brückenkopf, der ihren politischen Einfluss bedeutend ausweitete und der strategisch immer stärker ins Gewicht fiel, für sie selber wie in den zunehmend besorgten Kalkulationen ihrer Gegenspieler. Kein extremer Machttest, etwa à la Kubakrise, kein massiver Druck ihres grossen Widerparts zwingt sie dazu, auch ist offenbar keine Absprache oder diplomatische Ausmarchung mit ihm im Spiel. Der Rückzug wird vielmehr ausgelöst durch die Aufforderung eines kleinen Klienten, der keiner (mehr) sein will, dem das Protektionsverhältnis nicht den Gewinn einbrachte, den er erwartet hatte, dafür aber ein wachsendes Bedenken, abermals ein Opfer imperialistischer Neigungen zu werden – diesmal im Griff der sogenannten antiimperialistischen Vormacht. Und auf den Wink Davids weicht Goliath.

So einfach geht das? – wäre man versucht zu fragen, wüsste man nicht, dass dieses Handlungsbild seine komplexen Hintergründe hat, und wäre in der Beurteilung der Handlung nicht ohnehin Vorsicht geboten, solange sie noch läuft und niemand sehen kann, wohin sie schliesslich läuft.

Sowjetisches Überengagement?

Immerhin, an der Tatsache eines sowjetischen Rückzuges ist vorläufig nicht zu rütteln, und es sieht im Augenblick, weitere Umschwünge vorbehalten, nicht danach aus, als ob es *«reculer pour mieux sauter»* wäre. Der Rückzug bedeutet keineswegs die Totalliquidation des sowjetischen Einflusses im Nahen Osten, wohl aber seine empfindliche Schwächung. Wie die Kollektivführung in Moskau, soweit sie in der Nahostpolitik exponiert ist, damit fertig wird, muss sich erst noch zeigen. Sie kann der Angelegenheit nach innen eine durchaus populäre Seite abgewinnen, insofern als nun nicht mehr gewaltige sowjetische Mittel in ein arabisches Fass ohne Boden gepumpt werden müssen. Auch nach aussen kann sie aus der Niederlage einiges Kapital schlagen, indem sie dartut, wie uneigennützig und rücksichtsvoll der sozialistische Hausfreund, im Unterschied zum «imperialistischen», sich jederzeit dem Gastgeber gegenüber verhalte und wie leicht man ihn los werde, falls man dies wünscht. Das Argument weist allerdings, etwa im Blick auf die Tschechoslowakei, eine ziemlich krasse Glaubwürdigkeitslücke auf, mag aber in der Dritten Welt wohl ein Stück weit tragen. Auch kann Moskau, mit besserem Grund, einiges von dem, was zur Absetzbewegung im Nahen Osten führte, als Teil und Folge von Friedenspolitik präsentieren. Denn die relativ vorsichtige, für arabische Empfindungen viel zu vorsichtige Dosierung der sowjetischen Waffenhilfe entsprang unzweifelhaft der Scheu, den Bogen bis zu einem Punkte zu spannen, wo die Konfrontation mit den Vereinigten Staaten drohte. Im Willen, dieses Risiko zu vermeiden, sind sich die beiden Grossmächte offenbar einig. Insofern mag der Hinweis Kairos auf das amerikanisch-sowjetische Gipfeltreffen, das den Hintergrund der Massnahme Sadats bilde, plausibel scheinen.

Ob all das jedoch die im doppelten Sinne kritischen Fragen zu verdrängen vermag, nämlich ob die Kremlführung sich an einer ungünstigen Stelle überengagiert habe und nun zurückkrebsen müsse, ob sie eine empfindliche Einbusse an

Macht und Prestige, kurz: eine eklatante Niederlage auf dem Gewissen habe, das steht noch dahin. Die Fragen müssen jedenfalls auch in der Sowjetunion in der Luft liegen.

Was Moskau mit dem Sprung an die Landenge von Suez primär und eigentlich im Sinne hatte, mag offen bleiben. Ob die Sowjetunion hier einem auf sehr weite Sicht angelegten Leitplan und dem historischen russischen Drang nach Süden an die weiten Meere gefolgt ist oder aber einfach die im Nahostkonflikt sich bietenden Gelegenheiten der Expansion genutzt, die Ansatzstellen Zug um Zug verbreitert hat, ist weniger von Belang als das, was aus dieser nahöstlichen Position schliesslich geworden ist und was sie an Potential enthält oder enthielt.

Eine Schlüsselstellung

Diese Position bildet einmal, abgesehen von Indien, die wichtigste Einbruchstelle der sowjetischen Politik in der Dritten Welt. Sie garantiert sodann massgebenden Einfluss an einem geographisch-strategischen Schlüsselpunkt, wo sich wichtige nord-südliche und west-östliche Verbindungslinien in einem engen Nadelöhr zusammendrängen. Sie ist ferner Ausstrahlungspunkt für Einfluss nicht nur im Osten des Mittelmeers, sondern auch entlang seinem südlichen Rand, also entlang dem ganzen «weichen Unterleib» Europas, und man sitzt dort am Kontrollbrett eines entscheidenden Teils der Energieversorgung des Alten Kontinents und der westlichen Welt insgesamt. Und sie ist schliesslich die kritische Stelle am Seeweg in den Indischen Ozean, nach Süd- und Ostasien, wo die Auseinandersetzung mit China eine Entfaltung sowjetischer Präsenz verlangt, die von der sibirischen Landmasse her nicht zu entwikkeln ist.

Vieles und Entscheidendes hängt also an dieser Position. Ist sie nun verspielt worden? Das wäre zu apodiktisch geurteilt, denn erstens ist das Spiel nicht zu Ende, und zweitens kann man verspielen eigentlich nur, was man fest in der Hand hat, und so weit ist Moskau im Nahen Osten bisher nicht gekommen. Im Gegenteil sind seine Erfahrungen mit dem Versuch, arabische Staaten im Sinne sowjetischer Interessen zu lenken, eher frustrierender geworden. Hier zu bestimmen ist eben wesentlich schwieriger als da, wo man herrscht und über Disziplinierungsmittel wie Breschnew-Doktrin, Sowjetarmee und gleichgeschaltete Satellitenregierungen verfügt.

Dennoch ist der Rückschlag nicht wegzudiskutieren, und seine Dimensionen haben globales Mass. Er könnte sich bis in die kommende Europakonferenz hinein auswirken, in deren Themenliste die Nahostfrage aufgetaucht ist. Die Sowjetunion, die am Nil gewissermassen einen Entspannungsbeitrag *«malgré elle»* hat liefern müssen, ist nicht mehr ganz dieselbe Macht, die sie vorher war. Sie hat auch ihrerseits zur Kenntnis nehmen müssen, dass das Patt der Grossen, oder ihre stillschweigende Verständigung, den Kleinen, jedenfalls einigen von ihnen, je nach Lage einen Spielraum öffnet, den sie ungestraft und sogar auf Kosten von Weltmachtinteressen nutzen können.

Besiegelte Zweistaatlichkeit Deutschlands

Am 8. November wurde der «Grundvertrag» zwischen der Bundesrepublik Deutschland und der Deutschen Demokratischen Republik paraphiert. Er besiegelte die Spaltung Deutschlands in zwei souveräne Staaten, wenn man auch in Bonn an der rechtlich nicht fassbaren Fiktion einer diese beiden Staaten überdachenden «deutschen Nation» festhalten wollte.

9. November 1972

Genau tempiert auf die Endrunde des Wahlkampfes in der Bundesrepublik, ist der «Grundvertrag» zwischen den beiden deutschen Staaten aus dramatisierten «Verhandlungsschwierigkeiten» unvermittelt öffentlichkeitsreif ins Licht getreten. Er verschafft der Bonner Regierungskoalition die Möglichkeit, die Auseinandersetzungen der letzten zehn Tage vor dem 19. November vom eher peinlichen Gebiet der Preise und der Inflation dorthin zu kanalisieren, wo sie sich stärker fühlt, und in den Vorstellungen der vielen unentschiedenen Wähler ein weiteres Resultat ihrer ostpolitischen Bemühungen zur Geltung zu bringen. Selbstverständlich ist die Koinzidenz ein blosser und reiner Zufall – geschickt gemacht.

Was für ein Vertrag ist das? Er soll die «Grundlagen der Beziehungen» zwischen den beiden deutschen Staaten regeln und spricht in seinem Text und im umfangreichen protokollarischen Beiwerk eingehend und detailliert von Erleichterungen der Verbindung und von Zusammenarbeit. Er werde, wie Bundeskanzler Brandt erklärt hat, «das Eis aufbrechen» und vieles möglich machen, «was bis gestern unvorstellbar war».

Fällt also die Berliner Mauer, wird der Stacheldraht zurückgehaspelt, werden die Minenfelder geräumt, die dem freien Verkehr zwischen Deutschen bisher im Wege gestanden haben, können die einst so vielzitierten «Brüder und Schwestern» nun hin und her über die bis dahin tödlich abweisende Grenze zusammenkommen, wie es die Bewohner normaler Staaten in der normalen Welt tun können?

Schon die blosse Frage wird, und das nicht nur im Osten, als unfaire Zumutung empfunden, denn sie suggeriere «unrealistische» Maximalforderungen. Die Ansprüche, welche die Entspannungspolitik an «Normalisierung» stellt, liegen weit darunter – etwa, um das eine und andere aus dem Vertragswerk zu zitieren, in einer «Genehmigung der Eheschliessung (über die Grenze hinweg) in besonderen Ausnahmefällen», in der «Zusammenführung von Ehegatten», in der «Ausdehnung der Reihe von dringenden Familienangelegenheiten, bei denen DDR-Bürgern Besuche in der BRD (steht nun im Protokoll als Bezeichnung für „Bundesrepublik Deutschland") genehmigt werden können, auf silberne und goldene Hochzeiten».

Gewiss ist das schon einiges, wenn es auch zuerst einmal an die Ausgangslage erinnert, daran, wie unsäglich stur und unbarmherzig die DDR bisher ihre Politik der Abschliessung und Einsperrung ihrer «Bürger» gehandhabt hat. Einige wahrhaft groteske Züge der Gefängnispraxis werden gemildert, einige Ausgangslöcher, einige Möglichkeiten des Austausches, beides nach wie vor strengstens staatlich kontrolliert, werden aufgetan, einige Absurditäten verschwinden. Aber im wesentlichen bleibt die Abkapselung der Leute in der DDR bestehen. Man kann sie nun zwar eher besuchen als früher, aber sie selber erhalten, sofern sie nicht Staatsrentner sind, die man ohnehin ganz gern gehen liesse, oder sofern sie nicht eben «dringende Familienangelegenheiten» nachweisen können, keinen Pass auch nur zum vorübergehenden Urlaub vom Arbeiter- und Bauernparadies.

Minimale «Normalisierung»

Das entwertet nicht dieses lange verhandelte Abkommen, aber es relativiert seine Bedeutung. Die Grenzen auch dessen, «was bis gestern unvorstellbar war», sind hier nach wie vor überaus eng gezogen; die neue Wirklichkeit bleibt äusserst karg und weit hinter dem zurück, was erlauben würde, von Normalisierung zu sprechen.

Mindestens und immerhin ein Anfang, wird man sagen können, wenn auch nicht mehr als das, und wenn auch um einiges weniger, als Brandt vor zweieinhalb Jahren in seinen zwanzig Punkten von Kassel, unter ihnen «das Ziel der Freizügigkeit», anvisiert hatte. Es besteht kein Anlass, die Worte den Resultaten weit vorauslaufen zu lassen.

So willkommen die Erleichterungen allen Betroffenen sind – der politische Kern des Vertrages liegt an anderer Stelle. Er statuiert erstmals in aller Form die Zweistaatlichkeit Deutschlands. Bis zuletzt hatte man in der Bundesrepublik auf eine Art von Wortklammer gehofft, welche die beiden Teile Deutschlands noch irgendwie, wenn auch auf mythisch unfassbare Weise, aneinanderheften würde – auf das Wort von der «Einheit der Nation». Der Vertrag müsse von der Lage der

Deutschen ausgehen, «die in zwei Staaten leben und sich dennoch als Angehörige einer Nation verstehen», hatte Brandt in Kassel gefordert, und immer wieder hatte er die Formel verwendet, dass die beiden Staaten für «einander nicht Ausland» sein dürften.

Aber die Abmachungen bringen die Angehörigen dieser einen Nation in Ost und West einander in der Praxis ihrer Verbindung bei weitem nicht so nahe, wie es Westdeutsche und Ausländer im freien Teil Europas sein können – und die Wortklammer der «Nation» ist im Vertragstext geradezu zu ihrem Gegenteil geworden, nämlich zum Objekt der Meinungsverschiedenheit. «Unterschiedliche Auffassungen ... zu grundsätzlichen Fragen, darunter zur nationalen Frage», werden in der Präambel ausdrücklich festgehalten.

Ende der bisherigen «Deutschland»-Politik

Ob nun die gegenseitigen diplomatischen Vertreter Bonns und Ostberlins Botschafterrang haben werden oder nicht, ob Bonn einseitig den «völkerrechtlichen Charakter» der Anerkennung der DDR bestreiten will oder nicht – die praktische Konsequenz aus diesem Vertrag ist die akzeptierte Selbständigkeit und rechtliche Gleichheit der beiden deutschen Staaten, und sie wiegt weit schwerer als finassierende juristische Vorbehalte. Die Tür zur Uno ist für beide nun geöffnet, die Hindernisse für die Anerkennung der DDR durch Drittstaaten sind von Bonn selber faktisch abgebaut worden. Dass die vier Siegermächte sich ihre Rechte und ihre letzte Verantwortung in bezug auf Deutschland als Ganzes weiterhin reservieren – wobei ihr Einverständnis allerdings nicht einmal so weit geht, dass sie gemeinsam das Wort «Deutschland» verwenden und unterschreiben könnten –, hat für die Gegenwart nicht viel mehr als formelle Bedeutung und vermag für die Zukunft kaum eine artikulierbare Wiedervereinigungshoffnung zu begründen. Die Spaltung ist auch auf dem Papier nun so gut wie vollzogene Tatsache.

Ist das nun der vielbeschworene «Verrat»? SPD und FDP hätten es in den fünfziger und noch in den sechziger Jahren zweifellos so empfunden; wer damals auch nur die Abkürzung DDR ohne Anführungszeichen schrieb oder ohne das obligatorische Adjektiv «die sogenannte» aussprach, war ihres vehementen Protestes sicher. Der Protest ertönt heute, bei allerdings erheblich erhöhter Reizschwelle, eher auf einigen Sektoren von CDU und CSU. Aber die vorsichtige Zurückhaltung, mit der die derzeitige Opposition den Grundvertrag anfasst, verrät doch, dass sie nicht mit einer Grundwelle des Widerspruchs rechnet. Das Faktum der Spaltung Deutschlands ist zu sehr als vorläufig nicht korrigierbare Gegebenheit ins Bewusstsein gedrungen, als dass seine «Festschreibung» noch gewaltige Emotionen entfesseln würde. Eher dominiert Befriedigung über die Aussicht, die «deutsch-deutschen» Reibungen zu dämpfen.

Ballastabwurf im Westen

Nicht anders im Westen. Dort hat das Bekenntnis der Regierungen zur Wiedervereinigung Deutschlands – eine Gegenleistung für die Partnerschaft der Bundesrepublik im Verteidigungsbündnis – ohnehin nie sehr tiefe Wurzeln in den Völkern gehabt. Wie könnte auch Europa ein übergewichtiges, wirtschaftlich überpotentes Gesamtdeutschland verdauen? Die Popularität Brandts – darüber wird man sich keine Illusionen machen – rührt dort nicht zuletzt vom Eindruck und von der Annahme her, er schaffe der Welt endlich den Mühlstein der deutschen Problematik, inbegriffen die Wiedervereinigung, vom Hals.

Immerhin mag doch in diesem Moment die Erinnerung daran, wie es in Sachen Deutschlandpolitik des Westens einmal stand, ihren Platz haben – und sei es nur, um den Ausgangspunkt des Sprunges zu markieren, der seither faktisch auf die Position der sowjetischen Deutschlandpolitik hinüber getan wurde –, um die Schrumpfung zu ermessen, der diese westliche Politik unterworfen war. Im Deutschlandvertrag von 1952, Artikel 7², hat es geheissen, und heisst es noch:

«Bis zum Abschluss einer friedensvertraglichen Regelung werden die Bundesrepublik und die Drei Mächte zusammenwirken, um mit friedlichen Mitteln ihr gemeinsames Ziel zu verwirklichen: ein wiedervereinigtes Deutschland, das eine freiheitlich demokratische Verfassung, ähnlich wie die Bundesrepublik, besitzt und das in die Europäische Gemeinschaft integriert ist.»

Und im Grundgesetz der Bundesrepublik von 1949, dessen Präambel das deutsche Volk «von dem Willen beseelt» sieht, «seine nationale und staatliche Einheit zu wahren», stand und steht der Satz: «Das gesamte Deutsche Volk bleibt aufgefordert, in freier Selbstbestimmung die Einheit und Freiheit Deutschlands zu vollenden ...»

Tempi passati? Ob das, was unter der Wirkung der «normativen Kraft des Faktischen» nun als Schritt zur Normalisierung empfunden wird, wirklich das Modell einer haltbaren

Normalität für Deutschland abgibt – das sich in seiner Geschichte keineswegs als «unteilbar», sondern als ausgesprochen «teilbar» erwiesen hat – oder ob man damit, in West und Ost, das deutsche Problem glücklich und endgültig vom Halse hat, das wird sich erst noch weisen müssen. Es könnte da einmal ein grosses Augenreiben geben.

Europa-Jahr 1973?

Präsident Nixon hatte 1973 zum «Jahr Europas» proklamiert. Die Vereinigten Staaten, die immer noch stark in Vietnam engagiert waren und die ihre Beziehungen zu China, zugleich aber auch ihr Verhältnis zur sowjetischen Supermacht intensivierten, wollten damit auch nach Europa hin wieder Profil zeigen. Das Europa-Jahr wurde dann ein ausgesprochenes Jahr der Krisen im amerikanisch-europäischen Verhältnis.

7. Januar 1973

Käme es auf die guten Vorsätze, auf Proklamationen, Programme, kräftige Worte und Druckzeilenzahl an – Europa könnte sich auf das neue Jahr freuen. Jedermann, der etwas öffentlich zu sagen hatte, hat seiner in irgendeiner hoffnungsvoll-verbindlichen Weise gedacht. In dem nun vergrösserten Kreis der Brüsseler Gemeinschaft hat die Vision der bis zum Ende des Jahrzehnts zu schaffenden «politischen Union» neu aufgeleuchtet; in England wird mit viel Eifer und Journalismus Europa entdeckt und versucht, die immer noch nicht entflammte Öffentlichkeit zum Bewusstsein der Teilhabe an der «mächtigsten Gemeinschaft in Handel und Finanz, die die Welt je gesehen hat» (Heath), zu erwecken; die krisengeprüften Altmitglieder wägen mit einer wechselnden Mischung von Skepsis und Zuversicht ab, was sie sich vom Zuwachs an Potential und Konsumenten wie an Problemen und Reibungen für das erweiterte Unternehmen versprechen sollen.

Auch von ausserhalb zieht die Alte Welt die Blicke auf sich. Nixon und Kissinger haben der amerikanischen Politik ein «Europa-Jahr» verordnet und versichert, dass die Beziehungen zu den europäischen Partnern nun Priorität auf der Agenda Washingtons haben müssen und werden. Die Sowjetunion investiert einen beträchtlichen Teil ihrer nach aussen gewendeten Energie in Europapolitik nach ihrer Art, vor allem in das grosseuropäische Konferenzprojekt, das ihren Einfluss in ihrem Herrschaftsgebiet «festschreiben» und westlich davon verstärken soll. Und eben deswegen, wenn auch mit umgekehrtem Vorzeichen, zeigt sich auch Peking, ebenfalls auf seine Weise, an «mehr Europa» in immer höherem Masse interessiert.

So weit, so gut. Das alles hat freilich nicht verhindert, dass der Jahresbeginn unter ganz anderer Signatur stand – der von

Vietnam. Solange im Zentrum der Dinge dieser mörderische Konflikt steht, der so viel Elend zeugt, aber auch so viel politische Substanz zerstört, deren Mangel man im Westen noch spüren wird – so lange wird auch Europapolitik, zumindest über den Atlantik hinweg, nicht die Rolle spielen, die ihr in den *«post-Vietnam»*-Konzepten zugedacht ist. Dieser Krieg absorbiert nicht nur die amerikanische Führung, er nagt auch an der amerikanisch-europäischen Basis, wie nachdrücklich auch immer die Exekutive in Washington versichert, dass Europa etwa von neo-isolationistischen Strömungen in Kongress und Öffentlichkeit der Vereinigten Staaten nicht betroffen werde, wie sehr sich auch die europäischen Partner in ihren offiziellen Äusserungen zum amerikanischen Bombenkrieg zurückgehalten haben. Über aller Europa-Programmatik liegt vorläufig und nach wie vor der «vietnamesische» Vorbehalt – und wer kann heute sagen, wie manchen Monat des «Europa-Jahres» er noch belasten wird?

Polit-Tourismus

Sowenig diese Belastung aus dem Lagebild zu eliminieren ist, so wenig entzieht sie dem Blick, wie komplex, gegensätzlich, problemgeladen das ist, was unter dem Sammeltitel Europapolitik im Gange ist und sich als Aufgabe und lösungsbedürftiges Problem abzeichnet.

Ein Einblick in die Verflechtungen mag sich ergeben, wenn man sich etwa einige Reiseprogramme der Besuchsdiplomatie und ihre Hintergründe ansieht: Pompidou fährt in einigen Tagen nach Weissrussland, um an einem Ort namens Zaslawl Breschnew zu treffen; Heath fliegt wenig später zu Nixon; Brandt erwartet Breschnew in Bonn, Breschnew soll Washington besuchen – für beides ist der Zeitpunkt noch offen. Alles hat mit Europa zu tun, aber nicht alles mit dem gleichen Europa oder mit einem Europa, das «mit einer Stimme» spräche.

Französisch-sowjetische und deutsch-sowjetische *Tête-à-tête* haben in bemerkenswerter Regelmässigkeit miteinander abzuwechseln begonnen. Ihre Anlagen und Zwecke sind in der Sicht aller jeweils Beteiligten durchaus nicht immer dieselben, auch wenn vom selben die Rede sein sollte, etwa von Handel und Kooperation. Es muss daraus nicht grössere Harmonie zu dritt, es kann daraus sehr wohl auch misstrauische Konkurrenz entstehen. Wie weit liegt französisch-sowjetische Kooperation im deutschen, wie weit deutsch-sowjetischer Handel im französischen Interesse? Beide westeuropäischen Gesprächspartner demonstrieren im Umgang mit Moskau vor allem die Unabhängigkeit und Selbständigkeit ihrer eigenstaatlichen Politik – demonstrieren sie auch europäische Einheit?

In Brüssel, wo man nun auf den Buchstaben pochen könnte, der besagt, dass von diesem Jahre an Handelsabkommen mit Dritten Sache der Europäischen Gemeinschaften und nicht mehr ihrer Mitglieder seien, scheint man Zweifel darüber zu empfinden. Zweifel drängen sich auch auf etwa beim Gesprächsthema der gegenseitigen Truppenreduktionen in West und Ost, wo Paris und Moskau sich auf einer Linie finden dürften, die ganz und gar nicht die Bonns und Washingtons ist.

Basis Amerika

Komfortabel ist die Lage lediglich für die Leute im Kreml, die mit beiden europäischen Partnern zugleich spielen und gegebenenfalls beide gegeneinander und die Vereinigten Staaten gegen sie ausspielen können. Das Ganze würde eher an Gleichgewichtsdiplomatie vergangener Zeiten als an koordinierte oder gar «integrierte» europäische Politik erinnern – wenn zwischen zwei relativ schwachen Konkurrenten einerseits und einem Übermächtigen anderseits von Gleichgewicht die Rede sein könnte.

Heath in Washington: Die Aufgabe ist ebenso klar und dringlich, wie ihre Lösung ungewiss. Es geht letztlich um den gesicherten Fortbestand und die Weiterentwicklung der atlantischen Basis, ohne die europäische Politik im Vorfeld des sowjetischen Grossreiches nach wie vor undenkbar ist. Diese Basis ist nicht gesichert gegen Irritationen, Versuchungen und Fehlentwicklungen, die besonders im Bereich der Handels- und Währungspolitik drohen und die sich, wenn man sich der schwierigen Problematik nicht pfleglich annimmt, zu einem Politikum ersten Ranges auswachsen könnten. Das Gespenst eines gegenseitigen, absurden und verderblichen Protektionismus ist nicht gebannt, und wenn es in einem von Vietnam frustrierten und durch europäische Zolldiskriminierung gereizten Kongress umgeht, dann liegen auch neue Mansfield-Resolutionen für einen Truppenabbau in Europa nicht fern; und auch in der Administration könnte, entgegen aller Europa-Emphase, die Neigung zur Direktverständigung mit Moskau weiter zunehmen, besonders wenn in grösserem Rahmen multilateraler Verhandlungen der Truppensektor blockiert bliebe.

Heath ist der gegebene atlantische Mittler, aber der Sprecher Europas ist er als Jungmitglied im Klub einstweilen nicht. Er bringt eine wichtige Stimme ins europäische Konzert, kann es aber, was immer die Träume einer neuen britischen Führungsrolle sind, nicht schon dirigieren. Das mindert nicht die europäische Bedeutung seiner Funktion in Washington. Es wird viel erreicht sein, wenn er den lebenswichtigen Dialog auf politischer Ebene überhaupt ernstlich in Gang bringt.

Schliesslich, wenn es zu einer Amerikareise Breschnews kommen sollte: wird man eine neue Manifestation des «Bilateralismus» der beiden Supermächte erleben? Es ist kein Zweifel, dass hier, im Verhältnis der beiden Grossen zueinander, auch für die europäische Entwicklung die wichtigsten Weichen gestellt werden. In diesem Verhältnis steckt für die Vereinigten Staaten dauernd eine Frage, die in mancher Hinsicht eine Alternativfrage ist: Direktverständigung mit Moskau oder Allianzpolitik?

Die Antwort ist nicht so eindeutig, wie sie in der Rhetorik manchmal tönt. Der Dialog der Grossmächte unter sich hat im vergangenen Jahr in der Sicht amerikanischer Politiker mehr, jedenfalls sichtbarere Resultate abgeworfen als die von vielen Frustrationen und Komplikationen belastete, im übrigen auch kaum mit vollem Einsatz unternommene Bemühung um die Allianz – die Bemühung, einen Sack voll Flöhe zu hüten. Es liegen in diesem Dialog überdies Attraktionen, die erhebliche Anziehungskraft auch auf Amerika entfalten, zum Beispiel der nun eben erst entdeckte Osthandel.

Europas Einfluss auf die «Optionen» der amerikanischen Politik, von denen für die Alte Welt Entscheidendes abhängt, scheint oft minimal zu sein. Er ist es sicher nicht im Negativen: unkoordiniertes Durcheinander und Unfähigkeit zu konstruktiver Partnerschaft hier schlagen dort zu Buche. Also müsste auch im positiven Sinne etwas zu machen, müsste durch fruchtbare Zusammenarbeit der Stellenwert der europäischen Verbindung auch in Washington zu festigen und zu erhöhen sein. Um so mehr als diese Verbindung nach wie vor auf einer fundamentalen Interessengemeinschaft beruht, die weit enger ist, als es die spannungsreiche Verbindung mit dem totalitären Herrschaftssystem im Osten für Europa wie für Amerika in absehbarer Zeit je wird werden können.

Friede und was dazugehört

Vom 18. bis zum 25. Juli weilte Breschnew zu Besuch in Washington, nachdem ein Jahr zuvor Nixon in Moskau gewesen war. Der «Bilateralismus» der Supermächte kulminierte, ohne jedoch die Basis oder Struktur einer globalen Friedensordnung zu schaffen, der man Dauer zugetraut hätte.

24. Juni 1973

Was der amerikanische Präsident und der sowjetische Machthaber miteinander in der schwer bewachten, elektrisch umzäunten Eremitage von Camp David während einer Woche besprochen und abgemacht haben, wird man erst nach und nach erfahren – das heisst jenen Teil davon, den zu wissen den Völkern frommt, und das wird vorerst kaum die ganze Geschichte sein. Für ihr verhältnismässig robustes Geschäft pflegt die hohe Politik im Aussengebrauch veredelte, Gefühlssaiten berührende Worte zu verwenden. So auch hier. Gesprächsgegenstand ist laut öffentlichen Erklärungen und Trinksprüchen der Friede schlechthin, und zwar der dauerhafte, stabile, den die Welt ersehnt. Breschnew will ihn, hat er gesagt, und Nixon – der zurzeit seine eigenen Gründe hat, in den Vorstellungen der Öffentlichkeit grosse Ziele, Erfolge und Worte zur Geltung zu bringen und anderes etwas in den Hintergrund zu drängen – sprach von einer bereits eingetretenen «tiefgreifenden Wandlung» zum Besseren in den amerikanisch-sowjetischen Beziehungen und von der darauf begründeten Aussicht einer Heilung der Weltzustände.

Das sollte niemanden davon abhalten, sich aus dem Zauber der Hoffnungen zurückzuversetzen in eben das robuste Geschäft, das hinter den hohen Zielen liegt und von dessen Führung es abhängt, ob diese Ziele erreicht werden. Friede, darüber ist man sich wohl einig, ist nicht eine Sache von Worten, auch nicht bloss eine des guten Willens, sondern schon eher die einer genau überlegenden, ihre Konsequenzen kalkulierenden und entschlossenen Politik.

Bei ihrer Bemühung um einen gesicherten Frieden wird die heute in der Verantwortung stehende Generation von einigen negativen und positiven Erfahrungen ausgehen müssen, die sich ihr nachdrücklich eingeprägt haben. Eine davon lehrt, dass stabiler Friede ein Gleichgewicht der Macht bedingt, das von Versuchen des Machtgebrauchs und -missbrauchs abschreckt; eine andere, dass Leerräume und Zonen von Unterlegenheit der einen Seite die Macht der andern anziehen; eine dritte, dass einseitiges Nachgeben ohne Gegenleistung den Frieden nicht festigt, sondern neuen Forderungen ruft; eine vierte, dass die Anerkennung einer Gewaltherrschaft nicht Ruhe bedeutet; eine fünfte, dass Allianzen als Instrumente der Sicherheit so weit taugen, als ihre innere politische Übereinstimmung reicht.

Machtgleichgewicht?

Im Lichte solcher Erfahrungen wäre zu untersuchen, wie sicher der Weg zum Frieden und zu gerechten Zuständen ist, der im Zeichen der Verständigung zwischen den Supermächten zurzeit begangen wird. Diverse Markierungen entlang der Route sprechen von Parität und von Leistung und Gegenleistung, scheinen also auf Gleichgewicht hinzudeuten: Parität nuklearer Defensiv-, nun auch Offensivwaffen; sowjetische Zustimmung zu Gesprächen über gegenseitige Truppenverdünnungen, zu Gesprächen hinsichtlich «Kontakten» über den Eisernen Vorhang hinweg sozusagen als Gegengabe gegen Investitionshilfen, Kooperation auf technischen Gebieten.

Von nahem gesehen liest sich einiges jedoch etwas anders. Die Zusagen, über dieses und jenes sprechen zu wollen, sind noch kein ausgewogenes Geben und Nehmen in der Sache. Was sodann die vertraglich fixierte und nun noch auszuweitende nuklearstrategische «Gleichheit» der Supergrossen betrifft, so ist sie das Schrumpfprodukt ehemals bedeutender amerikanischer Überlegenheit. Damit findet sich Washington im Zeichen der Reduktion seiner weltweiten Engagements ab, mit Ausnahme sachkundiger Kritiker immerhin vom Format eines Senators Jackson, der findet, man habe hier viel zu billig «verkauft» und sei zu hohe Risiken eingegangen.

Was aber vermutlich schwer wiegt, ist die Tatsache, dass nur ein Sektor der Strategie auf «Parität» eingefroren wird, während auf einem anderen, dem der «konventionellen» Rüstung, die Dinge sich in rasantem Tempo zu einem krassen Ungleichgewicht ausgewachsen haben. Das Pentagon in Washington hat zwar – wie schon einmal in früheren Jahren, als politischen Bedürfnissen entsprechend die ominösen damaligen 175 russischen Divisionen über Nacht vom Papier weggezaubert wurden – mit einer Studie das Bild der Kräfteverhältnisse in Europa ebenfalls auf «Gleichgewicht» frisiert. Der atlantische Oberbefehlshaber und amerikanische General

Goodpaster, diesen Divisionen um so viel näher, als er den politischen Wünschen seiner Regierung ferner steht, hat jedoch, aus seiner Verantwortung heraus, mit bemerkenswerter Deutlichkeit und Schärfe widersprochen und auf die doppelte Überlegenheit des Warschauer Paktes in Europa, seiner Kampf- und Feuerkraft auf dem Lande wie in der Luft hingewiesen und darauf, dass die Sowjetunion nun über die grösste und modernste Flotte der Welt, über und unter Wasser, verfügt.

Politische Folgen von Ungleichgewicht

Man braucht nicht in Kriegsphantasien zu verfallen, um über solchen Gewichtsproportionen nachdenklich zu werden. Sie sind als Konfiguration auch auf dem politischen Schachbrett von Bedeutung. Die Rolle dieser sowjetischen *«Fleet in being»* liegt vermutlich sogar in erster Linie dort; sie könnte, um es mit Churchill zu sagen, den auch Goodpaster warnend zitiert, «die Früchte eines Krieges ohne die Kosten eines Krieges einbringen». Jedenfalls verzerrt sie ganz erheblich das Bild von Gleichgewicht, in das die Verständigung der Mächte und ihre Weiterentwicklung in mulitlateralen Verhandlungen gestellt wird.

Die Auswirkungen dieser Verzerrung werden denn auch politisch immer deutlicher spürbar, vor allem in der westlichen Allianz, die tief aufgestört scheint im Moment, da die von fast allen ihren Partnern geforderte und einzeln betriebene Entspannungspolitik im Grossen Formen anzunehmen beginnt. Tiefe Widersprüchlichkeiten im amerikanisch-europäischen Verhältnis und im europäischen Selbstverständnis treten schärfer an den Tag, besonders sichtbar etwa in den jüngsten französischen Debatten und Reaktionen.

Man verlangt ungeminderte amerikanische militärische Präsenz und verweigert die Einsicht, dass atlantische Solidarität in der Verteidigung nicht zu lösen ist von handels- und währungspolitischem Zusammenwirken – vor allem nicht im amerikanischen Kongress, wo zum vornherein eins ins andere verrechnet wird. Man will sich von den Amerikanern emanzipieren und sie gleichzeitig binden. Die eigene «Emanzipation» gilt als legitim und sakrosankt, die der anderen als verdächtig. Man beschwört den Allianzgedanken und pocht auf die schrankenlose Unabhängigkeit der nationalen Politik. Oder man richtet sich vorgreifend auf eine Alternative ein, die vorläufig keine ist, die einer selbständigen europäischen Verteidigungspolitik, und schliesst sie durch gaullistischen Nationalismus, den man allen anderen jedoch übel nimmt, gleichzeitig von vornherein aus. Man triumphiert darüber, dass der Sowjetherrscher auch Paris wieder besucht, leitet aus den halbjährlichen Konsultationen mit ihm eine überragende Rolle Frankreichs ab und sieht beharrlich daran vorbei, dass es die Rolle einer von mehreren Figuren ist, die gegeneinander gespielt werden. Hinter allem wächst der nagende Zweifel, wie das sichernde Gleichgewicht auf diesem Kontinent zu erhalten sei.

Und in dieser Verfassung tritt man in die Ära der multilateralen Verhandlungen ein, von denen man im übrigen nicht weiss, wieweit sie im bilateralen *Tête-à-tête* der Grossen bereits vorbestimmt worden sind. Was daraus resultieren wird, wird auf jeden Fall den Namen «Frieden» tragen. Mit dem Wort kann man nicht mehr hinter dem Berge halten, es ist gängige Münze geworden und allgemein gefragt. Ob es jedoch die Sache trifft – die einer stabilen, durch mehr als Papier gesicherten und nicht nur einseitig Herrschaft sichernden Ordnung –, steht auf einem anderen Blatt.

Watergate und die Europäer

Im Juli 1972 war, im Vorfeld der Präsidentenwahl, im demokratischen Hauptquartier im Watergate-Gebäude in Washington eingebrochen worden. Nach und nach kam in einem peinlichen und stark behinderten Prozess der Wahrheitsfindung an den Tag, dass die Fäden der Untat ins Weisse Haus bis in den Beraterkreis Nixons reichten und dass der Präsident selber nicht völlig ausserhalb stand. Die Untersuchungen des Sachverhaltes auf verschiedenen Ebenen lähmten in immer höherem Masse die Tätigkeit der amerikanischen Exekutive und unterhöhlten die Autorität des Präsidenten, was Auswirkungen auf die Aussenpolitik Washingtons hatte.

19. August 1973

Monatelang hat Nixon dem schlimmsten politischen Sturm, der seit Jahrzehnten gegen einen amerikanischen Präsidenten gewütet hat, schweigend den Rücken gekehrt, bis er sich schliesslich zum Reden entschloss. Aber weder das Schweigen noch das Reden scheinen ihn zum Herrn der Situation gemacht zu haben. Wohl haben sich seine Überlebenschancen, die immer reell waren, weiter verbessert: Das öffentliche Inquisitionsverfahren hat sich als *Show* totgelaufen und seinerseits problematische Züge einer politischen Justiz zu zeigen begonnen; schlüssige Beweise oder Indizien einer persönlichen Verwicklung des Präsidenten in die Watergate-Affäre hat es bisher nicht geliefert, und davon abgesehen ist die ohnehin starke Hemmung, den ersten Mann im Staate vor dem Kongress unter Anklage zu stellen, noch weiter gewachsen.

Aber das politische Überleben des Präsidenten bedeutet nicht die Überwindung der Krise. Zu viel Ungutes aus dem Dunstkreis einer mächtigen Exekutive ist ans Licht gekommen, zu vieles, was zum Bild integrer und wachsamer Führung – und zu ihrer Rhetorik – in ernüchterndem Widerspruch steht, als dass das öffentliche Vertrauen sich bald wieder einstellen könnte. Die Handlungsfähigkeit des Regierungsapparates ist durch das *«sauve qui peut»* vieler Beamter, durch internes Misstrauen und die Durchlöcherung aller, auch der elementar notwendigen Vertraulichkeit arg beeinträchtigt. Und, was am schwersten wiegt, die Autorität des Präsidenten selber ist schwer angeschlagen, vor allem beim Kongress. An all dem hat die Rede Nixons vorläufig wohl kaum viel zu ändern vermocht.

Die Folgen davon werden auch nach aussen spürbar sein. Sie sind im einzelnen jetzt nicht absehbar; aber man kann sie ahnen. Die Aussenpolitik und was mit ihr zusammenhängt – Aussenhandel, Währung, Entwicklungshilfe, Verteidigung – drohen noch tiefer ins Spannungsfeld zwischen Weissem Haus und Capitol zu geraten, dort zum Objekt eines bei weitem nicht bereinigten Gewaltenkonfliktes zwischen Legislative und Exekutive und als solches dann deformiert zu werden.

Aussenpolitik im Strudel

Einen Geschmack davon hat man mit der vom Capitol erzwungenen Entscheidung zur terminierten Einstellung der Luftwaffenhilfe in Kambodscha erhalten. Was immer ihre Konsequenzen sein werden – als Präzedenzfall wird sie amerikanische Verpflichtungen im Ausland ohne Zweifel stark belasten. Wer immer eine Unterstützungszusage Washingtons bekommt oder bereits hat, wird dahinter nun die Klausel zu setzen haben: sofern auch der Kongress will, oder morgen noch so will wie gestern – oder «solang es dauern mag». Und er wird sich vor Augen halten müssen, dass der Kongress eben vorwiegend innenpolitisch, nicht aussenpolitisch denkt und urteilt. Die Zeiten der Vandenberg-Resolution, des einhellig starken aussenpolitischen Engagements im Senat, sind längst vorbei; führende aussenpolitische Sprecher in seinen Reihen sind heute Exponenten des neuen Isolationismus.

An dieser Lage der Dinge wird auch Europa nicht vorbeikommen. Was nach der Liquidation der indochinesischen Verpflichtungen in Washington aufs Tapet kommt, sind eminent europäische Fragen: Truppenstationierung beziehungsweise -abbau, Handelsliberalisierung inklusive agrarischer Querelen und Währung. Was wird aus ihnen in der innerpolitischen Mühle am Potomac werden?

In dieser Situation, die mehr denn je ein handlungsfähiges Europa verlangen würde, ist auf dem Alten Kontinent ein seltsamer Disput entbrannt. Paris lässt die Welt von seinem abgründigen Verdacht wissen, dass Bonn sich allmählich von Westeuropa abwende, auf Neutralisierung hinsteure und nach Osten zur Sowjetunion «abschwimme». Direkt und deutlich hat das der Landwirtschaftsminister *Chirac* artikuliert. Man könnte seine Äusserungen als ein zu massiv in Aussenpolitik übersetztes, aggressives Plädoyer für den französischen Agrarprotektionismus abtun, an dem die Bundesrepublik, die ihn mit schwerem Geld zu bezahlen hat, sich in den EG reibt – würde nicht angedeutet, dass damit Bedenken ausgesprochen werden, die den Präsidenten im Elysée selber in steigendem Masse beunruhigen.

Hier wird die Sache in mancherlei Beziehung merkwürdig. Nicht dass man solche Bedenken, wie sie etwa der «Express» ausführlich rapportiert, als gegenstandslose, selbstquälerische Phantasmagorien eines Pessimisten beiseite schieben könnte. Dazu haben sie, an ihrem Ort, zu viel politisches Gewicht, und dazu entbehren sie auch nicht gänzlich der Anhaltspunkte. Denn ohne Zweifel hat die Politik Brandts ambivalente Züge, hat sie Ansätze geschaffen, von denen aus solche Entwicklungen denkbar sind, ist sie heute in hohem Masse auf das Wohlwollen Moskaus angelegt und von entsprechenden Rücksichten bestimmt; ohne Zweifel sitzen im Bonner Kabinett an einflussreicher Stelle Leute, wie etwa Egon Bahr, die einer via Osten zu bewerkstelligenden, imaginären gesamtdeutschen Politik offen den Vorrang vor europäischen oder atlantischen Bindungen geben und Neutralisierungskonzepte vertreten; und ohne Zweifel geht der innere Abrutschprozess in der Sozialdemokratie in Richtung Marxismus und aussenpolitische Ostorientierung ungebremst in raschem Tempo weiter.

Anker im Westen

Auf der anderen Seite steht nach wie vor die Regierungserklärung Brandts, dass er «Ostpolitik» nur aus solider Verankerung im Westen heraus für möglich halte, steht eine im Rahmen des Möglichen – von den anderen Ermöglichten – durchaus kooperative, wenn auch nicht durchwegs französischen Vorstellungen entsprechende Europapolitik Bonns, und stehen in der Regierung Leute wie Scheel, Schmidt, Leber, für die Westpolitik kein blosses Lippenbekenntnis sein dürfte. Entschieden, im Sinne eines Zwangsablaufes in Richtung der französischen Befürchtungen entschieden, sind die Dinge in Bonn also noch nicht.

Wenn die deutsche Ostpolitik in französischen Augen heute so sinistre Perspektiven eröffnet, warum, so muss man fragen, haben ihr denn das Elysée und das Kabinett in Paris bis vor kurzem noch so demonstrativ und hochoffiziell applaudiert? Und wenn man schon am Fragen ist: Wer anders als de Gaulle hat mit seinem Beispiel auch die Deutschen auf den Geschmack selbständig-eigenwilliger Nationalpolitik gebracht? Wer ist ihnen auf dem Weg einer erträumten *«détente-entente-coopération»* im Einzelsprung nach Moskau vorangegangen? Wer hat als erster und am nachhaltigsten demonstriert, wie man den westeuropäischen Integrationsprozess blockiert oder wie man sich aus der gemeinsamen Verteidigungsorganisation, der Nato, herauslöst?

Es sind, wohlverstanden, nicht Fragen der Kritik im einzelnen, sondern Fragen der Konsequenz und inneren Kohärenz der französischen Politik. Und sie wären in Gegenwart und Zukunft hinein weiterzuführen. Die französischen Bedenken beziehen sich auf eine Gefahr, die man seit den früheren fünfziger Jahren vor Augen hatte: dass die Bundesrepublik in eine für Europa verhängnisvolle Mittellage-, Schaukel- oder Ostpolitik nach unguten Vorbildern zurückfallen werde, wenn es nicht gelinge, sie im Westen solid zu verankern. Wenn. Um eben diese Gefahr zu bannen, ist von Paris jene Integrationspolitik entworfen worden, die zu Resultaten vorerst wenigstens der wirtschaftlichen Bindung geführt hat. Den Weg zu ihrer politischen Weiterentwicklung und damit zu einer attraktiven Alternative einer problematischen Ostabwanderung Bonns zu öffnen, läge wiederum in erster Linie bei Frankreich, das, wie der «Monde» schreibt, «besser als irgend jemand sonst in der Lage ist, Brandt endlich die Möglichkeit einer „Westpolitik" zu geben»: Es wäre ein Weg, etwas Europäisches zu tun, statt auf das deutsche Fatum zu starren.

Dazu wäre allerdings die Auflösung einer weiteren Inkonsequenz der französischen Politik nötig, die in die Augen springt. Eine solche Europapolitik könnte, wenn sie für Bonn wie für andere EG-Partner akzeptabel sein soll, nicht, grob gesagt, «antiamerikanisch» angelegt sein. Niemand zeigt sich heute so besorgt über die Möglichkeit eines amerikanischen Truppenabbaus in Europa wie Paris; und niemand operiert hartnäckiger gegen jegliche *«relance»* amerikanisch-europäischen Zusammenwirkens als Paris. Das strapaziert nicht nur die Logik; es will auch politisch nicht aufgehen.

Das aktive Mittel gegen die Angst vor einem amerikanischen Rückzug aus Europa, vor einem amerikanisch-sowjetischen Bilateralismus auf Kosten Europas läge in einer Europapolitik, die auch für Washington – Regierung und Kongress – mehr verspricht als ostpolitische Alternativen. Viel Zeit, den Anlauf dazu zu nehmen, steht kaum mehr zur Verfügung. Es könnte sowohl in Bonn wie in Washington bald einmal zu spät dafür sein.

Erpressung und Appeasement

Westeuropa war während der Akutphasen des *Jom-Kippur*-Krieges politisch abstinent gewesen, obwohl es das Mittelmeer und den Nahen und Mittleren Osten zu seinem engeren Interessengebiet zählte. In einer Nahost-Erklärung der Aussenminister der EG-Staaten einen Monat nach Kriegsausbruch zeigte sich vor allem die Erpressbarkeit des vom Erdöl der Golfstaaten abhängigen Europa.

11. November 1973

Vor einigen Monaten reagierten die Europäer ziemlich indigniert, als sie aus einer Äusserung Kissingers zu vernehmen glaubten, man traue ihnen in Washington nur «regionale» Interessen und Interessenwahrung zu, im Unterschied zur globalen Verflechtung und Verantwortung der Grossmächte. Sie wiesen unter anderem auf die Bedeutung hin, die das Mittelmeer und der Nahe und Mittlere Osten für sie habe. In der Tat. Dort ist nicht nur in der Geschichte wiederholt ihr Schicksal entschieden worden; dort liegt heute der Rohstoff, ohne den ihre Industrien stillägen und ihr zivilisatorischer Komfort drastisch schrumpfen würde. Wie Lenin, dessen Wegleitung die sowjetische Politik folgt, nahezu poetisch einmal gesagt haben soll: ohne Verbindung mit dem Gegenufer am Mittelmeer werde das «kapitalistische Europa» wie ein Schmetterling sein, dessen Flügel aufs Papier geklebt sind.

Was also hat Europa getan, als ein neuer Krieg vor einem Monat diese seine Interessensphäre von erstrangiger Bedeutung durcheinanderbrachte? Nichts.

Hinter den Streitkräften auf den Kampfstätten traten die Grossmächte in Erscheinung und Aktion, beide nicht europäisch; die sowjetische suchte den Umsturz der Verhältnsse zu forcieren, die amerikanische stellte in extremis das Gleichgewicht wieder her. Beide diktierten, in spannungsgeladenem Wechsel zwischen Konfrontation, äusserstem Härtetest und Verständigung, den Waffenstillstand; die Suche nach einer Basis für Frieden und eine stabilere Ordnung der Region ist vom amerikanischen Aussenminister in die Hand genommen worden; kein Europäer ist da sichtbar.

Am Ende der dramatischen Woche stellte es sich dann heraus, dass einige europäische Regierungen doch etwas getan hatten. Sie hatten sich von der amerikanischen Anstrengung, das Gleichgewicht der Kräfte und das bedrohte Israel zu retten, distanziert, in einem Fall mit öffentlichem Protest. Davon wird noch zu reden sein.

Inzwischen ist nach längerer Inkubationsfrist am vergangenen Dienstag als schwieriges Gemeinschaftswerk eine zweite europäische Tat gereift. Sie hat die Gestalt einer Nahost-Erklärung der neun Aussenminister der EG und gilt im Kreis ihrer Produzenten selber als ein diplomatisches Kunststück der Balance. Das Publikum, dem es vorgeführt wird, scheint es allerdings nicht so zu empfinden: die Araber applaudieren enthusiastisch, die Israeli protestieren erbittert, und in der europäischen Presse überwiegt die scharfe Kritik. Das will nicht recht zu einem gelungenen Gleichgewichtsakt passen.

Aussenseiter Europa

Im Grunde genommen sagt das Brüsseler Papier wenig, und in der Substanz nichts Originelles. Es zitiert Uno-Resolutionen, ohne aber eindeutig zu interpretieren, was erst durch Interpretation zu einer politischen Stellungnahme werden könnte. Auch in seiner Vagheit, die sich kaum auf konkrete Aussagen behaften lässt, ist es insgesamt aber sichtbar eher auf arabischen Beifall als auf israelische Zustimmung angelegt; das war offenkundig auch die Absicht.

Kann man sich mit einem dürftigen Papier solcher Art die politische Präsenz im Nahen Osten wieder erschreiben, die man in langen Jahren der Krisen missen liess, kann man sich als ein Ordnungsfaktor, der nicht zu übergehen wäre, zwischen extrem gegensätzlichen Positionen etablieren, indem man im Kielwasser der einen Partei schwimmt? Zweifel dürften hier angebracht sein.

Sicher braucht Europa gute Beziehungen zu den Arabern. Ebensosehr braucht es Israel, für dessen Existenz einige der europäischen Staaten eine mehr als «nur» moralische Verantwortung tragen und das sich angesichts der Infiltration der Region durch den sowjetischen Imperialismus als der solideste Pfeiler des Westens, und das heisst nicht nur Amerikas, erwiesen hat.

Was diese Brüsseler Stellungnahme noch problematischer macht, ist der Umstand, dass sie die Antwort auf eine Erpressung darstellt – die Antwort der zweitstärksten Wirtschaftsmacht der Welt auf die Erpressung durch einige Ölstaaten in der Wüste. Denn darauf hin, an die Adresse der Eigentümer der Ölfelder, ist diese Erklärung in erster Linie formuliert, auch wenn sie keinen Bezug darauf nimmt. Die Antwort besteht darin, dass man mit freundlicher Miene schluckt, wozu man gezwungen wird, und dazu die politischen Worte sagt, die der Mann am Ölhahn hören will. Nichts verlautet darüber, wie man und dass man überhaupt sich zur Wehr setzen und Gegenmittel ins Spiel bringen könnte, die man ja schliesslich hat: die Ölgelder der Scheichs liegen grossenteils in Banken und Immobilien im Westen – die Schweiz inbegriffen –, und die Abhängigkeit des Mittleren Ostens zum Beispiel von Investitionsgütern des Westens ist nicht geringer als die Europas von seinem Öl.

Man hat in den letzten Jahren genug Erfahrung im Umgang mit Erpressern sammeln können, um zu wissen, was man tun kann und nicht tun sollte – um zu wissen, wie rasch man mit Entgegenkommen auf die schiefe Ebene gerät. Die nächste Forderung liegt dann schon bereit. Auch im konkreten Fall: Saudiarabien hat den Japanern inoffiziell bereits den «Rat» gegeben, die diplomatischen und wirtschaftlichen Beziehungen mit Israel abzubrechen, wenn es weiterhin sein Öl aus dem Persischen Golf haben wolle.

Erpressbarer Ölkonsument

Was würden oder werden die Europäer tun, wenn man ihnen in einer nächsten Etappe nahelegen sollte, fürs liebe Öl etwa auch in dieser Richtung noch ein bisschen mehr zu tun als bis dato? Werden sie mit sich umspringen lassen wie die Staaten des Schwarzen Afrikas, die unter Druck, einer nach dem anderen, den israelichen Botschafter heimgeschickt und sich solchermassen für eine überaus wirksame israelische Entwicklungshilfe bedankt haben? Und was würden die europäischen Völker sagen, die neben leisetretender Diplomatie von der Politik ihrer Regierungen schliesslich doch auch noch etwas Charakter, Standfestigkeit und die Wahrung der Selbstachtung verlangen? Und schliesslich: Kann sich aus Nachgiebigkeit jenes gute Verhältnis ausgeglichener Zusammenarbeit zu den arabischen Staaten ergeben, dessen Europa bedarf? Nicht von ungefähr ist in diesen Tagen in den Karikaturen wieder das Gespenst von *«München»* aufgetaucht.

Im übrigen hängt auch nach der europäischen Verlautbarung im Nahen Osten wenig von Europa, das Entscheidende hingegen von Amerika ab – obwohl die Vereinigten Staaten nicht wie ihre Verbündeten in der akuten Krise ihre Politik darauf angelegt hatten, bei den Arabern nicht unangenehm aufzufallen. Sicher verpflichtet das westliche Bündnis seine Partner mit keinem Buchstaben zu gemeinsamem Handeln ausserhalb des «atlantischen» Bereichs, auch wenn in diesen Bereich ein substantielles Stück Mittelmeer einbezogen ist. Die Frage ist, ob die europäische Seite der Allianz sich mit ihrer Absonderung so verhalten hat, wie es ihren Interessen nicht nur in bezug auf das Öl und die Araber, sondern in bezug auf die fundamentalen Gegebenheiten ihrer Sicherheitspolitik entspricht.

In einer Phase, wo wiederum Befürchtungen über einen einseitigen amerikanischen Truppenabbau, über eine noch nachhaltigere Störung des ohnehin gestörten Mächtegleichgewichts auf dem Kontinent umgehen, haben die Europäer Washington zu verstehen gegeben, wie peinlich es ihnen sei, dass sie mit gewissen ihrer Einrichtungen in die amerikanische Nothilfeaktion für Israel einbezogen worden seien oder einbezogen werden könnten. Sie haben Signale gegeben, die jenseits des Atlantiks geradezu als Zeichen von «Neutralismus» verstanden oder missverstanden worden sind. Gewiss ist das Konto nicht nur einseitig belastet. Auf der anderen Seite stehen Klagen über Selbstherrlichkeit Washingtons, mangelnde Information und Verstösse gegen Takt und Konsultationspflichten.

Aber die gegenseitige Aufrechnung der Sünden ist weniger von Bedeutung als das, was sich aus diesen Reibungen als politische Bilanz ergibt: eine neue Belastung des atlantischen Verhältnisses, neue Nahrung für die Argumente jener Politiker, die für einen Abbau des amerikanischen Engagements in Europa plädieren, neuer Auftrieb möglicherweise für die Tendenzen der Direktverständigung zwischen den Grossmächten auf Kosten und unter Übergehung mühsamer Bündnispartner. Es ist nicht das, was man vom «Jahr Europas» erwartet und erhofft hatte, das sich nun mit trübseligem Saldo dem Ende zuneigt, und so ziemlich das Gegenteil von dem, was Europa in seinem obersten Interesse, dem seiner Selbstbehauptung, braucht – nämlich Solidarität mit Amerika, ohne die weder die europäische «Identität» auf die Dauer zu wahren noch die Herausforderung einer arabischen Erpressung zu bestehen ist.

«Relance» mit Hindernissen

Am 15. Dezember kamen die Staats- und Regierungschefs der Neun auf Anregung Pompidous zu einem Gipfeltreffen in Kopenhagen zusammen. Sie bekräftigten ihren politischen Willen zur Einigung Europas und suchten die «europäische Identität» zu definieren.

16. Dezember 1973

Wieder einmal steht eine europäische «Relance» auf dem Programm. Man hat ihrer seit den sechziger Jahren schon einige erlebt, ohne dass Europa bisher das geworden wäre, was es der Idee nach werden sollte, nämlich eine politisch handlungsfähige Gemeinschaft. Dementsprechend gering ist das Erwartungsfieber im Hinblick auf das Gipfelereignis von Kopenhagen, zu dem sich die Regierungschefs der Neun von der EG versammelt haben.

Zwar wollen sie sich nicht am Grünen Tisch, sondern «am Kaminfeuer» gegenübersitzen, was nicht als symbolischer Hinweis auf die kalt werdende Ölheizung zu verstehen ist, sondern was «die kreative Seite» der politischen Spitzenleute auftauen soll, wie Aussenminister Scheel hoffnungsvoll bedeutet hat. Man wird sehen.

Kreatives pflegt sich in der Politik mit Entwürfen oder Gedankenskizzen im voraus anzukündigen. Davon ist diesmal wenig zu hören gewesen – es sei denn, man halte viel vom Gedanken Pompidous, hinfort jedes halbe Jahr eine europäische Gipfelpartie zu veranstalten. Das ergäbe zwar in Sachen Europa einen schnelleren Schlagzeilenrhythmus – solang solches noch Schlagzeilen abwirft –, aber ob es für sich schon eine raschere Gangart auch der Einigungspolitik zu bewirken vermöchte, ist doch noch eine andere Frage. Schliesslich kennt man derartige halbjährliche Exerzitien auf höchster Ebene im deutsch-französischen Verkehr, wo sie vertraglich institutionalisiert sind. Aber wer möchte behaupten, sie hätten dort – etwa nach den Äusserungen tiefsitzenden Misstrauens aus dem Elysée gegen deutsche Ostpolitik vor einigen Monaten – ein Herz und eine Seele und vertrauensvolle Gemeinschaft geschaffen?

Je brüchiger der Zusammenhalt wird, um so stärker scheint sich bei der Europäischen Gemeinschaft, wie übrigens auch bei der atlantischen Allianz, ein Mythos der Konsultationsmechanismen zu entwickeln – als ob perfektionierte Apparaturen ein Ersatz für Politik sein oder werden könnten. Die Aussen-, Finanz-, Wirtschafts-, Agrar- und sonstigen Minister der Neun treffen sich wahrlich nicht selten. Welchen exklusiven Zauberstab hätten ihre Chefs, um plötzlich Bewegung da zu produzieren, wo ihre Kabinettsmitglieder in Stagnation steckenbleiben? Europa macht es einem ja nicht leicht, an Wunder zu glauben.

Ersatz für «Integration»

Abgesehen von all dem, steckt in Pompidous Idee auch noch ein integrationspolitischer Hinterhalt. Seine periodische Spitzenversammlung würde in noch weit höherem Grad, als das bereits der Fall ist, die Entscheidungen aus den Gemeinschaftsorganen auf die Ebene der nationalen Regierungen herüberziehen und die Brüsseler Institutionen entleeren. Das scheint seit de Gaulles Zeiten ohnehin der «Trend» zu sein und liegt wohl auch in der Struktur Europas begründet. Der Hoffnung jedoch, dass es auf diesem Wege mit der Einigung Europas besser und rascher vorwärts gehe, wird man sich nicht so leicht hingeben können.

Aber wird man sich in Kopenhagen überhaupt so ohne weiteres ans Werk einer «Relance» machen können? Der gegenwärtige Zustand Europas scheint Reparaturen und die Beseitigung von Hindernissen zu erheischen, bevor das Gefährt überhaupt in irgendeine Richtung wieder in Gang gesetzt werden kann.

Der bedenklichste neue Schaden rührt von der Ölkrise her. Der arabische Sonderboykott, der sich gegen die Niederlande richtet, setzt die Europäische Gemeinschaft einem Solidaritätstest aus, in dem leicht nicht nur einige Zukunftsperspektiven, sondern auch scheinbar bereits gefestigte Errungenschaften des Gemeinsamen Marktes in Frage gestellt werden könnten – nebst dem Unternehmen von Kopenhagen selber. «Wenn auf dem Gipfel nicht eine gemeinsame Stellungnahme zur Energiekrise gefunden wird, dann wird die ganze Gipfelkonferenz eine grosse Enttäuschung sein», hat der holländische Ministerpräsident Den Uyl jüngst erklärt.

Wie es in Wirklichkeit um die europäische Solidarität mit Holland bestellt ist, ist nach wie vor nicht durchsichtig. Offenkundig ist nur, dass sie sich nicht von selber und spontan ergibt. Den Haag muss Druck anwenden und mit einer Exportsperre für sein Erdgas, mit Obstruktion gegen den Regionalfonds der EG drohen, um sich das zu sichern zu suchen, was der EWG-Vertrag in seinem Kernstück statuiert, den freien Markt und Güterverkehr innerhalb der Gemeinschaft, Öl inbegriffen, gegebenenfalls die gemeinsame Verwaltung des Mangels.

Brüche der Solidarität

Das sind mehr als taktische Schattenspiele zur Irreführung der Ölscheichs. Es könnte, falls sich die nötige Solidarität nicht einstellen sollte, an die Substanz der EG greifen. «Entweder man hat eine Gemeinschaft, oder man hat sie nicht», heisst in diesem Zusammenhang die Folgerung Den Uyls, die an Deutlichkeit nichts zu wünschen übriglässt. (Nebenbei gesagt: Es würde wohl der sehr spezifischen arabischen Logik entsprechen, jenes Europa durch einen selektiven Boykott auseinanderzubrechen, dessen Präsenz man im Mittleren Osten so dringlich wünscht und verlangt – so wie diese Logik es ja auch mit sich bringt, dass man mit der Ölwaffe an jener Macht genau vorbeizielt, die man wirklich treffen und beeinflussen möchte.)

Bevor unter den Neun von Fortschritten Europas die Rede sein kann, werden sie also versuchen müssen, die Gefahr eines katastrophalen Rückfalls zu bannen. Sie werden, um es kurz zu sagen, klarmachen müssen, ob Europa von den Ölscheichs regiert wird oder nicht, ob es sich nicht nur sein Verhalten nach aussen, sondern sogar seine innere Verfassung von einer Erpressung diktieren lässt oder nicht. Dass sich diese Frage überhaupt stellt und dass die Antwort nicht zum vornherein völlig klar ist, lässt Schlüsse auf den aktuellen Zustand des europäischen Zusammenhalts zu, die ihrerseits wenig Auftrieb für gedankliche Höhenflüge in Richtung *«troisième force»*, eigenständige Politik, selbständige Macht abgeben.

Wenn es gelingen sollte, die möglicherweise fatalen internen Auswirkungen der arabischen Störung in den Griff zu bekommen, ist damit allerdings die Bahn für einen neuen Start der Alten Welt noch nicht freigelegt. Die Frage, auf die Europa eine politische Antwort sucht – und für die man ausnahmsweise wohl einmal den Begriff der «Schicksalsfrage» beanspruchen darf –, ist keine andere als die: Wie kann die europäische Staatengemeinschaft verhindern, dass sie zu einer «finnlandisierten» Zone wird oder, noch schlimmer, zu einer *«poussière de nations»* zerfällt, in der sich dann eins nach dem anderen und allmählich alles nach dem massgebenden Willen der kontinentalen Supermacht, der Sowjetunion, richten muss? Das ist jedenfalls die Frage, die von der Situation, von der Priorität der Bedrohungen her gestellt ist, auch wenn man sie da und dort, ausweichend, anders fasst, etwa unter das modische Stichwort einer «europäischen Identität» – *«tous azimuts»*.

«Europa» ohne nationale Abstriche?

Die Antwort wäre «an sich», theoretisch, simpel: Gemeinsamer Wille, gemeinsame Politik, feste Verbindung mit der anderen Supermacht, der amerikanischen, die auf abschbare Zeit hinaus allein das Sowjetimperium in Balance halten kann. An der Einsicht, dass dies der Kurs sein müsse, fehlt es nicht mehr so sehr. Es ist bemerkenswert, wieviel Reif in den letzten Monaten auch in Westeuropa auf die Entspannungseuphorie gefallen, wie stark die bedrohliche Übermacht im Osten wieder in den Vordergrund des Bewusstseins getreten ist, nachdem man sie so lange nicht mehr hat sehen wollen.

Dissens und Verwirrung hingegen herrschen in bezug auf die Folgerungen, die nach innen und aussen aus diesem Befund zu ziehen wären. Insbesondere die französische Politik, von der die neue europäische Initiative ausgegangen ist, steht mit sich selber in Widerspruch. Sie verlangt «Europa», ist aber nicht bereit, ihm vom Eigenen abzugeben, weder in Begriffen der Souveränität noch in denen integrierter Verteidigung. Sie fürchtet eine deutsche Abwendung von Europa nach Moskau – nachdem sie den Ansätzen solcher «Ostpolitik» Beifall gespendet hatte –, kann sich aber nicht dazu verstehen, die Bundesrepublik integrationspolitisch fest an Europa zu binden; sie möchte eine Neutralisierung Westdeutschlands verhindern, richtet sich aber schon darauf ein, dass das nicht gelingen könnte.

Nicht allein steht die französische Politik mit ihrer Weigerung, den umfassenden Charakter der amerikanisch-europäischen Partnerschaft anzuerkennen. Sie will amerikanische Nuklearprotektion und Truppenpräsenz in Europa und möchte am liebsten den direkten amerikanisch-sowjetischen Kontakt in strategischen Dingen unterbinden, aber sie bestreitet, mit anderen zusammen, dass dies irgend etwas mit atlantischer Kooperation, zum Beispiel in der Handelspolitik, zu tun habe und zu tun haben dürfe – obwohl es offensichtlich ist, dass spätestens im Kongress zu Washington amerikanische Leistungen auf dem einen mit europäischen Gegenleistungen auf anderem Gebiet gegeneinander aufgerechnet werden.

Blick auf die Bundesrepublik

Mehr und mehr prägten Nachrichten über innere Zersetzung, marxistische Unterwanderung, Vertrauensverluste in Wirtschaft und Politik, Symptome von Führungslosigkeit das Bild der Bundesrepublik Deutschland im Ausland.

13. Januar 1974

Als der *«Economist»* im Dezember eine breit angelegte Untersuchung über den gegenwärtigen Zustand Westdeutschlands veröffentlichte, wählte er als Umschlagsbild einen Ausschnitt aus Hieronymus Boschs «Garten der Lüste»: Gewimmel von apokalyptischem Getier, höllische Zerstörungsszenen, Untergangsalbdruck – überschrieben: Eine Zeit, Fragen zu stellen. Die Analyse selber blieb in der Dramatik hinter der Suggestion dieses starken Stücks zwar um einiges zurück, verbarg aber nicht Sorge, Konsternation und einen gelinden Schock, die sich offenbar bei einem englischen Beobachter einstellen, wenn er sich an das *«massive mystery»* der heutigen Bundesrepublik macht.

Das scheint keine vereinzelte Reaktion zu sein. Frankreich hat von Teilen der Publizistik bis hinauf zur Staatsspitze einen Anfall pessimistischen Misstrauens gegenüber dem deutschen Nachbarn und seinen politischen Entwicklungsperspektiven erlitten, von dem es sich noch nicht erholt hat. Der amerikanische Gewerkschaftsführer George Meany hat seinem deutschen Kollegen Vetter öffentlich ein Sündenregister vorgelesen, das den Vorwurf wenn nicht des Verrates freiheitlich-demokratischer Grundsätze, so mindestens der Neigung zum Zusammenspiel mit sowjetischem Totalitarismus, unter dem Stichwort von «Ostkontakten», enthält.

Unverkennbar nimmt der Hang zur Dunkelmalerei auch in deutschen Lageschilderungen und Beurteilungen selber zu. Besorgte bis alarmierte Diagnosen der inneren Zersetzung vieler Hochschulen, der Infiltration revolutionär-totalitärer Tendenzen in Erziehungswesen und Schulbücher, der linken Unterwanderung der Koalitionsparteien, namentlich der SPD, ein eklatanter Vertrauensverlust in der Wirtschaft, Kritik an Führungslosigkeit und wachsende Spannungen im Regierungslager selber, Katzenjammer über die wenig ansehnlichen Ergebnisse der Ostpolitik – all das färbt das Bild, auch wo nicht der Pinsel der Opposition am Werk ist, zunehmend düster.

Der Stimmungs- und Urteilswechsel ist etwas abrupt, wenn man sich des allgemeinen europäischen Beifalls etwa für Brandts Ostpolitik und seinen Wahlsieg noch vor einem Jahr oder der intellektuellen Euphorie über einen linksdemokratischen «Neubeginn» in Deutschland bei Anlass des Machtwechsels erinnert. Er ist in seinen Gründen auch nicht ohne weiteres von der Logik her zu erfassen. Denn weder die Grundzüge der deutschen Politik noch ihre Konstellationen und Personen haben sich neuerdings verändert. Das, was heute zu so pessimistischen Einschätzungen Anlass gibt, ist – abgesehen von der allgemeinen Energiekrise – vielmehr lediglich die seit langem durchaus vorhersehbare, nun aber sichtbar gewordene Erscheinung, Folge und Fortentwicklung dessen, was mit dem «Neubeginn» im Kern vorhanden war oder im Ansatz geschaffen – und begrüsst wurde.

Ostpolitische Ernüchterung

Oder hat man sich wirklich etwa vorgestellt, mit den Moskauer Verträgen, dem Berlinabkommen und dem Grundvertrag zwischen den zwei deutschen Staaten, der Preisgabe also der Positionen des «Kalten Krieges», würden das sowjetisch-kommunistische Herrschaftsprinzip und seine Methode der «Abgrenzung» so weit gelockert, dass über die innerdeutsche Grenze hinweg wenigstens jener menschliche Verkehr und Austausch möglich werden, der diesseits des Eisernen Vorhanges selbstverständlich ist? Wer heute angesichts der Stagnation dieser innerdeutschen Verhältnisse beziehungsweise der bereits wieder eingeleiteten Drosselung des formell zugestandenen einseitigen Besucherverkehrs meint, einer Täuschung zum Opfer gefallen zu sein, der wird dafür jedenfalls nicht Moskau oder Ostberlin verantwortlich machen können. Beide haben von Anfang an keine Unklarheit darüber gelassen, dass für sie der Sinn von Entspannung nicht in der Auflockerung, sondern in der Bestätigung und Anerkennung ihrer Herrschaft – und damit auch ihrer Praxis – liege. Die Täuschung war Selbsttäuschung.

Nicht minder klar war von Anfang an in der Bonner Ostpolitk jene Möglichkeit und Tendenz zu erkennen, die nun so spät und plötzlich französische und andere Spekulationen über eine deutsch-russische Kollusion und eine Neutralisierung der Bundesrepublik aufgescheucht hat. Möglichkeit und Tendenz –

nicht mehr. Es wäre heute ebenso falsch, Bonn bereits zielbewusst auf diesem für Europa verhängnisvollen Kurs engagiert zu sehen, wie es gestern falsch war, die Gefahren und Potentiale in dieser Richtung zu unterschlagen oder zu verharmlosen. Auch da Selbsttäuschung des Urteils.

Dass die aussenpolitische Annäherung an Moskau stellenweise auch Abgrenzungen in Grundfragen der Überzeugung und Ordnung verwischen würde, war in der Bundesrepublik zu erwarten – die andere Seite hat sich ja gegen ideologische Unterwanderung fugensicher abgedichtet. Eine Einladung des früheren Chefs der sowjetischen Geheimpolizei, Scheljepin, an den Rhein durch die Führung des Deutschen Gewerkschaftsbundes ist nur im Schlepptau solcher Politik zu verstehen, sofern sie überhaupt verständlich zu machen sein wird. Die Frage ist, wieviel innere Aufweichung sie signalisiert.

Die 68er in der SPD

Das ist heute noch kaum schlüssig zu beantworten, ebensowenig wie die Frage, in welchem Grade die SPD in ihrer inneren Verfassung bereits von ihrer «linken» Durchsäuerung bestimmt wird. Sie hat sich, obwohl vorgewarnt durch das Programm des «langen Marsches durch die Institutionen», dem Zudrang der Neuen Linken nicht verschlossen, vertrauend auf ihre lange Erfahrung in Umgang und Auseinandersetzung mit Extremen. Diese Auseinandersetzung ist in vollem Gang, und sie wird nicht so schnell entschieden sein. Die Erhaltung ihrer Regierungsfähigkeit jetzt und in Zukunft verlangt, dass die SPD sich den teilweise eher bürgerlichen Koalitionspartner FPD warmhält und Rücksichten nimmt, die ihrerseits ein allzu sozialistisches Regieren verbieten, für das es im übrigen keine Mehrheitsbasis gäbe. Das wiederum wirft die zu integrierende Linke in Frustrationen, die diesen Partner am liebsten los wäre, aber durch ihre blosse Existenz und ihr Gebaren ihrerseits die Chancen der SPD, durch die Wählerschichten der Mitte eine absolute Mehrheit zu finden, mit guter Wahrscheinlichkeit solid blockiert.

Das Ansehen der grösseren Regierungspartei hat sichtlich gelitten unter dem Stress dieser Widersprüche, in dem sie sich in inneren Schwierigkeiten und in Unentschiedenheit verzehrt. Er könnte auch ein grosses Führungstalent strapazieren – erst recht den nicht sehr entscheidungsstarken Zauderer, den zu seinem Nachteil am weitesten überschätzten und fehleingeschätzten europäischen Politiker der letzten Jahre, den die Partei an ihrer Spitze hat und der nun dort als der exponierte Blitzableiter inneren Unbehagens der erbarmungslosen Kritik von allen Seiten ausgesetzt ist. Dass auf das *«Hosianna»* hier das *«Crucifige»* unvermeidlich folgen würde, ist übrigens von der Person wie von den Umständen wie von besonderen Aspekten der deutschen Treue her ebenfalls mit Sicherheit zu erwarten gewesen.

Gemessen am Normalmass der Regierungsschwierigkeiten in einer Demokratie, und besonders in einem Koalitionsregime, sind das zwar viel politische Sorgen und taktische Probleme, aber es ergäbe für sich allein gesehen noch keinen aussergewöhnlich dramatischen Zustand oder ein apokalyptisches Bild à la Hieronymus Bosch. Was die Krise jedoch vertieft, ist – abgesehen von den sich wieder verschärfenden wirtschaftlichen Problemen – ein Hintergrund von Labilität, Zersetzung und Polarisierung in der öffentlichen Meinung. Ihre aggressiven Elemente sind bösartiger, zynischer, intoleranter, arroganter als anderswo, ihre auf Bewahrung des Erreichten gestimmten Schichten sind tiefer verängstigt «verunsichert», in den Nerven mitgenommen und damit zu ebenso radikaler Reaktion oder aber zu rasch aufgebender Resignation disponiert, ihre Intelligenz ist haltloser und stärker desorientiert, ihre Mitte weniger trag- und handlungsfähig. Dieser Hintergrund, der mit der jüngeren Geschichte Deutschlands zu tun hat, scheint durch die politische Problematik und Auseinandersetzung durch. Es ergibt sich daraus ein Befund, der in der Tat auch der europäischen Umwelt Anlass zu ernsten Fragen gibt, die mit der innerdeutschen Entwicklung enger denn je verflochten und den Ausstrahlungen aus diesem Herd ohne Abschirmung ausgesetzt ist.

Gummi arabicum für Nixon

Nixon besuchte vom 10. bis zum 19. Juni nicht weniger als fünf nahöstliche und zwei europäische Staaten. Vermutlich standen bei dieser politischen Safari eher publizistische Wirkungen in dem von der Watergate-Affäre aufgerührten Amerika im Vordergrund als die arabisch-israelische Problematik, der durch politischen Tourismus dieser Art nicht beizukommen war.

16. Juni 1974

Amerikanische Aussenpolitik werde nicht in Beziehung zu Watergate geführt, hat Staatssekretär Kissinger kürzlich geäussert. Was ihn betrifft, wird man daran kaum zweifeln; nicht so sicher ist, ob die Feststellung ohne weiteres auch in der Übertragung auf den Präsidenten gilt. Es scheint jedenfalls leichter, den Sinn der Nahostreise Nixons mit Beziehung zu Watergate zu finden als ohne. Die Vermutung liegt nahe, dass sich mit der hastig arrangierten, dafür mit um so grösserer organisierter Publizität aufgezogenen Expedition im voraus Berechnungen verknüpften, die auf die peinliche Washingtoner Szene selber zielen.

Ein Triumphzug zwischen Spalieren von Fahnen und jubelnden Millionen, der Präsident als Friedensbringer gefeiert, Amerika als Freund begrüsst, wo es vor kurzem noch ein Schimpfwort war, ein massiv sichtbar werdender Erfolg amerikanischer Regierungs- und also Präsididalpolitik – das ergibt eine Bildersequenz, die eingeht, sofern sie nicht von Widrigkeiten unterbrochen werden sollte, und von der man sich eine kräftige Gegenwirkung versprechen mag gegen das trübe Schauspiel zerfallender und von Tag zu Tag akuter bedrohter Autorität, vor dem die Nation zu Hause seit über einem Jahr sitzt. Amerika wäre nicht Amerika, Public Relations wären nicht Public Relations, und Nixon wäre nicht Nixon, wenn solche Kalkulationen unkalkuliert blieben.

Dass sie aufgehen, ist damit noch nicht gesagt. Schliesslich ist vor einem Jahr der Amerikabesuch Breschnews nicht weniger nachdrücklich vor den Fernsehkameras zelebriert worden, ohne dass er dem Präsidenten die öffentliche Meinung auf die Dauer zurückgewonnen oder ihm auch nur das Geringste von seiner Watergate-Leidensgeschichte erspart hätte.

Ebensowenig ist damit allerdings auch gesagt, dass nur Watergate und nichts als Watergate den amerikanischen Präsidenten in den Nahen Osten geführt habe, mehr als 30 Jahre nachdem zum ersten- und letztenmal einer seiner Vorgänger – Roosevelt während des Krieges – dort gewesen war. Zwar bleibt ihm von der Sache her gesehen wenig anderes als das Geschäft des Nachpolierens. Wesentlich weiter, als Kissinger sie gebracht hat, wird er die Dinge kaum bewegen, weder was die Etablierung der amerikanischen Position in dieser Region noch was die Lösung ihrer Konflikte betrifft. Konkrete Gespräche sind nur für die Station Damaskus angekündigt, wo es um die Teilnahme Syriens an der Genfer Friedenskonferenz gehen soll. Sonst scheint das Thema allgemein «Nahost» zu heissen. Und die Gelder, die verteilt werden, wenn Souveräne reisen, sind grösstenteils bereits ausgehandelt.

Das Engagement im Nahen Osten

Zweifellos aber vermehrt die amerikanische Nahostpolitik durch den Auftritt der Höchstinstanz in Person ihr Gewicht ganz erheblich. Für Sadat, Feisal, Hussein, vielleicht auch für den Syrer Asad, bedeutet er auch innenpolitisch einiges, und sein Symbolgehalt ist insgesamt in der arabischen Welt nicht zu unterschätzen. Mindestens ebenso stark wird er auf der Gegenseite, in Israel, empfunden werden – mit andern Vorzeichen.

Damit ist aber bereits auch ein Teil der Problematik dieser Reise angedeutet, die das amerikanische Engagement im Nahen und Mittleren Osten mit zusätzlichem Nachdruck versieht und die Vereinigten Staaten tief in die Streitfragen der Region hineinzieht. Es ist jetzt ein Engagement auf zwei Seiten, die zueinander nach wie vor in hartem politischem Gegensatz stehen, ein Engagement also mit ganz wesentlich verschobener Gewichtsverteilung. Es ist eingegangen worden im Willen, erstens die bisherige einseitige Bindung an Israel zu kompensieren oder auszugleichen durch Bindungen an die Gegenseite, zweitens den Konflikt unter Einsatz der Autorität der Grossmacht zu überwinden oder überwinden zu helfen.

Wird das gelingen? Kissingers Erfolg beim militärischen Disengagement der Kriegsparteien lässt einiges denkbar erscheinen, woran zu glauben bisher schwergefallen ist. Ebensogut denkbar ist vorläufig aber, dass auch eine auf Ausgleich bedachte, der Parteinahme und einseitigen Identifikation ausweichende Grossmachtpolitik durch den Zwang der örtlichen Umstände wieder in scharfe Spannungen hineingezogen wird. Es geschähe an dieser Stelle nicht zum erstenmal. Washington thront nicht olympisch über der Sache, sondern steckt in all ihren Komplikationen nun erst recht drin, und das Kunststück seiner Nahostpolitik wird unter den neuen Gegebenheiten sicher nicht leichter.

Was Nixon an nahöstlicher Problematik auf seiner jetzigen Reise – vielleicht – erspart bleibt, wird ihm möglicherweise auf der nächsten in die Quere kommen. Sie führt ihn nach kurzer Atempause daheim, bei vertrauten Angelegenheiten, bekanntlich am 27. Juni nach Moskau. Dass der eine Ausflug nicht beziehungslos neben dem andern steht, ist offensichtlich. Eine vereinfachende Version umschreibt diese Beziehung mit der Kurzformel: je wärmer der Empfang für den Präsidenten bei den Arabern, desto kühler im Kreml. Die Prognose überzeugt nicht restlos. Das sowjetisch-amerikanische Verhältnis ist schliesslich nicht bloss eine Funktion der Nahostpolitik, und in Moskau sollen Fragen der Beziehungen zwischen den beiden Grossmächten zur Diskussion stehen, die auch den Russen nicht gleichgültig sind und in denen sie ihre eigenen Absichten verfolgen.

«Neue Struktur des Friedens»

Aber unvermeidlich wird Nixons erste Reise auf die zweite abfärben. Das Bild der zwei Grossmächte, die sich in edler Harmonie gemeinsam um die Sache des Friedens an einem Punkt bemühen, in dem sich ihre Interessen überkreuzen, das Bild gar des einen, der selbstlos zurücktritt, um die Kreise des andern nicht zu stören, wie es von Gromykos Verhalten während Kissingers Vermittlungsaktion unter die Leute gebracht wurde – diese Bilder sind allzu schön, als dass sie nicht trügerisch sein müssten. Moskau kann nicht distanziert wohlwollend zusehen, wie Nixon sich auf amerikanische Art Freunde gewinnt, womöglich noch unter seinen eigenen Klienten.

Das grosse Geschäft, hinter dem der Präsident her ist und für das er sich in seiner ernsten inneren Bedrängnis seinen an Watergate und Impeachment denkenden Landsleuten empfiehlt, das Geschäft, eine «neue Struktur des Friedens» zu schaffen, die keine Konfrontation der Mächte mehr kennen soll – es könnte im arabischen Triumphzug also durchaus einigen Schaden nehmen. Der Preis für das, was der Präsident in Moskau haben möchte – vor allem das erweiterte Rüstungsabkommen von Salt II –, könnte auf dem Basar in dieser Woche noch eimal kräftig anziehen, und er könnte bald einmal in politischen Begriffen zu hoch sein.

Das Bedenken, dass Nixon ihn trotzdem zahlen würde, um aus seinen häuslichen Nöten mit einem *«quick fix»* herauszukommen, hat Senator Jackson im Blick auf die beiden Grossexkursionen von einem *«scenario for disaster»* sprechen lassen. Das ist natürlich innenpolitisch überspitzt. Aber die Gefahren sind nicht zu übersehen. Das nahöstliche Objekt hat seine Tükken, der bilaterale Umgang mit der Sowjetunion ebenfalls. Seine besonderen und zusätzlichen Tücken jedoch hat der Versuch, den Weltfrieden zu bringen, wenn der Hausfriede gestört ist.

Die alte Struktur des Friedens

Eine Ministertagung zum silbernen Jubiläum der Nato in Ottawa am 18./19. Juni verabschiedete eine «Erklärung über die atlantischen Beziehungen», die nach den zahlreichen europäisch-amerikanischen Querelen und Spannungen der letzten Zeit wieder von der unteilbaren Verteidigung der Allianz sprach.

23. Juni 1974

Am vergangenen Mittwoch haben die 15 Partner des atlantischen Bündnisses in Ottawa endlich jene gemeinsame Erklärung verabschiedet und der Öffentlichkeit vorgelegt, an der sie so lange, aber keineswegs einträchtig und im gleichen Sinne gefeilt haben. Die Allianz hat unterdessen ihr silbernes Jubiläum feiern können, und aus der Deklaration ist eine auf diesen Anlass zugeschnittene Erneuerung des Gründungsgelöbnisses in zeitgemässer Abwandlung geworden. Gefeilscht wurde um sie weit mehr als seinerzeit um den ursprünglichen Heiratskontrakt. Doch nun haben die Aussenminister formell und mit fester Stimme Ja gesagt; die Regierungschefs sollen das Papier nächste Woche auf einem mehr zeremoniellen als politischen Gipfeltreffen in Brüssel feierlich unterschreiben.

Ende gut, alles gut – namentlich wenn man vor einem Vierteljahr an dieses Ende kaum mehr hatte glauben können. Denn damals, im März, steckte man noch in jenem transatlantischen Verdächtigungswettbewerb und verbalen Schlagabtausch, der den Tiefpunkt der europäisch-amerikanischen Beziehungen in der Geschichte der Allianz markierte. Viel Stoff, alter und neuer, für Konflikte, Ärger, Unbehagen hatte sich gehäuft und explodierte öffentlich: Handelsdiskriminierung, wirkliche und befürchtete, zwischen der erweiterten EG und Amerika, Währungsdisput, europäische Ängste, durch den Bilateralismus der beiden Supermächte überfahren zu werden, amerikanische Enttäuschung und Verärgerung über das unkooperative Verhalten der Alliierten auf dem Höhepunkt der Nahostkrise, akute Differenzen in der Energiepolitik und in der Haltung gegenüber den arabischen Ölstaaten, gegenseitige Vorwürfe mangelhafter Konsultation, Tendenzen, die europäische «Identität» im Gegensatz zu den Vereinigten Staaten zu konstituieren, und anderes mehr.

Man war an den Punkt gelangt, wo um die Einsicht nicht mehr herumzukommen war, dass es so nicht weitergehen könne, wenn nicht in Trümmer fallen solle, was letztlich dann doch keiner der Beteiligten zertrümmert sehen wollte. War diese Einsicht ein Wendepunkt? Ist das Übel nun verflogen wie ein Spuk oder spurlos aufgegangen im Kuchen einer neuen atlantischen Prinzipienproklamation?

Überwundener Tiefpunkt

Das zu glauben, hiesse doch wohl etwas viel Vertrauen in die Tragkraft von Grundsatzformulierungen setzen, die im übrigen an einzelnen Stellen in ihrem Resolutionschinesisch und ihrer «Einerseits-anderseits»- und «Sowohl-als-auch»-Sprache durchaus noch Spuren der Auseinandersetzungen oder einiger nur eben verbal geglückter Kompromisse und Brückenschläge zeigen. Aber unzweifelhaft hat sich in den letzten Wochen die Atmosphäre um einiges aufgehellt und ist ein Wille spürbar am Werk gewesen, wenn nicht die Differenzen völlig auszuräumen, so doch ihre Dramatisierung abzubauen.

Und unzweifelhaft hat sich auch im Konkreten einiges günstiger entwickelt. Die Kompensationsverhandlungen zwischen der Gemeinschaft der Neun und Amerika sind einigermassen erfolgreich verlaufen, der Stillhalte-Entschluss der OECD-Partner hat die drohende Spirale gegenseitiger Handelsrestriktionen bzw. Retorsionsmassnahmen aufgehalten, so dass das Feld für eine neue Runde von transatlantischen Liberalisierungsverhandlungen offener geworden ist. Dem Währungsdisput ist einiges von seiner früheren Schärfe genommen, die Gespräche über die Abstimmung der Energiepolitik sind in weniger spektakuläre, dafür sachlichere Bahnen gelenkt, die Szenerie für eine europäisch-arabische Kontaktnahme ist weitgehend entpolitisiert und so gestellt worden, dass sich Nixon in seiner Nahostpolitik nicht gestört zu fühlen braucht. *Pourvu que cela dure* – und ohne narrensichere Garantie, dass es hält und trägt. Und schliesslich sind in Bonn und Paris neue Männer auf den Plan getreten, von denen man sich im atlantischen Bereich weniger Schwierigkeiten und leichteren Umgang verspricht. Das Europa vom Juni dieses Jahres, so kann man lesen, sei nicht mehr «Monsieur Joberts Europa» vom Februar.

So fühlten sich denn die Allianzpartner freier und besser in der Lage, die alten Grundsätze ihres Bündnisses wieder auszusprechen, ohne Gefahr zu laufen, sich von seiner Wirklichkeit gleich wieder desavouiert zu sehen. Es sind in der Tat diese alten Grundsätze, welche die Substanz der neuen Erklärung ausmachen. Die Worte, in die sie da und dort gefasst sind – «Schicksalsgemeinschaft», «einigendes Band» –, mögen pathetisch tönen nach der Ernüchterung und den Unsicherheiten der letzten Monate und Jahre; es wird sich heute niemand gedrängt fühlen, sie in Stein zu meisseln.

Vertraute Formeln

Was sie meinen, kommt aber doch genügend deutlich und konkret zum Ausdruck: Friede wird nicht erreicht durch Vernachlässigung der eigenen Sicherheit; ein Angriff gegen einen Partner wird nach wie vor als Angriff gegen alle angesehen werden; der amerikanische Beitrag zur gemeinsamen Sicherheit – Nuklearschirm wie Truppenpräsenz – bleibt weiterhin ebenso unerlässlich wie der europäische; die «fortdauernde Anwesenheit substantieller amerikanischer Streitkräfte in Europa» spielt eine unersetzliche Rolle bei der Verteidigung Nordamerikas wie auch Europas; die Abschreckungskraft des Bündnisses und ihre Glaubwürdigkeit müssen in vollem Umfang erhalten, sie dürfen durch Abkommen der Nukleargrossmächte untereinander nicht ausgehöhlt werden; das atlantische Bündnis wird «weiterhin ein wesentliches Element in der dauerhaften Friedensordnung sein»; es bleibt die «unerlässliche Grundlage der Sicherheit» seiner Partner.

Nach all den Proklamationen einer «neuen Ära», eines tiefgreifenden Wandels der internationalen Beziehungen, einer «neuen Struktur des Friedens», die man von westlichen Staatsmännern und besonders vom amerikanischen Präsidenten in letzter Zeit gehört hat, ist diese gemeinsame Erklärung eine bemerkenswert starke und eindeutige Bekräftigung und Erhärtung überkommener und bewährter Prinzipien der Sicherheitspolitik.

Sie zeugt erstens dafür, dass die Partner der Allianz nach wie vor keine Alternative zu den ursprünglichen Zielen und Grundsätzen ihrer Bündnispolitik sehen und dass sie sie für notwendig und keineswegs für überholt halten. Zweitens kann die Erklärung als Eingeständnis gelesen werden, dass sich trotz und entgegen aller auch im Westen beliebten Wandlungsrhetorik im Grunde wenig Wesentliches geändert habe, nichts jedenfalls, was erlauben würde, die bisherige sicherheitspolitische Basis zu verlassen und auf einer anderen, neuen weiterzubauen. Die Frage drängt sich auf, was das Suggestivwort von der «neuen Struktur des Friedens» eigentlich soll, wenn zugleich mit gutem Grund die alte Struktur – jene auf der Basis einer

Krieg und Übergriffe verhindernden, auf Macht beruhenden glaubwürdigen Abschreckung – mit so grossem Nachdruck verfochten wird.

Sicherheit – Basis der Entspannung

Natürlich spricht auch die Deklaration vom Ziel der Entspannung – die ihrerseits im höchsten Grade wünschenswert und notwendig bleibt, soweit sie nicht blosser Schein und politischer Publizitätstrick ist – und von Veränderung etwa im Sinne eines strategischen Gleichgewichts, und sie befürwortet Übereinkünfte zur Minderung der Kriegsgefahren. Aber ihr *ceterum censeo* lautet, dass all dies ein funktionsfähiges Verteidigungsbündnis nicht überflüssig, sondern, auch heute, erst recht notwendig mache – und dass sich «die wesentlichen Elemente der Lage, die zu dem Vertrag führte, nicht geändert haben».

Was die Erklärung zur Differenzbereinigung innerhalb des Bündnisses beiträgt, bleibt im Vergleich zu ihrem Kern dann allerdings eher marginal und vage. Über das Verhältnis eines künftigen einigen Europas zu Amerika und zur Allianz wird in einer verlegenen Minimalformel gesprochen, und was die «Konfliktquellen» in der Wirtschaftspolitik betrifft, so will man «darauf hinarbeiten», sie zu beseitigen. Zur gegenseitigen ständigen und umfassenden Unterrichtung sind die Partner «fest entschlossen», und sie wollen dabei sogar «bedenken», dass die Interessen des Bündnisses auch durch Ereignisse «in anderen Gebieten der Welt berührt werden können». Viel weniger hätte man dazu schwerlich sagen können. Was aus dem Wenigen gemacht wird, ist eine Frage des politischen Wollens, das auch durch die Statuierung einer – im übrigen kaum praktikablen – Konsultationspflicht nicht zu erzwingen wäre.

Das gilt in einem allgemeinen Sinne auch für den Bestand und Wirkungsgrad der Allianz insgesamt. Sie ist aus dieser Grundsatzerklärung gewiss nicht wie aus einem Gesundbrunnen verjüngt, entschlackt und aller Bresten ledig neu entstanden. Sie hat sich selber lediglich bestätigt, dass sie notwendig sei und an ihrer «Philosophie» festhalten wolle. Dieser Wille stand auch in ihren jüngsten Krisen nicht eigentlich in Zweifel, und die Krisen sind ihr trotzdem nicht erspart geblieben. Der blosse erneuerte Konsens im Wesentlichen allein wird sie vor Rückfällen in eine kümmerliche Existenz nicht bewahren können. Ihr Gebrauchswert hängt davon ab, dass sie als Instrument auch genutzt wird.

Weltpolitisches Einmannorchester

Kissingers titanischer Versuch, vor dem Hintergrund eines durch das Watergate-Drama – in dem inzwischen Nixon untergegangen war – und einer durch das Provisorium eines nicht gewählten Präsidenten geschwächten Exekutive Weltpolitik als reisender Solist zu treiben.

9. November 1974

In früheren Zeiten pflegten Minister, Regierungschefs und Potentaten sich in Washington, am Sitz der westlichen Weltmacht, die Türklinken in die Hand zu geben. Sie tun das auch heute noch, nur herrscht jetzt ziemlicher Gegenverkehr. Das Machtzentrum operiert nun häufiger aus einem fliegenden Hauptquartier, der Leiter der amerikanischen Aussenpolitik ist in Person ihr reisender Vertreter geworden und absolviert Besuchsprogramme, die keine Reiseagentur einem Globetrotter zumuten würde. Kaum vermögen die Informationsmedien, geschweige denn das Publikum die Buchhaltung der Tagesetappen noch à jour zu halten.

Die Rekapitulation der letzten Unternehmung dieser Art sei dennoch versucht – ohne Gewähr für Vollständigkeit: In der einen Woche zwischen dem 8. und dem 15. Oktober zweimal Kairo, zweimal Damaskus, Amman, Jerusalem, Riad, Algier, Rabat, sieben Hauptstädte also auf einen Streich; eine Woche Washington sodann, das zwischendurch doch immer wieder einmal besucht werden muss, dann vier Tage Moskau, 19 Gesprächsstunden mit Breschnew; darauf Indien, Bangladesh, Pakistan, Afghanistan, Persien, Rumänien, Jugoslawien; das weltliche und das geistliche Rom, plus ein Auftritt an der Welternährungskonferenz; und abermals Kairo und Riad und Amman und Damaskus und Jerusalem und Tunis, und kein Ende in Sicht. Die Etappe Ankara musste wegen momentanen Mangels eines politischen Gesprächspartners ausfallen.

Auch für einen entfesselten Touristen wäre es entschieden zu viel. Es ging aber nicht um Tourismus, sondern um Aussenpolitik. Kann man Aussenpolitik so machen? Unter Kissinger beginnt sie titanische Züge anzunehmen – womit die Frage des Masses, des erträglichen und zuträglichen Menschenmasses, gestellt wäre.

Man sehe sich die Themen daraufhin an, die auf dieser Parforce-Tour nicht nur zu erörtern, sondern politisch, das heisst handelnd, anzugehen waren. Sie können hier nur eben angedeutet, in ihrer Komplexität aber auch nicht annähernd umschrieben werden.

Pendelverkehr in der Levante

In den Gesprächen mit den Arabern und den Israeli geht es letztlich nach wie vor um die Frage Krieg oder Frieden, beziehungsweise einer haltbaren Friedensordnung im Vorderen Orient, mit allem, was in diesem kaum zu lösenden Knoten miteinander verschlungen ist. Damit aufs engste verbunden ist die Ölproblematik, in der, in des Wortes voller, ernster Bedeutung, Existenzfragen der Industriewelt wie der Entwicklungsländer stecken; damit verbunden ist die Politik und Rolle Moskaus in der nahöstlichen Region.

Im Kontakt mit der Kremlführung stand der weitere Fortgang der bilateralen Verständigung zwischen den Supermächten, stand im besonderen das wechselseitige Verhältnis ihrer strategischen Rüstung zur Debatte mit allem, was sicherheitspolitisch und allianzpolitisch für beide Seiten daran hängt. Zugleich sollte, um negative Wirkungen dieses dauerhaften Tête-à-tête der beiden Grossen auf Dritte einzugrenzen, amerikanisches Interesse dort wieder einmal markiert werden, wo ein amerikanisches Gegengewicht gegen sowjetische Herrschaftstendenzen seine besondere und aktuelle Bedeutung hat oder hätte – das gegebene Thema in Bukarest und Belgrad.

In Indien und Bangladesh war der Versuch fällig, in einer stark unter sowjetischen Einfluss geratenen Zone wieder Fuss zu fassen und überdies verhängnisvolle mögliche Folgen der Nuklearpolitik Indira Gandhis einzudämmen. In Pakistan, Afghanistan und Persien geht es um den stellenweise brüchig werdenden Riegel gegen sowjetische Einflüsse, die an den Indischen Ozean und an die Pforte zum Persischen Golf zielen. In Teheran stand die Ölpreisproblematik im Vordergrund der Auseinandersetzung mit einem überaus selbstbewusst gewordenen Schah, den Washington braucht und der, wo es ums Ölgeld geht, doch am anderen Ende des Strickes zieht. In Rom hat die amerikanische Politik ihr Wort zu sagen zur politisch-wirtschaftlichen Krise, die Italien, und also einen Bündnispfeiler im Mittelmeer, zersetzt.

Vor der Welternährungskonferenz, die ihrerseits auf eine Initiative Kissingers zurückgeht, galt dieses Wort einer möglichen Zukunftskrise der Menschheit schlechthin, die unabweichbar engste internationale Zusammenarbeit verlangt, schon bevor sie ins akuteste Stadium eintritt. Sie wirft damit zugleich die bange Frage auf, ob aus der hundertfachen internationalen Konfrontation nationaler Interessen jene politische Reife erwachsen kann, die nötig sein wird, wenn die Gattung Mensch überleben soll.

Und all das, dieses ganze herkulische Pensum in einen Kopf zusammengedrängt, in eine Hand gegeben, in das Programm einer hektischen Weltreise in dreissig Tagen gequetscht. Die Überforderung ist offensichtlich; Sinn und Notwendigkeit solcher Übungen hingegen, die ja Methode zu werden scheinen, sind nicht durchwegs einzusehen. Die Möglichkeit, dass die Dinge durcheinandergeraten, ist in einem Hirn von Kissingerscher Kapazität wohl geringer, als der Humorist Art Buchwald sie in einer schön-absurden Story ausspintisiert, in der «Super-Henry» die Portugiesen aus dem Sinai, die Israeli aus Moçambique herausparliert, den indischen Ölpreis heruntermarktet und dem Schah Weizen liefert, dem Papst Kampfflugzeuge verkauft und Feisal für den Präsidenten beten heisst. Die Frage bleibt aber, ob die schwierige globalpolitische Partitur, die Washington spielen muss, auf die Dauer von einem Einmannorchester gespielt werden kann.

Schwache Basis zu Hause

Eine weitere Frage drängt sich angesichts dieser ausserordentlichen Intensivierung direkter Aktivität und persönlichen Engagements an allen erdenklichen Fronten auf: Wie breit und solid ist eigentlich die Basis, die Solches zu Hause trägt? Präsident Ford zahlt für Watergate, den Demonstrationsfall von Machtmissbrauch durch die Exekutive, unter anderem dadurch, dass er einen eigentlichen Einbruch des Kongresses in die Domäne der Regierungsgewalt hinnehmen muss. Dieser Kongress ist nicht nur, seit dem Wahltag der letzten Woche, in noch viel höherem Masse als bisher in beiden Häusern von den Demokraten, also gewissermassen von der «Gegenpartei» der Exekutive, beherrscht. Er zeigt in jüngerer Zeit auch eine sehr viel stärker ausgeprägte Neigung, gewisse auswärtige Engagements zu bremsen. Er hat der Regierung in der Militärhilfe für die Türkei Schwierigkeiten gemacht, unmittelbar nach Kissingers Besuch in Delhi in einem Kommissionsbeschluss bedeutet, dass er die Wirtschaftshilfe an Indien drastisch kürzen will, er hat sich mit dem Jackson-Amendment – Bindung der Meistbegünstigung im Handel an sowjetische Konzessionen in der jüdischen Emigration – erfolgreich gegen entspannungstaktische Vorstellungen Kissingers durchgesetzt.

Was die Regierung unter dem Titel der aussenpolitischen

Opportunität in die Wege leitet, muss also in der Legislative einen enger gewordenen kritischen Filter passieren, und nicht alles, was oben eingegeben wird, kommt unten unverändert wieder heraus. Und nicht alles, was Kissinger für opportun hält, hält auch der Kongress dafür. Ja in der Exekutive selber gehen die Meinungen darüber auseinander, wie sich in den internen Auseinandersetzungen um die Nuklearrüstung oder in der Suspendierung sowjetischer Getreidekäufe durch den Präsidenten zeigt. So entschieden sich Ford bei Gelegenheit hinter seinen Staatssekretär stellt – für Kissinger ist er nicht mehr ganz dasselbe, was Nixon für ihn war.

Die Rechtfertigung seiner Politik muss Kissinger im Erfolg suchen. Welches aber ist der Erfolg all der weit ausgreifenden, auf rasantes Tempo angelegten Bewegung der letzten Wochen? Sichtbar ist er vorerst weder in Moskau noch in Delhi, noch in Teheran, noch auf der arabischen Konferenz in Rabat geworden.

Wahnsinn mit Methode

Am 4. November hatte der französische Philosoph Jean-Paul Sartre, Geistesfürst der Linken Frankreichs, den Terroristen Baader demonstrativ im Stuttgarter Gefängnis besucht und die Intellektuellen zur Bildung eines Komitees zur «Rettung» der Terroristenhäftlinge aufgerufen.

7. Dezember 1974

Über vier Jahre schon hält die Baader-Meinhof-«Gruppe», wie sie zartfühlend genannt wird, die Polizei- und Justizbehörden der Bundesrepublik Deutschland in Atem. Sie ist eine kriminelle Vereinigung mit politischen Zielen, die sich den Umsturz der Gesellschaftsordnung vorgenommen hat und ihn mit Mitteln der Gewalt betrieb und weiterhin betreibt. Mindestens acht Morde werden ihr inzwischen zur Last gelegt, abgesehen von den vielen Verletzten, die bei ihren – von ihr selber eingestandenen – Bombenanschlägen, Überfällen, Rache- und Entführungsaktionen liegen geblieben sind, und abgesehen von den vielen Einbrüchen und Diebstählen.

Ihre Anführer sind heute zwar vermutlich in der Mehrzahl hinter Schloss und Riegel, dort aber mit Hilfe einiger ihrer zahlreichen Anwälte, die anscheinend Komplizendienste leisten, weiterhin organisatorisch höchst aktiv. Der Spuk ist noch keineswegs vorbei, im Gegenteil. Die grosse Belastungsprobe scheint mit dem Hauptprozess, der in dem der Justiz eigenen Tempo allmählich heranreift, erst noch bevorzustehen. Man schliesst nicht aus, dass er einige anarchistische Desperados in «Kamikaze»-Aktionen auf den Plan bringen könnte; das Prozesslokal wird mit Millionenaufwand zu einer Art Festung ausgebaut, und entsprechend ist bisweilen der Gemütszustand der Sicherheitsorgane und politischen Behörden in Erwartung einer Situation, die Franz Josef Strauss verbal bereits in die Nähe von «Bürgerkrieg» gesetzt hat.

Soviel «Verunsicherung» ist das Werk einer Handvoll besessener Fanatiker, die sich allerdings auf ein offenbar weit verzweigtes, in intellektuelle und kirchliche Kreise hineinreichendes Netz von Sympathisanten stützen kann. Verunsicherung nicht nur der rechtsstaatlichen Autorität. Offenbar ist auch das, was «der Geist» genannt wird, bei manchen seiner Vertreter mit sich noch immer nicht im reinen darüber, was es sich zum Phänomen «Baader-Meinhof» denken soll. Vor bald drei Jahren, als die langwierige Grossfahndung nach den Bandenführern in Gang gekommen war, hatte Heinrich Böll, seither Nobelpreisträger geworden, die Kriminellen dieser Art als «verzweifelte Theoretiker» und «Verfolgte» einer «gnadenlosen Gesellschaft» dargestellt und sie geradezu in Vergleich etwa mit den Verfolgten des Nationalsozialismus und den Gegnern jenes Systems gesetzt; die Etikette «Systemgegner» genügte da offenbar, um weiteres Fragen zu unterlassen.

Sartres Plädoyer für Gewalt

Heute heisst der illustre Protektor aus dem Reich des Geistes Jean-Paul Sartre. Zwar distanziert er sich von der revolutionären Taktik der deutschen Stadtguerilla, weil er sie für «politisch irrelevant» und im Blick auf das erstrebte Ziel des Umsturzes nicht für förderlich hält – nicht, weil er Töten im Namen einer Revolution, auch massenhaftes Töten, etwa zum vornherein für verwerflich hielte. Denn er ist ja überzeugt (so in einem «Spiegel»-Interview), «dass der Sturz der bürgerlichen Mächte, die den Menschen entmenschlichen, gewalttätig sein wird»; er kann sich «nichts anderes vorstellen». Eine Revolution müsse nun einmal eine gewisse Anzahl von Menschen loswerden, hat er letztes Jahr geäussert, und da sehe er eben keine andere Möglichkeit, als sie zu töten. Im Geiste dieses besonderen Humanismus – der Zweck heiligt die Mittel – fühlt er sich den Häftlingen in Deutschland verbunden; auch weil «ihre Prinzipien links» sind wie die seinen. Überdies hat es ihn als «Aktionisten», das heisst als einen Intellektuellen, der aus dem Handeln einen «-ismus» macht, offenbar gereizt, einen wirklich und gefährlich Handelnden mit seinen Motiven quasi am lebenden Modell zu studieren.

So hat er sich für eine von der «Gruppe» oder ihren juristischen Helfern arrangierte PR-Aktion einspannen lassen, Baader unter grosser Inszenierung und Publizität im Gefängnis besucht, dem Täter *coram publico* die Salbung durch den tatenbewundernden Philosophen verabreicht. Dass es sich um Inszenierung handelt, steht ausser Zweifel, ebenso, dass Sartre sie bewusst mitmacht. Bei ihm hier etwa blosse sympathische menschliche Naivität oder die Ahnungslosigkeit eines missbrauchten «nützlichen Idioten» zu vermuten, hiesse seine politische Ambition wie sein Faible für Machiavellismus unterschätzen.

Eingespannt wird er in eine Agitation mit dem Thema der Haftbedingungen, mit der die Grundlagen des kommenden Strafprozesses unterminiert werden sollen. Indem sie Einzelhaft, die übliche Verwahrung für Mordverdächtige, als «Isolierungsfolter» darstellt – eine «Isolierung» wohlverstanden, die es den Häftlingen erlaubt, aus ihren Zellen heraus ein weites konspiratives Netz aufzubauen und in intensivem Betrieb zu halten –, setzt sie die Justiz unter die Anklage der Unmenschlichkeit. Sie verstärkt den Druck durch organisierte Hungerstreiks, die in schonungsloser Konsequenz bis in den Tod oder an den äussersten Rand durchgehalten werden, was in kalter Brutalität einkalkuliert wird. («Es kann sein, dass dabei Typen kaputtgehen.»)

Die Logik des Fanatismus

Der kriminelle politische Fanatismus zeigt hier eine unheimliche Grösse, zugleich aber eine Perfidie und Perversion seiner Taktik, wie man sie bisher kaum gekannt hat. Das «System» wird angeklagt, weil es durch «Unmenschlichkeit» jene, die buchstäblich seine verschworenen Todfeinde sind, in – freiwilligen – Hungerstreik treibe. Zugleich wird es angeklagt, dass es nicht genug Gewalt anwende, um die, die auf diese Weise protestieren wollen, daran zu hindern. Zugleich wird es, wie im Fall des Gefängnisarztes von Wittlich, mit Gewalttat, Entführung der Familie, bedroht, wenn es die Selbstzerstörung eines Häftlings verhindern will.

All das widerspricht sich und hebt sich nach normalen Begriffen gegenseitig auf; es findet seine Logik lediglich im fanatischen Willen zum Kampf gegen die Gesellschaftsordnung um jeden Preis, mit allen Mitteln. Es ist also gar nicht jene Liberalität der Anständigen gefragt, an die appelliert wird; es geht nicht um das elementare Menschenrecht auch des Angeklagten. Der Appell ist ein rein taktischer Zug im Rahmen eines Umsturzkonzeptes; es geht lediglich um neue Trümpfe der Agitation, um die Weiterführung eines «revolutionären» Zerstörungswerks, dem seinerseits jegliche Rücksicht auf Menschlichkeit fremd ist.

Der Wahnsinn hat Methode – und das Problem des Staates und der Gesellschaft ist es, wie sie mit dieser Methode fertig werden, ohne dass sie dabei ihre liberale Substanz verlieren. Es ist in der Tat ein Problem. Denn die Wirkung all der anarchischen Agitation der letzten Jahre, der Gewalttätigkeit und des Spielens mit der Gewalt, der systematischen Unterhöhlung der Rechtsstaatlichkeit und ihrer allzu largen Duldung durch ausführende und richterliche Instanzen – die Wirkung von all dem ist, kläglich genug für die Urheber, in der Öffentlichkeit schliesslich ein immer stärker spürbarer Zug zur Autorität der Ordnungsmacht, der Ruf nach der «starken Hand». Der revolutionäre Linksdrang kann letztlich den Rechtsrutsch produzieren; mindestens verstärkt er die Gefahren in dieser Richtung. Bedroht würde damit die liberale Mitte; geräumt würde jene Zone, wo allein Mässigung und Mass und damit die Voraussetzungen einer menschenwürdigen Ordnung gedeihen können.

Kein Wandel durch Handel

Am 3. Januar hatte Präsident Ford das Aussenhandelsgesetz unterzeichnet, das seiner Regierung weitgehende Vollmachten für multilaterale Verhandlungen im Sinne einer Liberalisierung des Welthandels verschaffte, zugleich aber, unter dem Druck des Kongresses, die Meistbegünstigung im Falle der Sowjetunion von der freien Auswanderung der Juden abhängig machte. Daraufhin erklärte die sowjetische Regierung, dass sie wegen dieser Diskriminierung und Einmischung in innere Angelegenheiten das früher unterzeichnete Handelsabkommen mit den USA nicht in Kraft setzen werde.

18. Januar 1975

Mit der Nichtigerklärung des sowjetisch-amerikanischen Handelsvertrages ist offensichtlich mehr als ein kommerzielles Austauschabkommen annulliert worden. Zu viel Politik war 1972, als dieser Vertrag geschlossen wurde, und ist seither darin investiert worden, als dass sich heute, da er dahinfällt, die politische Frage vermeiden liesse. Er war der Beginn eines Netzes von Übereinkünften gewesen, das Nixon und Breschnew mit ihrer beidseitigen Entspannungspolitik verknüpfen wollten, um ihr mehr Halt zu geben; und Kissinger hat mit dem Kongress um seine Erfüllung durch das Mittel des Handelsgesetzes ebenfalls im Namen und Interesse der Entspannungspolitik gekämpft.

Die politische Frage, die auf der Hand liegt, ist also die nach dem weiteren Schicksal dieser bilateralen Entspannungspolitik, nachdem auf einem ihrer Sektoren ein Trümmerfeld entstanden ist. Nicht von ungefähr hat Kissinger selber sie sogleich gestellt, wenn auch in hypothetischer Form: Sollte die Löschung des Handelsvertrages eine neue «Periode verstärkten Druckes» einleiten, dann würden die Vereinigten Staaten dem entschieden und geschlossen widerstehen. Er erwarte jedoch keine derartige Entwicklung, fügte er bei.

Allerdings, verstärkter Druck ist doch feststellbar – in Vietnam zum Beispiel, wo Hanoi den stets zerbrechlichen Waffenstillstand offen und massiv verletzt hat und die Dinge einer neuen Dramatisierung entgegentreibt. Es wäre seltsam, wenn das ohne Wissen und Willen Moskaus geschähe. Auch im Nahen Osten deutet sich eher eine weitere Verhärtung des Grossmächte-Gegensatzes als seine Überbrückung ab. Anderseits hat die sowjetische Propaganda dort auf die amerikanischen Warnungen an die Adresse der Ölstaaten eher mild reagiert, einen ihr gebotenen Anlass zur Anheizung der Polemik also nicht genutzt. Insgesamt sind die Indizien – vorläufig jedenfalls – nicht schlüssig genug, als dass von einem allgemeinen und radikalen Umschlagen der Entspannungspolitik in harte Konfrontation gesprochen werden müsste. Moskau seinerseits sekundiert Kissinger: kein genereller Umschwung zu erwarten.

Einige der Beweggründe, die Breschnew zu seiner Politik der Arrangements mit den Vereinigten Staaten und der Annäherung an sie bewogen haben, dürften auch weiterhin Gewicht behalten. Allen voran der chinesische Albdruck, der es ratsam scheinen liess, eine politische Zweifrontensituation durch Entspannungsversuche im Westen nach Möglichkeit abzubauen. Dieser Druck bleibt; ob er auch immer dieselbe politische Logik erzeugen wird, ist jedoch offen.

Verständigung über Nuklearrüstung?

Bis zum Beweis des Gegenteils werden manche auch davon ausgehen, dass der Sowjetunion daran gelegen sei, extrem kostspielige neue nuklearstrategische Rüstungsrunden zu vermeiden, sich also auf der Basis der ihr zugestandenen «Parität» mit den USA zu verständigen – solange sie keine Gelegenheit sieht, das Gleichgewicht der Abschreckung zu kippen. Hier wird man sich allerdings erinnern, wie mühsam es war, mit ihr zum Kompromiss von Wladiwostok zu gelangen, und wie ungesichert, wacklig und umstritten der Entwurf für ein Salt-II-Abkommen noch immer ist.

Schliesslich hat die Entspannungspolitik der Sowjetunion nach Westen hin, auch wenn sie auf Absicherung ihres europäischen Herrschaftsbereichs bedacht war, stets ein offensives Element enthalten. Vom Versuch, Europa und Amerika voneinander zu trennen und ihren Einfluss beiderseits des Atlantiks zu verstärken, hat sie nicht abgelassen, und sie hat, durch blosse klimatische Wirkung, die Nato militärisch geschwächt und das militärisch-politische Gewicht des Warschaupaktes erhöht. Derartige Vorteile gibt man nicht ohne weiteres weg.

Ein viertes Motiv hingegen hat der Praxis nicht standgehalten – das wirtschaftliche. Das Bedürfnis und der Wunsch, westliches Know-how, Industrie- und Finanzpotential für die Entwicklung der rückständigen, in einem untauglichen System verfuhrwerkten Sowjetökonomie nutzbar zu machen, ist als Triebkraft der Entspannungspolitik Moskaus im Westen sehr hoch, von prominenten Politikern als der eigentlich massgebende Impuls eingeschätzt worden. Dementsprechend hat der amerikanische Kongress den politischen Preis angesetzt, als er die Gewährung des handelspolitischen Privilegs (Meistbegünstigung) mit einer «innenpolitischen» Bedingung (Erleichterung der Auswanderung von Juden aus der Sowjetunion) verknüpfte.

Die Bedingung zugunsten einer Minorität enthielt Sprengstoff für den unter Spannungen stehenden sowjetischen Vielvölkerstaat, abgesehen davon, dass sie ihn auswärts, bei den Arabern, belastete. Sie wurde für unannehmbar erachtet, als durch die Begrenzung des Kreditvolumens auch noch die wirtschaftliche Gegenleistung unter die sowjetischen Erwartungen reduziert wurde – obwohl Moskau die ihm bisher schon zugestandenen amerikanischen Kredite bei weitem nicht ausgeschöpft hat.

Moskaus Reizschwelle

Die Vorgänge im Kreml sind jedoch undurchsichtig. Was den negativen Ausschlag gegeben hat, weiss man nicht. Offensichtlich hat dieses «Njet» aber einen Werdegang gehabt, der auf Schwankungen der Entscheidung schliessen lässt. Ob dabei divergierende Kräfte, interne Auseinandersetzungen im Spiel gewesen sind, ob man es mit einer Niederlage Breschnews zu tun hat, ob mit Wandlungen in der ideologisch-theoretischen Einschätzung der Chancen des «Kapitalismus» in seiner derzeitigen kritischen Lage, oder ob die Führung selber hier mit einem harten Zug reagiert hat, aus Enttäuschung über Präsident Ford, der nicht mehr der gleiche Entspannungspartner ist wie Nixon und der mit dieser Vertragskündigung nun seinerseits unter innenpolitischen Druck gesetzt wird – das und anderes zu interpolieren bleibt vorläufig der kremlologischen Spekulation überlassen.

Wie die Sache zwischendurch immer gestanden haben mag, wesentlich ist das abschliessende «Nein». Da man im nachhinein ja immer klüger ist, könnte man jetzt sagen, dass es zum vornherein nahe lag. Denn eine alte Erfahrung aus dem Umgang mit der Sowjetunion besagt, dass sie «niemals» politische Preise für wirtschaftliche Leistungen zahle. Wandel durch Handel bleibt vorläufig ein Wunschtraum.

Offenbar hat man zweierlei überschätzt: erstens den Dringlichkeitsgrad, der westlicher Wirtschaftshilfe in der Sowjetunion zugemessen wird und der sich dort nicht aus objektiven Fakten, sondern aus einer bestimmten Wirtschaftspolitik herleitet, die sich ändern lässt, auch und immer noch auf Kosten der Konsumenten, wie sich zeigt; und zweitens das Mass der im totalitären System möglichen «politischen» Konzessionen. Darin hat offenbar nichts Platz, was irgendwie die etablierte Herrschaft gefährden oder sie auch nur berühren könnte.

Als wie gefährlich eine «Liberalisierung» auf diesem oder jenem Gebiet zu gelten habe, wie eng oder weit die Toleranzmarge zu fassen sei, unterliegt zwar jeweils offiziellen Ermessensschwankungen. Derzeit setzt sich offenbar wieder eine engstirnige Variante durch, nicht nur in der Duldung von Emigration, sondern auch, wie Alexander Solschenizyn kürzlich diesem Blatt belegt hat, in der Duldung nonkonformer Äusserungen und der Kontakte mit der Aussenwelt.

Es ist immer eine Verkennung der sowjetischen Entspannungspolitik gewesen, wenn man gemeint hat, sie lasse sich mit westlichen Vorstellungen von Normalität, Austausch, Kontakten, Freizügigkeit zusammenbringen. Derartige Vorstellungen hat sie nach aussen stets als Versuch der Einmischung in ihre inneren Angelegenheiten, nach innen mit ideologischen Feldzügen als Ketzerei bekämpft. Handel als Liberalisierungsmittel, wie man ihn da und dort gerne sieht, ist für sie ein trojanisches Pferd. Es wird nicht durch die Mauer gelassen.

Amerika – Weltmacht wider Willen

Der von Kissinger 1973 in Paris ausgehandelte Waffenstillstand für Vietnam erwies sich nicht als haltbar. Er verhinderte neue nordvietnamesische Offensiven nicht, die schliesslich im Frühjahr 1975 zum militärischen Zusammenbruch Südvietnams und danach zur bedingungslosen Kapitulation Saigons führten. Die amerikanischen Reaktionen auf den Kollaps auch der Indochinapolitik konnte der Verfasser an Ort und Stelle beobachten.

12. April 1975

Auf die Hiobsbotschaften der letzten Wochen aus Südasien und aus dem Nahen Osten hat Amerika, wenn man seine veröffentlichte Meinung zum Massstab nehmen will, mit merkwürdigen Bewegungen der Verdrängung reagiert. Der Misserfolg der Vermittlungsbemühungen Kissingers möge «eine Enttäuschung für Henry» sein, der Kollaps Südvietnams eine Niederlage Thieus – beides aber sei «kein Unglück für Amerika» –, so und ähnlich las und hörte man es in den Deutungen berühmter Kommentatoren der grossen Zeitungen und Televisionsimperien.

Die vietnamesische Tragödie wird dem amerikanischen Publikum vielfach sozusagen entpolitisiert, als farbiges Bild von fernem Flüchtlingselend und als humanitäres Problem dargeboten, als etwas, was einen zwar menschlich berührt, aber politisch doch nur noch am Rande angeht. Die Welle privater tätiger Hilfsbereitschaft ist in dem Masse gestiegen, als die Hilfe der politischen Hand vertrocknet ist, und die Vermutung, dass damit auch politische Gewissensregungen kompensiert oder überflutet werden, ist kaum weit hergeholt. «Rettest du ein einziges (vietnamesisches) Kind, so rettest du die Welt», vernahm man am letzten Wochenende immer wieder von den Fernsehschirmen ...

Die «Welt zu retten», das war ursprünglich einmal ein Stichwort amerikanischer Politik, auch der Vietnampolitik gewesen. Dass es als peinlicher Stachel unter der Oberfläche weiter sticht – auch wenn man mit dem Untergang eines Partners, mit dem man ein schwieriges Jahrzehnt lang zusammengestanden hat, nun nichts mehr zu tun haben will –, dafür zeugen die heftigen kritischen Reaktionen gegen den Präsidenten und den Staatssekretär, wenn sie an politische Verantwortung und Konsequenzen im Falle Indochinas erinnern. Dass hier, ob zu Recht oder Unrecht, jedenfalls aber faktisch, die Glaubwürdigkeit und Zuverlässigkeit der amerikanischen Politik über Indochina und Asien hinaus in Diskussion gezogen ist, dass hier problematische Folgen für das Verhältnis Amerikas zu seinen Schützlingen und Alliierten in aller Welt erwachsen können und müssen, das wird von manchen Vertretern des publizistischen «liberalen» Establishment wie des Kongresses glatt von der Hand gewiesen und als behördliche Panikmache und bewusst pessimistische Dramatisierung der Lage kritisiert. Es soll nicht sein, also ist es nicht.

Verdrängung oder Isolationismus?

Der europäische Beobachter, der in den Vereinigten Staaten diese kuriose publizistische Tricknummer miterlebt hat, in der ein politisches Etwas von erheblichen Dimensionen im Nu in ein Nichts verzaubert wurde, steht vor verwickelten Fragen. Was soll der Illusionsakt, wie weit folgt ihm das Publikum, und falls es folgt, warum? Ist das, was sich hier abspielt, nun das unwiderlegbare Zeugnis jener isolationistischen Grundstimmung der Abwendung von internationalen Verwicklungen und des Rückzuges Amerikas auf sich selber, von der in den vergangenen Jahren so oft signalisierend, warnend, beschwichtigend, dementierend die Rede gewesen ist?

Die Fragen sind zu komplex, als dass ihnen mit einer Faustformel beizukommen wäre, und zu schwerwiegend für die Geschicke der westlichen Welt insgesamt, als dass man sich Simplifizierungen anvertrauen dürfte. Auch sind einige Präliminarien ständig im Auge zu behalten. So die erhärtete Erfahrung der intensiven Schnellebigkeit Amerikas, wo manches mit Getöse vorüberrauscht, was unter dem nächsten Getöse dann bald kaum mehr hörbar ist; die Gültigkeit von Momentbildern wird dadurch relativiert. So auch die trotz allem Meinungsforschungsbetrieb nicht ganz auszulotende Kluft zwischen veröffentlichter und tatsächlicher Meinung; was breite Schichten von Amerikanern beispielsweise über Vietnam wirklich denken, braucht keineswegs identisch zu sein mit dem, was ihnen die Meinungsmacher der Megalopolis an der Ostküste fast *unisono* suggerieren.

Sodann sind bestimmte vorgefasste Meinungen, nicht zuletzt europäische, über Amerika immer korrekturbedürftig gewesen. Wer die Vereinigten Staaten seit der «Grossen Debatte» der ersten Nachkriegsjahre für unverrückbar und endgültig auf globale Verantwortung festgelegt, wer sie gar als weltmachtsüchtig und allen Gefahren der «arrogance of power» ausgesetzt gesehen hat, hat sie nicht richtig gesehen. Sie sind im Grunde Weltmacht wider Willen geblieben und weder ein neues Rom noch ein imperiales Britannien geworden.

Ihre Verfassung ist für das Glück im Winkel, abseits vom machiavellischen Mächtespiel, für den individuellen *pursuit of happiness,* für den Schutz vor Macht eher als für Machtgebrauch geschaffen. Die Nostalgie nach der (scheinbar) einfachen Welt der (scheinbar) einfachen Väter, die gerade heute wieder im Vorfeld des 200-Jahr-Jubiläums der Staatsgründung mit Händen zu greifen ist, war immer eine Art emotionaler Gegenpol gegen die leidvolle Verwicklung in die Händel einer wenig verständlichen, weil so unamerikanischen Welt. Die Wahrnehmung globaler Verantwortung, seit dem Koreakrieg ständig begleitet vom Bedenken der «Überdehnung» der Verpflichtungen, ist immer wieder in Spannung geraten zu dieser nach innen gerichteten Vorstellung Amerikas von sich selber. Es hat immerhin drei Jahrzehnte mit dieser Spannung leben und Weltmachtverantwortung tragen können.

Frustration des Vietnamkrieges

Ist nun aber diese innere Balance gestört, der Wille, die Amerika von der Geschichte auferlegte Rolle zu spielen, angeschlagen? Es gibt – unter den erwähnten Vorbehalten gesagt – Zeichen dafür, die man nicht mehr übersehen kann und darf. Dass Washington keinen Finger mehr rührt in der Agonie Südvietnams und Kambodschas, dass der Kongress in die Osterferien geht, ohne über Hilfe an Thieu zu beschliessen, lässt das Mass der Frustration erkennen, die das erfolglose Engagement in Indochina mit seinen gewaltigen menschlichen und materiellen Opfern Amerika beschert hat. Sie ist nicht neuesten Datums; sie hat schliesslich schon 1968 Johnson eine zweite Präsidentschaftskandidatur unmöglich gemacht und Nixon zu einem «Frieden» gezwungen, der kaum mehr ein dürftiges Feigenblatt und, wie sich zeigt, nicht einmal die Anstandsfrist für die Niederlage Amerikas lieferte.

Die nordvietnamesischen Kommunisten haben ihren Sieg also in erster Linie an der innenpolitischen Front der Vereinigten Staaten errungen. Dort, und erst von dorther auch auf den Gefechtsfeldern, wurde die amerikanische Macht lahmgelegt, dort ist ihre verwundbare Stelle offenbar geworden.

Dort ist auch, von anderer Seite her, die Gefahr aufgezogen, die über die asiatischen Zonen hinaus nun die amerikanische Aussenpolitik überschattet. Der Ausgang der *«Watergate»*-Affäre hat nicht nur Auswüchse im Machtgebrauch der

Exekutive blossgelegt und in drastischer Operation beseitigt. Er hat das Regieren schlechthin und nicht zuletzt das aussenpolitische Handeln sozusagen unter Generalverdacht gesetzt. Die Operationsfähigkeit der Exekutive und ihrer Organe – etwa des nun unter Dauerinquisition geratenen Nachrichtendienstes – ist damit erheblich reduziert worden, das ursprünglich ausgewogene Verhältnis der Gewalten ist durcheinandergeraten. Die Meinung mag sein, mit vermehrter Intervention des Kongresses in Bereiche der Exekutivgewalt dem Prinzip des *«government of the people, by the people, for the people»* neue Geltung zu verschaffen, was immer der Volkswille in Einzelfragen wie dem Abbruch der Rüstungshilfe an die Türkei dann jeweils sein soll. Die Wirkung nach aussen sind vergrösserte Unsicherheit, Sprunghaftigkeit, Unberechenbarkeit und zerbrochenes Porzellan.

Memento für die Europäer

Der amerikanischen Aussenpolitik und ihren Partnern in der Welt stehen schwierigere Zeiten bevor, wenn sich die Dinge in Washington und im politischen Seelenhaushalt Amerikas nicht wieder einpendeln. Den globalpolitischen Gegenspieler der Vereinigten Staaten zu überzeugen, dass es nach wie vor ein «Bis hierher und nicht weiter!» gebe, die Partner zu überzeugen, dass sie sich auf diese und jene amerikanische Zusage nach wie vor verlassen können, und umgekehrt Washington – und das heisst eben nicht mehr nur die Administration, sondern den Kongress und die Öffentlichkeit – zu überzeugen, dass dieses und jenes Engagement in der Welt nötig und gerechtfertigt sei – das alles ist nicht einfacher geworden.

Europa wird sich seinerseits nicht allzusehr darauf verlassen können, dass es aus isolationistischen Tendenzen ausgeklammert und unberührt bleiben werde von möglichen Schwankungen und Wandlungen in der Definition des amerikanischen Engagements. Es ist bereits in die amerikanische Frustration über Vietnam einbezogen – als ein Partner, der Amerika in seinem asiatischen Einsatz allein und «psychologisch» im Stich gelassen habe, als gehe ihn die ganze Sache nichts an. Und der pauschale Vorwurf, die prosperierenden Alliierten jenseits des Atlantiks täten nicht genug für ihre eigene Verteidigung, liegt nach wie vor in der Luft, obwohl er nur teilweise gerechtfertigt ist.

Spanien –
eine europäische Verantwortung

Das spürbar herannahende Ende der Ära Franco – der «Caudillo» starb am 20. November 1975 – setzte Spanien unter schwerste innere Spannungen. Ein neuauflebender Terrorismus grossen Ausmasses forderte zahlreiche Opfer. Gegen die militärgerichtlichen Todesurteile und die Exekution einer Reihe von Terroristen kam es weitherum in Europa zu Protesten und diplomatischen Interventionen.

4. Oktober 1975

Ein gutes Dutzend europäische Regierungen haben so getan, als gäbe es diesseits der Pyrenäen in den Völkern nur eine einzige Richtung des Protestes, als sie wegen der Vollstreckung von fünf Todesurteilen diplomatische Sanktionen gegen Spanien ergriffen. Sie haben sich damit vermutlich weniger differenziert ausgedrückt, als ihre Bürger denken. Nicht dass diese Exekutionen, vollzogen auf Grund von rechtlich äusserst fragwürdigen summarischen Verfahren, das Ausland hätten gleichgültig lassen können und dürfen; sie sind ein Albdruck. Ein Albdruck ist aber ebensosehr der Terrorismus, der ihre Ursache bot – und der deutlich erkennbar im Rahmen einer bewussten, subversiven Konfliktstrategie steht –, ist die sich ankündigende Wechselwirkung zwischen ihm und der behördlichen Repression und ist die Frage, was daraus in der gefährlichen Endphase einer erstarrten autoritären Herrschaft mit bröckelnder Autorität werden wird. Dem gesamten Komplex der spanischen Problematik, wie sie nun ins Licht rückt, trägt der offizielle Protest nur zum kleineren Teil Rechnung.

Eine diplomatische Sanktion will, soll sie mit Politik zu tun haben, überdies etwas bewirken; sie kann ja nicht nur ein Ausdruck von Emotionen sein. Was bewirkt die europäische Kollektivaktion in Spanien? Übt sie Druck im Sinne einer Milderung autoritärer Härte, fördert sie jenen überaus heiklen Übergangsprozess, der das Land ohne neue tödliche Konvulsionen aus der Verkrustung seines Regimes befreien und ihm die Ordnung einer offenen Gesellschaft schaffen soll?

Der Anschein deutet eher auf das Konträre hin. Die erste öffentliche Reaktion auf die europäische Strafmassnahme war eine hohe Welle von spanischem Nationalismus und nationalem Trotz. So wie sie in der Madrider Massenkundgebung daherrollte, mit krudesten Manifestationen von Stolz, Überheblichkeit, Verachtung der degenerierten Andersartigen jenseits der Pyrenäen, dürfte in erheblichem Masse gelenkte Mache im Spiel sein. Kenner Spaniens und der Szene haben jedoch keinen Zweifel, dass die Äusserung ihren echten Kern und ihre spontanen Ursprünge hat, dass da spanisches Wesen auf die Verletzung einer hochempfindlichen Stelle in der ihm eingeborenen Weise reagiert.

Franco – ein Anachronismus

Die Entschuldigung, Derartiges sei nicht vorhersehbar, wird kein europäischer Aussenpolitiker und kein diplomatischer Apparat für sich in Anspruch nehmen können. Es war durchaus vorhersehbar, es liegt in vielfach bestätigter alter Erfahrung im Umgang mit den Spaniern, und die verantwortliche Generation hat es in drastischer Form schliesslich auch schon selber erlebt: 1946, als in der Uno der politisch-diplomatische und wirtschaftliche Boykott Spaniens propagiert wurde, hat dieses Land genauso reagiert, und profitiert hat davon niemand anders als der Diktator Franco, den man von aussen her stürzen wollte. Dass Europäer sich so schlecht kennen oder sich so wenig von ihrer Kenntnis voneinander – so vorhanden – leiten lassen, wirft ein besonderes Licht auf ihre Bemühungen, miteinander Politik zu machen.

Im Falle Franco-Spaniens kommt allerdings ein Umstand ins Spiel, der rationale Politik immer wieder hinter Emotionen zurückdrängt. Es ist, wenn man so will, ein Stück unbewältigte europäische Vergangenheit, das letzte Relikt der faschistischen Ära auf dem Kontinent. Ob man es auch heute noch mit dem von der Linken ohnehin zur Unkenntlichkeit deformierten Pauschalbegriff des Faschismus belegen muss, mag offenbleiben. Jedenfalls hat es als Führerstaat ohne demokratische Verfassung, mit stark beengtem innerem Freiheitsraum und fast so viel Polizei wie die sozialistischen «Volksdemokratien» Krieg und Nachkriegszeit überwintert und wirkt unter den Staaten westlich des Eisernen Vorhanges als Anachronismus, für viele als Trauma. Seine politische Isolierung von der westeuropäischen Staatenwelt hat es sich lange Zeit zu einem guten Teil selber auferlegt, zum Teil bedeutet sie den gewollten, allerdings nicht von allen Partnern gewollten Ausschluss aus den Vertragsgemeinschaften demokratischer Staaten.

Der Versuch, den Weg in eine «Nach-Franco»-Ära und zu einer zeitgemässeren politischen Verfassung zu ebnen, ist in Spanien im Februar 1974 eingeleitet worden. Er führt auf einen gefahrvollen Kurs zwischen *Szylla* und *Charybdis,* zwischen den nahe beieinander liegenden Möglichkeiten politischer Explosionen und des Chaos einerseits, des Rückfalls in reaktionäre Verhärtung anderseits. Seit einem Jahr ist in steigendem Mass der Sog von dieser anderen Seite spürbar, aber er zieht nicht von der Gefahr des Chaos weg, sondern verstärkt sie im Gegenteil.

Europa hat allen Grund zu hoffen, dass der Kurs der Reform und der innen- wie aussenpolitischen Öffnung gehalten oder wieder gefunden werden kann. Die Alternative wäre das alte spanische Verhängnis, und was es für den übrigen Kontinent mit sich bringen kann, hat man erlebt, was es in Verbindung mit der nach wie vor am Rande des Abgrunds treibenden portugiesischen Entwicklung bedeuten kann, mag man sich vorstellen.

Isolierung als Politik?

Es stünde europäischer Politik also wohl an und läge in ihrem eigenen Interesse, wenn sie statt von aufgeregten Momentanreaktionen von einem weiterblickenden Nachdenken darüber ausginge, wie sie Spanien auf dem schwierigen Wege der Reform und gewaltlosen Wandlung ihrerseits weiterhelfen könnte. Hilft sie, indem sie das Land noch weiter isoliert?

Es sieht eher so aus, als ob sie damit in jedem Punkt etwa das Gegenteil von dem bewirken würde, was sie eigentlich anstreben müsste: Sie entfremdet sich die Spanier, die sie einbeziehen und in den europäischen Zusammenhang einbetten sollte, sie stützt jene Tendenz des Regimes, die auf nationalistische Igelreaktionen baut und die sie bekämpfen will, sie provoziert Härte und steigert damit die Kollisions- und Eskalationsgefahr, die sie vermindern sollte, und sie schwächt die Reform, die sie fördern müsste und die nach Europa blickt. Dafür, so wird sie dann vor dem Urteil der Geschichte plädieren, habe sie immerhin Protestbedürfnisse befriedigt, nicht nur mit Worten, sondern auch mit Taten – auch wenn letztere dann leider auf der falschen Seite, rechts und links aussen, statt in der konstruktiven Mitte, zu Buche geschlagen hätten.

Am Montag treffen sich in Brüssel die Aussenminister der Neun, um über die «Einfrierung» der Beziehungen zwischen der EG und Spanien zu beschliessen. Man wird dort über das Format der europäischen Spanienpolitik Aufschluss erhalten.

Aufrüstung zwecks Abrüstung?

An der Dezembertagung der Nato gab der Militärausschuss des Bündnisses Daten über die Rüstung der Sowjetunion und des Warschaupaktes bekannt. Sie liefen auf den Schluss hinaus, dass im Osten weit über defensive Bedürfnisse hinaus, also für eine Offensivkapazität, gerüstet werde und dass das Gleichgewicht der Stärke zwischen den beiden Paktsystemen in Europa prekär geworden war.

13. Dezember 1975

An der Brüsseler Tagung der Nato-Verteidigungsminister ist die Alarmglocke geläutet worden. Die militärischen Fachleute des Bündnisses haben ein bedenkliches Lagebild vorgezeigt, dessen Bilanz lautet, dass die Sowjetunion sich ihrem Ziel, «die vorherrschende Weltmacht zu werden», mit raschen Schritten nähere, dass sie in allen Rüstungsbereichen nicht Parität, sondern Überlegenheit anstrebe und dass die Rüstungsentwicklung im Warschaupakt mit ihren erheblichen Fortschritten in Quantität und Qualität eine zunehmende Betonung der «Fähigkeit zur Offensive» erkennen lasse. Man bemerkt die sprachliche Nuance: Letztes Jahr hatte man die zurückhaltende Formel von einer «über die defensiven Bedürfnisse hinausgehenden Rüstung» der Gegenseite verwendet; jetzt ist es auch offiziell kein Tabu mehr, von der Offensivkapazität des Ostblocks zu reden.

Im einzelnen wird auf bedeutende Verschiebungen in den Stärkeverhältnissen der beiden Seiten bei den strategischen und bei den taktischen Nuklearwaffen wie auch bei den konventionellen Land- und Luftstreitkräften hingewiesen, auf neue sowjetische Mittelstrecken- und Gefechtsfeldraketen, Geschütze und Flugzeuge für den Atomkrieg, auf die stark gesteigerte Produktion feuerkräftiger Panzer (7000 Jahreskapazität in der Sowjetunion, 700 je in den Vereinigten Staaten und in der Bundesrepublik), auf den beschleunigten Ausbau des sowjetischen Nachschub- und Verstärkungssystems in Richtung Europa. Das Kapazitätsverhältnis für «Grosswaffensysteme» soll jetzt bei fünf zu eins zugunsten der Sowjetunion liegen, den 19 000 Panzern des Warschaupaktes in Nord- und Mitteleuropa stehen bei der Nato etwas über 7000, allerdings auch eine starke Panzerabwehr, gegenüber, den 4000 Flugzeugen im Osten 2500 im Westen. Besondere Aufmerksamkeit gilt dem Ausbau der sowjetischen Flotte, die nun, mit Infrastruktur an afrikanischen und arabischen Küsten, im Nord- und Südatlantik wie im Indischen Ozean präsent ist und die lebenswichtigen Verbindungslinien Europas sowohl nach Nordamerika als auch zu seinen Energielieferanten im Mittleren Osten potentiell gefährdet.

Der Schluss, den die führenden Militärs in Brüssel aus all dem gezogen haben, lautet nicht: erhöhte oder gar akute Kriegsgefahr. Er liegt im reserviert nüchternen Satz: «Es ist offenkundig, dass die Sowjetunion die Absicht hat, Verhandlungen aus einer Position der Stärke zu führen.»

«La raison du plus fort...»

Darunter kann man sich verschiedenes vorstellen. Eine extreme Variante wäre Verhandlung unter erpresserischem Druck. Wer der Drohung mit Macht keine glaubwürdige, abschreckende Gegendrohung entgegenzusetzen vermag, weil er die adäquaten Mittel nicht mehr hat, weil er von vornherein ausmanövriert, als der Unterlegene durchschaut ist, der wird eben zu den Forderungen des Stärkeren Ja sagen müssen. Das könnte viel kosten.

Manche Leute halten Spekulationen über hypothetische Machttests solcher Art für abwegig, weil sie nicht ins Charakterbild der eher vorsichtigen, nicht auf hohe Risiken erpichten heutigen sowjetischen Politik passen — und weil natürlich die westliche Abschreckmacht auf dem Schachbrett der Potentiale zurzeit noch keineswegs mattgesetzt ist. Man könnte immerhin an das Spiel Chruschtschews um Berlin zwischen 1958 und 1961 und an sein kubanisches Abenteuer 1962 erinnern, wo verwegen operiert wurde, und die Frage aufwerfen, ob dem seitherigen forcierten Ausbau der Rüstung in der Sowjetunion nicht eben die Lehre aus jenen missglückten Husarenaktionen zugrunde liege, dass derartiges nur auf der Basis von Machtüberlegenheit unternommen werden könne. Überlegenheit, einmal erreicht, könnte die Versuchungen von damals wieder beleben. Und liegt nicht in der Lehre Lenins auch der kühne Griff nach der Macht, die ruchlose Nutzung der Gelegenheit? Ein nüchtern skeptischer Mann wie James Schlesinger ist, als er noch amerikanischer Verteidigungsminister und seinem Präsidenten als Mahner noch nicht lästig gefallen war, besorgten Gedanken über extreme Möglichkeiten von Machttests ausserhalb eigentlicher kriegerischer Szenarios nicht aus dem Weg gegangen.

Das Nato-Dokument meint aber offenbar näherliegende, scheinbar weniger dramatische Möglichkeiten von Verhandlungen, für die Moskau eine Position der Stärke aufbaue: die stagnierenden Wiener Gespräche über Truppenreduktionen in Europa und Salt. Wie ernst der Wille der Sowjetunion ist, hier zu Resultaten die Hand zu reichen, die für beide Seiten tragbar wären, muss immer noch dahingestellt bleiben. Jedenfalls hätte sie sich auch für Abrüstungsgespräche durch Aufrüstung gerüstet.

Minimalismus in der Nato

Der Westen hat nicht gerade das Gegenteil, aber nichts Ähnliches getan und ist jetzt in schwieriger Lage. Die Amerikaner haben zwar ihre Truppen in Europa um zwei Brigaden verstärkt, der deutsche Verteidigungsbeitrag hat an Substanz beträchtlich gewonnen, und insgesamt sind die europäischen Ausgaben für Verteidigung auch real im letzten Jahr nicht gesunken. Italien hat jedoch seine Bestände ohne viel Aufheben und Aufsehen um fast ein Viertel, um über 100 000 Mann, verringert, die Dänen und die Holländer haben Reduktionen im Sinn, und London spielt im Verteidigungsbudget mit dem Rotstift, dem bald einmal auch ein Teil jener 55 000 Mann zum Opfer fallen könnte, zu deren dauernder Stationierung in Deutschland sich das Vereinigte Königreich verpflichtet hat.

Die Nato bewegt sich offensichtlich am Minimum dessen, was eine Verteidigung Westeuropas erfordert, wenn nicht darunter, und sie steht unter dem Druck einiger ihrer Partner, die ihre Militärausgaben abbauen wollen. Die Wünsche sind nur mühsam zu zügeln in Erwartung einer Vereinbarung über Truppenabbau beiderseits des Eisernen Vorhanges. Die Sowjets ihrerseits aber haben den Rüstungspegel drastisch erhöht. Falls sie ihn, sofern sie überhaupt daran denken, um gleich viel senken sollten wie die Nato, bliebe ihre Überlegenheit bestehen; von ausgeglichenen Kräfteverhältnissen, wie die Nato sie gerne sähe, könnte auch auf beiderseits tieferem Niveau dann nicht die Rede sein.

Nun wird in Brüssel, in der Not, ein vertretbares *quid pro quo* zu finden, ein anderer Handel angeboten: 1000 amerikanische Atomsprengkörper in Europa gegen eine sowjetische Panzerarmee – 1700 Panzer und 68 000 Mann. Die Aussichten des Geschäfts sind schwer zu beurteilen. Werden die Russen, die eben im Begriff sind, ihre gegen Europa gerichteten Nuklearwaffen zu vermehren – also das Gegengewicht zu jenem Abschreckmittel zu schaffen, mit dem die Nato ihre sonstige Unterlegenheit bisher auszugleichen hoffte –, an diesem Abtausch Interesse zeigen? Wenn ja, wäre allerdings damit das Problem noch immer nicht gelöst, das der Nato aus den Abrüstungswünschen ihrer Mitglieder erwachsen ist. Käme auf westlicher Seite zum Minus an Atomwaffen noch ein Minus an Divisionen – wie sähe es dann um die «ausgewogenen» Kräfteverhältnisse aus?

Man spricht in der Nato seit längerem von den grossen Möglichkeiten einer Verbesserung des Verteidigungspotentials, die in einer Koordinierung der Rüstung liegen. Könnten die angeblich 10 bis 15 Milliarden Dollar jährlich, die im Durcheinander der nationalen Rüstungen «verschwendet» werden, in effiziente, «produktive» Investitionen in die Verteidigung verwandelt werden, wäre die Schlagkraft um 30 Prozent zu verbessern – heisst es. In der Rechnung stecken allerdings politische Probleme grösseren Ausmasses, wie das einer scharfen europäisch-amerikanischen Konkurrenz und konkurriernder Nationalismen überhaupt in der Rüstungsproduktion. Und gemeinsame Rationalisierung ist immer noch nicht die Antwort für jene, die in der Verteidigung nicht ihr Geld besser anlegen, sondern die dort Geld sparen möchten.

Der Alarm von Brüssel sollte wohl die Minimalisten im Bündnis zur Einsicht in eine Lage wecken, die von den objektiven Gegebenheiten her alles andere als einen Abbau der westlichen Verteidigungsanstrengungen als opportun erscheinen lässt. Man wird sehen, ob er in diesem Sinne Wirkung zeitigt.

Trojanisches Pferd in Rom?

Nachdem sich die Formel der «linken Mitte» als nicht mehr praktikabel erwiesen hatte, versuchte Aldo Moro es in Italien mit einem «einfarbigen» christlichdemokratischen Kabinett, das aber auf eine gewisse «Zusammenarbeit» mit den Kommunisten angewiesen war, auch wenn die Democrazia cristiana den «historischen Kompromiss», die Beteiligung der KPI an der Regierung, ablehnte. Gegen die Aufnahme der italienischen Kommunisten in die Regierung übte Washington starken Druck aus.

27. März 1976

Wohin treibt Italien? Es scheint die Frage des Jahres 1976 zu sein, so wie Portugal die von 1975 war. Die zweite ist, vorläufig und mit Vorbehalten, einigermassen beantwortet, und wie beizufügen wäre: für das Land und für die nichttotalitäre Welt günstiger beantwortet, als es während langer chaotischer Monate zu befürchten gewesen war. Die erste ist und bleibt in der Schwebe.

Die Parteikongresse der Sozialisten, der Sozialdemokraten und nun auch der Democrazia cristiana haben weder eine Klärung noch eine Entscheidung der Kardinalfrage gebracht, in deren Bann die italienische Politik insgesamt und unausweichlich nun steht: der Frage, wie es das demokratische Italien mit seinen Kommunisten hält. Es ist auch nichts spürbar geworden, was eine Regeneration verbrauchter Kräfte, einen rettenden Impuls in zerfahrener Lage, einen Schulterschluss der gemeinsam Bedrohten ankündigte. Im Gegenteil: die «linke Mitte», die das schwächliche Endprodukt politischer Kombinationskunst, das *«monocolore»* Moros, stützen sollte, strebt mit zunehmender Fliehkraft auseinander, und die Christlichdemokraten haben den Widerstreit ihrer Sondergruppen nicht aufgehoben, sondern überlagert durch eine Spaltung in zwei Hälften, die in ihren Aussagen verwirrend ineinander übergreifen und die Kursbestimmung eher noch schwieriger als leichter machen werden. Das Ganze aber scheint auch hier unaufhaltsam weiterzutaumeln in der einzigen Richtung, die die Parteipolitik für begehbar hält und in die der Magnet oder der Malstrom zieht – nach links. Kontrovers ist nur, wie weit nach links.

Es wäre keine italienische Politik, wenn sie nicht auch auf diesem Weg ihre Schläulinge oder ihre Verharmloser hervorbrächte: jene, die, *«pour corriger la fortune»*, gerissene Manöver entwerfen, bei denen dann letztlich der andere der Betrogene sein soll, oder jene, die beruhigend versichern, Italien werde, kraft seiner Fähigkeit einzuwickeln, zu verdauen, zu entgiften, zu entdramatisieren, mit allem, auch mit dem fertig, was andere erschreckt – im Konkreten: Kommunismus sei hier durchaus «einzupacken», indem man mit ihm paktiere, oder, schlimmstenfalls, *«communismo all'italiana»* wäre zum vornherein eine wesentlich andere und harmlosere Sache als der irgendeiner anderen Sorte.

Sonderfall mit Ausnahmen

Die jüngere Geschichte Italiens bezeugt zwar keineswegs durchgehend diese besondere Fähigkeit, politischen Radikalismus jeder Art zu zähmen. Die Erfahrungen von 1922 bis 1945 sind nicht zu vergessen. Und manche Ratschläge zu entspannter Beurteilung, die namentlich der Ausländer in Rom und Mailand hört, wären daraufhin zu untersuchen, ob sie mehr sind als beredte Ratlosigkeit, um zwei Ecken herum formulierte Resignation oder tröstende Autosuggestion.

Wo ist der Prophet, der gewiss vorauszusagen wagte, was sich in und für Italien ergeben würde, wenn es die Kommunisten an der Macht beteiligen sollte? Worin besteht die demokratische Sicherheitsgarantie, die die KPI bietet? Sie beruft sich auf manches: auf eine Tradition, die sie von ihrem Gründer Gramsci herleitet und nach der sie nicht die «Dikatur des Proletariats», sondern lediglich die «Vorherrschaft der Arbeiterklasse» postuliere; auf dreissig Jahre Opposition nach demokratisch-parlamentarischer Spielregel und auf funktionsfähige Verwaltungen in einigen Provinzen und Städten; auf Togliattis Andeutung einer Emanzipation von der Vorherrschaft Moskaus und die Verfechtung des Rechts auf einen «nationalen Weg» zum Sozialismus, auf die seither fortschreitende Verstärkung dieser Tendenz; auf Aussagen zugunsten des Pluralismus und der Religions- und Kulturfreiheit, die Berlinguer vor kurzem noch angesichts der Kreml-Gewaltigen wiederholte.

Was daran ist gehärtete Substanz, was ist Taktik und was ist «dialektisch» nach Belieben auflösbar und verkehrbar? Wie ist es aufzuwägen gegen den Beifall der Partei für die blutige Unterdrückung des ungarischen Aufstandes, gegen ihre sowjetischen Finanzquellen, gegen das allen revolutionär-marxistischen Parteien eingeborene leninistische Denken, das gebietet, jede Möglichkeit zu nutzen, um nach der Macht zu greifen und sie festzuhalten, gegen den moskautreuen Flügel, den es in der KPI eben doch gibt, gegen die Robotermentalität der Apparatschiki, mit denen man alles machen kann? Welche Sicherheit ist gegeben, dass die Praxis in der Macht der Rhetorik entspricht, mit der die Macht angestrebt wird, die Parteiführung in der Regierung der Parteiführung in der Opposition? Berlinguer selber hat kürzlich parteiinterne Krisen, das heisst Auseinandersetzungen um den Kurs der KPI für den Fall einer Regierungsbeteiligung, vorausgesagt.

Unkalkulierbare Risiken

Und wenn er sich darauf festlegt, dass Italien nicht gegen die Kirche regiert werden könne, also zusammen mit der Democrazia cristiana und auf breiter Mehrheitsbasis regiert werden müsse, wenn er eine «Volksfront»-Formel deshalb und unter Hinweis auf das gescheiterte Experiment Allende in Chile ablehnt – wie solid sind die Zukunftsperspektiven, die aus diesem strategischen Parteikonzept abzuleiten wären?

Die offenen Fragen sind zahlreicher und gewichtiger als die Antworten, die von der KPI gegeben werden und von denen, die sie für reif zur demokratischen Machtübung halten. Und die Antworten bestehen zu einem guten Teil lediglich aus Indizien, verbalen Äusserungen und hoffnungsvollen oder selbstgewissen Spekulationen. Sie setzen, wenn sie geglaubt werden sollen, einen erheblichen Vertrauenskredit voraus und münden also wiederum in eine grosse Frage.

Handeln auf solcher Basis heisst unkalkulierbare Risiken eingehen. Unkalkulierbare Risiken dieser Grössenordnung heissen Abenteuer.

Risiken nicht nur für Italien, sondern für Europa und den Westen insgesamt – aber anderseits auch, möglicherweise, für die Sowjetunion. Man kann sie wenn nicht gegeneinander abwägen, so doch einander gegenüberstellen. Der Grad von Spekulation, die dafür aufzuwenden ist, ist allerdings ein sehr unterschiedlicher.

Gesetzt den Fall, es hätte alles, womit die KPI sich heute für westliche Augen günstig zu präsentieren sucht, seine Richtigkeit und auch seine Dauer: dann wäre da eine kommunistische Regierungspartei, die sich der sozialistischen Zwangssolidarität des Ostblockes entzöge und in den westlichen Zusammenschlüssen mitmachte, die den von der Orthodoxie verdammten Pluralismus praktizierte, die das Modell für einen emanzipierten «Eurokommunismus» schaffen könnte – unzweifelhaft eher peinliche Perspektiven für den Kreml. Seine Disziplinargewalt würde zwar wohl ausreichen, um ansteckende Wirkungen dieses Beispiels in seinem Machtbereich zu unterbinden; aber der internationale Führungsanspruch Moskaus würde damit doch noch stärker in Frage gestellt, als er es in der hartnäckigen Auseinandersetzung um eine europäische Konferenz der kommunistischen Parteien heute schon ist. Der Fall ist, wie gesagt, hypothetisch.

Berlinguer und die Nato

Weit weniger hypothetisch jedoch wären die Wirkungen einer Regierungsbeteiligung der italienischen Kommunisten in näherer Zukunft, die nicht auf ihre bewiesene und erhärtete europäisch-westliche Loyalität, sondern auf blosse Indizien und Wortbekenntnisse in dieser Richtung abzustellen hätte. Also etwa auf die Versicherung der derzeitigen KPI-Führung, dass sie die Bündnisverpflichtungen des Landes «im Interesse des Gleichgewichts» der Mächte respektieren würde – allerdings mit dem Zusatz, dass sie die Entspannungspolitik unterstütze, «wie sie von der Sowjetunion praktiziert wird», deren «Friedenspolitik im allgemeinen Interesse der Menschheit liegt» (so Berlinguer in einem Interview vor ein paar Wochen). Auch wenn man die Zweideutigkeit dieses Bekenntnisses durch die Spekulation relativieren wollte, dass Berlinguer eigentlich an der Erhaltung des atlantischen Bündnisses interessiert sein müsste, da er, geriete er unter direkten sowjetischen Einfluss, nicht mehr als ein italienischer Dubcek wäre – auch wenn man ihn also enger festlegen wollte, als er sich selber bisher festgelegt hat, wären die Folgen dieses Schrittes wohl unmittelbar und drastisch.

Es ist kaum denkbar, dass die Nato mit einem Teilhaber, der durch so viel Verdacht und Ungewissheit belastet ist wie die KPI heute, als Verteidigungsbündnis in ihrer jetzigen Zusammensetzung überleben könnte. Der Hinweis, dass sie auch einige Monate mit dem revolutionär infizierten Partner Portugal und mit Kommunisten in der Regierung Islands überstanden habe, ist – auch wenn sie aus Bonn kommt – wenig überzeugende verharmlosende Spekulation, die die Grössenordnungen und den Zeitfaktor übersieht.

Vor allem übersieht sie auch die mit Sicherheit zu erwartenden Rückwirkungen in Amerika. Ford, Kissinger und andere weisen mit aller Deutlichkeit darauf hin, dass eine Durchmischung der atlantischen Allianz mit kommunistischen Elementen die Vereinigten Staaten zu einer Überprüfung ihres europäischen Engagements zwingen und dass sie den dort immer vorhandenen Rückzugs- oder Abbautendenzen Auftrieb geben würde. Das wird ihnen merkwürdigerweise als Einmischung in interne Angelegenheiten anderer angekreidet – als ob es sie nichts angehe, mit welchen Partnern sie es in der Verteidigung Europas zu tun haben, als ob die Europäer über die amerikanischen Pflichten zu bestimmen hätten. Washington muss die Risiken klarlegen, die mit grundlegenden politischen Entscheidungen der Europäer unweigerlich verbunden sind und die die amerikanisch-europäische Allianz im ganzen Umfang und in ihrem wesentlichen Kern betreffen.

Auch diese Risiken sind enorm. Sie werden nicht vermindert durch die Vermutung, dass auch in diesem Fall die Dogmatiker in Moskau vielleicht ein Haar in der Suppe fänden und an der unorthodoxen Abweichung ihrer italienischen Genossen vom vorgeschriebenen leninistischen Weg Aussetzungen zu machen hätten. Die dogmatischen Beschwerden auf längere Sicht würden weit aufgewogen durch den unmittelbaren politischen Effekt einer akuten lähmenden Krise des atlantischen Bündnisses. Es ist kein Zweifel, wem heute eine Beteiligung der italienischen Kommunisten an der Macht dienen und wem sie aufs schwerste schaden würde.

China – «Feind des Feindes»

Aus dem journalistischen Ertrag einer Studienreise nach China im April/Mai 1976.

22. Mai 1976

Vom europäisch-amerikanischen Westen her gesehen ist China der «Gegengrenzler» des Sowjetimperiums. Damit ist nicht nur geographisch, sondern auch politisch schon einiges ausgesagt. Wo die Sowjetunion als aktuell oder potentiell bedrohliche Macht empfunden wird, tritt das fernöstliche «Reich der Mitte» als Gegengewicht oder eben als «Feind des Feindes» ins Blickfeld, ergibt sich der – allerdings sehr fragmentarische – Umriss einer Interessengemeinschaft. Umgekehrt genauso: das chinesische Interesse an einem starken europäisch-amerikanischen Gegengewicht gegen die Sowjetunion, am Zusammenschluss und an der Verteidigungskraft Europas hat sich in den letzten Jahren oft in geradezu penetrant lehrhafter Art geäussert.

Daraus entstehen beiderseits Gefahren des Wunschdenkens: in China eine Einschätzung der Möglichkeiten Europas, die sich von der Wirklichkeit weit entfernt; in manchen europäischen Kreisen ein Bild Chinas, das allzu viel chinesische Realität unterschlägt, verharmlost oder überzuckert.

Zu dieser Realität gehört, dass Chinas heutige Ordnung die des Totalitarismus in des Wortes voller Bedeutung ist, mit totaler Führung und Gleichschaltung, totaler Manipulation der öffentlichen Meinungsäusserung (von «Zwischenfällen» abgesehen), totaler Erziehung und Dressur im Sinne der revolutionären Staatsdoktrin – eine Ordnung also, die mit westlich-europäischer Lebensweise unvereinbar ist und die in ihrem Wesen und in ihren Ausprägungen dem sowjetischen System viel enger verwandt ist als dem unseren, wie scharf man in Peking auch auf die Unterschiede hält. Es geht hier nicht um die Kritik dieses Systems; Chinas Probleme nach den Kriterien des guten alten Adam Smith zu bewerten (auch wenn sie selbst dort auf die

Dauer noch etwas für sich haben könnten) wäre etwa gleich abwegig wie die Vorstellung unserer «Maoisten», Europa nach den Maximen des «Roten Büchleins» umzupflügen. Es geht darum, die kaum überbrückbare Kluft zu sehen, die beide Welten trennt, auch wenn gewisse gemeinsame äussere Interessen sie verbinden.

Trotz der marxistisch-totalitären Verwandtschaft ist das A und O der chinesischen Politik noch immer der Gegensatz zur Sowjetunion. Da man in der Politik bekanntlich niemals «niemals» sagen soll, wird man diese Feststellung nicht als Prognose für alle Zukunft nehmen. Aber die Gegenwart bezeichnet sie solid genug. Der Gegensatz wäre aus dem Nebeneinander der beiden kontinentalen Mächte mit ihren langen, aus Konflikten stammenden und deshalb teilweise strittigen Grenzen natürlich genug, geradezu physisch zu erklären. Aber er hat, da Marxisten sich in eigenen Machtsachen ja prüde geben, sozusagen ideologische Weihe erhalten, wird ideologisch begründet und ausgefochten.

Die «Revisionisten» in Moskau

Moskau ist, laut Peking, spätestens seit Chruschtschew «revisionistisch». Wer in Revisionismus abgleitet, wird *ipso facto* expansionistisch, imperialistisch beziehungsweise eben «sozialimperialistisch». Die Sowjetunion bedroht China, und sie bedroht Europa, weil sie «revisionistisch» ist. «Solange es Sozialimperialismus gibt, gibt es Kriegsgefahr», antwortet der Politkommissar einer Divison auf unsere Frage nach dem Hauptfeind, den er damit nicht mit Namen, aber eindeutig bezeichnet. Der dritte Weltkrieg wird mit der erschütternden Selbstverständlichkeit, die man aus der Vorstellung geschichtlicher Zwangsabläufe bezieht, in Peking autoritativ für unvermeidlich erklärt, mit dem Zusatz, dass es sich hier natürlich nicht um einen Wunsch, sondern um eine sachliche «Diagnose» handle. Und er «wird» in Europa ausbrechen, denn dort stossen die Imperialisten aufeinander, dort wird über die Weltherrschaft entschieden: «Finte im Osten, Angriff im Westen». Zwar gebe es «Kreise» in Amerika – der Name Kissingers fällt nicht –, übrigens auch in der Bundesrepublik Deutschland, die diese unvermeidliche Konflagration auf den chinesisch-sowjetischen Gegensatz umkanalisieren möchten – aber ihnen «wird der Stein auf die eigenen Füsse fallen».

Diesem Welt- und Zukunftsbild entsprechend wird die Einteilung in «gut» (was dem sowjetischen «Sozialimperialismus» entgegenwirkt) und «schlecht» (was ihm nützt) vollzogen. Dabei ergeben sich einige ideologisch doch eher problematische oder mindestens flaue Stellen, über welche die Dialektik, dieses marxistische Mädchen für alles, oder aber Schweigen oder Vergessen hinweghelfen müssen. Die Beherrschung Osteuropas durch Moskau ist insgesamt für Peking sowjetischer «Sozialimperialismus»; deshalb hat es die Besetzung der Tschechoslowakei 1968 verurteilt. Aber die Intervention in Ungarn 1956 hat es nicht verurteilt, «das war eine andere Sache»; und eine andere, «kriegsbedingte» Sache war es auch, dass die Unterwerfung Osteuropas durch Stalin erfolgte – der in Peking ausserhalb jeder Kritik und nach wie vor in der Reihe der anerkannten Kirchenväter steht. Jugoslawien wird «unterstützt», weil es von der Sowjetunion bedroht ist, aber man hat Tito bis vor nicht allzu langem ebenfalls als «Revisionisten» vehement attackiert.

Die italienischen Kommunisten, sozusagen die Revisionisten der Revisionisten in Moskau, sind damit nicht schon gut; sie bleiben nach Peking im sowjetischen Schlepptau, ihr Vordringen an die Macht wäre deshalb verhängnisvoll; die amerikanischen Abwehrreaktionen gegen dieses selbe Verhängnis werden allerdings als «panisch» bezeichnet. Dito die portugiesische KP, die die Machtergreifung zwar keineswegs auf «revisionistische», sondern durchaus revolutionäre Weise versucht hat; sie ist moskauhörig, also schlecht.

«Kapitulant» Kissinger

Unter schwerer Attacke steht heute Kissingers Osteuropapolitik. Er wolle den «Tiger sättigen, um ihn abzulenken», indem er der Sowjetunion Osteuropa sozusagen zum Frasse überlasse – er wiederhole also, was Chamberlain, vergeblich, mit Hitler versucht habe, er mache Appeasement-Politik. Sie ist, unter dem Stichwort der «Sonnenfeldt-Doktrin», Gegenstand einer heftigen Kampagne, die in der üblichen vorklischierten Sprache zurzeit landauf, landab in jedes Gespräch über Aussenpolitik dringt. Nicht weniger übel zugerichtet wird der amerikanische Staatssekretär übrigens wegen Angola; von dort hängen ihm die Namen «Kapitulant» und «Papiertiger» an. Fast hat man den Eindruck, es werde Amerika angekreidet, dass es in Afrika seine verdammte imperialistische Pflicht und Schuldigkeit nicht angemessen erfülle. Peking polemisiert gegen die amerikanischen «Tauben», Moskau gegen die «Falken» . . .

Unter Feuer liegt selbstverständlich auch die Entspannungspolitik – ein sowjetisches «Täuschungsmanöver», bei dem amerikanische wie deutsche Politik in die «Falle geraten» seien. Ausser Beschuss hingegen, «gut» und wichtig ist Washington als Schutzmacht Westeuropas gegen die sowjetische Bedrohung, sind die Nato und die europäische Verteidigung, die man sich freilich stärker wünscht. Der schweizerische Beobachter registriert die allgemeine Beachtung und exzellente Note, die dem Wehrwesen und der «Wachsamkeit» seines Landes zuteil werden.

Auf interessante Weise in der Schwebe bleibt in Peking die Frage, ob die so nachhaltig unterstrichenen gemeinsamen Interessen nicht zu einer gewissen Koordination und Abstimmung mit dem Westen, beispielsweise auf Sektoren der Sicherheitspolitik, führen könnten. Die Frage sei bisher «noch nicht», «noch von niemandem» auf die Traktandenliste gesetzt worden, sie sei «noch nicht reif» – und im übrigen werde der vorausgesagte Krieg ja auch nicht morgen schon ausbrechen. Sollte er allerdings von der Sowjetunion entfesselt werden, dann wäre China «gegen einen solchen Krieg». Was das konkret bedeuten würde, bleibt ebenso im vagen wie das «Wie» in der Versicherung, dass China die Verteidigung eines osteuropäischen Staates, zum Beispiel Rumäniens, gegen einen sowjetischen Übergriff «unterstützen» würde.

Gegen die Supermächte

Aber Vagheit liegt hier in der Natur der Sache. Der Westen ist in seinen Aussagen zu solchen Fragen auch nicht bestimmter, und das Thema eines sicherheitspolitischen Zusammenwirkens mit China dürfte auf seiner Seite ebenso wenig «reif» sein, solange der Versuch, sich über dieses und jenes mit Moskau zu verständigen, einen hohen Stellenwert in seiner Politik behält. Das Interessante an der chinesischen Antwort ist das «noch nicht», das Türen offenhält. Und undurchsichtig selbstsicher, wenn auch schwer vereinbar mit seinen apodiktischen Kriegsprognosen, ist die Voraussage Pekings, dass Osteuropa seine Unabhängigkeit zurückgewinnen, dass andere sich vom Einfluss Moskaus befreien werden, dass der Sowjetunion in Indien dasselbe wie in Ägypten passieren werde.

China predigt eine neue Machtmoral. Es verurteilt die Supermächte rhetorisch pauschal, politisch allerdings differenziert, wie an seiner abgestuften Bewertung der amerikanischen Politik abzulesen ist. Selber will und soll es nach dem Lehrsatz Maos keine werden, obwohl es über ihre nuklearstrategischen Attribute bereits verfügt. Es klassiert sich noch auf längere Zeit hinaus als Entwicklungsland und verkündet Selbstgenügsamkeit und Nichteinmischung.

Aber auch in China wird «Nichteinmischung» in «revolutionärem» Sinn verstanden, und das heisst: keineswegs als totale Abstinenz, sondern untergeordnet dem Prinzip der proletarischen oder sozialistischen Solidarität. Wenn ein «unterdrücktes Volk» für seine «Freiheit» oder seine «sozialistischen Errungenschaften» kämpft, dann ist «Hilfe» beziehungsweise Intervention nicht nur erlaubt, sondern geboten. Genau so, als sozialistische Bruderpflicht, wird der Eingriff in den Koreakrieg 1950 auch heute noch begründet und gerechtfertigt. Das Argument ist also kein anderes als jenes, das die Sowjetunion für die Breschnew-Doktrin der Unterwerfung Osteuropas oder für ihre anderweitigen Interventionen verwendet. Der Unterschied besteht nach Peking darin, dass China daraus keinerlei Herrschaftsansprüche ableiten will. Wenn man sich die Dehnbarkeit der Begriffe und Deutungsmöglichkeiten der Dialektik vor Augen hält – was für Türen sind für die Zukunft wohl auch da offen?

Mutmassungen über Carter

Am 2. November war Jimmy Carter, der demokratische Kandidat, zum Präsidenten der Vereinigten Staaten gewählt worden. Das politische Profil des Erdnussfarmers aus Plains, Georgia, war weder in seiner kurzen bisherigen öffentlichen Laufbahn noch in seinem Wahlkampf deutlich geworden.

6. November 1976

Als nach dem grossen Roosevelt, der den Glanz seiner historischen Rolle um sich hatte, der frühere Kurzwarenhändler Harry Truman amerikanischer Präsident wurde, erwartete niemand Entscheidungen und Taten, die mit denen des Vorgängers zu vergleichen wären; aber der *haberdasher* aus Missouri machte mit bewundernswerter Entschlusskraft Politik, mindestens Aussenpolitik von so wegweisender Bedeutung und haltbarer Qualität, dass sie im wesentlichen eine ganze Generation überdauert hat. Als der erfolgreiche General und militärische Sieger auf dem europäischen Kriegsschauplatz Eisenhower ins Weisse Haus einzog, erwartete man grosse Dinge, aber es kamen eigentlich keine. Als Kennedy in eindrücklicher rhetorischer Manier an seinem Inaugurationstag die unerschütterliche Verpflichtung Amerikas «für das Überleben und den Erfolg der Freiheit» in der Welt proklamierte und den totalitären Mächten zugleich einen ersten «Brückenkopf der Zusammenarbeit» anbot – wer hätte da an die bevorstehenden Tests an der Berliner Mauer und in Kuba oder an die späteren Folgen des amerikanischen Engagements für die Freiheit Südvietnams gedacht?

Die Erinnerung, dass in der Regel weder das politische Format noch die Politik eines neuen Präsidenten voraussagbare Grössen sind, mag gegenwärtig nützlich sein. Auch über die kommende Ära Carter zu mutmassen wäre heute vergebliche Mühe. Weder der Mann noch seine Absichten sind so deutlich geworden, dass man zuverlässige Ansatzpunkte fürs Interpolieren oder Projizieren hätte.

Das ist nach 22 Monaten praktisch ununterbrochener und hochintensiver Wahlkampagne, wie sie Carter hinter sich hat, eigentlich überraschend. So umstritten die amerikanischen Präsidentschaftswahlen als demokratische Institution wie in bezug auf die Tauglichkeit ihres politischen Selektionsverfahrens und erst recht in ihrer neueren Praxis unter den Zwängen der Television sind – ihre Verfechter halten ihnen auf jeden Fall zugut, dass die Kandidaten unter diesem erbarmungslosen Test lesbar werden wie ein offenes Buch, dass alles an den Tag komme, nichts vor den Jupiterlampen verborgen bleiben könne.

Widersprüche

Eben das aber trifft auf Carter nicht zu. Er ist ein Buch mit sieben Siegeln geblieben.

Wollte man ihn und sein Programm anhand seiner Wahlkampfäusserungen bestimmen, so ergäbe sich ein eher konfuses, widersprüchliches Bild – stellenweise das Produkt eines *peintre naïf* von nicht ganz unbezweifelter Glaubwürdigkeit.

So will er sparsamer Hausvater sein und zugleich äusserst kostspielige Sozialprogramme verwirklichen; er verurteilt weiche Nachgiebigkeit gegenüber der kommunistischen Machtpolitik etwa in der Deklaration von Helsinki, empfiehlt sie aber gleichzeitig in Vietnam und Italien und plädiert, aber wiederum nicht so ganz klar, für Truppenreduktionen und Abbau von atomarer Abschreckkapazität in Europa, für Kürzungen bald um soviel, bald um halb so viel am Verteidigungshaushalt.

Was die *peinture naïve* betrifft: Carter glaubt oder behauptet zu glauben, dass Inflation und Teuerung mit gutem Willen, Reden miteinander und Seelenmassage unter Kontrolle zu bringen seien, dass die arabische Handelsblockade gegen Israel durch wohlgemeinten Zuspruch zu beseitigen, dass international insgesamt mit «offenen, offen ausgehandelten Absprachen» besser voranzukommen sei als mit vertraulicher Diplomatie.

Und schliesslich gibt es Stellen im Bild, bei denen man nicht weiss, ob man es bloss mit – allerdings alarmierender – Naivität oder aber mit ernsten Schwächen der Urteilskraft zu tun hat: vor allem die Todsünde der Äusserung über Jugoslawien, mit der ein entscheidendes Stück jener «grauen Zone», die von kapitaler Bedeutung für das Gleichgewicht in Europa ist, sozusagen politisch evakuiert wurde. Das Schicksalswort – keine militärischen Massnahmen Amerikas im Falle eines sowjetischen Angriffs auf Jugoslawien – ist bisher nicht widerrufen, nicht wie Fords ebenso bedenkliche Erklärung über Osteuropa als Panne deklariert worden. Es steht jetzt «im Raume» nicht als wahltaktischer Kniff, mit dem Stimmen bei den Neoisolationisten gewonnen werden sollten und der es – zur

Hauptsache oder bloss nebenbei? – wohl auch war, sondern als schwerwiegende Aussage des gewählten Präsidenten. Welche Folgen derartige einengende Umschreibungen des Engagements Amerikas haben können, hat man in Südkorea 1950 erlebt. Und dass man, wo lauernde Machtpolitiker gegenübersitzen, nicht ungestraft die eigenen Karten einseitig aufdecken darf, gehört zum politischen Abc.

Amerikas Ruf nach politischer Moral

Abgesehen vom ominösen jugoslawischen Signal, das aus dem bunten Wahlkampftreiben in die verantwortliche Politik hinüber wirkt, falls es nicht bald korrigiert wird, ist wenig Einzelnes eindeutig profiliert hervorgetreten, und schon gar nicht ist ein Gesamtentwurf fassbar geworden. Ist Undeutlichkeit, Verwaschenheit ein Merkmal des neuen Mannes, der als deklarierter Populist es allen (einfachen) Leuten recht machen will? Auch das ist nicht vorweg zu diagnostizieren. Viel Unbestimmtes wird im Handeln, in den Entscheidungen «entweder-oder» zwangsweise Gestalt annehmen müssen. Erste Indizien, wo es hinaus will, wird erst die Besetzung der Schlüsselpositionen liefern, und da ist alles noch völlig offen. Die Ungewissheit in dieser Phase geht nur zum Teil auf das Konto des Gewählten; sie ist eher der Normalfall nach einer Präsidentenwahl.

So wenig politische Kursbestimmung der Kandidat Carter vorgenommen hat, so nachdrücklich hat er vom Geist gesprochen, in dem er Politik machen wolle. Er will sie aus dem Elfenbeinturm der Intellektuellen, aus den Verstrickungen des Machiavellismus, der Unmoral und Korruption des Machtdenkens, dem Exklusivtreiben der Apparaturen und Zirkel zurückholen in die Sphäre des einfachen Mannes. Die Moral des «anständigen amerikanischen Bürgers» soll (wieder) die Moral Washingtons werden.

Carter ist bei weitem nicht der erste und einzige Präsidentschaftskandidat, der «Washington» aus dem Geist des Landes heraus sanieren, reformieren will. Er steht damit in einer Tradition, die bis zum «Populisten» Jackson zurückreicht, der 1830 den rauhen Wind des damaligen Westens durchs Weisse Haus ziehen liess. Ohne Zweifel wartet Amerika auch heute auf eine Regeneration dieser Art, auf die Korrektur der Entfremdung, die sich zwischen Politik und Macht einerseits, dem Wähler und seiner – allerdings keineswegs einheitlichen – Vorstellungswelt anderseits entwickelt hat.

Carter verspricht Wiederherstellung der Glaubwürdigkeit der Politik nach innen und aussen mit dem Heilmittel der *«honesty»,* der Ehrlichkeit, Rechtschaffenheit, Redlichkeit; «ich werde nie lügen». Man glaubt ihm die Echtheit seiner moralisch-religiösen Antriebe durchaus, auch wenn in seiner Kampagne durch die Rolle des reinen Toren hindurch etwas von eiskalter Berechnung spürbar war.

«Honesty», nach Benjamin Franklin die beste Politik, wird nach Carter auch das Ansehen Amerikas in der Welt wieder herstellen. Unter ihrem Namen ist allerdings vieles denkbar, was weder Amerika noch der Welt förderlich wäre. Das Prestige der Vereinigten Staaten hat in letzter Zeit wahrscheinlich weniger unter Mangel an Ehrlichkeit als unter Schwäche des Handelns und Verlust an Macht gelitten.

So wichtig es ist, dass die amerikanische Aussenpolitik den Zusammenhang mit den moralischen Werten des Landes wieder findet, den sie über den Jonglierkünsten Kissingers und über seiner «Realpolitik» zeitweise verloren hat, so entscheidend ist es, dass sie unter dem proklamierten Vorrang der Moral nicht der Weltklugheit abschwört. Ein reiner Tor vermöchte im Umgang mit totalitären Mächten und Machthabern kaum zu bestehen. Die Probe darauf wird dem neuen Präsidenten nicht erspart bleiben.

Gretchenfrage für Revolutionäre

Die Bewegung gegen den Vietnamkrieg trat 1976/77 unter sozusagen umgekehrtem Vorzeichen wieder an die Öffentlichkeit, nämlich mit Protesten gegen die Unterdrückung der Freiheitsrechte durch das kommunistische Regime in Hanoi, das seine schwere Hand nach dem Sieg von 1975 auf ganz Indochina legte.

8. Januar 1977

Am Jahresende konnte man von interessanten Protesten und Petitionen in Amerika lesen: Prominente Führer der einstigen Anti-Vietnamkrieg-Bewegung kritisierten öffentlich und zuhanden der Vereinten Nationen die massive Unterdrückung der Freiheitsrechte in Vietnam durch das kommunistische Regime von Hanoi. Namen waren bei den Unterschriften, die in den Jahren der Publizitätskampagne gegen das amerikanische Engagement in Indochina auch in Europa Klang hatten oder notorisch waren: Joan Baez, Allen Ginsberg, Daniel Ellsberg.

Man muss, um den Umschlag zu ermessen, den Protest von heute mit dem von gestern vergleichen. «Vietnam» stand in den Protestsongs und Anklageschriften gegen Amerika als Synonym einer brutalen kolonialistischen Intervention der westlichen Macht gegen die Selbstbestimmung eines asiatischen Volkes, unmenschlicher Kriegführung, der Komplizität Washingtons mit korrupten Reaktionären eines Ancien régime gegen das hoffnungsvoll Neue, Zukunftversprechende, Sozialistische. Keine zwei Jahre nach dem politischen Sieg dieser zum Teil ferngesteuerten Anti-Bewegung, das heisst nach dem Untergang des von Amerika gestützten selbständigen Südvietnam, steht das zukunftversprechende Neue selber bei denselben Leuten unter schwerster Anklage der Unmenschlichkeit, Unterdrückung, gewaltsamen Gleichschaltung und Unterbindung von Selbstbestimmung.

Es ist hier nichts Unvorhersehbares gegen alle Wahrscheinlichkeit passiert. Man hätte vielmehr wissen können, was totalitäre Ideologie und Politik nicht nur an Möglichkeiten, sondern an Zwangsabläufen in sich haben, wohin revolutionäre Machtergreifungstaktik führt und führen muss und was eine Revolution leninistischen Typs mit der Macht anfängt, wenn sie sie einmal hat. Es ist in Vietnam so ziemlich alles nach dem Büchlein gelaufen, und mache haben es erwartet, gewusst, dass es so laufen würde.

Verleugnete Erfahrungen

Der Vorwurf, dass sie sich von Illusionen über die Natur totalitärer Ideologie und Macht haben leiten lassen, wird gegen manche Moralisten der «Anti-Vietnam»-Bewegung zu Recht erhoben. Aber er trifft nicht nur sie. Illusionen waren weit über ihre Kreise und weit über Amerika hinaus verbreitet, und sie sind nicht nur intellektuell, sondern auch politisch immer noch virulent.

Es handelt sich um Illusionen wider besseres Wissen. Denn die Gegenwart verfügt durchaus über die Erfahrung, die Evidenz und das analytische Wissen, um den Totalitarismus zu erkennen und seine Folgen und Wirkungen abzusehen. Seit bald zehn Jahren aber erleben wir eine Art Aufstand, Rebellion gegen diese Erfahrung und gegen dieses bessere Wissen, einen merkwürdigen Drang, sich geradezu gewaltsam davon zu emanzipieren und sich, unter Verleugnung der Erfahrungsintelligenz, blindlings in die Utopie zu stürzen.

Vor anderthalb Jahrzehnten gab es beispielsweise im deutschen Sprachbereich diesseits der Ulbrichtschen Mauer unter den Intellektuellen kaum noch Marxisten, mit Ausnahme vielleicht einer Frankfurter Hochschulecke. Der politisch vorgelebte Marxismus Osteuropas hatte auch die Theorie diskreditiert; die deutsche Sozialdemokratie tilgte Marxens Namen aus ihrem Programm. Kaum getilgt aber, brach er wie ein Spuk über die europäischen Universitäten herein, wurde, als nostalgische Wiederentdeckung aus der frühindustriellen Urgrossväterzeit, zugleich die Parole eines Generalprotestes und Generationenkonfliktes, und im Handumdrehen war «Marxismus» verbindliche intellektuelle Mode, und sie schloss, mindestens in ihren Theorien der revolutionären Machtergreifung, ohne Hemmung auch Totalitarismus ein.

Vieles an jenem hochemotionalen Vorgang ist bis heute rational schwer zu durchdringen. Eine Art geistesgeschichtlicher Karneval? Nichts hatte sich am Erscheinungsbild des totalitären Sozialismus geändert. Man wusste, dass Nordvietnam gleichgeschaltet, eingeebnet war, man kannte das Drehbuch eines «nationalen Befreiungskrieges» mit seinem Missbrauch nationaler und demokratischer Tendenzen zugunsten des totalitären Endzieles, man kannte die Mechanismen revolutionärer Herrschaft und rief trotzdem *«Ho, Ho, Ho Chi Minh!»*. An der Berliner Mauer wurde nach wie vor auf die geschossen, die sich dem ostdeutschen Sozialismus entziehen wollten, und ein paar hundert Meter weiter westlich wurde trotzdem revolutionärer Sozialismus gefordert, als stünde nicht deutlich vor Augen, was er als «Diktatur des Proletariats» nun einmal notwendigerweise mit sich führte.

Beschwichtigungspolitik

Sicher, man hat sich bei den westlichen Revolutionären nicht direkt nach dem Modell der DDR orientiert, und auch das der Sowjetunion vermochte bei ihnen wenig und keine dauerhafte Attraktion zu entfalten. Eher hielt man sich für die kurze Zeit, da er im Gespräch war, an Dubčeks «Sozialismus mit menschlichem Gesicht». Aber welche Konsequenzen hat man gezogen, als sich drastisch zeigte, dass er in der Machtsphäre der Sowjetunion keinerlei Chance hatte, dass es ihn dort gar nicht geben konnte?

Man hat – und «man» heisst hier nicht mehr bloss die revolutionäre Minderheit Europas, sondern die offizielle westliche Politik insgesamt, unter weitgehender Zustimmung auch der Mehrheiten –, man hat nach minimaler Quarantänefrist die neue Bekräftigung unantastbarer totalitärer Herrschaft der Sowjetunion über Ost- und Mitteleuropa, wie sie in Prag gegeben wurde, mit Entspannungspolitik honoriert, das heisst mit der formellen Anerkennung dieser Herrschaft und der Bemühung um wechselseitige gute Beziehungen.

Vor- und Nachteile dieser Politik stehen hier nicht zur Diskussion, wohl aber die Frage, was sie in der Öffentlichkeit zur Einsicht in die Natur – und Gefahr – des Totalitarismus und damit eines gewaltigen Bezirkes unserer Wirklichkeit beiträgt. Offenbar nicht viel. Denn in den globalen Gleichgewichts- und Arrangementsübungen zwischen den Grossmächten figuriert die Sowjetunion ja nicht als totalitär-repressives Imperium, das sie ist, sondern als Partner, den man braucht und dem man bis zum Beweis des Gegenteils trauen kann beziehungsweise will. Zeigt er die Fratze des Unterdrückers, so sieht das Gegenüber heute lieber weg, jedenfalls offiziell; das Spiel erträgt keine emotionalen Störungen. Lässt er oder lässt einer seiner Satrapen schiessen, seufzt man verhalten – *dito,* wenn, in eklatantem Widerspruch zu den Papieren von Helsinki, Berichterstatter aus dem Land geworfen werden; deutlichere Reaktionen könnten den «guten» Beziehungen beziehungsweise der Entspannung oder ihrer Fiktion schaden.

Wir wissen nicht, was die amerikanische Politik gegenwärtig in ihrem Verhältnis zum zwangsvereinigten Vietnam für opportun hält und was nicht. Vielleicht stören die privaten Proteste gegen das, was in Vietnam vorgeht und was der Menschlichkeit Hohn spricht, die offiziellen Kreise. Auch Metternich hat ja Liberale nicht geschätzt, wenn sie das «Konzert der Mächte» derangierten. Vielleicht aber hat der Protest wenn nicht diplomatisch, so politisch doch sein Gutes. Könnte er ein Zeichen dafür sein, dass nach längerer, partieller Blindheit auch politischen Moralisten wieder die Augen aufgehen für das, was Totalitarismus, auch sozialistischer Totalitarismus, ist und für Betroffene wie für ferner Bedrohte bedeutet?

Exit Kissinger

In Carters Regierungsequipe war für den «liberalen» Republikaner Kissinger kein Platz. Während acht Jahren hatte er, zuerst als Sicherheitsberater Nixons, dann als Staatssekretär Nixons und Fords, die amerikanische Aussenpolitik geleitet und geprägt.

15. Januar 1977

Von der nächsten Woche an wird auf der politischen Bühne eine handelnde Person fehlen, ohne die man sich das Welttheater noch gar nicht recht vorstellen kann: Henry Kissinger. Man hat im letzten Vierteljahrhundert aufregendere und dramatischere Figuren erlebt als ihn, aber keine, die international so dominierte, einen so hohen Grad von allseitiger Präsenz bewies und so offensichtlich zu den wenigen zu zählen war, die – in der Sprache der Söhne gesagt – «drauskommen».

Seine intellektuelle Überlegenheit und Brillanz haben ihn allerdings vor harter und verbreiteter Kritik nicht bewahrt. Er ist ein umstrittener Mann und wird es wohl auch im sogenannten Urteil der Geschichte bleiben, das es in der Einzahl und als etwas Endgültiges ja sowieso nicht gibt. Umstritten zurzeit, namentlich in Amerika, allerdings aus nicht immer ganz durchschaubaren Gründen – als Mann beispielsweise, der die amerikanische Verwicklung in Vietnam beendete, ausgerechnet bei «Anti-Vietnam»-Gruppen, als Entspannungsdiplomat und Verfechter der Verständigung mit Moskau ausgerechnet bei den «Tauben» der linken Publizistik an der Ostküste. Man kann das Urteil nicht auf derartige, eher emotionale Reaktionen stützen, die vielleicht lediglich besagen, dass Amerika diesen «Typ» des intellektuellen Politikers noch immer als unvertraut empfindet. Akademische Vorübungen zum Thema Metternich könnten übrigens auch andern als amerikanischen Aussenministern zum dauerhaften Ballast werden.

Kissinger als einen *«Would-be»*-Metternich darzustellen lag nahe, war jedoch abwegig. Er hat in den acht Jahren, in denen er als Sicherheitsbeauftragter des Präsidenten und als Staatssekretär amerikanische Politik massgeblich geprägt hat, kein homogenes Programm ausgeführt, etwa das einer neuen stabilen Weltordnung, dargestellt durch ein Konzert der Mächte. Am Ende seiner Amtszeit tönte es zwar so, am Anfang jedoch ganz anders. Was er getan hat, ist schwerlich am Faden eines durchgehenden Konzepts aufzureihen. Es war zur Hauptsache doch Bewältigung – oder aber Nichtbewältigung – von Problemen, wie sie eben kamen.

Niederlage in Vietnam

Mehr als die Hälfte seiner Zeit hat der Vietnamkonflikt die amerikanische Politik in Atem gehalten. Die Lösung, die Kissinger suchte, nachdem sich die Maximalziele als unerreichbar erwiesen hatten, war ein Kompromissfriede unter Erhaltung des Schützlings Südvietnam wie auch einer amerikanischen Position in Südostasien. Der Ausgang, wie er sich ergab, war hingegen der schlimmstmögliche: totaler Kollaps aller nichtkommunistischen Stellungen, völliger Rückzug der Vereinigten Staaten aus den Ländern Indochinas. Man kann Kissinger nicht ganz freisprechen von dieser schwersten Niederlage der amerikanischen Politik seit Menschengedenken. Im Ansatz lag sie im Frieden beschlossen, den er mit Hanoi ausgehandelt hatte und für den er, ironischerweise, den Friedens-Nobelpreis erhielt. Ebensowenig kann man die Niederlage einfach ihm in die Schuhe schieben. Amerika insgesamt war politisch und moralisch nicht mehr in der Lage, sein Engagement in Vietnam durchzuhalten; gegen den Strom von Protest, Überdruss und Rückzugsstimmung war nicht anzukommen.

Auch der Übergang Angolas an die «andere Seite» geht auf das Konto jener «Ohne-mich»-Welle in der amerikanischen Öffentlichkeit, die für eine kurze Zeit, im Gefolge von «Watergate», alle aktive Aussenpolitik begrub. Als sie sich zu verlaufen begann, musste Kissinger im südlichen Afrika Trümmer fischen.

Den Niederlagen, denen die in höherem Grade selbstverschuldete Kalamität im östlichen Mittelmeer – Zypern, Türkei, Griechenland – zuzurechnen ist, stehen in der Bilanz gegenüber spektakuläre Erfolge, allen voran das Vermittlungswerk im Nahen Osten als eine im besonderen Masse persönliche Leistung des Staatssekretärs. Er hat dort, gewissermassen als sein eigener Gesandter, in anfechtbarer, aber wirksamer *«Do it yourself»*-Methode Qualitäten eines Mediators entwickelt, die Washington zur Befestigung des Friedens vielleicht weiterhin nutzen kann. Es ist auch die einzige Stelle, an der er den Einfluss der Sowjetunion zurückzudrängen vermochte; fast überall sonst ist dieser Einfluss in seiner Amtszeit gewachsen (Indochina, Indien, Afrika, Europa).

Seinen eigentlichen weltpolitischen Wurf hat Kissinger in China getan, wobei allerdings die Entscheidung zur Tat, in diesem Fall bereits ein guter Teil der Tat selber, Nixon gutzuschreiben ist. China aus seiner Isolation als wichtiges Element in das internationale «System» einzuführen, war ein zwar überfälliger, aber höchst konstruktiver Zug – oder könnte einer sein, je nachdem, was man daraus macht.

Via Peking nach Moskau

Genau hier aber beginnen die Fragen, die Kissingers Politik seither aufgeworfen hat und die sie zurücklässt. Er hat die Öffnung in Peking vor allem dazu benutzt, um Moskau in Gang zu setzen. Mit Moskau wiederum hat er einen Bilateralismus der beiden Nukleargrossmächte aufgezogen, der ungünstig auf Peking zurückwirkte, namentlich seit Ford sich mit Breschnew ausgerechnet und unbegreiflicherweise in Wladiwostok, an der Türschwelle Chinas, zu zweiseitigen Rüstungsgesprächen zusammensetzte.

Die «strategische» und mindestens rüstungspolitische Verständigung mit der Sowjetunion ist in den letzten Jahren immer mehr zu einem Kernstück der Politik Kissingers geworden. Er, der Pragmatiker, propagiert sie oft mit geradezu ideologischem Engagement als die wesentliche Voraussetzung aller Friedenssicherung.

Das ruft unvermeidlicherweise der Frage, ob nach etlichen Jahren solcher amerikanisch-sowjetischer Verständigungspolitik, mit diversen Resultaten in Form von Abkommen, mit Salt I und der Aussicht auf Salt II, der Friede heute wirklich solider fundiert, ob die Welt sicherer sei als vor Beginn dieser Politik.

Die Antwort kann leider nicht «Ja» lauten. Wesentlich mehr spricht für das Gegenteil. Der Rüstungsvorsprung der Sowjetunion ist in sozusagen allen Bereichen von Bedeutung stark gewachsen, das Gleichgewicht der Kräfte gerade in Europa stellenweise erheblich gestört. Das bedeutet Schwächung der Stabilität, Zunahme der Versuchung auf seiten des Stärkeren, Machtmittel etwa zur politischen Erpressung einzusetzen. Das Interesse an selektiver Verständigung mit Washington hat ferner in keiner Weise den expansiven Drang der sowjetischen Politik gedämpft, wie sich in Angola erwies. Die Kollisionsgefahr bleibt bestehen.

Womit soll das Minus bei den materiellen Grundlagen der Sicherheit aufgewogen werden? Durch klimatische Verbesserungen, die, wie sich bereits zeigt, sehr flüchtiger Natur sind?

Durch Relativierung der Begriffe von Vorsprung, Überlegenheit, Parität usw., damit die beunruhigenden Zahlenbilder erträglicher werden? Durch Einspinnen der Sowjetunion in ein Geflecht von Interessen, Vorteilen, Hemmungen politisch-wirtschaftlicher Art, das sie auf die Dauer unentrinnbar in Entspannungspolitik einkapseln soll?

All das hat Kissinger versucht und empfohlen, und ohne Zweifel wird sein Nachfolger seinerseits manches davon fortführen. Und all das lässt die Fragen offen, ob mit so feinem Gespinst etwas so Massives wie sowjetische Macht- und Herrschaftspolitik zu binden und zu zähmen sei, ob die Nuklearstrategie das Zeitalter so verändert habe, dass man ohne Risiko einseitig von bewährten Grundsätzen der Sicherheit abgehen könne – und schliesslich, ob eine Demokratie einer Aussenpolitik zu folgen vermag, die sich von den Vorstellungen und Instinkten der Leute in so beachtliche Höhen der «Sophistication» erhebt.

Kommunisten hüben und drüben

Am 2./3. März traten die Kommunistenchefs Italiens, Frankreichs und Spaniens in Madrid zusammen. Die «Eurokommunisten» bekannten sich zwar zum politischen Pluralismus, vermochten aber keinen gemeinsamen Standpunkt zur Unterdrükkung der Menschenrechte im Sowjetimperium zu formulieren. Gleichzeitig tagte in Sofia eine Ideologiekonferenz jener Parteien, die den Vorrang Moskaus anerkannten. Sie bezeichnete die Menschenrechtskampagne im Westen als organisierten Antikommunismus.

5. März 1977

Gleichzeitig, aber weit getrennt voneinander, haben in diesen Tagen zwei internationale kommunistische Kaderkonferenzen stattgefunden: In Madrid kamen als Gäste der am deutlichsten von Moskau emanzipierten KP, der spanischen, die «Eurokommunisten» Berlinguer und Marchais mit Carrillo zusammen, in Sofia, beim konformsten aller Satelliten Moskaus, hohe Funktionäre der Staatsparteien im sowjetischen Herrschaftsbereich. Gemeinsam sind den beiden Tagungen, ausser dem Termin, einige Traktanden, allerdings in wohl unterschiedlicher Beleuchtung: Oppositionsprobleme – beziehungsweise Herrschaftsprobleme – im Ostblock, Menschenrechte, die Nachwirkungen der Akte von Helsinki; überdies ist jede dieser beiden Zusammenkünfte für die andere ein Traktandum. Wieviel Gemeinsamkeit ihnen in der Sache bleibt, beziehungsweise ob die getrennt marschierenden Genossen in Ost und West in absehbarer Zeit wieder zu gemeinsamem politischem Schlagen kommen, wie einst, das sind Fragen, die mehr und mehr die Aufmerksamkeit der Europäer auf sich ziehen.

Die Madrider Tagung der drei westeuropäischen Kommunistenführer ist, mindestens vom Veranstalter her, als eine Demonstration des Wohlverhaltens, der demokratischen Legitimation und Harmlosigkeit angelegt gewesen. Carrillo wollte, mit Blick auf das laufende gerichtliche Verfahren, das über Zulassung oder Nichtzulassung der spanischen KP zu entscheiden hat, glaubhaft machen, dass seine Partei weder totalitären Charakters noch das Instrument einer fremden Macht sei. Ihm diente, in seiner Lage, eine Erklärung am besten, welche die Bürgerrechte unterstreicht, die Unterdrückung nicht konformer Meinungen durch die Staatsgewalt kritisiert und auf den «demokratischen Weg zum Sozialismus» verweist. Er hat sie bekommen, und wo namentlich der französische Genosse seinem Drang, Distanz zu Moskau zu halten, nicht ganz folgen mochte, hat er im eigenen Namen noch so viel hinzugefügt, dass er nun auf dem Papier ein recht beachtliches Alibi beisammen hat, um sich gegen den Verdacht der totalitären Neigung und Sowjethörigkeit zu wehren.

Man kann diese begrenzte parteipolitische Zweckbestimmung bei der Beurteilung der Madrider Zusammenkunft und Erklärung nicht aus den Augen lassen. Entwertet ist sie damit nicht. Sie ist eine wichtige Etappe in einem Prozess, dessen weiterer Ablauf und dessen Ausgang jedoch noch völlig offen sind. Wer wollte und könnte heute schon sichere Antwort geben auf die Fragen, ob die westeuropäischen kommunistischen Parteien sich endgültig dem lenkenden Griff Moskaus entwunden haben, ob sie sich wirklich und ohne Hinterabsichten dem demokratischen Wechselspiel der Kräfte einordnen, ob ihre Metamorphose glaubwürdig und haltbar, ihre innere Struktur gefestigt ist gegen Rückfälle auf die alte Linie?

Wortbekenntnisse oder Wandlung?

Für Antworten, auf die sich politisch bauen liesse, ist es also offensichtlich noch viel zu früh. Allzulange haben die kommunistischen Parteien in den Demokratien mit ihrer gebrochenen Loyalität die Rolle von fünften Kolonnen gespielt, als dass man ihnen das verbale Bekenntnis zu den Spielregeln ohne Bewährungsfrist jetzt abnehmen könnte. Es kann deshalb, nebenbei gesagt, auch nicht der Prüfstein der demokratischen Entwicklung Spaniens schlechthin sein, ob das Land in seiner gegenwärtigen schwierigen Phase die KP verträgt oder nicht — wie eine progressistische Publizistik Europa das einzuhämmern versucht.

In Sofia sassen die Leute beisammen, denen der letzte Versuch, wenigstens die europäischen Kommunisten beiderseits des Stacheldrahts in der politischen Aussage unter einen Hut zu bringen, weitgehend missglückte. Seit der Berliner Kommunistenkonferenz haben sich die Dinge nicht im Sinne politischer und ideologischer Geschlossenheit ihres Lagers entwickelt, im Gegenteil. Während die westlichen kommunistischen Parteien sich, nach aussen hin, stärker auf den demokratisch-parlamentarischen Weg zum «Sozialismus» festlegen, verwerfen Moskau und sein engerer Anhang ihn mit neuer Vehemenz als aussichtslos; jene sekundieren deutlicher als noch vor kurzem die Forderung nach Verwirklichung der Menschenrechte, diese wehren sich in sichtlicher Bedrängnis und polemisch gegen diese Zumutung an ein «monolithisches» System.

Ein Knoten scheint sich zu schürzen im Hinblick auf «Belgrad», auf die «Folgekonferenz» im kommenden Sommer, in der examiniert werden soll, wieviel von der Schlussakte von Helsinki seit 1975 vom Papier in die europäische Wirklichkeit gedrungen ist. Vor zwei Jahren hatten manche Skeptiker das Einschwenken des Westens auf die Idee dieser Folgekonferenz mit Misstrauen beobachtet, weil damit der Sowjetunion ein Instrument fortdauernder Einmischung auch in westeuropäische Belange zugestanden wurde. Heute stellt sich die Lage geradezu seitenverkehrt dar: Misstrauisch und in Nöten wegen der Möglichkeiten von Einmischung ist man jetzt im Osten. Insgesamt hat sich der sowjetische Triumph über den Grosserfolg von Helsinki in Ärger und Sorge über seine damals kaum vorhersehbaren Folgen verwandelt, seit die Regierungen des Ostblocks von ihren Untertanen beim Wort genommen werden, das sie feierlich unterschrieben haben.

Schonungsbedürftiger Totalitarismus

In dieser Situation zeichnet sich auf verschiedenen Ebenen im Ostblock eine Taktik der Erpressung des Westens mit der offenbar gewordenen eigenen Schwäche ab. Der Westen soll darauf verzichten, die «Karte» der Menschenrechte weiter ins Spiel zu bringen, indem man ihm vor Augen hält, dass er damit nicht nur die Entspannung oder entspannungswillige Exponenten der Macht im Osten, sondern angeblich auch die Auflockerung der Blockdisziplin gefährde und insgesamt einen Rückfall des Ostens in den «Stalinismus» provoziere oder riskiere. Moskau und einzelne untergeordnete osteuropäische Regime, auch zum Beispiel das rumänische, operieren mit diesem Argument, jedes auf seine Weise.

Die Taktik erinnert an die teilweise recht erfolgreiche Bemühung der gleichen Seite in den fünfziger Jahren, den Aufbau einer europäischen Verteidigung politisch zu behindern mit dem Hinweis auf das sogenannte sowjetische Sicherheitsbedürfnis, das beispielsweise durch die Aufstellung der deutschen Bundeswehr missachtet werde und dessen Missachtung bedenkliche Folgen haben könnte. Wie damals, so finden sich auch heute im Westen Politiker, etwa im Kreise um Willy Brandt, die vor ernstem Engagement für die Menschenrechte warnen und für Schonung des – wie soll man es heute nennen? – kommunistischen «Autoritätsbedürfnisses» plädieren. Der Westen, so wäre daraus zu schliessen, soll die Sorgen der

Machthaber auf der anderen Seite, nicht die ihrer Opfer, zu den Seinigen machen, um das sicherzustellen, was man bisher als Entspannungspolitik bezeichnet hat. Eine neuartige Logik, ein überraschendes Rezept, eine seltsame Interessengemeinschaft und Kumpanei. Um wie viele Ecken herum muss das Publikum denken lernen und können, bis es imstande ist, derart anspruchsvolle Ostpolitik zu verstehen?

Helsinki – vorher und nachher

Am 5. August einigten sich die 35 Regierungen, die sich an der KSZE-Konferenz von 1975 beteiligt hatten, auf den Ablauf einer ersten «Folgekonferenz» in Belgrad, an der die Einhaltung der Schlussakte von Helsinki überprüft werden sollte.

18. Juni 1977

Die Belgrader Konferenz, deren mehr oder weniger technische Vorgespräche diese Woche begonnen haben und die im Herbst dann in prominenterer Besetzung tagen soll – «Vertreter» der Aussenminister –, diese Konferenz hätte eigentlich nie stattfinden dürfen, wenn die westlichen Partner, besonders die des Atlantikpaktes, bei ihren ursprünglichen Ansichten geblieben wären. Man erinnert sich, wie zögernd sie auf die zäh und lange propagierte sowjetische Idee einer gesamteuropäischen «Sicherheitskonferenz» in Helsinki eingegangen waren. Als sie dem unablässigen kommunistischen Druck schliesslich nachgaben, nachdem die Ostpolitik Willy Brandts diesen Weg freigelegt hatte, da war ihre einhellige Meinung: das Unternehmen so rasch wie möglich und als einmalige Übung hinter sich bringen und sich keinesfalls auf Fortsetzungen und «Folgekonferenzen» einlassen, die doch nur der Sowjetunion die Tür zur ständigen Einmischung in den europäischen Prozess öffnen würden.

Auch da setzte sich der Wille Moskaus durch, und «Folgekonferenzen» wurden akzeptiert. Aber wie anders sehen sie heute aus, zwei Jahre nach Abschluss der langen Verhandlungen von Helsinki und Genf! Niemand mehr im Westen scheint etwas von jenen Gefahren zu wittern, die man damals um jeden Preis vermeiden wollte. Bedenken, dass die Gegenseite die neue Konferenz als politisches Offensivmittel benutzen könnte, sind im Gegenteil nun eher im Osten zu spüren. Und wo bei westeuropäischen Regierungen Unbehagen festzustellen ist, da gilt es eher der Möglichkeit, dass eine angriffige amerikanische Politik den Kreml zu sehr in die Enge treiben und vom Pfad der Entspannung abdrängen könnte. Abrupte Szenenwechsel gibt es also auch in der langatmigen ost-westlichen Auseinandersetzung.

Als am 1. August 1975 die umfang- und phrasenreiche Schlussakte der «Konferenz über Sicherheit und Zusammenarbeit in Europa» von einer erlauchten *Corona* von 35 Staats- und Regierungschefs und Parteisekretären nebst einem Monsignore unterzeichnet wurde, da wurde das mit einigem Recht in erster Linie als Triumph Breschnews und der beharrlichen sowjetischen Politik gewertet. Das Dokument anerkannte ihren europäischen Besitzstand und besiegelte den Status quo auf dem gespaltenen Kontinent. Was es darüber hinaus an Proklamationen und Absichtserklärungen in bezug auf das Zusammenleben der Menschen im geteilten Europa enthielt, wurde als papierene Garnitur empfunden, in seiner Wirkung zum vornherein aufs engste beschränkt durch die nachdrückliche Betonung einer über alles andere gesetzten einzelstaatlichen Souveränität.

Sprengstoff einer Deklaration

Wie ist es gekommen, dass dieses selbe Dokument unversehens ein politisches Potential ganz anderer Art und in ganz anderer Richtung entfaltete und zur peinlichen Verlegenheit für diverse Regierungen Osteuropas wurde, die doch schon früher Menschen- und Bürgerrechtserklärungen bedenkenlos unterschrieben hatten im Bewusstsein, dass sich vor ihrer Macht mit ihren Einschüchterungsmitteln kein Kläger melden würde? Auf den bewährten Abschreckeffekt zu bauen war diesmal offensichtlich eine Fehlrechnung. Kläger fanden sich nun unter den eigenen Untertanen, bei denen Einschüchterung nicht mehr wirkte und die ihre Regierungen bei dem Wort zu nehmen begannen, das diese signiert hatten. Sie fanden sich, was nicht ohne Bedeutung ist, eine gute Weile bevor Präsident Carter aus ihrer Sache ein internationales Politikum machte.

Es gab erfahrene Diplomaten, die 1975 durchaus erkannt hatten, welches politische Offensivpotential in der Schlussakte von Helsinki lag. Aber wo wären die westeuropäischen Regierungen gewesen, die es hätten aktivieren wollen? Es gibt sie ja auch heute nicht. Ihre Reaktion auf den Versuch vor allem des amerikanischen Präsidenten, die Frage der staatlich verweigerten Menschen- und Bürgerrechte im Ostblock als politische Frage zu stellen, lautet nach wie vor fast durchgehend: Psst! Keine vernehmlichen Worte, «keine Konfrontation», «kein Tribunal» bei der Lageprüfung in Belgrad – nichts Böses sehen, hören, sagen, nichts, was das ost-westliche Entspannungsklima, worin immer es zurzeit bestehe, beeinträchtigen könnte!

Es sieht so aus, als sei der Methodenstreit, die Meinungsverschiedenheit über den angemessenen Umgang mit der totalitären Sowjetmacht, innerhalb des Westens doch nicht so spurlos bereinigt, wie es nach der Londoner Gipfelkonferenz im Mai den Anschein machte. Bundeskanzler Schmidt etwa propagiert mit offensichtlich kritischem Bezug auf Washington schonungsvolle Diskretion als einzig wirksames Rezept von «Ostpolitik» und weist auf die 70 000 «Volksdeutschen» hin, die er in den letzten Jahren – zwar keineswegs ohne politischen Lärm – aus Osteuropa auf dem Verhandlungswege herausgeholt beziehungsweise losgekauft habe. In ein vollständiges Bild gehörte hier allerdings auch das vielfache Versagen eben dieser Methode im Umgang mit der DDR und mit Prag.

Engagement für Menschenrechte

Dem steht gegenüber das offenbar von einer grossen Mehrzahl bedrängter Oppositioneller in der Sowjetunion und in Osteuropa nach wie vor und ständig geäusserte Ersuchen um Publizität und politische Unterstützung im Westen, das allein ihnen einen gewissen – offensichtlich aber auch nicht unfehlbaren – Schutz gegen behördliche Übergriffe verspreche. Und es steht ihm gegenüber der Wille der neuen amerikanischen Politik, vor dem eigenen Volk und vor der Welt die Grundüberzeugungen sichtbar zu machen und offen zu vertreten, die Amerika sozusagen konstituieren. Dass diesen Grundsätzen, besonders den Menschen- und Bürgerrechten und den Prinzipien der Demokratie, revolutionäre Kraft innewohne (wie sich von Delhi bis Madrid und Lissabon wieder erwies), hatte man in Amerika, und in Europa ohnehin, zu glauben verlernt, und dass die Aspirationen im ganzen unterdrückten Osteuropa nach wie vor in Richtung dieser Grundsätze gehen, ist aus der westlichen Politik seit langem verdrängt worden.

Dass politische Glaubenssubstanz solcher Art früher oder später wieder zum Vorschein kommt und Ausdruck verlangt, ist nicht erstaunlich. Damit hat man es in Washington heute zu tun, und es scheint nicht eine «Masche» zu sein, wie eine süffisant lehrhafte europäische Publizistik es haben möchte, sondern ein recht elementarer Vorgang. Es herrscht in Washington keine Kreuzzugsstimmung, kein Drang nach einem neuen «kalten Krieg», kein fanatisches «revival» und kein Schwelgen in weltpolitischen Generalkonzepten. Das kühle pragmatische Kalkül ist dort, wo man es bisher gefunden hat, durchaus in Geltung geblieben.

Aber die Diplomatie Washingtons will ihrerseits nicht mehr verschweigen und in ihrem Handeln unkenntlich machen, wofür die Politik der Vereinigten Staaten insgesamt steht.

Sie ist bereit, dafür im einzelnen gegebenenfalls auch Härte zu zeigen – etwa in der Reaktion auf den ominösen Fall Schtscharanski, in dem Moskau der politischen Dissidenz mit dem Vorwurf des «Verrates» und der «Spionage» für die auswärtige Supermacht zu Leibe rücken will –, bereit, auch Härten und härtere Zeiten um dieses klareren Profils willen in Kauf zu nehmen.

Die westeuropäischen Regierungen und ihre Beschwichtigungsräte werden damit vorläufig rechnen und leben müssen. Es ist wohl möglich, dass in einem etwas steiferen Zugwind ein paar potemkinsche Entspannungskulissen umfallen werden. Eine grundlegende Umwälzung beziehungsweise Dramatisierung des west-östlichen Verhältnisses jedoch ist kaum zu erwarten. Zu stark sind vermutlich die Interessen, die auf beiden Seiten die Erhaltung von Verständigungsmöglichkeiten in der Machtpolitik verlangen und die einer Rückschwenkung auf generellen Kollisionskurs entgegenwirken.

«Eurokommunismus» – demokratiereif?

Die Diskussionen, ob die Kommunisten Westeuropas, die sich – in allerdings unterschiedlichen Graden – kritisch zum Herrschaftssystem Moskaus stellten, nun reif für die Eingliederung in demokratische Regierungen seien, dauerten an.

2. Juli 1977

Wenige Tage nachdem Carrillo als ein Verlierer aus den spanischen Wahlen herausgekommen war, hat ihn der Donnerkeil aus Moskau getroffen. Er wurde vom *«Sanctum officium»,* wie er selber die sowjetische Orthodoxiebehörde nennt, der politischen und ideologischen Ketzerei bezichtigt. Wieweit mit ihm auch der «Eurokommunismus» der italienischen und der französischen KP attackiert war, ist offen; die Reaktionen der beiden Parteien sind merkwürdig verhalten.

Ist damit ein neues Schisma im Weltkommunismus Tatsache geworden? Einige Sowjetologen diagnostizieren es bereits, sprechen von einem veritablen Bruch, der über die nun schon seit geraumer Zeit sichtbaren Divergenzen hinausgehe, und empfehlen, ihn ernster zu nehmen, als man seinerzeit im Westen den Bruch zwischen Tito und Stalin und den zwischen Mao und den sowjetischen «Revisionisten» genommen habe. In der Tat hat man jene beiden für den Kommunismus folgenschweren Zerwürfnisse manchenorts lange Zeit geradezu für Bluff gehalten, und an Stammtischen mag das heute noch so gelten.

Ob auch im Falle des «Eurokommunismus» sich die Skepsis als so hartnäckig erweisen wird? Der Erwartungspegel scheint hier zurzeit eher zu hoch als zu tief, eher auf Überschätzung als auf Unterschätzung der Möglichkeiten zu stehen; Wünsche inspirieren die Urteile. Was wäre es etwa für eine Entlastung für die innere Politik Italiens oder für die französische Linksallianz, könnten sie davon ausgehen, dass ihre Kommunisten demokratische Linksparteien seien – keine trojanischen Pferde einer fremden Grossmachtpolitik, keine fünften Kolonnen, keine getarnten Wegbereiter einer totalitären Diktatur –, auf die demokratischen Spielregeln verpflichtete Linke und nichts anderes! Die Frage, ob sie es sind, verblasst immer stärker hinter dem Wunsch, dass sie es seien, und hinter dem Bedürfnis, sie als legitime Partner in Regierungskombinationen zu verwenden. Gegenstandslos wird jedoch die Frage damit nicht.

Grenzen der Emanzipation

Die italienische wie die französische KP haben in ihrer Bemühung, sich auch nichtrevolutionär gestimmten Wählern gefällig zu präsentieren, einige beachtliche Alibi-Übungen absolviert, von der Erklärung Marchais' etwa, seine Partei sei – trotz ihrem geschriebenen Sozialisierungsprogramm – «nicht kollektivistisch», bis zur Absage Amendolas an das sowjetische «Modell».

Mindestens ebenso deutlich wie die weit publizierten Emanzipationssignale sind jedoch die Grenzen dieser Emanzipation geblieben. Von einem Bruch der italienischen und der französischen KP mit der Sowjetunion kann vorläufig keine Rede sein. Berlinguer hat noch vor relativ kurzem die «Friedenspolitik» der Sowjetunion als «im allgemeinen Interesse der Menschheit liegend» bezeichnet, einer seiner ZK-Genossen hat öffentlich erklärt, seine Partei würde sich im Fall einer schweren Ost-West-Krise «selbstverständlich» auf die Seite der Sowjetunion stellen.

Auch die ideologische Solidarität mit der «sozialistischen» Sowjetunion ist bei den anderen «lateinischen» Parteien, verglichen mit Carrillo, weit besser intakt geblieben. Ihre Kritik am Vorgehen Moskaus gegen Oppositionelle ist vag und äusserst zurückhaltend. Amalrik weist darauf hin, dass das Parteiblatt der italienischen KP in zehn Jahren nicht einen einzigen Brief eines sowjetischen Dissidenten gedruckt hat.

Offensichtlich ist ferner, dass beide Parteien ihre straff zentralistische – oft wird gesagt: stalinistische – Struktur und einen Grad von Disziplinierung beibehalten haben, der jede interne oppositionelle Regung und jeden Versuch zu freierer parteiinterner Willensbildung erstickt. Und bekannt ist, dass ihre Funktionärskader überwiegend «alte Schule», das heisst im Geist jenes revolutionären «proletarischen Internationalismus» erzogen sind, der nach wie vor den sowjetischen Einflüssen mehr Handhaben bietet, als die eurokommunistische Rhetorik vermuten lässt.

Das «sowjetische Problem» in der Entwicklung seiner kommunistischen Parteien ist also Westeuropa in den letzten Jahren noch bei weitem nicht losgeworden – so wenig wie das Risiko eines totalitären Umschwunges, sollten sie an die Hebel der Macht gelangen. Lediglich das Wunschdenken ist vorausgeeilt und nimmt eine Wandlung vorweg, die keineswegs vollzogen, deren Ansatz unentschieden und deren Fortgang ungewiss ist. Man kann nicht so tun, als seien KPI und KPF heute schwedische oder deutsche Sozialdemokraten. Sie sind es nicht; sie sind keine Sozialreformer, sondern Kommunisten, die über Macht so denken, wie Lenin sie gelehrt hat. «Wir gehen nicht nach Godesberg», hat der «Eurokommunist» Amendola selber vor einigen Monaten gesagt. Man wird es ihm glauben dürfen.

Warnungen aus Amerika

Um so mehr Gewicht müssten die Warnungen haben, die im Augenblick, da euphorische Spekulationen über eine Zähmung und demokratische Integrierung des «europäischen» Kommunismus blühen, aus Amerika zu hören sind. Kissinger hat sich in dieser Sache wieder zum Wort gemeldet, und die Regierung Carter, die sich anfänglich den Europäern gegenüber mehr hatte zurückhalten wollen, übernimmt heute seine deutlichen Mahnungen praktisch im Wortlaut.

Sie laufen auf die Feststellung hinaus, dass ein Vordringen der Kommunisten an die Macht in einem Lande Westeuropas die europäische Politik insgesamt «massiv verändern», dass es «fundamentale Folgen» für Amerikas Verhältnis zu seinen Bündnispartnern haben und die Grundlagen der Sicherheit im Westen erschüttern würde. Der Kommentator James Reston weist die Europäer auf die unvermeidlichen Konsequenzen in Amerika hin, die eine kommunistische Beteiligung an der einen oder anderen europäischen Regierung in bezug auf Stimmung und Haltung von öffentlicher Meinung und Kongress gegenüber dem amerikanischen Engagement in Europa haben würde.

Die Warnungen sind unmissverständlich. Sie definieren eine Option, der sich die europäischen Regierungen nicht in die Vermutung entziehen können, sie sei gegebenenfalls dann politisch doch nicht ernst gemeint. Die amerikanische öffentliche Meinung haben die europäischen Verharmloser des («Euro»-)Kommunismus nicht in der Hand. Auf den «Realismus» der amerikanischen Diplomatie ist kein Verlass; denn gegen einen Kongress, der unter dem Einfluss einer ungünstigen öffentlichen Meinung steht, vermag sie, wie sich nun oft genug gezeigt hat, nicht aufzukommen.

Europas Jungbarbaren

Der deutsche Terrorismus, ein Spross der 68er Bewegung, war zum organisierten Morden übergegangen. Nach dem Berliner Richter Drenkmann fiel ihm im April der Generalbundesanwalt Buback, im Juli der Bankier Ponto zum Opfer; im September wurde dann der Industrielle Schleyer entführt und im Oktober ermordet. Zur «Sympathisantenszene» gehörten nach wie vor Intellektuelle und Pastoren.

6. August 1977

In den Zeitungen waren diese Woche Steckbriefphotos junger Fräulein zu sehen – halbkindliche Töchterschulgesichter: gesucht wegen Verdachts der Mitwirkung an der brutalen Ermordung eines prominenten deutschen Bankiers. Unter den Tätern ist das Patenkind des Ermordeten erkannt worden; es hat dem Mordcommando Zugang zum Haus des Opfers verschafft.

Die Gesuchten gehören zu der nach wie vor aktiven deutschen «Terrorszene», zu jenen Gruppen, die in der Nachfolge der Baader-Meinhof-Bande in der Bundesrepublik sogenannten Guerillakrieg führen und die eine Serie von Verbrechen – vom Anschlag auf die deutsche Botschaft in Stockholm (vier Tote) zur Entführung des Berliner Politikers Lorenz, von der Ermordung des Richters Drenkmann zu der des Generalbundesanwalts Buback – auf dem Gewissen haben.

Die Chronik und Statistik der Gewaltverbrechen mit politischem Vorwand ist nicht nur in Deutschland, sondern in ganz Europa in jüngster Zeit erschreckend; und die Tendenz scheint weiterhin steigend. In Italien ist die Entführung von Menschen, namentlich von Kindern, zum Zwecke der Erpressung – und der Finanzierung zum Teil politischer Kriminalität – eine Art Industrie geworden; Aktionen dieser Art sind buchstäblich an der Tagesordnung (behördlich erfasste Fälle: 150 in drei Jahren, mit sicher enormer zusätzlicher Dunkelziffer). Mit Attentaten gegen Richter und Anwälte wird ferner die Justiz terrorisiert, so dass sich kürzlich für ein Verfahren gegen Rote Brigaden in Turin aus Angst vor Repressalien nicht einmal mehr Geschworene zur Verfügung stellten, in einem anderen Falle unter demselben Druck die Urteile äusserst mild ausfielen. Missliebige journalistische Verteidiger einer liberalen Ordnung werden «zur Abschreckung» auf offener Strasse angeschossen; ein Arzt wird getötet, nur weil er nicht an einem Ärztestreik teilnehmen wollte.

Der Innenminister in Rom seufzt zu diesen ominösen Symptomen von Zerfall und Zersetzung des Staates und der elementaren Ordnung, dass die Demokratie gegen Derartiges eben leider «weitgegend unbewaffnet» sei. Der westdeutsche Bundeskanzler redet da zwar vergleichsweise forscher, wenn er, etwa bei der Beerdigung Bubacks, den «wehrhaften Rechtsstaat» proklamiert. Aber es handelte sich um die Proklamation eher eines Wunsches als einer Realität.

Wieweit ins Hintertreffen Gebote des Rechts geraten können, wenn sie mit denen politischer Opportunität konkurrieren, hat man vor einiger Zeit auch aus dem Verhalten der französischen Behörden ablesen können, als sie den palästinensischen Attentäter und Teilnehmer am Münchener Olympiade-Massaker Abu Daud trotz einem deutschen Auslieferungsbegehren laufenliessen.

Hilfloser Rechtsstaat

In weiteren Teilen Westeuropas ist der Rechtsstaat offensichtlich notleidend geworden. In gewissem Masse auch der schweizerische. Die rasche Kapitulation des Rechts vor dem palästinensischen Terror in *Zerqa* 1970 hat Spuren hinterlassen. Die Nachgiebigkeit diverser Behörden gegenüber Rechtsbrüchen chaotischer Elemente und Druck der Strasse oder organisierter Pressionsgruppen und wohl auch einige von der Justiz selber zu verantwortende seltsame Urteile haben bisweilen Zweifel an der Kraft dieses Staates geweckt, das gleiche Recht für alle auch dort zu garantieren, wo politische und andere Unannehmlichkeiten zu erwarten sind. Die jüngste Entwicklung des Falles Petra Krause wirft in dieser Richtung neue Fragen auf.

Wo liegen die Ursachen für die Entfesselung politisch drapierter Kriminalität, wie wir sie seit zehn Jahren in steigendem Masse erleben, für die drastische Senkung der Hemmungsschwellen für Gewalttätigkeit? Es fehlt nicht an Deutungen. Für manche ist dies der unumgängliche Preis für 30 und mehr Jahre Frieden beziehungsweise Nichtkrieg in Europa: Aggressionstriebe und zerstörerische Energien kommen hier zu jenen Eruptionen, die sie früher, jede Generation einmal, in den fatalen europäischen Kriegszyklen gefunden hatten. Auch nach der Jahrhundertwende, am Ende einer langen Friedensphase, hat in Europa bekanntlich anarchistischer Terror gewütet.

Für andere wirkt sich hier besonders drastisch die verheerende Vervielfältigungs-, Verstärkungs- und Suggestivkraft der analphabetischen Medien, namentlich des Fernsehens, aus, mit deren Verführung wir noch nicht fertiggeworden sind. Auch diagnostiziert man Folgen der nun allerdings entschwundenen Hochkonjunktur, oder des «Spätkapitalismus», oder Ermüdungsbrüche der bürgerlichen Tradition schlechthin.

Unschwer ist im menschenverächterischen Fanatismus der «politischen» Mörder, in ihrem perversen Hang, kurzerhand über den Haufen zu schiessen, was ihnen nicht passt oder was ihnen entgegensteht, jene Geisteshaltung zu erkennen, die den Faschismus geprägt hat – trotz Maskierung mit linker Utopie. Und unzweifelhaft steckt in der revolutionären Bedenkenlosigkeit und Ruchlosigkeit Leninsche Erbschaft, wenn auch in sektiererischer Abwandlung.

Versagen der Intelligenz

In auffallender Weise hat die europäische Intelligenz hier als moralische Kraft versagt. Was an Faschismus erinnert, pflegt sie sonst geschlossen zum Protest auf den Plan zu bringen. Zum Treiben des politischen Terrors in seiner ganzen barbarischen Unmenschlichkeit hingegen hat sie weitgehend geschwiegen oder sich sogar bereit gezeigt, Absolution zu erteilen, wo die Gewalt sich ein politisches oder gar revolutionäres Mäntelchen umhängte. Für Heinrich Böll war die Baader-Meinhof-Bande eine Art gehetzte Minderheit, die Sympathie verdiente, für Max Frisch war Mahnung gegen politische Verwilderung auf der Strasse gleich «Hetze» – von Jean-Paul Sartre zu schweigen.

Dabei musste es von Anfang an klar gewesen sein, dass hier akute Gefahr nicht nur für eine Rechtsordnung, sondern für die Freiheit bestand. Wird die Rechtsordnung mit Füssen getreten, dann steht es auch für die Freiheit schlecht; mit Terroristen im Rücken kann auch das Schriftstellern riskant werden. Und mit jeder ungestraften Provokation des Rechtsstaates wachsen jene Kräfte, die dem Spuk mit eiserner Hand und ohne Rücksicht auf Verluste ein Ende machen möchten, das dann leicht auch das Ende der Freiheit sein könnte.

Der liberale Staat kann der Herausforderung der politischen Gewalttätigkeiten nicht mit Duldung oder gar in Resignation begegnen. Er muss ihr wirksam, das heisst mit Stärke, entgegentreten. Sonst ist es auch mit ihm vorbei.

Zehn Jahre nach dem Aufruhr

Zehn Jahre nach dem Aufruhr der 68er Generation schienen die revolutionären Impulse in Westeuropa grösserenteils erlahmt oder aber ins Kriminelle degeneriert zu sein. Aber die westliche Welt war nicht mehr, was sie zuvor gewesen war.

31. Dezember 1977

Zehn Jahre sind es nun her seit den grossen Eruptionen von 1967/68, der «Revolte der Jugend», das heisst eines Teils ihrer studierenden Schicht in der saturierten westlichen Welt, seit dem explosiven Aufbrechen eines Generationenkonflikts und einer allgemeinen «Kontestation», die radikal sozusagen alles in Frage stellte, was bis dahin gegolten hatte. Der Aufstand hatte seine Vorspiele in kalifornischen Campus-Unruhen und in Berliner Ausschreitungen, und er hat seine weiter zurückreichenden Stränge etwa zu den Rassenkämpfen und Gewaltausbrüchen der Kennedy-Jahre, zu der lange Zeit unbeachtet gebliebenen Renaissance eines totgeglaubten Marxismus in deutschen Soziologieschulen, zu sterilen und ergebnislosen Reformdebatten an den Hochschulen, zu einer Revolutionsexotik, die sich an die Namen Castro, Guevara, Ho Chi Minh und Mao knüpfte.

Aber 1968 war das Jahr der Konvulsion und offenen Empörung, der Universitätsbesetzungen in Amerika (Columbia), der Strassen- und Hochschulexzesse in Deutschland, der Barrikadenkämpfe im Pariser Mai – und, als schliesslich nur noch Imitation übrigblieb, der Zürcher Globus-Krawalle. Es war auch das Jahr, in dem Präsident Johnson dem öffentlichen Druck gegen den Vietnamkrieg weichen musste, und das Jahr, in dem der «Prager Frühling», Dubčeks Versuch eines «Sozialismus mit menschlichem Gesicht», unter die Raupen der russischen Panzer geriet...

Die Anlässe der Ausbrüche waren unterschiedlichster Art und oft von geringfügiger Bedeutung: eine Kampagne gegen den persischen Schah, die Verwendung einer Sporthalle der Columbia-Universität, die Forderung eines «autonomen» Jugendzentrums im Zürcher Stadtkern, die Wohnverhältnisse in der Hochschule von Nanterre; international organisiert – und, wie man heute weiss, teilweise von Hanoi aus ferngesteuert –

war die Kampagne gegen Amerikas Engagement im Vietnamkrieg.

Was sich aus den heterogenen Protesten in der Folge ergab, war jedoch eine Art Generalprotest gegen Ordnung, Struktur, Werte, Tabus der Gesellschaft schlechthin, wie sie sich in der materiellen Prosperität der sechziger Jahre im Westen präsentierte. Protest gegen Autorität, Erziehung, Ehe, Familie, Hierarchien, gegen Eigentum, Konsum und Leistung, gegen parlamentarische Demokratie und Staatsgewalt überhaupt, Protest mit Castro-Bärten, Seegrasfrisuren, Verwahrlosungs-Look, mit Wohnkommunen, Fäkaliensprache und allem, was man sich ausdenken konnte *pour épater les bourgeois,* mit nächtelangen *Sit-ins, Teach-ins,* mit Demonstrationszügen, Verkehrsstörungen, Mauerschmierereien, Sachschäden bis zu Brandstiftungen, mit «ein bisschen Gewalt» gegen Sachen, dann gegen Menschen, dann ein bisschen mehr bis schliesslich zum durchorganisierten Terror mit Entführung, Erpressung, Mord und Totschlag. Zerstörung war zugegebenes Ziel, damit gerechtfertigt, dass «aus der Zerstörung Ansätze zu sinnvollen Veränderungen» gewonnen werden sollten, wie man sagte (Tom Hayden).

Zerstörerischer Generalprotest

In manchem steckte – man soll es nicht übersehen – gewaltsame Selbstbefreiung von Zivilisationsdruck, Suche nach lebendigeren Beziehungen, Lockerung erstarrter Verhältnisse und Rituale. Die Vorstellungen der «sinnvollen Veränderungen» jedoch blieben vag und überdies im revolutionären Lager selber höchst kontrovers. Sie wiesen allgemein in Richtung einer sozialistischen oder anarchistischen Utopie, über deren Konkretisierungen man sich jedoch sogleich zerstritt. Mühselige Reformpolitik jedenfalls war nicht gemeint und nicht gefragt. Der neue Radikalismus wollte *tabula rasa.* Am «Gespräch», das die besorgten Bürger und bestürzten Väter ihm anboten, lag ihm nichts. Sich mitzuteilen, sich über die eigenen Reihen hinaus verständlich zu machen, gelang ihm ohnehin nicht, denn er sprach eine hochgestelzte elitäre Sprache, die namentlich jene überhaupt nicht verstanden, die er zur revolutionären Masse erwecken und mobilisieren wollte. Massen, insbesondere die der Arbeiterschaft, sind der «Bewegung» versagt geblieben.

Jene Generationen, denen die jüngste Geschichte so ernüchternde, desillusionierende Erfahrungen mit grossen Aufbrüchen, mit weltverbessernden Ideologien und ihren Totalitätsansprüchen, das heisst mit deren jeweils unvermeidlicher

Perversion, beschert hat, begegneten diesem Aufruhr mehr oder weniger fassungslos. Sie mochten einzelne seiner Elemente begreifen – die Kritik am Materialismus und Konsumtaumel, an autoritären Zügen des überkommenen Hochschulbetriebs, an engen Erziehungs- und anachronistischen Bildungskonzepten, an übertriebenem Leistungsdruck. Was da aber in ebenso chaotischer wie anmassender Weise insgesamt verkündet und praktiziert wurde, musste ihr als Rückfall in eine von den Zeitläufen her eigentlich unerlaubte Naivität, aber auch als frivoles Spiel mit fundierten Werten und gesicherten Erfahrungen, als Gefährdung, ja Zerfall von Grundlagen geordneten Zusammenlebens, als anarchisches Abenteuer erscheinen. Die Trümmer häuften sich: zerstörte Universitäten, zerbrochene Familien und Gemeinschaften, zerbröckelnde Rechtsordnung, militante Gegenreaktionen, Bürgerkriegsklima an manchen Stellen Europas und Amerikas.

Die Kluft, die sich hier zwischen Denken und Auffassungen der Generationen aufgetan hat, ist seither nur teilweise überbrückt worden. Auch in jenen *bloc des idées incontestables,* der die breite Grundlage der inneren Verständigungspolitik unseres Landes seit dem letzten Krieg gebildet hatte, ist die «Kontestation» eingedrungen.

68er ohne Nachwuchs

Was ist aus denen geworden, die Ende der sechziger Jahre gesagt hatten «Trau keinem über Dreissig» und die mittlerweile ihrerseits über Dreissig sind, was wirkt fort aus jenen so plötzlich entstandenen, so vehementen Turbulenzen?

Die «Bewegung» ist heute keine mehr. Ihre Impulse haben sich verloren, die Gärung hat sich gelegt. Ihre einstigen Träger, soweit sie sich nicht akkommodierten oder sich nicht resigniert und desorientiert in sich selber zurückzogen, haben sich in dogmatischen Sekten, Grüppchen, Zirkeln am äussersten linken Rand des politischen Spektrums sozusagen abgelagert und abgekapselt; Dynamik ist von dorther zurzeit nicht spürbar. Nicht wenige sind in den kriminellen Untergrund des Terrors getaucht – eine Möglichkeit, auf welche die «Apo», die sogenannte Ausserparlamentarische Opposition mit ihrer Apologie der Gewalt als eines legitimen Mittels der Provokation und Revolution, zum vornherein angelegt war. Die Rote-Armee-Fraktion ist – und das poliert kein literarischer Alibiversuch weg – ein degenerierter Spross, aber eben doch ein Spross der achtundsechziger Rebellion.

Andere sind auf den «langen Marsch durch die Institutionen» gegangen – mit dem Willen zur schliesslichen Umwälzung der Gesellschaft von innen her, aber der Aussicht, dass ihr dogmatischer Radikalismus sich zu reformistischer Politik abschleife und die Demokratie auch sie einmal noch integriere – und mit der Folge, dass sie vor allem die sozialdemokratischen Parteien vorerst mit einem stärkeren unruhigen Linkselement belasten. Wieder andere, so die «neuen Philosophen» in Paris, sind aus Barrikadenbauern der Mairevolte schneidende Kritiker des Sozialismus schlechthin geworden und denunzieren die ihm innewohnende totalitäre Natur mit dem Eifer der Konvertiten. Und einige schliesslich sind in die Drogen geflüchtet.

Der revolutionäre Nachwuchs aber ist von Jahrgang zu Jahrgang dünner geworden, und es macht den Anschein, als sterbe er aus. Die «Achtundsechziger» würden damit zur eingeklemmten Generation mit zum vornherein verscherzter Möglichkeit der Kommunikation und Wirkung nach oben und ohne Resonanz nach unten – eine unkomfortable und unergiebige Sandwich-Situation.

Überdies gibt es Anzeichen, dass auch auf die aufklärerisch-utopische Rage der Revolutionäre unseres Jahrzehnts die Geschichte als Reaktion wieder eine «Romantik» bereithalten könnte. Man mag Hinweise dafür etwa in der religiösen Massen-Erweckungsbewegung finden, von der man aus Amerika erstaunliche Kunde lesen kann.

Jenseits aller Spekulation aber ist klargeworden, dass die Völker der westlichen Industriestaaten, das heisst ihre überwältigenden Mehrheiten, von dem nichts wissen wollten, was ihnen ihre jungen Rebellen in wirrer Sprache und ebenso wirren Vorstellungen suggerierten. Ihre Reaktionen waren, wenn man will, «konservativ»: gegen chaotische Bewegung, für Ordnung; gegen willkürliche Gewalt, für den starken Rechtsstaat; gegen die Destruktion des Wirtschaftssystems zugunsten einer Utopie, für ein im Mass gehaltenes, Ressourcen und Umwelt schonendes wirtschaftliches Wachstum. Das Zeitalter ist, jedenfalls in der westlichen Welt liberaler Prägung, nicht zur Revolution disponiert.

Das heisst nicht, dass es «reaktionär» und «nicht reif» für Verbesserungen seiner Kondition sei, wie resignierte Kontestatäre heute meinen. Es heisst, dass es das Erreichte nicht aufs Spiel setzen, das Risiko des Rückfalls in totalitäre Despotie nicht in Kauf nehmen will um des Traumes von der perfekten Gesellschaft willen, dass es also den Umsturz verwirft – aber nicht die Reform.

Risikogemeinschaft im Nuklearzeitalter

Am 18. November 1977 hatte die Sowjetunion einen Satelliten in eine Erdumlaufbahn gestartet, der eine Nuklearbatterie an Bord hatte. Er geriet ausser Kontrolle, und es wurde befürchtet, dass es beim Wiedereintritt in die Atmosphäre zu einer Atomexplosion kommen könnte. Der Satellit ging am 24. Januar in Nordkanada nieder; die aufgefundenen Trümmer waren radioaktiv.

4. Februar 1978

Mit erstaunlicher Gleichgültigkeit, Routine und Raschheit hat sich die internationale Öffentlichkeit von der höchst merk- und denkwürdigen Angelegenheit «Kosmos 954» ab- und wieder den Belanglosigkeiten der Tagesordnung zugewendet. Dabei wäre hier interessanter Aufschluss über einige Aspekte unserer Situation zu gewinnen. Es sei eine kurze Rekapitulation versucht.

Die Sowjetunion schickt einen Satelliten zur Radarbeobachtung militärischer Ziele und Vorgänge in eine Erdumlaufbahn, ausgerüstet mit einem Atomreaktor – einer von angeblich 15 dieser Art, die bereits den Globus umkreisen. Der Satellit gerät ausser Kontrolle, er – das heisst ein Nuklearreaktor mit einem Zentner jenes Stoffes an Bord, mit dem man Atombomben macht – wird auf die Erde zurückfallen, wo und wann, weiss man noch nicht. Die Macht, die für den Irrläufer verantwortlich ist, schweigt.

Erst als die Amerikaner, die den Vorfall mit ihren Erkundungsmitteln erkannt haben, um Information ersuchen, wird ihnen der Sachverhalt bestätigt. 18 Stunden vor dem Eintauchen des bedrohlichen Vehikels in die Atmosphäre weiss man noch immer nicht, wo es niedergehen wird. Es könnte ebensogut vor Südwestafrika, bei den Azoren, nördlich Hawaiis wie in Nordkanada sein. Moskau orientiert nach wie vor niemanden von sich aus, gibt lediglich Auskünfte an Regierungen, die, von Washington ins Bild gesetzt, rückfragen.

Die Auskünfte lauten beruhigend: Das Gefährt werde in der Atmosphäre sozusagen spurlos und ohne irgendwelchen Schaden anzurichten verglühen, beziehungsweise, als es am 24. Januar dann über den kanadischen Nordwestterritorien eingetaucht ist, es sei verglüht. Washington macht sich diese beschwichtigende Version hilfsbereit-voreilig sogleich zu eigen.

Aber der Reaktor ist mitnichten spurlos verglüht. Man findet radioaktive Teile davon am Boden in der Wildnis am Grossen Sklavensee. Niemand hat ein Verdienst daran oder etwas dazu getan, dass sie dort und nicht in eine Stadt niedergefallen sind; es war lediglich Glück beziehungsweise Zufall.

Auffallend auch das Verhalten der Amerikaner. Das Weisse Haus informiert, ausser den Kongressführern, lediglich gewisse Alliierte. Von ihnen erfahren es dann wieder ein paar andere Regierungen. War hier allein das Motiv wegleitend, Panik zu verhindern?

Komplizität der Nuklearmächte

Die ganze Geschichte mit anderen Worten: Eine Nuklearmacht beschwört mit einer Nuklear- und Raumtechnik, die sie offensichtlich nicht mit der notwendigen Sicherheit beherrscht, erhebliche Gefahren auf Unbeteiligte herab. Sie verschweigt den möglichen Betroffenen diese Gefahren, und als sie nicht mehr zu verschweigen sind, verharmlost sie mit wissentlich oder unwissentlich falschen Informationen den Sachverhalt und die Folgen, stellt also selber die Glaubwürdigkeit ihrer wissenschaftlich-technischen Aussagen in Frage. Ihre Gegenspielerin und Partnerin, die andere Nukleargrossmacht – die selber auch noch aus früheren Versuchen mindestens einen mit Nuklearreaktor versehenen Satelliten auf der Erdumlaufbahn hat –, macht diese Verharmlosungsübung und Sprachregelung mit, nach der wir Übrigen gehalten sind, das Ganze als blosse kleine Panne in den massiven Spielen der Grossen zu betrachten und uns nicht aufzuregen.

Ausser Fahrlässigkeit, Arroganz der Macht, Missachtung Dritter als *quantité négligeable* auf der einen Seite zeigt sich hier einmal mehr eine gewisse Komplizität der Atommächte. Man hat sie unter anderem beim Atomsperrvertrag erlebt, wo sie Dritten verboten, was sie selber ungehemmt tun. Die Nichtnuklearen haben damit leben und sich in die Rangfolge fügen gelernt, die sich aus den Macht- und Verantwortungsverhältnissen des Nuklearzeitalters ergibt.

Das heisst allerdings nicht, dass sie alles zu schlucken haben, was sich die Nuklearmächte gegenseitig konzedieren. Mit der Stationierung von Atomreaktoren und spaltbarem Material im Gravitationsfeld der Erde sind diese Mächte offensichtlich zu weit gegangen, zu weit über ihr Know-how und zu weit über das Verantwortbare hinaus.

Sie können zwar mit Verständnis für die komplexen Mechanismen ihrer gegenseitigen Abschreckstrategie rechnen, von denen letztlich die globale Sicherheit zur Hauptsache abhängt. Sie haben aber ihrerseits jener Sicherheit Rechnung zu tragen und Vorrang zu geben, auf die die Menschheit insgesamt Anspruch hat – der Sicherheit vor unbeherrschten, tödlichen Experimenten ihrer Techniker. Ein Abkommen drängt sich deshalb gebieterisch auf, das mindestens den erdnahen Weltraum von nuklearer Gefährdung freihält.

Aufschlussreich ist auch das politische Verhalten der Mächte. Moskau hat Washington gelobt für seine zurückhaltend-sachliche Behandlung der Angelegenheit und dies mit den Fortschritten der Entspannung in Zusammenhang gebracht. In der Tat ist die Veränderung der politischen Atmosphäre zwischen den Grossmächten unverkennbar, wenn man Amerikas Verhalten im Fall «Kosmos 954» vergleicht mit dem wüsten internationalen Kesseltreiben, das die Sowjetunion ihrerseits 1966 veranstaltete, als die strategische Luftwaffe der Vereinigten Staaten vor der spanischen Küste eine Wasserstoffbombe «verlor» – oder mit dem entfesselten internationalen Drama, das Chruschtschew aufführte, als 1960 ein Aufklärungsflugzeug der CIA über der Sowjetunion abgeschossen wurde.

Man kann für diese relativ rasche Wendung von einem erhitzten politischen Barock zu kühler, abgebrühter Sachlichkeit wohl einen beiderseitigen Willen zur Entspannung anführen, hier im besonderen das beiderseitige Interesse an Vereinbarungen über die nuklearstrategische Rüstung (Salt). Genauer besehen jedoch spielt auch hier das Komplizenverhältnis der zwei «Supergrands» hinein, das in nuklearen Dingen die gegenseitige Schonung nahelegt nach der Regel: «Eine Hand wäscht die andere.»

Keiner von beiden möchte all das, was seine Rüstungstechniker auf, über und unter der Erde so tun, gerne vor dem grossen internationalen Forum ausgebreitet wissen. Deshalb unterlassen es beide heute, mit dem Finger auf den anderen zu weisen, wenn dem etwas – wie man so schön sagt: «Menschliches» – passiert.

Führungsdefizit

In den ersten beiden Monaten des Jahres fiel der Dollar rapid auf weniger als die Hälfte seines früheren festen Kurses, was unter anderem für den europäischen Export schwere Probleme mit sich brachte. Washington desinteressierte sich an dieser Entwicklung, obwohl sie dem amerikanischen Prestige und damit Einfluss in der Welt schwer schadete.

4. März 1978

Die amerikanische Regierung ist von ihrer Haltung des Desinteresses am rapiden Zerfall der eigenen Währung – des *«benign»* oder *«malign neglect»,* wie man's nimmt – bisher nicht abgegangen, wenn man von Wortübungen und sehr kurzlebigen Ansätzen zu bescheidener Stützungsaktivität absieht. Entwertung des Zahlungsmittels einer Grossmacht um mehr als die Hälfte in wenigen Jahren – dergleichen hat man in der neueren Geschichte wohl nur in Verbindung mit Machtniedergang und katastrophaler Niederlage erlebt.

Davon jedoch ist in Washington bei diesem Vorgang nicht die Rede. Die Struktur der amerikanischen Wirtschaft – eine Binnenwirtschaft viel mehr als eine weltverflochtene – macht das Land selber weitgehend immun gegen konkrete innere Folgen des Dollarzerfalls, und eine Art Anästhesie scheint sein Wahrnehmungsvermögen für die äusseren Konsequenzen zu lähmen.

Diese Konsequenzen bleiben unter der politischen Reizschwelle. Darüber pflegt alles zu liegen, was Stimmen kosten könnte. Eine drastische Kurssenkung, die der ausländischen Konkurrenz das Leben erschwert, den eigenen Export erleichtert und bloss einigen Landsleuten im Ausland Probleme schafft, kostet keine Stimmen.

Solcherart pflegen die Kalküle kleiner und einiger mittlerer Staaten zu sein, die für sich selber und sonst für wenig anderes zu sorgen haben. Kann eine Weltmacht so rechnen, deren Geld der Massstab der Weltwirtschaft geworden ist?

Die Schäden, die sie selber erleidet, aber offenbar nicht sieht, sind vorläufig zum Teil immaterieller Art. Mit dem Dollar ist das Prestige Amerikas getroffen, nicht nur bei den Bankiers, sondern in den Vorstellungen des einfachen Mannes, für den

Härte und Kaufkraft einer Währung eben auch politische Symbole sind. Das bewusste währungspolitische *Laissez-faire* Washingtons, was immer seine Motive und Argumente sind, droht sodann eine politische Kluft zwischen den Vereinigten Staaten und ihren wichtigsten Partnern in Europa zu öffnen. Von Europa insgesamt hat man jenseits des Atlantiks zwar nichts zu befürchten; es ist währungs- und wirtschaftspolitisch so wenig wie politisch gemeinsam handlungs- oder auch nur abwehrfähig, und es kann sich auch nicht auf eine, *die* andere Grossmacht umorientieren.

Bis zum Horn von Afrika

Aber weder eine europäisch-amerikanische Vertrauenskrise noch die schwere Schädigung jener wenigen intakten Volkswirtschaften, die auch weltwirtschaftlich mitzutragen vermögen, kann im Interesse der Vereinigten Staaten liegen. Welches auch der vernünftigste und den Hauptbetroffenen am ehesten zumutbare Weg sein mag, dem Defizit der amerikanischen Leistungsbilanz und damit der Ursache des Dollarzerfalls beizukommen – der Westen kann es sich insgesamt nicht leisten, dass aus einer atlantischen Kontroverse über diese Frage ein politischer Konflikt werde.

Hier ist, ob sie es nun sehen will oder noch nicht, der amerikanischen Regierung eine Führungsaufgabe gestellt, und aus ihr ergibt sich ein Zwang, das Eigeninteresse so zu formulieren und zu vertreten, dass es das der Partner nicht erdrückt.

Es ist nicht der einzige Bereich, in dem man ein Defizit an Entschiedenheit und Führung feststellt. Afrika, wo sich mehr als ein Knoten zu schürzen beginnt, ist ein anderer. Den gewaltigen sowjetischen Rüstungslieferungen nach Äthiopien, der Intervention mehrerer Brigaden von Kubanern in eine anscheinend unter sowjetischem Kommando anlaufende militärische Offensive gegen Somalia, die leicht einen weiteren afrikanischen Küstenstreifen entlang der europäisch-amerikanischen Ölroute und Lebensader unter kommunistischen Einfluss bringen könnte, all dem setzt Washington Worte entgegen.

Das feinere Ohr mag darin zwar eine gewisse Steigerung der diplomatischen Sprache registrieren von der zarten Mahnung an die Beteiligten, doch lieber zu verhandeln, bis zum ernsteren Hinweis aus dem Weissen Haus, der Senat könnte das sowjetisch-kubanische Eingreifen so übelnehmen, dass er bei der Billigung der noch nicht unterschriftsreifen Vereinbarungen über Rüstungsbegrenzungen (Salt II) eventuell Schwierigkeiten machen würde. Ob am Horn von Afrika die Redenden gegen die Handelnden mehr Erfolg haben werden als in Angola, wo der amerikanische Hinweis auf die Entspannung bekanntlich nicht die geringste Wirkung zeitigte?

Viele Augen sehen der Auseinandersetzung der Mächte, sofern es überhaupt eine ist, in Ostafrika sehr genau zu – nicht nur Dutzende von afrikanischen Potentaten, die rechtzeitig wissen wollen, wer gegenwärtig der Stärkere ist, auch die Chinesen, deren künftiges Verhalten gegenüber der Sowjetunion zweifellos von ihrer Beurteilung der amerikanischen Resistenz gegen den Imperialismus Moskaus beeinflusst wird.

Konfrontation trotz Entspannung

Hört man in Ostafrika die Stimme Amerikas nur schwach, so hört man in Rhodesien, Süd- und Südwestafrika dafür ihrer mehrere. Welche gilt – die, die konstruktive gemässigte Lösungen der Beteiligten selber ermutigt, oder die eines radikalen schwarzen Rassismus, der das Weisse Haus aussenpolitische Narrenfreiheit gewährt (damit sie innenpolitisch nicht zu laut wird)?

Einiges erinnert zurzeit an das erste Regierungsjahr Kennedys, des jungen Präsidenten, der ebenfalls mit grossen Entwürfen und moralischen Forderungen auf die internationale Szene trat und von seinem harten Gegenspieler Chruschtschew gewogen, für leichtgewichtig befunden und dann von Berlin bis Kuba erbarmungslos getestet wurde. Er musste genau jene Konfrontation mit der Sowjetunion auf sich nehmen und durchstehen, die er nach seinem Programm, das ja das weltpolitische Arrangement mit Moskau vorsah, hatte vermeiden wollen.

1978 steht, im Unterschied zu 1961/62, der Redeweise nach noch immer unter dem Zeichen der Entspannung. Wer sich deswegen zur Annahme verleiten liesse, das Zeitalter der Konfrontation sei überwunden, blicke nach Afrika, nach Kuba, auch auf die sowjetisch-amerikanischen Abrüstungsgespräche, die aus Entspannungsversuchen zu Härtetests, zum verbissenen Ringen um strategische Überlegenheit geworden sind.

Carter hat in diesen Auseinandersetzungen – die von dem mit Führungsproblemen zurzeit wohl bis zuoberst eingedeckten Kreml des kranken Breschnew mit erstaunlicher Energie, Konsequenz und Risikobereitschaft geführt werden – bisher noch kein gehärtetes Profil gewonnen. Er hat sichtbare Ziele gesteckt, aber seine Gegenspieler eben auch, und es ist nicht immer klar, wohin er sich zwischen diesen Pfählen bewegt.

Breschnews Versuch mit Bonn

Vom 4. bis zum 7. Mai war Breschnew zu Besuch in Bonn. Bei der Wahl des Zeitpunktes hatten vermutlich die deutlich sichtbar gewordenen deutsch-amerikanischen Differenzen eine Rolle gespielt.

13. Mai 1978

Als Breschnew 1973 seinen ersten Besuch in Bonn machte, kam er als Triumphator und als Propagandist einer politischen Vision. Er feierte den Erfolg einer jahrzehntelang zäh betriebenen sowjetischen Westpolitik (den Bonn allerdings als Erfolg seiner eigenen «Ostpolitik» ausgab) – nämlich die faktische Anerkennung der Zweistaatlichkeit Deutschlands. Und er projizierte seinen grossen Entwurf einer weitgespannten, auf generationenlange Dauer angelegten deutsch-sowjetischen Zusammenarbeit, unter anderem etwa zur Erschliessung der sibirischen Bodenschätze.

Fünf Jahre später ist der Schein ziemlich verändert. Aus dem Herrscher in strotzend demonstrativer Kraft ist ein gebrechlicher alter Herr geworden, der der physischen Stützung bedarf; seine behinderte Sprache tönt mild, und sie gilt der Entspannung und Abrüstung als grossen Menschheitsanliegen. Man wird dabei die Vermutung nicht los, dass hier ein politisches Testament auch für eine ungewisse Zukunft im Kreml selber untermauert werden soll. Die Vision von 1973 hat viel von ihrer Suggestivkraft verloren; nicht einmal die Rezession hat die deutsche Wirtschaft mit Masse auf den «Ozean des Osthandels» gelockt, den schon Chruschtschew seinerzeit so anziehend geschildert hatte. Es kommen dort viel mehr und immer häufiger problematische Untiefen zum Vorschein. Eine Umorientierung der westdeutschen Politik hat insgesamt nicht stattgefunden.

Ist also das alte Spiel um Deutschland ausgespielt, tritt der Machtkampf in und um Europa hinter die Menschheitsanliegen zurück, wie sie der Senior aus Moskau beschworen hat? Wohl kaum. In der Verpackung der allgemeinen Begriffe steckt nach wie vor jene konkrete Politik und auch Taktik, die man kennt.

«Entspannung» zum Beispiel ist im sowjetischen Sprachgebrauch nicht über Nacht ein humanitärer Begriff geworden.

An der Belgrader KSZE-Konferenz hat Moskau vor kurzem noch überaus klargemacht, dass es darunter nicht eine Milderung totalitärer Herrschaft und nicht eine Normalisierung des menschlichen Umgangs über die Mauern und Stacheldrähte hinweg verstehen will. Im Gegenteil: «Entspannung» im Sinne Moskaus wird gegen die Forderungen ausgespielt, die im Namen der Menschenrechte erhoben werden, und sie schliesst Anerkennung der sowjetischen Herrschaftsweise ein. Ebenso wie sich in der sowjetischen Politik die Forderung nach Abrüstung mit der Praxis massivster eigener Aufrüstung verträgt, so verträgt sich auch das Prinzip der Entspannung am einen Ort mit dem Aufbau akuter Spannung – sogar mit militärischen Mitteln – anderswo derzeit in Afrika und nun auch wieder Ostasien.

Was Bonn betrifft, so hat die sowjetische Politik zweifellos durch ernüchternde Erfahrungen eines Vierteljahrhunderts ihrerseits lernen müssen, dass sie die Bundesrepublik mit Manövern, Drohungen, Offerten und verlockenden Gross-Entwürfen aus dem Zusammenhang des atlantischen Bündnisses und des westeuropäischen Zusammenschlusses nicht so einfach herauszulösen vermag. Das hindert sie nicht an stets wiederholten Bohrversuchen.

Profit aus atlantischen Differenzen?

In dieser Hinsicht ist zum mindesten die Wahl des Zeitpunktes für den so lange immer wieder verschobenen Bonner Besuch Breschnews interessant. Die Aufschübe werden mit den gesundheitlichen Problemen des Parteisekretärs, mit internen Auseinandersetzungen im Kreml und mit dem Auf und Ab der Salt-Verhandlungen zu tun haben. Ist es aber Zufall, dass der Besuch dann in einem Zeitpunkt kurzfristig angemeldet wurde, da sich eine Kumulierung deutsch-amerikanischer Differenzen ergab?

Die Irritationen zwischen Carter und Schmidt haben zwar bereits ihre längere Geschichte, angefangen bei der unvorsichtig offenen Wahlunterstützung des Bonner Kanzlers für Carters Rivalen Ford einerseits, den frühen Vorstössen Carters in der Menschenrechtsfrage, seine inflationistischen Ermahnungen an die Bundesrepublik und seinem Widerstand gegen deutsche Nuklearexporte anderseits, die ihm in Bonn der Reihe nach als Störung der Entspannungspolitik, als «spät-keynesianischer» Dilettantismus und als Rücksichtlosigkeit angekreidet wurden.

Die Reizungen und Reibungen sind sich seither immer dichter gefolgt. Bonn schlug Krach über dem Dollarzerfall, den man auch am Rhein sehr offen als ein Versagen Amerikas in seiner weltpolitischen Führungsrolle deutet, und es machte aus seiner Kritik an diversen Zügen und Unterlassungen der amerikanischen Rüstungs- beziehungsweise Abrüstungspolitik kein Hehl, durch die in deutscher Sicht elementar wichtige europäische Sicherheitsinteressen vernachlässigt wurden. Hatte Bonn noch vor wenigen Jahren Washington und der Nato insgesamt «Alarmismus» vorgeworfen, so ist man dort heute nun selber über die Gewichtsverschiebungen zwischen Atlantik- und Warschaupakt alarmiert.

Washington seinerseits registrierte mit Misstrauen deutsche Tendenzen eines Ausscherens aus den Wiener Verhandlungen über einen Truppenabbau und die orchestrierte Kampagne gegen die «Neutronenbombe» in der SPD wie auch die Entscheidungsscheu der Bonner Regierung in dieser Sache. Als der Präsident dann kurzerhand die Entwicklung der Waffe sistierte, die ein Gegengewicht gegen die bedrohlichen östlichen Panzermassen hätte schaffen sollen, kochte in Bonn der Ärger über.

Hat Breschnew in diesem Stand der Dinge eine Chance für sich gesehen? Und hat Bonn seinen Besuch in ein Spiel mit Blick auf Washington eingesetzt? Der Zuschauer sieht hier einstweilen nicht hinter die Kulissen und hört nur die für das Publikum bestimmten Worte auf der Bühne. Sie tönen, was die Beurteilung dieser Bonner Visite betrifft, auf sowjetischer Seite höchst positiv, was in Washington sicher Neugier weckt, und in Bonn sehr nüchtern, was gleichenorts beruhigen soll.

Es besteht jedoch kein sichtbarer Anlass zum Verdacht eines sowjetisch-deutschen Zusammenspiels auf Kosten der westlichen Partner. Die Emphase Moskaus in der Bewertung des Treffens ist genügend erklärlich aus den sowjetischen Wünschen an die Adresse der deutschen Wirtschaft und aus dem Bedürfnis Breschnews, seine Politik für die Zukunft zu sichern und angesichts der Ungewissheit an Amur und Ussuri den Westen ruhig zu halten. Und Schmidts nüchterne Sprache ist der nüchternen Realität der deutsch-sowjetischen Beziehungen angemessen, die ja weit hinter ostpolitischen Träumen früherer Jahre zurückgeblieben ist.

Aber es zeigt sich einmal mehr, dass Unstimmigkeiten unter Bündnispartnern keine «klubinterne» Angelegenheit sind, sondern sogleich Interesse und Anteilnahme besonderer Art beim Gegenspieler finden. Mit ihm unter solchen Bedingungen zu verhandeln hat seine Tücken. Das gilt für Bonn wie für Washington, und es gilt besonders in einem Moment, da man in eine Intensivphase west-östlicher Gespräche eintritt.

Das westliche Interesse in Afrika

Der Seeweg um Afrika herum war seit der Schliessung des Suezkanals und angesichts des enorm gewachsenen Erdölbedarfs für das industrielle Europa von vitaler Bedeutung. Die Afrikapolitik der meisten europäischen Staaten schien dem wenig Rechnung zu tragen.

20. Mai 1978

Angola, Moçambique und Äthiopien sind in den letzten Jahren, in vereinfachten Vorstellungen des West-Ost-Konfliktes ausgedrückt, auf die «andere Seite» gekippt, das heisst sie stehen heute den sowjetisch-kubanischen Einflüssen offen. In Eritrea ist ein Kampf neu aufgeflammt, der diesen Einflüssen auch Häfen am Roten Meer öffnen könnte. In der rohstoffreichsten Provinz des einstigen belgischen Kongo ist in zweiter beziehungsweise dritter Auflage ein undurchsichtiges Ringen im Gange, in das angeblich dieselben Kräfte hineinwirken. In der unentschiedenen Auseinandersetzung um die Zukunft Rhodesiens und Südwestafrikas geben sich die radikal-revolutionären Gruppen marxistisch-leninistisch und streben Einparteiherrschaft nach östlichem Muster an. Und quer durch den Schwarzen Kontinent finden überall Revolutionäre verschiedener Observanz seit langem Ausbildung, Geld, Waffen und logistische Unterstützung in Moskau.

Anderseits standen die Russen vor sechs Jahren noch im Nildelta, und sie stehen dort nicht mehr, hatten sie bis vor kurzem eine Basis in Somalia und haben sie nicht mehr, hatten sie einst eine Chance im Sudan und haben sie nicht mehr. In einer ganzen Reihe westafrikanischer Staaten von Guinea über Ghana zu Guinea-Bissau hat sich ihr Einfluss über die Jahre oder innert kürzester Zeit stark zurückgebildet und hat man sich vom sowjet-sozialistischen Modell, weniger zwar vom autokratischen Führungsprinzip, abzuwenden begonnen.

In anderen Fällen werden *Balance*-Akte zwischen den Grossmächten geübt, versucht man, sich beide vom Leib zu halten beziehungsweise beide, zur Optimierung des Profits, gegeneinander auszuspielen.

Man kann in bezug auf das Verhältnis Afrikas zur globalen politischen Konstellation verschiedene Diagnosen und Prognosen vertreten – nur die eine nicht: dass der Schwarze Kontinent sich ausserhalb und abseits der weltweiten Auseinandersetzung der Mächte halte und halten könne. Die Theorie, die eine Zeitlang modisch war, dass das Nord-Süd-Problem das west-östliche binnen kurzem überlagern und in den Hintergrund verdrängen werde, ist gegenstandslos. Das zweite durchdringt das erste, das erste hängst sich an das zweite, und das wird wohl noch eine gute Weile so bleiben.

Das Gesetz des Vakuums

Dafür gibt es eine Reihe von Gründen. Einer davon liegt in der Erfahrungstatsache, die schon fast die Geltung eines physikalischen Gesetzes hat: Wo die eine Macht nicht vorhanden ist oder sich zurückzieht, da «fliesst» beinahe mit Gewissheit die andere in den Leerraum. Als Washington dem Assuan-Projekt Nassers eine Absage erteilte, war damit sogleich der Ansatz für das Eindringen Moskaus geschaffen; als der amerikanische Kongress Mittel zur Unterstützung zweier «prowestlicher» Freiheitsbewegungen in Angola verweigerte, öffneten sich die sowjetisch-kubanischen Schleusen für die dritte, «marxistische», die damit an die Macht kam – vorläufig.

Ein starker Antrieb für den politischen Wettlauf der nördlichen Industriemächte im Süden sind sodann, mehr wohl als die Absatzmärkte, die Rohstoffe, die von Marokko über Nigeria, Zaire, Sambia bis Südafrika eine Reihe afrikanischer Staaten unter den Füssen haben. Und nicht weniger offensichtlich ist die strategische Bedeutung des Kontinents.

Über drei Viertel der Rohölzufuhren Europas – das sind zwei Fünftel seines gesamten Energiebedarfes – kommen auf dem Seeweg entlang den afrikanischen Küsten. Wer auf solider Landbasis und mit adäquaten Machtmitteln zur See und Luft an dieser Route sitzt, der hat den Griff an der europäischen Lebensader und damit eine ominöse Möglichkeit der Erpressung.

Die Frage ist unausweichlich, ob die europäische und die westliche Politik insgesamt dieser Situation und Möglichkeit angemessen sind. Eine Disproportion fällt zum vornherein auf: Europas Abhängigkeit von dieser Energieroute ist, gemessen an den Ölzufuhren, dreimal so gross wie die Amerikas – seine politische Präsenz aber, von der strategischen zu schweigen, steht dazu etwa im umgekehrten Verhältnis, wenn man von Westafrika absieht. Man kann diesen Vergleich für die Betrachtung des Krisenfalls einer von dritter Seite gestörten Energieversorgung beiseite lassen; es wäre da wohl eine untrennbare westliche Schicksalsgemeinschaft gegeben. Hingegen kann sich keine europäische Kritik der amerikanischen Afrikapolitik der Frage entziehen, was denn die Alte Welt selber zur Wahrung ihrer Interessen in dieser Weltregion tue.

Politische Kosten der Moralkritik

Für die amerikanische Politik ist die Frage nach dem eigenen beziehungsweise dem westlichen Interesse in Afrika relativ neu. Seitdem in den fünfziger Jahren auf dem Schwarzen Kontinent der *«wind of change»* einsetzte, haben die Vereinigten Staaten, eingedenk ihrer eigenen Geschichte, der revolutionären Selbstbefreiung aus kolonialer Vormundschaft, vor allem die Rolle eines «Champion» der Dekolonisierung und Emanzipation der afrikanischen Staaten gespielt. Dazu kam, kaum hatte Präsident Kennedy einen ersten Ansatz zur Lösung der amerikanischen *«Apartheid»*-Probleme gewagt, die Predigt gegen Rassendiskriminierung an die Adresse der weissen Regime in Südafrika.

Beides bestimmt noch immer oder wieder in recht hohem Grade die amerikanische Afrikapolitik – wieder, weil sich der moralistische Zug unter Carter deutlich verstärkt hat. Kissinger hatte ihn zeitweise mit Pragmatismus verdeckt. Er sicherte sich beispielsweise die Einwirkung des südafrikanischen Regierungschefs Vorster auf Ian Smith zur Lösung des rhodesischen Knotens dadurch, dass er ihm Atemraum für die allmähliche Bewältigung des südafrikanischen inneren Problems versprach.

Carters Politik jedoch hat dieses gegebene Wort nicht gehalten, sondern rückt Pretoria nun mit massivem Druck zuleibe – mit dem Resultat, dass hier ein bösartiger Gegensatz aufgerissen und ein bitterer Konflikt provoziert wurde, der Washington ins eigene Fleisch schneidet. Das amerikanische und westliche Waffenembargo gegen die Regierung Vorster hat beispielsweise zur Folge, dass Südafrika sich von der Kontrolle des Seeverkehrs um das Kap mit Flottenmitteln – ausgenommen die elektronische Überwachung – nun dispensiert und das Gewicht seiner Strategie und Rüstung vom Meer aufs Land verlegt hat. Das drängte sich zwar durch die Entwicklung in der benachbarten Landregion ringsum in einem gewissen Grade, aber doch nicht in so radikaler Weise auf. Man wird sich im Westen jedenfalls fragen müssen, ob man gut daran tat, einen zuverlässigen Wächter an einer hochempfindlichen Stelle der eigenen Lebenslinie selber und ohne sichtbaren anderweitigen Gewinn auszuschalten.

In dem bedenklichen Vorgang kommt eine Schwäche des

atlantischen Bündnisses zum Vorschein: Es kann sich über den Bereich, in dem es sich kollektiv verteidigen und seine Interessen wahren will, nicht einigen. Es sucht vom Nordkap bis zum Bosporus eine – lückenhafte – Front und im Atlantik die nordamerikanisch-europäischen Verteidigungslinien zu decken, lässt aber die lebenswichtige Route um Afrika herum, im Südatlantik und im Indischen Ozean, ausserhalb des Perimeters: ein Feldherr, der sich um seinen Nachschub nicht kümmert.

Es unterliegt keiner Diskussion, dass eine westliche Politik, dic in ihrcm cigcncn Intcresse afrikanischen Positionen Sorge tragen will, sich um die Kooperation mit den schwarzen Staaten des Kontinents bemühen muss. Sie sind die überragende Realität, so schwach und problematisch sie in ihren Strukturen und in ihrer inneren Verfassung, so unbequem sie in ihrem Gebaren nach aussen zum Teil sein mögen. Liessen sich Amerika und Europa in einen generellen Gegensatz zu ihnen hineintreiben, vermöchten sie überhaupt nichts mehr auszurichten.

Das aber kann nicht heissen, dass man, um ihnen gefällig zu sein, jede ihrer Aversionen und Polemiken zu seiner eigenen machen und sich seine Interessenpolitik von ihnen diktieren lassen muss – namentlich, wenn man selber den Schaden davon hat. Schliesslich ist die Abhängigkeit ja eine gegenseitige und hat der Westen als einziger potenter Entwicklungshelfer und Financier etliche Trümpfe in der Hand.

Und es heisst wohl auch nicht, dass eine legitime westliche Interessenpolitik sich angesichts der massiven Intervention östlicher Macht auf die Dauer mit der edlen Rolle des beredten Papiertigers begnügen muss und kann.

Opportunität und Moral

Am 15./16. Dezember einigten sich Carter und der chinesische Ministerpräsident in Peking auf die volle Normalisierung der wechselseitigen Beziehungen, was den Bruch Amerikas mit Taiwan, seinem Schützling seit fast 30 Jahren, bedeutete.

18. Dezember 1978

Die Normalisierung, das heisst der Vollausbau der Beziehungen zwischen den Vereinigten Staaten und Kontinentalchina, liegt in der Logik der Entwicklung, die mit der Kontaktnahme Kissingers und dem Besuch Präsident Nixons in Peking 1971/72 eingeleitet worden ist. Sie gehört in die Geometrie des «Mächtedreiecks» zwischen Washington, Moskau und Peking, in der manche seit längerem das abstrakte globalpolitische Grundmuster der künftigen Jahrzehnte sehen. Zugleich aber wirft die so stark moralisch motivierte Regierung Carter mit diesem Akt selber wieder die moralische Frage auf, die auch ihre politischen Implikationen hat: die der Verlässlichkeit und Dauerhaftigkeit eines gegebenen Wortes und feierlichen Engagements der Grossmacht.

Ob der entschiedene Schritt an diesem Wochenende bedeutet, dass Washington nun die «chinesische Karte» voll ausspielen werde, muss die Zukunft lehren. Man wird auf Grund der vergangenen Jahre die Erwartungen in diesem Punkt nicht sehr weit spannen. Kissinger hat zu seiner Zeit die amerikanisch-chinesische Annäherung nicht zu gemeinsamer Politik benutzt – für die es China vorderhand ohnehin an Machtsubstanz noch fehlt –, sondern vorwiegend dazu, den Herren im Kreml Beine zu machen und sie an einen amerikanisch-sowjetischen Verhandlungstisch zu bringen, an dem es um die strategische Rüstung ging.

Eben diese Verhandlungen mit den Russen haben in Washington heute noch und wieder hohe bis höchste Priorität; der erfolgreiche Abschluss ihrer zweiten Etappe ist soeben zum x-tenmal als bevorstehend angekündigt worden. Carter wird sie kaum gefährden wollen durch ein gegen die Sowjetunion gerichtetes weitreichendes Spiel mit den Chinesen. Chinesische politische Spiele sind ja seit anderthalb Jahrzehnten schon fast *par définition* «antisowjetisch».

Anderseits hat sich, wie Figura zeigt, Washington auch nicht beeindrucken lassen durch die erpresserische Hysterie Moskaus, mit der derzeit bald jedermann, der etwas mit Peking unternimmt oder plant, als Sowjetfeind oder gar als Widersacher der europäischen Zivilisation denunziert und vor den Folgen seines Tuns dringlichst gewarnt wird. Die Vereinigten Staaten demonstrieren unabhängige eigene Chinapolitik, die ihr Engagement nach den eigenen – wechselnden – Interessen bemisst.

Im Stich gelassene Freunde

Was die moralische Seite dieser Politik betrifft, so wird allerdings der diplomatische Bruch mit Taiwan, den das Arrangement mit Peking zwangsweise nach sich zieht, Anlass zu Bitterkeit und neuer Skepsis nicht nur bei den Nachfolgern des einstigen amerikanischen Bundesgenossen und Waffengefährten Tschiang Kai-schek geben. Zum zweitenmal innert weniger Jahre kehrt Washington einem Schützling in Asien, an dessen Seite es gekämpft hat, den Rücken und überlässt ihn seinem Schicksal. Man kann sich zwar vorstellen, dass dieses Schicksal in asiatisch-flexibler Weise provisorisch geregelt wurde, dass beispielsweise gewisse Zusagen Pekings vorliegen könnten, den Fall Taiwan nicht mit einer militärischen Okkupation zu dramatisieren und also den Rückzug Amerikas auch aus dieser Position nicht so grell, demütigend und triumphal zu untermalen, wie seinerzeit in Vietnam geschehen. Teng hat vor kurzem Andeutungen in diesem Sinne gemacht.

Stoff zum Nachdenken aber bietet auch dieses politische Liquidationsverfahren. Es erinnert einmal mehr daran, dass auch solenne Solidaritätsversprechen mit ihren ehernen Worten nicht für die Ewigkeit, sondern *for the time being* gemeint sind und unter der *«clausula rebus sic stantibus»* stehen, was in der Politik eben heisst: Man hält sich daran, solang dies den eigenen Interessen entspricht, und die ändern sich bekanntlich mit den Situationen und Verhältnissen.

Wer denkt heute schon noch an die frühen sechziger Jahre, als der damalige Staatssekretär John Foster Dulles im Blick auf Taiwan in krisenschwangerer Atmosphäre von *«brinkmanship»* sprach, von der Notwendigkeit und Kunst, dort Politik hart am Abgrund, mit dem Risiko eines globalen Kriegs vor Augen, zu machen, um den Übergriff der aggressiven kommunistischen Macht China auf die Insel zu verhindern? Moralisten hätten wenig Grund, sich über die Wechselhaftigkeit der Politik insgesamt aufzuhalten. Denn wer von ihnen denkt schon noch an die Äusserung jenes hochberühmten deutschen Moralisten und Philosophen Jaspers, der noch 1966 in einem seiner weniger gelungenen politischen Bücher geradezu den Nuklearkrieg gegen China, das heisst gegen seine Atomanlagen, in Betracht zog, falls es nicht seine «imperiale Grundhaltung abwirft»?

Vertrauensfrage

In der revolutionären Krise Persiens ging die Herrschaft des Schahs unter. Er verliess sein Land am 16. Januar. Nach der Rückkehr des Ayatollah Khomeiny aus dem Pariser Exil kam es zu bürgerkriegsähnlichen Kämpfen, zu Terrorjustiz und zu chaotischen Zuständen im Lande. Aus dem persischen Kollaps resultierte eine erhebliche Prestigeeinbusse der Vereinigten Staaten, die sich auch unter ihren europäischen Bündnispartnern auswirkte.

17. Februar 1979

Es ist in der labilen Situation, die der persische Umsturz hinterlassen hat, nicht möglich, den Schaden abzuschätzen, der dem Westen daraus entstanden ist und weiter entstehen kann.

Schlimmstenfalls breitet sich das Chaos mit unabsehbar sinistren Möglichkeiten aus, versiegt eine Ölquelle, die bisher ein Zehntel der Weltversorgung geliefert hatte, und wird damit eine neue Energie- und Weltwirtschaftskrise ausgelöst, greift sowjetischer Einfluss bestimmend auf eine strategische Kernregion über und frisst sich der politische Brand weiter nach Arabien hinein, an die Ostflanke der Nato am Mittelmeer, nach Südasien und Afrika. Bestenfalls vermag Khomeiny die Geister zu zähmen, die er gerufen hat, erweist sich Persien unter religiös-islamischer Herrschaft als regierbar, vermag es sich der sowjetischen Einflüsse einigermassen zu erwehren und mit den subversiv-revolutionären Bewegungen fertigzuwerden, in denen die lange Hand Moskaus täglich immer deutlicher zu erkennen ist.

Jedenfalls aber hat der Westen eine Riegelstellung verloren, die strategisch von unschätzbarer Bedeutung war und auf die er lange gebaut hatte, ist eine Zone der Unsicherheit entstanden, die sich leicht nach Westen, Süden, Osten ausdehnen kann und die machtpolitische Manöver anziehen muss, wird die Lösung des arabisch-israelischen Konfliktes schwieriger, wird persisches Öl dünner fliessen, mit allen Folgen, die das für die wirtschaftliche und monetäre Verfassung vieler Länder haben wird – auch wenn man es dort, wo man in den Wahnvorstellungen einer Antiatomkampagne befangen ist, noch nicht sehen will.

Der Verlust wiegt also schwer – schwerer noch dadurch, dass die persische Krise einen Zustand der Zerfahrenheit, Unschlüssigkeit, ja Handlungsunfähigkeit und Lähmung der amerikanischen Politik offenbar hat werden lassen. Im wesentlichen hat diese Politik die Dinge einfach geschehen lassen, ohne sie zu beeinflussen, wie tief auch ihre Interessen betroffen sein mochten. Die wenigen Lebenszeichen, die sie von sich gab, haben die Abläufe nicht erkennbar berührt. Dass sich nun sogleich auch die Symptome des Autoritätsverlustes eingestellt haben – amerikanische Botschafter als Geiseln, Ausweisung eines Diplomaten aus geringfügigem Grunde aus dem Partnerstaat Italien, die höchst ungewöhnliche direkte und offizielle Kritik am Staatsgast Carter in Mexiko –, ist eine unvermeidliche Folge solcher Schwächezustände.

Gefährlicher als ihre oberflächlichen Effekte sind ihre – vorerst – unterirdischen Wirkungen. Die Frage des Vertrauens auf Amerika ist wieder gestellt und wird wieder kritisch bei denen, die ihre Sache ganz oder zum Teil auf die Vereinigten Staaten gestellt haben – nicht nur in Asien, in der arabischen Feudalwelt, in Afrika, sondern, und nicht zuletzt, auch in Europa.

Unzuverlässiges Amerika?

Nicht, dass man sich auf dem Alten Kontinent früher stets einer beruhigend-zuversichtlichen Antwort darauf gewiss gewesen wäre – im Gegenteil. Zweifel an der Zuverlässigkeit des amerikanischen Protektors und Bundesgenossen und Anfälle von Misstrauen haben sich hier immer wieder abgelöst und haben sozusagen zum Bestand gehört, selbst in Zeiten wie der Ära Dulles - Adenauer, die im Rückblick oft als die solide Phase des atlantischen Bündnisses gesehen wird. Sie sind aus einer dauernd latenten Nervosität erklärlich, die sich in der exponierten Lage der ohnmächtigen westeuropäischen Staaten am Rand des sowjetischen Imperiums entwickelte.

Auf der anderen Seite des Atlantiks empfand man diese chronischen Anfälle stets als lästig, trug ihnen aber unermüdlich mit immer neuen Solidaritätsbezeugungen Rechnung. Die Verteidigung Europas sei wesentlich und notwendig für die Sicherheit der Vereinigten Staaten, die enge Verbindung beider Teile unerlässlich für ihre Selbstbehauptung, so wurde es Hunderte von Malen in Communiqués und amtlichen Erklärungen festgehalten. Selbst als im Vietnamkrieg eine neue Art von Isolationismus in den Vereinigten Staaten um sich griff, wurde Europa mit Nachdruck als Sonderfall vom neuen «Trend» ausgeklammert, der vom amerikanischen Rückzug aus Südostasien unberührt bleibe.

In der Tat hat diese Allianz als ein Pfeiler mit politischer Tragkraft unter den vielen Belastungen ihrer Geschichte erstaunlich gut gehalten. Ihre Verteidigungsorganisation hat trotz dem Ausscheren Frankreichs ihre Funktionsfähigkeit bewahrt und neuerdings verbessert.

Aber es ist nicht zu übersehen, dass hinter relativ intaktem Äusserem im Inneren Glaubenszweifel stärker wühlen als früher. Sie folgen sich in Wellen. De Gaulle predigte, dass die Amerikaner sich zurückziehen werden und man sich entsprechend vorsehen müsse; ob er damit die Zukunft lediglich voraussagen oder aber zugleich herbeireden wollte, blieb offen. Brandts Ostpolitik, wie sie 1970 entwickelt wurde, argumentierte ähnlich: Amerika werde nicht der sichere Protektor bleiben, suche sein eigenes Arrangement mit Moskau, deshalb müsse auch Bonn beizeiten sein Verhältnis zur Sowjetunion ins reine bringen. Washington seinerseits lieferte mit endlosen Auseinandersetzungen um die *Mansfield*-Resolution, die den Abzug amerikanischer Truppen aus Europa verlangte, Nahrung für solche Debatten, und die äusserst knappe Verwerfung dieser Forderung im Senat war kaum geeignet, einen dicken endgültigen Strich unter die politischen Ungewissheiten zu ziehen.

Keine Alternative

Carter hat eine neue Welle der Zweifel ausgelöst. Ihr Stichwort ist jetzt persönlicher: «Mit diesem Präsidenten» sei atlantische Politik schwieriger, das Gebot, dass Europa vermehrt selbständig für sich selber sorge, dringlicher geworden – so hört man es, in der Regel freilich nicht regierungsoffiziell, aber um so deutlicher in verschiedensten politischen Lagern Europas. Zwar sind damit keineswegs die verteidigungspolitischen Unternehmungen der Allianz insgesamt gestrandet; aber ihre Verständigungs- und Koordinationsprobleme sind gewachsen, wie sich etwa im Fall der «Neutronenbombe» erwiesen hat. Der Hang, europäische Lösungen zu suchen, wo atlantische nicht funktionieren, und also gegenseitig mehr auf Distanz zu gehen, hat sich konkret in der deutsch-französischen Initiative für ein europäisches Währungssystem gezeigt. Im Hintergrund nagen weiter die alten Ungewissheiten, wirkliche wie gespielte, die Glaubwürdigkeit des amerikanischen Engagements in Europa im Zeichen nuklearer Strategie betreffend.

Handelt es sich wieder um eine der periodischen Krisen, wie sie die europäisch-amerikanische Beziehung nun wohl schon Dutzende Male durchgemacht und überstanden hat, zuletzt noch – der heutige Kritiker Kissinger sollte es nicht vergessen – unter dem Staatssekretär Kissinger? Oder handelt es sich um einen ernster zu nehmenden Zersetzungsprozess?

Sicher handelt es sich um eine Situation, die eine Schwächung der Vertrauensbasis zwischen den Vereinigten Staaten und Europa nicht ohne schweren Schaden erträgt. Und sicher ist diese Basis beschädigt durch das Wegrutschen Persiens. Die Frage wird nicht so bald verstummen, wie zuverlässig das Engagement der Vereinigten Staaten im «Sonderfall» Europa sei, nachdem sich in dem zwar andersartigen, aber ebenfalls überaus gewichtigen persischen «Sonderfall» nichts gerührt hat.

Eine tragfähige Alternative zur politischen europäisch-amerikanischen Kooperation gibt es aber nicht. Entspannungspolitik gegenüber der Sowjetunion ist nur praktikabel, wenn sie sich im Westen auf solide Macht, auf die entsprechende Vertrauensbasis und auf Zusammenhalt stützen kann und wenn sie einigermassen konzertiert, das heisst gegenseitig abgestimmt wird. Operiert sie ausserhalb dieser Deckung und löst sie sich in Einzelaktionen und Sonderzüglein auf, dann liefert sie sich stückweise dem sowjetischen Hegemoniestreben aus, das sein westpolitisches Ziel ja seit 30 Jahren mit eben diesen Versuchen der Vereinzelung, der Unterhöhlung des Vertrauens und der Auflösung des Zusammenhalts auf der Gegenseite verfolgt.

Dialog der Grossmächte

Am 11. Mai wurde bekanntgegeben, dass Carter und Breschnew in Wien Salt II, das neue Abkommen über die Begrenzung strategischer Nuklearwaffen, unterzeichnen werden. In Amerika entwickelte sich eine kritische Diskussion um dieses Abkommen, welche die Ratifikation durch den Senat gefährdete.

19. Mai 1979

Dort, wo man wichtige Dinge frei und öffentlich erörtern darf, und namentlich in Amerika, ist eine breite Diskussion über die neue, zweite amerikanisch-sowjetische Vereinbarung zur Begrenzung strategischer Waffen – *Salt II* – in Gang gekommen. Die Interpreten stört es wenig, dass sie den Text, den sie auslegen, noch gar nicht haben; er muss erst noch ausgearbeitet werden. Doch ist, nach einem etwas burlesken Vorspiel, nach zahlreichen voreiligen Ankündigungen auch höchster Stellen, schliesslich offiziell verkündet worden, man sei sich einig; und worüber man sich einig sei, ist ebenfalls in ziemlicher Ausführlichkeit unter die Leute gebracht worden. – In Amerika, versteht sich, nicht in der Sowjetunion. Man nimmt also an, man wisse, worum es geht, und könne jenen Teufel, der im Detail zu sitzen pflegt, diesmal ignorieren.

Es scheint eine harte Kontroverse zu werden. Schweren Bedenken höchster Militärs und prominenter Senatoren, dass Washington mit diesem Vertrag der Sowjetunion zuviel Vorteile konzedieren, dass daraus nicht die der Sowjetunion zugestandene nukleare Parität, sondern sowjetische Überlegenheit auf dem Gebiet der Kernwaffen resultieren werde und dass im übrigen die Einhaltung der neuen Bestimmungen nach dem Ausfall der elektronischen Überwachung in Persien gar nicht mehr «verifiziert» werden könne – diesen Bedenken setzt die Regierung die nicht weniger chargierte These entgegen, dass es bei diesem Abkommen letztlich um nichts weniger gehe als um Frieden und Sicherheit schlechthin, die beide durch eine Ablehnung der Ratifikation im Senat schwersten Schaden erleiden würden.

Die Auguren beiderseits werden lächeln, wenn sie sich diese Argumente *«pour la tribune»* vorrezitieren. Im Hintergrund ihrer Gedanken spielen zwar wohl die ernste Sache und die in der Tat schwergewichtige Frage die Hauptrolle, ob nicht die Sicherheit durch ein Ungleichgewicht der Rüstung in Gefahr geraten könnte. Aber unübersehbar reicht im Hinblick auf 1980 Wahlpolitik in das parlamentarische Geschäft hinein; und unübersehbar steht hier auch die weitere Entwicklung des amerikanisch-sowjetischen Verhältnisses insgesamt und über die strategische Frage hinaus zur Debatte.

Gemeinsames Krisenmanagement

Salt, das Gespräch zwischen den beiden nuklearen Grossmächten über die Begrenzung ihrer strategischen Rüstung, ist nun seit rund einem Dutzend Jahren im Gang. Seine Vorgeschichte reicht noch weiter, bis in die beginnenden sechziger Jahre zurück, in die Zeit, wo die Möglichkeit der «Parität», eines strategischen Gleichziehens, der Sowjetunion mit dem bis dahin überlegenen Amerika in Sicht kam. Daraus ergab sich ein Zwang zu gemeinsamem «Krisenmanagement»: Ein «ungewollter» nuklearer Krieg aus Zufall oder Fehlkalkulation sollte mit dem Mittel der ständigen Direktverbindung der beiden Machtzentren vermieden werden («heisse Drähte»).

Aus der Situation entwickelte sich das gemeinsame Interesse der beiden, den Klub der Nuklearmächte so exklusiv wie möglich zu halten und die Weiterverbreitung der grossen Vernichtungswaffen zu unterbinden. Und es entwickelte sich daraus, nach zögernden und schwierigen Anfängen, schliesslich das Gespräch über die eigene beiderseitige Rüstung.

Dieser Versuch einer Direktverständigung der beiden Supergrands in einer mehr oder weniger klar begrenzten Angelegenheit war wohl von der Sache her unumgänglich, und er erscheint als natürlich, legitim und notwendig. Die Alternative eines ungehemmten Wettbewerbs in der Erzeugung apokalyptischer Vernichtungswaffen ist makaber – wobei freilich weit offen bleibt, ob ein solches Wettrüsten durch Salt-Abkommen wirksam gebremst beziehungsweise unter Kontrolle gehalten werden könne.

Auf jeden Fall aber, ob man den Versuch positiv oder kritisch beurteilt, ist er ein festes, geradezu schon traditionelles Element der Mächtepolitik geworden. Er bildet einen Bezirk gemeinsamer Interessen der Grossmächte, der auch in ihren heftigsten Auseinandersetzungen der vergangenen Jahre immer im Auge behalten wurde und als ein Sektor der «Entspannung» Bedeutung behielt auch in Zeiten, wo dieses Mehrzweckwort kaum mehr einen sonstigen sichtbaren Inhalt hatte.

Im Streit um die Ratifikation des Salt-II-Abkommens geht es nicht zuletzt um die Fortführung dieses Dialoges.

Es stecken in ihm aber mehr politisches Potential und mehr politische Problematik, als im Thema der strategischen Rüstung an sich schon enthalten ist. Salt ist der Kristallisationskern für eine Möglichkeit weiterreichender Verständigung der beiden Grossen geworden, für das, was als «Bilateralismus» der Grossmächte Gegenstand einerseits ständiger Suggestion und Propaganda auf der Seite Moskaus, anderseits der Kritik, des Verdachts und der Ängste auf der Seite der Alliierten und Protégés der Vereinigten Staaten ist.

Amerika – wichtigster Partner Moskaus

Moskau hat in den vergangenen Monaten deutlich genug gemacht, wie viel ihm am Abschluss der Salt-II-Vereinbarung und an der Fortführung des Dialoges mit Washington liegt. Für die Sowjetunion ergibt sich damit, ganz abgesehen von den strategischen Aspekten, einmal die Möglichkeit, die ins Stokken geratene «Entspannung» beispielsweise auf dem Gebiet der Handelsbeziehungen mit Amerika wieder in Gang zu bringen. Oder, umgekehrt formuliert: ein Misserfolg von Salt II würde wohl auch die anderen Entspannungsbemühungen wieder blockieren. Zweitens ist die *«special relationship»* der beiden Nuklearmächte zueinander, wie sie in den Rüstungsgesprächen anschaulich vor Augen demonstriert wird, für Moskau ein politisches Instrument von Bedeutung, das namentlich gegen China zu verwenden ist. Die Irritation in Peking über diese amerikanisch-sowjetische Sonderbeziehung oder «Kollusion» ist denn auch unverkennbar.

Und drittens ist in diesem Bilateralismus mehr als nur symbolisch zum Ausdruck gebracht, wen Moskau vor allen anderen im Westen als Verständigungspartner sucht und bevorzugt: Amerika. Gegenüber dem Bedürfnis einer Verständigung mit den Vereinigten Staaten – die in der sowjetischen Ideologie selbstverständlich nichts anderes ist und sein kann als eine taktische Zwischenstufe auf dem Weg zur weltweiten Hegemonie der kommunistischen Hauptmacht – haben die undurchsichtigen Versuche beispielsweise der sowjetisch-deutschen Annäherung eher den Charakter von Diversionsmanövern.

Auch für die amerikanische Politik könnte in der Ausweitung des Bezirkes direkter Verständigung mit Moskau mehr an Attraktion liegen, als manchen Europäern lieb sein möchte. Man könnte sich in Washington möglicherweise vorstellen, dass man sich auf diesem Wege wenigstens vorübergehend in

Afrika und im Mittleren Osten mancherlei Ungemach ersparen oder auch unvertraute «ostpolitische» Tendenzen bei der regierenden Linken in Bonn in die Schranken weisen könnte.

Aber es dürfte in der amerikanischen Politik auch jetzt bei Gedankenversuchungen bleiben, so wie es Anfang der sechziger Jahre, als die Dinge in Berlin und mit de Gaulle schwierig wurden, bei dieser Art Versuchung zu einem weiter ausgebauten amerikanisch-sowjetischen Bilateralismus blieb. Eine eigentliche Alternative liegt darin für die amerikanische Politik doch nicht. Sie hat auf eine Allianz Rücksicht zu nehmen, die sich nicht einfach mit einem entschlossenen Renversement des alliances abschütteln kann. Denn nur mit den Europäern zusammen vermag sie dem sowjetischen Rivalen die Balance zu halten – und Rivalität aber bleibt letztlich auch im Zeichen von Salt der Grundzug des sowjetisch-amerikanischen Verhältnisses.

Strauss auf dem Marsch nach Bonn

Am 2. Juli sprach sich die CDU/CSU-Fraktion in einer «Probeabstimmung» für Franz Josef Strauss, den bayrischen Ministerpräsidenten, als Kanzlerkandidaten der Unionsparteien aus.

7. Juli 1979

Mit einer Verbindung von Rasanz und Massivität, die man im Eishockey wohl *«Powerplay»* nennt, und in einer klug disponierten politischen Durchbruchs- und Entscheidungsschlacht, in der er seine Truppen genau dort hatte, wo er sie haben wollte, ist Franz Josef Strauss an das Etappenziel seiner Ambition gelangt: Er hat die «Kanzlerkandidatur» der christlichen Unionsparteien, CDU und CSU, errungen und sich damit die Ausgangsposition für den Sprung an die Macht in der Bundesrepublik Deutschland erkämpft.

Man pflegt nach solchen Erfolgen nicht mehr lange zu fragen, wie sie zustande gekommen sind. Bei der CDU, insgesamt die Verliererin in der Auseinandersetzung mit dem kompakten bayrischen Harst, sind denn auch der Schulterschluss und die Einordnung hinter dem Sieger deutlicher als der sich verziehende Protest. Die Erleichterung darüber, dass man aus der mörderischen Zerreissprobe endlich heraus ist und sich vor der zerstörerischen Gewalt eines zürnenden Strauss nun sicher glaubt, mag dabei eine Rolle spielen. Auf der Seite der CSU sind mit bemerkenswerter Plötzlichkeit die Drohungen mit «Spaltung» des christlichen Lagers und mit «vierter Partei» und dergleichen verschwunden, nachdem sie ihre Dienste als Pressionsmittel getan haben. Und selbstverständlich sind auch jene zahlreichen Worte des CSU-Vorsitzenden vergessen, respektive zu vergessen, nach denen er lieber in Alaska Ananas pflanzen als Bundeskanzler werden wollte. «Was kümmert mich mein Geschwätz von gestern?» – ist nicht erst seit heute ein probates Kalenderwort des deutschen, nicht nur des deutschen Politikers.

Einiger ungeklärter Bodensatz bleibt allerdings zurück. Abgesehen vom Trauma einer Parteiführung, der in so krasser

Weise die Truppe davongelaufen ist und die sich ausmanövriert vorkommen muss – wie viele CDU-Politiker haben letztlich für Strauss optiert, weil sie die Wahl 1980 ohnehin verloren geben, lieber Strauss denn Albrecht als Verlierer sehen und überdies hoffen, mit einem Verlierer Strauss dann auch das «Problem Strauss» loszuwerden? Wie wird es um den Wahleinsatz jener Teile der CDU stehen, die den bayrischen Kanzlerkandidaten erbittert bekämpft haben? Wie verhält sich der gewerkschaftliche linke Flügel der CDU, auf den die Christlichdemokraten, deswegen aus München regelmässig kritisiert, immer viel Rücksicht nehmen mussten und nahmen? Und was widerfährt dem *«Image»,* dem Charakter, der immerhin seit einer Generation geprägten besonderen «Identität» der CDU, wenn sie einen ausgedehnten Wahlkampf lang oder länger von Strauss wenn nicht geführt, so doch angeführt wird?

«Freiheit oder Sozialismus»

Dass Strauss auf seine Gefolgschaft abfärbt, weiss man aus Erfahrung. Er wird zweifellos mehr «Leben in die Bude» bringen, als irgendein anderer Gegenspieler Schmidts das könnte oder wollte und als manchem lieb sein mag. Gegen die norddeutsche wird die süddeutsche Maschinengewehr-Rhetorik hämmern, und an Offenherzigkeiten wird es nicht fehlen. Man kennt die polemischen Möglichkeiten einer Paarung Strauss - Schmidt aus manchem Duell im Bundestag.

Strauss hat schon im letzten Bundestagswahlkampf sein politisches Profil schärfer gezogen, als die CDU unter Kohl dies tat. Er hat – in seinem engeren Bereich erfolgreich – mit der harten Alternative «Freiheit oder Sozialismus» operiert, eine angesichts des aufgequollenen Leviathans Staat wohl durchaus erlaubte wahlrhetorische Vereinfachung. Er wird 1980 besser als 1976 in der Lage sein, Konturen und Temperatur des oppositionellen Wahlkampfes insgesamt zu bestimmen. Falls er auch diesmal wieder auf entschiedene Konfrontation und Kontrastierung aus ist, dürfte ihm überdies eine zunehmende Tendenz in diesem Sinne auch in der CDU entgegenkommen.

Was Strauss bisher in Gesellschafts-, Wirtschafts-, Sozial- und Finanzpolitik vertreten hat, hat unzweifelhaft liberale Substanz. Seine Kritik an der Entwicklung des Staates zum überbürokratisierten Umverteilungsapparat, an der galoppierenden Verschuldung der öffentlichen Hand, an einer hochgetriebenen sozialpolitischen Belastung der wirtschaftlichen Produktivkraft ist konstant und deutlich. Eine offene Frage muss bleiben, ob er eine «Tendenzwende» oder radikale Kurskorrekturen im Konkreten durchzusetzen vermöchte oder überhaupt im Sinne hat. In einigen Grundfragen orientiert sich ja auch die heutige Koalitionsregierung, obwohl sie stärkerem Druck von links ausgesetzt ist, an liberalen Vorstellungen.

Ein Liberaler mit konservativen Zügen? In vielen seiner Äusserungen wäre Strauss durchaus auf diese Art zu fassen. Aber es gibt Gelegenheiten, bei denen er aus solchen Kategorien herausfällt – in nationalen Fragen zum Beispiel, wo er in öffentlicher Rede zum schrillen Eiferer werden kann, selbst wo es um das Dritte Reich geht – wobei sein Leumund in Sachen Nationalsozialismus jedoch einwandfrei ist.

Ihn als «Nationalisten» zu bezeichnen wäre zu einfach. Dazu sind seine Intelligenz und sein Urteilsvermögen in bezug auf die globalen Machtverhältnisse zu ausgeprägt, und dem widerspräche auch seine realistische Beurteilung der deutschen Frage zu einem Zeitpunkt, wo sie für manche SPD- und FDP-Politiker noch Gegenstand nationalistisch-emotionaler Schwärmerei war. Im Unterschied zu diversen Exponenten des Regierungslagers hat er auch nie auf einem anderen Boden als dem der europäischen Einigungs- und der westlichen Allianzpolitik gestanden, wenn sich auch die Akzente etwa zwischen Amerika und Frankreich bei ihm deutlich verschoben haben.

Unausgegorenes

Trotzdem bleibt im Bereich der Deutschlandpolitik bei Strauss – freilich auch bei anderen – eine nicht voll durchsichtige Stelle, wo auch die Inhalte nicht fixiert, vielleicht umformbar sind – ein Potential für das Handeln, das auch für den Westen Überraschungen bergen könnte. Als ihm Breschnew letztes Jahr in Bonn eine wohlkalkulierte Vorzugsbehandlung zuteil werden liess, reagierte er auf eine Weise und mit Äusserungen, die nicht nur in Polen Vorahnungen künftiger deutscher Möglichkeiten aufkommen liessen; die Schonung, die er seither in Moskau geniesst, hat sie nicht einschlafen lassen.

Welche Art von nationalem Denken und nationaler Reaktion wird Strauss in der deutschen Wählerschaft wecken oder weiterentwickeln – beziehungsweise von welcher Art nationalem Bewusstsein wird er sich tragen lassen? Verschiedene Varianten sind in ihm wie im deutschen Publikum heute angelegt und könnten sich in Wechselwirkung stimulieren: eine bundesrepublikanische, die nach der Führungsrolle in Europa und nach jener Riesenstatur auch im Politischen strebt, die Westdeutschland als Wirtschaftsmacht bereits hat; oder eine gesamtdeutsch-ostpolitische, die aus Frustration über Amerika auf den Gleisen der vorgespurten Annäherung an Moskau auf das grössere Deutschland zielt?

Wird ein ins Grosse ausgreifender Ehrgeiz, ein rastlos aktivistisches Temperament sich mit der sorgsamen Pflege einer Kontinuität begnügen, die deutsche Politik mit europäischen und gesamtwestlichen Interessen bisher einigermassen in Einklang hielt – oder stellt Straussens politisches Naturell den Deutschen und den Europäern Abenteuer in Aussicht? Ist sein Ungestüm so zu mildern, dass es fruchtbare Vitalitätsimpulse mitteilt, oder entwickelt es bedrohliche Rasanz? Diese und andere Fragen und Möglichkeiten sind auch nach einer langen politischen Laufbahn, die Indizien nach verschiedenen Richtungen geliefert hat, offen. Mit den Klischeevorstellungen der schrecklichen Vereinfacher ist dieser farbige politische Charakter nicht zu fassen; sein Potential ist nicht zuletzt eines der Überraschungen.

Strauss tut als Kanzlerkandidat keinen leichten Gang. Es wird für ihn ein Kampf hangaufwärts, gegen starke, weitverbreitete Vorbehalte gegen seine bajuwarisch-barocke Art, sein massives Zupacken, gegen eine von ihm ausgehende Schreck- und Abschreckwirkung. Geschlossenheit und Kampffreude der hinter ihm stehenden Truppe sind einstweilen nicht über jeden Zweifel erhaben.

Um so grösser wird für ihn die Versuchung sein, aus allem, was in der Wählerschaft an Sentiment und Ressentiment steckt, Kapital zu schlagen und jedes Mittel zum Erfolg zu nutzen, den er mit verzehrendem Ehrgeiz sucht. Um so grösser auch das Interesse des Auslandes, besonders der europäischen Nachbarn, an der Entwicklung nicht nur des politischen Profiles von Strauss, sondern auch des politischen Klimas in der Bundesrepublik unter dem Einfluss dieser heute wohl stärksten politischen Potenz Westdeutschlands, an der sich, wie zurzeit an niemand anderem, die Geister scheiden.

Psychologische Kriegführung

Die Nato steht vor der Entscheidung, im eurostrategischen Rahmen das Gleichgewicht der Abschreckung wiederherzustellen.

1. Dezember 1979

In zehn Tagen wird die atlantische Allianz eine Entscheidung zu treffen haben, die über ihre rüstungs- und verteidigungspolitischen Folgen hinaus für die künftige politische Existenz des freien Europa schlechthin von weitreichender Bedeutung sein kann. Es geht um den Beschluss, durch die Produktion einer neuen Generation strategischer Waffen von mittlerer Reichweite in Amerika und ihre spätere Stationierung in Westeuropa das Gleichgewicht der Abschreckung wiederherzustellen, das diesem Kontinent den Frieden sichern helfen soll und das durch eine forcierte sowjetische Auf- und Umrüstung auf diesem Gebiet in Frage gestellt wird bzw. bereits gestört ist.

Dieses regionale Gleichgewicht hat an Bedeutung stark zugenommen, seit eine globale «Parität» der beiden grossen Nuklearmächte praktisch existiert und vertraglich verfestigt ist (die Ratifikation des Salt-II-Abkommens durch den amerikanischen Senat vorbehalten). Seit die interkontinentalen Waffen sich in der strategischen Gleichung gewissermassen gegenseitig aufheben bzw. gegenseitig binden, können regionale Lücken nicht mehr aus den grossen Reservoiren ergänzt werden. Das Ungleichgewicht in Europa fällt deshalb stärker ins Gewicht, und es vergrössert sich in raschem Tempo zuungunsten des Westens: Jede Woche wird eine neue dreiköpfige sowjetische *SS-20*-Rakete, jedes Jahr ein Geschwader von *«Backfire»*-Bombern mehr in Dienst gestellt – Systeme von grosser nuklearer Zerstörungswirkung, die den ganzen Kontinent eindecken und denen im Westen ausser den britischen und französischen Atomwaffen und einigen der Nato zugeteilten Polaris-Unterseebooten nichts mit vergleichbarer Reichweite entgegensteht, insgesamt nichts, was diese spezifische Bedrohung «neutralisieren» würde.

Gleichgewicht aber ist im Zeitalter und unter der Logik der Nuklearstrategie vielleicht mehr als je zuvor Voraussetzung und Basis der Sicherheit. Einen Atomangriff kann man nicht mit Waffen abwehren oder zurückschlagen. Man kann lediglich durch glaubwürdige Gegendrohung, Abschreckung, bewirken, dass er unterbleibt. Und geht diese Rechnung einmal nicht mehr auf, verliert sie die Glaubwürdigkeit mangels adäquater *«Hardware»* oder mangels Verteidigungswillens oder weil eine Seite strategisch ausmanövriert ist, bevor das «Manöver» überhaupt beginnt – dann ist damit die politische Niederlage schon besiegelt. Wer die strategische Waage nicht halten kann, muss sich dem Willen des Stärkeren fügen. Rüstungspolitik ist heute in viel direkterer Weise, auch ohne den Umweg der kriegerischen Auseinandersetzung, politisches Kräftemessen.

Kein Wunder, dass die Rüstungsentscheidung der Nato ihrerseits unter politische Hochspannung geraten ist. Sie ist Ziel einer gross inszenierten Kampagne der Sowjetunion; zugleich ist sie Anlass wachsender innerer Anfechtung in einigen europäischen Staaten, wo sich Linksformationen – die nicht durchwegs im Schlepptau Moskaus fahren – der in der Tat schrecklichen, wenn auch unentrinnbaren nuklearstrategischen Logik zu entziehen versuchen.

Nuklearpolitik unter Hochspannung

So reichhaltig das Instrumentarium ist, mit dem die sowjetische Politik die Entscheidung der Nato zu blockieren oder zu verzögern versucht, so aufschlussreich sind anderseits seine Lücken. Breschnew hat das Spiel mit einem «Angebot» eröffnet: einseitige sowjetische Truppenreduktion um 20 000 Mann und 1000 Panzer ohne Vorbedingungen, mögliche Verhandlungen über die sowjetische Raketenrüstung als Gegenleistung für einen westlichen Rüstungsverzicht, das heisst für die Fixierung eines bereits bestehenden gut dreifachen östlichen Übergewichts. So sehr das Angebot auch im Westen als guter «Anfang» gelobt wurde, so wenig vermochte es zu überzeugen und einen Handel in Gang zu bringen: Es war im Vergleich zu den Massen an Truppen und Material im Osten eine Geste und nicht mehr, und auf die Aufstockung von Substanz, die das Verhandeln attraktiv und das Nein-Sagen schwer gemacht hätte, hat man im Westen bisher vergeblich gewartet. Die Bonner Regierung schien von Gromyko eine Trumpfkarte, etwa die Offerte eines temporären einseitigen Rüstungsstopps für SS-20-Raketen, gewärtigt bzw. befürchtet zu haben – aber sie kam nicht. Statt der Substanz verdichtete der sowjetische Aussenminister lediglich die Propaganda, indem er, in allerdings mehr suggestiver als eindeutiger Weise, bedeutete, dass es nach einem Rüstungsbeschluss der Nato für die Sowjetunion nichts mehr zu verhandeln gäbe.

Die Waffe der psychologischen Kriegführung, die damit angesetzt ist, zielt auf eine zweifellos schwache Stelle im Westen. Der Rüstungsbeschluss, wie ihn die Nato-Partner vorsehen, ist zum vornherein mit einem Verhandlungsangebot an die Adresse Moskaus verkoppelt: In den vier Jahren zwischen dem Beschluss und der Installation der Waffen soll mit den Russen nach Wegen gesucht werden, um das Gleichgewicht durch Rüstungsreduktion statt über eine neue Rüstungsspirale zustande zu bringen. Dieses Angebot in den westlichen Beschluss einzubauen erwies sich auch aus inneren Gründen als politisch notwendig; ohne es schien es schwierig, die Parlamente für eine neue Rüstungsrunde zu gewinnen.

Verhandlungsverweigerung – eine Drohgebärde

Die Frage ist, ob nicht schon Gromykos Ersatztrumpf, also die blosse Drohung mit der Verweigerung von Verhandlungen, sticht und genügt, um die Europäer von dem sicherheitspolitischen Schritt abzuhalten, den sie selber als dringlich notwendig und unumgänglich empfunden und empfohlen haben. Die Antwort liegt bei den Koalitionen und Parlamenten in Dänemark, Holland, Belgien, Italien und in der deutschen Sozialdemokratie, die kommende Woche in Berlin Parteitag hält. Dass gleichzeitig die Aussenminister des Warschaupaktes in den Ostteil der Stadt aufgeboten sind, zeigt den Druck an, der gegen vermutete Schwachstellen aufgebaut wird.

Ist es Selbstsicherheit oder Unbeweglichkeit der sowjetischen Politik, dass sie das Spiel bisher lediglich mit Methoden der psychologischen Kriegführung getrieben hat und nicht mit ernsthaften Konzessionsangeboten aufwartete? Schätzt sie die Gegenseite für so schwach ein, dass sie sich den Erfolg schon von den ersten verspricht und sich die letzteren ersparen zu können glaubt? Eine gewisse Wirkung der Drohung Gromykos ist unverkennbar, wenn auch vorläufig nicht dort, wo sie am aussichtsreichsten wäre, nämlich in der Bonner Regierung, die sein Manöver ihrerseits zu überspielen verstand.

Doch ist man noch immer in den ersten Runden der Auseinandersetzung. Auch wenn die Nato im Dezember ihren Beschluss unversehrt unter Dach bringen sollte, wird sie aus den Schwierigkeiten noch nicht heraus ein. Moskau dürfte noch manches im Köcher haben – zu guter Letzt vielleicht sogar ein ernsthaftes Verhandlungstraktandum, das schliesslich ein Gespräch, ähnlich Salt, über ein Sicherheitsarrangement in und für Europa erlauben könnte, das weder eine Kapitulation vor der sowjetischen Übermacht noch eine endlose Rüstungsspirale bedeuten würde.

Bis zu diesem vorläufig utopischen Gestade ist noch eine weite Fahrt. Ankommen wird man dort, wenn überhaupt, nur, wenn sich die westliche Seite unter den Pressionen der psychologischen Kriegführung als widerstandsfähig erweist und ihre sicherheitspolitischen Prioritäten durchhält, bis auch in Moskau unter der Propaganda der politische Kern greifbar wird, jenes Eigeninteresse, das auf die Dauer nicht in der Umsetzung des Volkseinkommens in exzessive Rüstung liegen kann.

In die achtziger Jahre

Die Prognostiker sagen für die achtziger Jahre auf Grund von Gleichgewichtsstörungen schwierige Zeiten im Ost-West-Verhältnis voraus.

13. Dezember 1979

Die achtziger Jahre, in die wir nun eintreten, sind seit längerem Objekt pessimistischer Spekulation und gelten als ominös. Die Zukunftsängste beziehen sich derzeit – abgesehen vom Energieproblem – vor allem auf ein sich stärker ausprägendes Ungleichgewicht der Rüstung und militärischen Stärke zwischen den beiden Weltmächten, das die Sicherheit namentlich in Europa in Frage stellen könnte. Das Problem ist nicht zu bagatellisieren und weder mit Friedensbotschaften noch mit Entspannungspolitik bisheriger Art zu lösen. Die Stabilisierung und Wiederherstellung des Gleichgewichts und damit der Sicherheit verlangt konkrete Massnahmen. Das atlantische Bündnis hat sie, wenn auch unter Schwierigkeiten, immerhin zu beschliessen vermocht und damit gezeigt, dass es für sein Teil Vorsorge für das neue Jahrzehnt treffen will.

Im übrigen gleicht das Unheil, das eintritt, sehr oft nicht dem erwarteten – wenn man schon von einem konstanten Unheilspotential ausgehen will. Die achtziger Jahre sind auch schon unter ganz anderen Aspekten verdächtig gewesen, jenem des «Pillenknicks» von 1964 zum Beispiel, der sich katastrophal auf die wehrfähigen Jahrgänge im Westen auswirken würde, oder dem eines fälschlicherweise vermuteten Vorsprungs der sowjetischen Raumfahrttechnik – Aspekte, von denen man kaum mehr spricht.

Und wer hätte noch an seinem Vorabend den *Jom-Kippur*-Krieg von 1973 mit seinen weitreichenden Folgen für den globalen Energiehaushalt und die industrielle Wirtschaft erwartet, wer den plötzlichen Zerfall Persiens unter einem Regime des Wahnsinns in diesem vergangenen Jahr? Ebenso ausserhalb der Prognosen standen nach dem steilen Abfall der ebenso steile Wiederaufstieg der Popularität Jimmy Carters und der rasche

Wandel der amerikanischen Gemütsverfassung unter dem Eindruck der Demütigung durch Khomeiny – eine Wandlung, die in einem andern Sinne ebenso signifikant für die Politik der Vereinigten Staaten im nächsten Jahrzehnt sein könnte, wie es das Vietnam-Syndrom und die isolationistische Versuchung für das vergangene waren.

Ernüchternde Erfahrungen

Dass unsere Publizistik insgesamt so voll Unheilserwartung steckt, hat wohl mit den objektiven Rückschlägen westlicher Politik von Vietnam bis Angola, vom Mittleren Osten bis Zentralamerika zu tun, ebensoviel aber mit einem eklatanten Verlust von Selbstvertrauen, der noch andere Gründe haben muss. Dass wir vom Zivilisationsoptimismus der Grossväter so himmelweit entfernt sind, ist verständlich: Dazwischen liegen die Weltkriege wie die Erfahrung vielfältiger Zivilisationskrankheit von der Umweltzerstörung bis zur sozialpsychischen Entgleisung. Dahin ist auch das Vertrauen in die universale Anwendbarkeit und Überlegenheit der Demokratie, welches das amerikanische Zeitalter in den Nachkriegsjahren missionarisch geprägt hatte; liberale Demokratie nach Montesquieu, Rousseau und Jefferson ist offensichtlich nicht jedermanns Sache geworden.

In einer einseitigen Weise, die längst der Korrektur bedürftig wäre, ist sodann das kolonisatorische Wirken Europas in der «Dritten» Welt unter Pauschalanklage gestellt worden, zumeist von den Europäern selber. Die Selbstbeschuldigung hat krankhafte Züge angenommen, ohne dass allerdings den angeblichen Opfern des Kolonialismus damit geholfen worden wäre.

Sind wir insgesamt auf der Verliererseite und mit uns die Zivilisation, als deren hervorragendes Merkmal bisher ihre Regenerationskraft gegolten hat? Ist diese Kraft erschöpft? Ist die schöpferische Dynamik etwa einer Wirtschaft, die selbst bei beschnittener Initiative den breitesten Schichten den höchsten Lebensstandard der Geschichte verschafft und die jene technischen Güter produziert, die alle wollen, ein politischer Nonvaleur, wenn es um die Selbstbehauptung einer Lebensordnung geht? Findet im Westen keine Kraftübertragung vom Wirtschafts- und Wissenschaftspotential auf die Politik, vom Wunsch der Selbsterhaltung auf den entsprechenden Willen und von da auf die Macht dazu statt – wohlverstanden: Macht zur Selbsterhaltung, zur Bestandessicherung, denn wer im Westen redet oder träumt noch von Vorherrschaft?

Es ist schwer zu glauben, dass das Bild von Resignation, Handlungsunfähigkeit und teilweise von Zerfall, das die Politik der westlichen Demokratien gegen Ende des vergangenen Jahrzehnts allzuoft geboten hat, der wirklichen inneren Verfassung und den Möglichkeiten dieser «Ersten» Welt entspricht. Diese Politik scheint – schien? – vergessen zu haben, was sie 1948 (Berlin) oder 1962 (Kuba) noch gewusst hatte, nämlich wie man Herausforderungen aggressiver Macht begegnet. Um so deutlicher waren stellenweise ihre Anklänge an 1938 (München).

Pessimismus trotz Entspannung

Ist es nicht bemerkenswert, dass der pessimistische Ausblick ins neunte Jahrzehnt aus einem Dezennium der Entspannungspolitik heraus erfolgt? Denn vor ziemlich genau zehn Jahren, mit der Vorbereitung der Moskauer Verträge durch die Bonner Regierung Brandt, hat die Intensivphase der Entspannungspolitik in Europa begonnen, in die dann auch Kissinger eingestiegen ist und die in der Grossveranstaltung eines Staatschefs-Kongresses in Helsinki 1975 ihren Höhepunkt, wenigstens pour la tribune, erreichte. Es war das erklärte Ziel dieser Politik, «Wandel durch Annäherung» zu bewirken und den «Frieden sicherer» zu machen. Warum und woher nun, am Ende des Jahrzehnts, die Unsicherheit, die Zukunftssorge um den Frieden, die krampfhafte Anstrengung, etwas für die Sicherheit und also die Erhaltung des Friedens Wesentliches und Unerlässliches nachzuholen, was man vorher offenbar unterlassen hat?

Hat man zu viel auf Möglichkeiten der Verständigung gesetzt und den Faktor «Macht» vernachlässigt? Hat man den eigenen guten Willen allzu naiv zum Mass für die Absichten und Berechnungen der Gegenseite genommen? Oder wollte man nicht sehen, was zum vorgemalten Bilde nicht passte?

Das Entspannungsjahrzehnt hat jedenfalls mit einem Augenreiben geendet, als man die Bestände an «Hardware» der Macht beiderseits der Trennlinie verglich und Bilanz zog. Eine Richtungskorrektor ist fällig geworden. Nicht dass der Begriff der Entspannung gestrichen würde. Aber er muss neu gefasst werden; das Element des Machtgleichgewichts gehört hinein, wenn Entspannungspolitik nicht ein blosses Instrument sowjetischer Machtambitionen beziehungsweise ein Ausdruck westlicher Resignation sein soll.

Die Chancen, dass auch eine Entspannungs- und Stabilisierungspolitik solch neuer Dimension durch Verständigungslösungen vorangebracht werden kann, sind zu Beginn des neuen Jahrzehnts keineswegs so verbaut, wie die östliche Propaganda – als Vehikel politischer Kriegführung – vorläufig glauben machen will. Die Zeichen sind mit den Rüstungsbeschlüssen der Nato weder auf Kalten Krieg noch auf militärische Eskalation gesetzt. Gleichgewicht kann auch mit Rüstungsreduktionen erreicht werden. Die Frage ist lediglich, ob alle Beteiligten Gleichgewicht wollen oder ob einer von ihnen Hegemonie im Sinne hat. Die politische Antwort darauf, das heisst der Versuch, auf einem rutschgefährdeten Hang wieder Sicherheit und Stabilität zu schaffen, gehört ins Pensum der kommenden Jahre.

Selbstbehauptung und Entspannung

Die Besetzung Afghanistans durch die Sowjetarmee hatte Ende Dezember 1979 das Doppelgesicht einer sowjetischen Politik grell beleuchtet, die nach Westen Entspannung predigte und anderswo offensive Expansion betrieb.

12. Januar 1980

Selten hat die Welt einen so jähen politischen Klimasturz, eine so abrupte radikale Veränderung der Szenerie erlebt wie über den Jahreswechsel 1979/1980.

Im Dezember noch hatte Carter dem amerikanischen Senat zugeredet, mit der Ratifikaton von Salt II vorwärtszumachen – und das hiess: mit einer Politik der Verständigung zwischen den Grossmächten über eine Begrenzung ihrer strategischen Rüstung, die dann in Salt III weiterzuführen wäre zu einem Abkommen über die Nuklearrüstung in Europa und die ihrerseits ein Element jener Entspannungspolitik war, mit der man im Westen den globalen Machtkampf zu entgiften, ihn sozusagen auf das diplomatische Gleis abzuschieben hoffte. In der ersten Woche des Januar hat derselbe Carter dem Senat geraten, die Ratifikation auf Eis zu legen, hat wirtschaftliche Sanktionen gegen die Sowjetunion angeordnet, hat den russischen Eingriff in Afghanistan als schwerste Bedrohung des Friedens seit dem letzten Weltkrieg bezeichnet und erklärt, damit habe der Kreml den aggressiven Charakter seiner Politik enthüllt. Und das wiederum heisst nichts anderes als härteste Konfrontation der Supermächte, Ende, jedenfalls vorläufiges Ende der Entspannung als eines weltpolitischen Programms.

Wenn man nach einem vergleichbaren Umschwung sucht, könnte die Erinnerung an den Stimmungswechsel zwischen dem Oktober 1938 und dem März 1939 auftauchen, zwischen der Euphorie der *Appeasement*-Politik nach dem Münchner Abkommen (*«Peace for our time»*) und der Desillusionierung beim deutschen Überfall auf die Rest-Tschechoslowakei, der mit unabweisbarer Deutlichkeit den aggressiv-kriegerischen Charakter der Politik des Dritten Reiches blosslegte.

Der Vergleich soll nicht gepresst werden – aber er gibt doch noch ein Weiteres her: Bis 1938 hatte Berlin nur deutsche Volksgenossen «befreit» und dies auch als sein Endziel («meine letzte territoriale Forderung») bezeichnet; 1939 griff es auch auf das nichtdeutsche Mittel- beziehungsweise Osteuropa über. Bis 1979 hat die Sowjetunion mit ihrer Armee nur Staaten des Warschauer Paktes, ihre eigenen sozialistischen Satelliten, überfallen beziehungsweise neu unterworfen, 1953 die Sowjetzone Deutschlands, 1956 Ungarn, 1968 die Tschechoslowakei. Jetzt hat sie, in Afghanistan, zum erstenmal selber unter dem Zaun hindurchgefressen und ihrer Herrschaft einen «blockfreien» Staat faktisch einverleibt. Ihre Gewinne in Südostasien und Afrika hatte sie sich in den letzten Jahren durch vietnamesische und kubanische stellvertretende Aggression einbringen lassen. Ist damit ein Charakterwandel der sowjetischen Machtpolitik signalisiert, sind damit nun auch weitere Zäune, etwa der jugoslawische, der türkische, der persische, der pakistanische, wakkelig geworden?

Überfall auf ein «blockfreies» Land

Natürlich gibt es auch heute wieder die Version, der massive bewaffnete Eingriff der Sowjetunion sei letztlich defensiver Natur; man hat sie von Budapest 1956 und Prag 1968 her im Ohr. In bezug auf Afghanistan vertritt sie neuerdings George Kennan, der keinerlei einleuchtende strategische Absichten in der sowjetischen Aktion zu erkennen vermag und der die amerikanische Aufregung darüber als blosses Wahlfieber diagnostiziert. Der Vorsitzende der SPD-Fraktion in Bonn, Herbert Wehner, hat den rein «defensiven Charakter» der sowjetischen Rüstung, den er vor wenigen Monaten noch propagiert hatte, im Falle Kabul noch nicht näher expliziert.

Sicher stand und steht das Vorgehen des Kreml unter gewissen sogenannten Zwängen: ein aktiver und gar erfolgreicher islamischer Widerstand gegen die seit längerem eingeleitete Satellisierung und Sowjetisierung Afghanistans könnte, im Verein mit dem Durcheinander im religiös fanatisierten Persien, höchst unerwünschte Folgen bei den islamischen Völkern der Sowjetunion selber haben. Und da pflegt Moskau halt eben, wie in Budapest und Prag, aus lauter «Defensive» offensiv zu werden. Uns Westlern wird dann zugeredet, dies als markanten Zug eines besonderen politischen Temperaments zu verstehen, wenn auch natürlich nicht nachzuahmen.

Das Moment der Selbstwehr verdeckt aber nicht mehr das offensive Potential der sowjetischen Aktion: Moskau nähert sich mit der Satellisierung Afghanistans dem Indischen Ozean und den Ölfeldern am Golf auf Katzensprungweite, es verlängert die Umklammerung Persiens um die Hälfte, wird an langer Grenze ein bedrohlicher direkter Nachbar Pakistans und schafft ein Machtgefälle in der Region zu seinen Gunsten.

Zugleich wird der Griff seiner Macht nun auch im Chaos von Teheran spürbar, deuten sich Hebel für direkte Einflussnahme im zerfallenden Staat des Ayatollah Khomeiny an, der in neueren Analysen nun auch selber als Instrument der sowjetischen Politik erscheint. Was in Afghanistan und was in Persien geschieht, muss aus dem Gesichtspunkt des Kreml zusammen gesehen werden. Für den Westen, dessen Energiequellen mitten in diesem Hexenkessel liegen, ist der Alarm von der Sache und der Situation her fällig, auch ohne steigendes Wahlfieber in Amerika, der Bundesrepublik und Frankreich.

Warum der Affront?

Was über die für sich schon äusserst schwerwiegende regionale Problematik hinaus dem offensichtlich von längerer Hand sorgfältig geplanten sowjetischen Übergriff einen ominösen Zug gibt, ist sodann der Umstand, dass Moskau sich in vollem Bewusstsein und durchaus überlegt über die Entspannungspolitik hinwegsetzt, die es selber bis vor kurzem noch propagiert hatte. Diese Politik hat zwar für die Sowjetunion einiges an Attraktivität eingebüsst: Die Entwicklungshilfe der westlichen Wirtschaft blieb unter seinen Erwartungen, und die Entspannungssuggestion vermochte schliesslich nicht mehr die Nato in passiver Starrheit gegenüber dem wachsenden sowjetischen Rüstungsvorsprung zu halten. Trotzdem schien sie Breschnew noch viel wert zu sein.

Baut er darauf, dass er auch bei der afghanischen Aktion – sofern er sie befohlen hat und nicht andere ihm die Hand führen – so leichten Kaufs davonkommen werde wie 1968 bei der tschechoslowakischen, das heisst mit einem knappen Jahr milder internationaler Quarantäne? Dass eine solche Erwartung abwegig wäre, steht keineswegs zum vornherein fest. Die europäischen Stimmen, namentlich die gewichtigen aus Bonn und Paris, plädieren bereits mit Nachdruck, und mit deutlicher Spitze gegen befürchtete amerikanische «Überreaktionen», für die Erhaltung von so viel Entspannung, als immer noch vorhanden sei. Und die Möglichkeit ist nicht von der Hand zu weisen, dass Washington auf einem Berg von Sanktionen sitzenbleibt, ohne in Afghanistan und Persien nennenswerte Wirkung erzeugt zu haben, und dass es schliesslich in wenig prestigefördernder Weise davon dann wieder herunter muss.

Ernsthafte Interpreten sind allerdings der Meinung, dass

mit der Eskalation des afghanischen Konfliktes und mit der Weigerung der Sowjetunion, über ein nukleares Rüstungsgleichgewicht in Europa zu verhandeln, das Ende der Entspannung tatsächlich gekommen sei. So der Berliner politische Wissenschafter Richard Löwenthal – keineswegs ein «Kalter Krieger», sondern einer der massgebenden Architekten der Ostpolitik Willy Brandts, also einer deutschen Entspannungspolitik –, der die Grundvoraussetzungen dieser Politik, nämlich den Willen in Ost und West zu Verhandlungen und Kooperation in Lebensfragen, für nicht mehr gegeben hält.

Man sollte Entspannungspolitik nicht verabsolutieren und mit der Chance des Friedens schlechthin gleichsetzen. Die Mächte haben «koexistiert», und die Welt hat überlebt, bevor «Entspannung» erfunden war, und in den zehn Jahren, in denen sie als verbaler Titel über der internationalen Politik stand, hat es von Vietnam bis Ost- und Westafrika und dem Vorderen Orient mehr Kriege, mehr Kriegstote und mehr Machtverschiebung gegeben als in der Dekade zuvor. Wichtiger als der Begriffe und Etiketten sind die politischen Taten und ist die Rangordnung der Werte, nach denen sie sich richten.

Wenn die Sowjetunion im Mittleren Osten mit ihren kriegerischen, subversiven und politischen Aktionen eine Strategie verfolgt, die den Lebensnerv und die Existenzbasis des Westens bedroht und treffen will, dann wird die Frage, ob und wieviel Entspannung zu retten ist, sekundär. In den ersten Rang tritt die Selbsterhaltung, das Überleben Amerikas und Europas. Es ist die gemeinsame Frage beider, und es verlangt eine gemeinsame Antwort.

Friedensspiele für den Kriegsgott?

Nicht nur das Fernbleiben, auch die Teilnahme an der Moskauer Olympiade, den «Weltfriedensspielen» nach der kriegerischen Aktion gegen Afghanistan, war ein politischer Akt.

23. Januar 1980

Um die Boykottdrohung Präsident Carters gegen die Olympischen Sommerspiele in Moskau ist Begriffsverwirrung entstanden. Carter, so klagt man in Teilen der Sportwelt, habe sich an der politischen Unschuld des Grossen Festivals vergangen, indem er die idyllische Enklave friedlichen internationalen Wettbewerbs der Spitzenathleten unter politischen Druck gesetzt und Kriegslärm in Olympia habe eindringen lassen.

Die Drohung des amerikanischen Präsidenten ist und meint unbestreitbar Politik – in verschiedener Hinsicht: Sie ist ein Mittel der Reaktion auf die sowjetische Aggression gegen Afghanistan; sie ist Ausdruck einer deutlich werdenden allgemeinen Volksstimmung in Amerika, die *«business as usual»* unter den derzeitigen Umständen nicht mehr duldet und Taten sehen will; und sie stellt die Verbündeten der Vereinigten Staaten vor Entscheidungen, die unübersehbar hochpolitischer Natur und die einigen von ihnen dementsprechend hochpeinlich sind.

So eindeutig der politische Charakter von Carters Zug ist, so fragwürdig ist die Vorstellung vom unpolitischen Wesen des internationalen Spitzensports und der Olympischen Spiele im besonderen: sie fielen den Weltkriegen zum Opfer, und in den ersten Nachkriegsolympiaden waren jeweils die Verlierer ausgeschlossen; ausgeschlossen wurden Staaten, weil sie politisch nicht ins Schema passten; der Wettbewerb der Einzelkämpfer ist schon lange zum politischen Prestigekampf der Staaten degeneriert; die olympische Stätte war Ort politischer Demonstrationen und einer ruchlosen Tat des politischen Terrors. Die völkerverbindende Mission des Sports ist längst vorwiegend Rhetorik – Realität ist weit eher die Anheizung nationalen Ehrgeizes und nationaler Rivalitäten, also politischer Emotionen.

Der neue Akt der Politisierung infiltriert also nichts in den olympischen Gedanken, was nicht bereits in seiner Praxis vorhanden wäre. So oder so ist um die politische Option nicht herumzukommen.

Olympiade als politische Claque

Denn nicht nur wer nicht nach Moskau gehen will, wer die Spiele und damit den universalen sommerlichen Televisionsspass gefährdet und verdirbt, handelt politisch. Wer geht, tut desgleichen: Er verhilft, ob er das nun ausdrücklich will oder nicht, einer aggressiven Macht, die nach frischer Tat mit blutigen Händen dasteht, zur Fassade von internationaler Versöhnung, Brüderlichkeit, von Festlichkeit, Harmlosigkeit, von ungemindertem Ansehen und Unverwundbarkeit; er spielt Claque für verlogene totalitäre Massenmanipulation und markiert einen olympischen Schnelligkeitsrekord im Vergessen. Das wäre keine Politik?

Mehr und mehr komme in der olympischen Idee der Gedanke des «Weltfriedensfestes» zum Ausdruck, hat das deutsche IOC-Mitglied Willi Daume in einem Lexikonaufsatz geschrieben. «Weltfriedensfest» in Moskau während oder unmittelbar nach einem Angriffskrieg der Sowjetunion, für den sie von einer erdrückenden Mehrheit in den Vereinten Nationen verurteilt wurde? In Moskau, das die Spiele von 1980 zugesprochen erhielt sozusagen als Vorschuss und in Besiegelung jener «Entspannungspolitik», die sie selber nun so gründlich desavouiert hat? Weltfriedensspiele für den Kriegsgott?

Eine ganz andere Frage ist, ob Carters Drohung, sollte sie wahrgemacht werden, auch wirkt und ob er so viel Gefolgschaft unter freiheitlichen Staaten findet, dass auch in der Sowjetunion die Isolierung spürbar wird. Das wird sich in den nächsten Wochen weisen, und es wird daraus einiges in bezug auf die Bindekraft Amerikas beziehungsweise das Gewicht der Sowjetunion beispielsweise zwischen Elbe und Pyrenäen ablesen lassen.

Für unseren schweizerischen Staat ist die Beteiligung an der Olympiade derzeit nicht unmittelbar als politische Frage gestellt. Bern ist weder mit Steuergeldern involviert (wie etwa die Bundesrepublik Deutschland), noch hätte es eine legale Möglichkeit, Reisen von Sportlern und Touristen zu verhindern (wie Washington sie durch seine Passkontrolle hat). Auch Neutralitätspolitik steht also in diesem Fall nicht zur Diskussion, auch indirekt nicht. Der Staat ist vorläufig aus der Sache heraus – nicht aber die unabhängige Sportinstanz, das Schweizerische Olympische Komitee, bei dem die freie Entscheidung liegt. Es wird wohl helvetischem Usus gemäss einmal abwarten und sehen, was «die anderen» machen. Aber es sollte nicht der Illusion verfallen, es könne einer unangenehmen politischen Entscheidung entgehen, indem es «aus rein sportlichen Gesichtspunkten» urteilt. Es gibt da, schon im Blick auf die öffentliche Meinung, kein Entrinnen.

Dialog der Tauben?

Die amerikanischen und die europäischen politischen Reaktionen auf den sowjetischen Übergriff in Afghanistan gingen bald auseinander. Besonders deutlich wurde der innerwestliche Gegensatz am Pariser Gipfeltreffen von Präsident Giscard und Bundeskanzler Schmidt in der zweiten Februarwoche.

9. Februar 1980

Das militärische Vordringen der Sowjetunion in Zentralasien hat den Westen vor einige harte Fragen gestellt. Was immer Anlass und Ziel dieses Vorstosses war, er bringt das chinesische Sinkiang wie den Persischen Golf mit den Ölquellen Europas und einigen der Vereinigten Staaten ins Visier, er gibt dem Kreml neue Hebel für Pressionen vom Vorderen Orient bis zum indischen Subkontinent in die Hand, er hat weltweit Massen von politischem Porzellan rücksichtslos zerschlagen und die Hoffnungen auf Entspannung, Stabilität und besser gesicherten Frieden sowie die globale Mächtebalance erschüttert. Amerikanische und europäische Positionen und Interessen von vitaler Bedeutung sind also gleichermassen und gemeinsam in akute Gefahr gekommen. Wie haben Amerikaner und Europäer darauf reagiert?

Washington hat mit dem formellen Engagement seiner Macht und mit Hilfsangeboten in der Region geantwortet sowie mit einer Verstärkung der Zusammenarbeit mit China; es hat wirtschaftliche Sanktionen gegen die Sowjetunion verfügt und mit der Boykottdrohung gegen die Moskauer Olympischen Spiele zu ihrer internationalen moralischen Isolierung beigetragen. Und es hat seine Alliierten im atlantischen Bündnis zum solidarischen Handeln aufgerufen.

Es sind von Selbstbehauptungswillen inspirierte Anworten von einer Entschiedenheit, wie man sie seit dem Debakel in Vietnam aus dem Weissen Haus nicht mehr gehört hat, weder auf die sowjetische Expansion in Afrika noch auf die in Jemen, noch auf die Übergriffe Vietnams. Allerdings sind sie teilweise spürbar improvisiert und decken nicht alle offenen Stellen. Offensichtlich wird keine dieser Massnahmen die Sowjetunion so bald zum Rückzug aus Afghanistan zwingen können; die Frage ist heute lediglich, ob sie ihr kurz- oder langfristig ein so empfindliches *«punishment»* zufügen, dass ihr die Aggression hinterher und «für ein andermal» als Fehlkalkulation erscheint. Auch bleibt das Engagement in der Region vorerst unpräzis und vag umschrieben, was seine Wirkung beschränkt und den Gegenspieler zu Testversuchen einladen könnte. Und offen bleibt, ob Amerikas Machtmittel genügen, um es im Notfalle zu honorieren. Die derzeitige militärische Bilanz der Vereinigten Staaten lautet ernüchternd, ja erschreckend: minimale Reserven, minimale Infrastruktur, das Projekt einer luftbeweglichen Interventionstruppe von wirksamer Masse noch Jahre von der Verwirklichung entfernt; was heute vor dem Golf kreuzt, ist aus dem Mittelmeer und dem Pazifik abgezogen worden und fehlt dort; was morgen in der Region vielleicht marschieren müsste, würde in Mitteleuropa fehlen.

Amerikanische Entschiedenheit – europäische Milde

Und offen, von keiner noch so entschlossenen Antwort des Augenblicks aus der Welt zu schaffen, bleiben gewisse zweifelnde Fragen: Wie dauerhaft und zuverlässig ist die Wendung der öffentlichen Meinung Amerikas, die unter der Demütigung des persischen Geiseldramas mehr noch als durch den Überfall auf Afghanistan sich endlich von ihrem ein Dutzend Jahre alten Vietnam-Syndrom gelöst zu haben scheint? Wird der Schock von Kabul 1980 sich ebenso schnell verlieren wie der von Prag 1968? Und wird Carters Aussenpolitik nun jene Qualitäten des längeren Atems, der Beständigkeit und Kompetenz zeigen, die man in den letzten Jahren an ihr oft vermisst hat? Wird seine neue «Härte» den Wahlkampf überdauern, in dem sie sich vorteilhaft zu präsentieren verspricht?

Trotz Schwächen, Unsicherheiten und Vorbehalten ist jedoch die amerikanische Willensmanifestation deutlich und unmissverständlich. Ist es auch die europäische?

In der deutsch-französischen Erklärung, die diese Woche nach langen Gesprächen auf Regierungsebene in Paris veröffentlicht wurde, stehen harte und durchaus deutliche Worte: Die sowjetische Intervention sei «unannehmbar» und schaffe Gefahren für Stabilität und Frieden, sie müsse «unverzüglich beendet» werden, sonst könnte sie «schwerstwiegende Folgen» zeitigen; und beiden Partnern sei es «ein Anliegen», ihre «Treue» zum atlantischen Bündnis zu bekräftigen – was für eine Politik der nationalen *«indépendance»* und für einen Präsidenten, der sich der Gaullisten erwehren muss, eine beachtliche Formel sein dürfte.

Ebenso beachtlich ist aber, was in dieser sorgfältig redigierten Erklärung nicht steht: etwa die Worte «Solidarität» und «Vereinigte Staaten» oder ein Hinweis auf jetzt sich aufdrängende und zu treffende Massnahmen. Sie sind hier buchstäblich eine Sorge für später, nämlich für den Fall «eines neuen Schlages gleicher Art», dem dann – und das scheint die Hauptsorge zu sein – «die Entspannung nicht standhalten würde». «Entspannung» kommt im Text dreimal vor.

Aus dem akuten Fall ist also unter den Händen der beiden europäischen Regierungschefs eine eventuelle Krise von morgen, aus raschen Reaktionen sind künftige Massnahmen für die Möglichkeit einer noch dramatischeren Lage und aus dem Aufruf nach sekundierender solidarischer Aktion ist die Andeutung einer Art von «Arbeitsteilung» geworden – wobei sich in der Frage Olympische Spiele vielleicht doch noch der europäische Gleichschritt mit den Vereinigten Staaten ergeben wird. Die Arbeitsteilung kann durchaus konstruktive Elemente enthalten wie eine spezifisch europäische Verantwortung namentlich wirtschaftlicher Art für die Türkei und Jugoslawien. Sie enthält unübersehbar aber auch die Weigerung, an Wirtschaftssanktionen gegen die Sowjetunion mitzutragen. So wie die Dinge sich in der Osthandelsecke gegenwärtig konkret entwikkeln, wird man sehr froh sein müssen, wenn die Europäer die amerikanischen Embargomassnahmen nicht völlig unwirksam machen und aus ihnen nicht noch ihre Profite ziehen.

Bonn «zwischen den Blöcken»?

Der Unterschied der Reaktion zwischen Washington und den beiden kontinentaleuropäischen Regierungen bleibt hinter aller Rhetorik auch offiziell deutlich markiert. Ein neuer amerikanisch-europäischer Dissens, ein «Dialog der Tauben», in dem man aneinander vorbeiredet? Mit dem verallgemeinernden Schluss auf Europa wird man vorsichtig sein müssen. Denn England, dessen Stimme in der internationalen Politik endlich und Gott sei Dank unter der neuen Regierung wieder deutlicher zu hören ist und an Autorität gewinnt, bleibt in der afghanischen Krise enger an der Seite der Vereinigten Staaten. Die alte anglo-amerikanische *«special relationship»*, die, lange totgesagt, unversehens wieder ersteht, mag ein Gegengewicht werden gegen die Versuchung, eine Emanzipationspolitik «zwischen den Blöcken» zu treiben, wie sie in Bonn und in Paris aus unterschiedlichen Gründen bis in die Nähe der Entscheidungszentren umgeht.

Was im Falle Frankreichs mit dem Unabhängigkeitsdrang

und einer permanenten Vorwahlsituation generell zu erklären ist, hat in der Bundesrepublik komplexere Ursachen: Die historische Vorstellung einer Mittellage-Politik zwischen West und Ost, die nun eine Generation alten und kräftig wieder auflebenden Neutralisierungsideen der Sozialdemokratie, die sozialistische Emphase und der antiamerikanische Affekt auf dem stärker werdenden linken Flügel der SPD, die ständige Erpressbarkeit im exponierten Berlin, das Jahrzehnt der «Ostpolitik», die «deutsch-deutsche» Problematik – all das hat zu einer hochgradigen, zum Teil selbstgeschaffenen Abhängigkeit Bonns von sowjetischem Wohlwollen und von *Détente*-Klima sowie zum faktischen Gleichrang der Entspannungspolitik mit Sicherheits- und Wirtschaftsinteressen geführt.

Es ergeben sich hier Probleme nach Westen wie nach Osten. Sollte sich in der amerikanischen Öffentlichkeit der Eindruck verdichten, dass «Europa» auch in der Krise nun auf Distanz bedacht ist, dass man dort, wie Henry Kissinger es sarkastisch ausdrückt, den Vereinigten Staaten das Monopol der Verteidigung der Alten Welt zuschiebt, indes diese für sich selber das Monpol der Versöhnung und Entspannung beansprucht, dann wären isolationistische Reaktionen nicht aufzuhalten. Zwar gibt es auch für die Vereinigten Staaten keine rationale Alternative zur engen Verbindung mit Europa. Das Gedankenspiel, dass die Grossmacht USA der Sowjetunion letztlich mehr bieten könnte als die Europäer, verspricht den Vereinigten Staaten keine Zukunft, höchstens Zeitgewinn. Aber politische Irrwege können erfahrungsgemäss begangen werden, auch wenn sie, rational beurteilt, in die Sackgasse führen.

Der Aggressor für Entspannung

Nach Osten ergibt sich aus europäischen Distanzierungsübungen leicht eine europäische Gehilfenrolle für die besondere sowjetische Technik der Krisenbewältigung. Es war zu erwarten und ist bereits deutlich zu sehen, dass die Sowjetunion, nachdem sie mit ihrer Aggression sowohl Amerika wie die islamische Welt überreizt hatte, zur Besänftigung wieder eine Phase der Entspannungspropaganda einschalten würde, bevor sie aus vorgeschobener Basis dann den nächsten Sprung tut.

So hat denn auch Breschnew bereits zur «Rettung der Entspannungspolitik» (über die er sich selber brüsk hinweggesetzt hat), zur Eindämmung des Wettrüstens (er selber hat die ihm angebotenen Verhandlungen über die Nuklearrüstung in Europa abgelehnt) und zur Beseitigung der Konfliktsituation im Mittleren Osten (die er teilweise selber soeben geschaffen hat) aufgerufen. Es wird nicht ausbleiben, dass man den Aufruf als Beweis seines aufrichtigen Entspannungswillens zitiert; vielleicht erbringt man ihm auch noch Vorleistungen, damit er die Gesprächskanäle mit dem Westen, die er selber zurzeit verstopft hält, wieder öffnet.

Es ist durchsichtig, dass Moskau, indem es auf das Entspannungsbedürfnis der massgebenden kontinentaleuropäischen Regierungen spekuliert, zugleich eine Taktik der Trennung des atlantischen Bündnisses verfolgt. Die Bekräftigung dieses Bündnisses in der Pariser Erklärung hat diese Taktik weder bereits durchkreuzt, noch ist sie damit schon als aussichtslos entwertet. Ob sie in einer Konstellation, die nicht nach fugenloser Einigkeit des Westens aussieht, wirklich keine Aussicht hat, muss sich erst noch erweisen.

Notleidendes Recht

In zynischer Verletzung internationalen Rechts und der elementaren Regeln staatlicher Beziehungen hielt das chaotische Revolutionsregime des Ayatollah Khomeiny die Mitglieder und Angehörigen der amerikanischen Botschaft in Teheran ein Jahr lang als Geiseln in Gefangenschaft. In der Medienöffentlichkeit war der Fall nach wenigen Monaten keine «story» mehr.

23. Februar 1980

Seit Anfang November, weit über ein Vierteljahr also schon, leben oder vegetieren unter menschenunwürdigen Bedingungen ein halbes Hundert Geiseln in der zum Gefängnis gewordenen amerikanischen Botschaft in Teheran. Sie sind in der Gewalt einer von der Staatsmacht beziehungsweise ihrem religiösen Oberhaupt während langer Zeit protegierten Gruppe Gesetzloser, von denen nicht immer zu sagen ist, wessen politisches Instrument sie eigentlich sind. Die menschliche Tragödie, deren unschuldige Opfer die Geiseln sind, ist im öffentlichen Interesse schon fast vergessen und längst hinter dem «Fall» zurückgetreten, in dem sie ein politisches Objekt und eine Handelsware geworden sind.

Vergessen zu werden droht aber auch schon, was ihr «Fall» eigentlich ist: Ein Rechtsbruch von einer Brutalität und Krassheit, desgleichen man in der Geschichte lange suchen müsste – der Bruch nämlich des Gesandtenrechts, das nicht nur sogenannt zivilisierten Völkern seit Urzeiten für heilig galt, das den Emissär selbst des Feindes zu schützen pflegte und dessen Achtung eine elementare Voraussetzung jeglichen Verkehrs zwischen Staaten, der internationalen Beziehungen schlechthin ist.

Die Verhältnisse scheinen es zu wollen, dass sich selbst eine Weltmacht, die sich bis vor kurzem für die stärkste hielt, dergleichen gefallen lassen muss beziehungsweise dagegen nichts tun kann. Das mag einmal mehr zeigen, wie relativ Macht – selbst und gerade im Zeichen absoluter Zerstörungsmittel – geworden, wie verletzlich sie ist. Lokale Macht, ruchlos angewendet, geht vor internationalem Recht.

Verwischt wird der empörende Sachverhalt einer staatlich sanktionierten Geiselnahme, weil jedermann, sowohl die Verursacher wie die Betroffenen wie die Konfliktsmanager in der Uno, endlich die Angelegenheit so reibungslos wie möglich liquidieren möchten. Das setzt voraus, dass man sie entdramatisiert. So geht man nun eben auch mit Rechtsbrechern diplomatisch wie mit Gentlemen um. Wichtiger als alles andere ist in der Tat, dass die Opfer aus ihrem unerträglichen Zustand erlöst werden.

Die Schuldigen als Opfer

Die neue internationale Grossaktion beziehungsweise -transaktion, die zur Beendigung des Geiseldramas von Teheran im Gang ist, hat sichtbar aber auch andere als humanitäre Motive; die letzteren scheinen für den neuen persischen Gottesstaat ohnehin nicht zu zählen. Seit dem sowjetischen Überfall auf Afghanistan ist ein Abbau der persisch-amerikanischen Konfrontation offenbar für beide Seiten wünschbar und dringlich geworden. Washington kann kein Interesse an einer noch weiteren Entfremdung des von der Sowjetunion nahezu eingekreisten Persien haben; den führenden Politikern in Teheran steht dieser Konflikt bei einer aktiveren Solidarisierung mit den unterdrückten islamischen Brüdern in Afghanistan hemmend im Wege, und überdies wird es für sie allmählich höchste Zeit, dass das anarchische Element der anscheinend unbotmässig autonomen Botschaftsbesetzer beseitigt wird, wenn sie sich im eigenen Lande durchsetzen und ihren von der Revolution ins Chaos geworfenen Staat wieder regierbar machen wollen. Auch eine Theokratie verlangt ja die ordnende Hand.

Die Konfliktsbereinigung, von beiden Seiten angestrebt, geht hier nun jedoch wahrhaft ungewöhnliche Wege. Da offenbar «Gesichtwahren» für die asiatische Seite im Disput von überragender, für die amerikanische von geringerer Bedeutung zu sein scheint, wird nicht die «Täterschaft» eine Art Genugtuung zu leisten haben, sondern die Betroffenen – «Täterschaft» hier als Kollektivbegriff genommen für die terroristischen Geiselnehmer, ihre weltlichen und geistlichen Protektoren bis hinauf zum Ayatollah und für die Regierung, die sie alle bei der Liquidierung des «Falles» vertritt. Das eklatante Unrecht, das Gegenstand eines öffentlichen Sündenbekenntnisses sein soll, ist nicht das Verbrechen gegen das Völkerrecht, das Khomeiny sanktioniert hat und das weder zu bestreiten noch in irgendeiner Weise entschuldigend zu deuten ist, sondern das einer angeblichen Einmischung Amerikas in innere persische Angelegenheiten zu Zeiten des Schahregimes, wie sie vom Revolutionsregime in Teheran einseitig behauptet wird. Die Anschuldigung gegen eine fremde Macht ist klar ersichtlich Teil der innerpolitischen Abrechnung der neuen Herren mit den früheren.

Die Grundlagen für die Anschuldigungen sollen in einem Blitzverfahren von einer «internationalen Untersuchungskommission» beigebracht werden, deren Legitimation und Qualifikation nur darin liegt, dass alle Beteiligten mit ihrer Einsetzung einverstanden sind, damit nur die ungemütliche Sache aus dem Weg geräumt werden kann. Die Bedingungen, die man in Teheran für die «Bereinigung» nennt, wechseln allerdings von Tag zu Tag und von Person zu Person. Wo man schliesslich landen wird in diesem Durcheinander, wo jeder jedem widerspricht und wo nicht auszumachen ist, was gilt, ist nicht abzusehen. Ungewiss ist im übrigen immer noch, ob dem Chaos denn überhaupt eine Regelung abzutrotzen sein wird.

Moral der Anarchie

Gewiss ist aber, dass das Ganze unter dem Gesichtspunkt des Rechts wie der Wahrheitsfindung eine Sammlung von Absurditäten und, mild gesagt, eine Farce ist. Dort, wo man rechtsstaatliche Traditionen und vielleicht sogar – nach all den Jahren ungesühnten, oft unbehelligten Terroristentreibens – noch rechtsstaatliche Überzeugungen hat, wird man ein weiteres Mal beide Augen zudrücken. Aber wer will etwas dagegen sagen, wenn es keinen anderen Weg gibt, die Geiseln zu retten und eine ausgerenkte Politik wieder einzurenken?

Unterdrücken kann man allerdings wenigstens die Frage nicht, was werden soll, wenn dergleichen Schule macht. Denn dass es Schule machen wird, ist aller Erfahrung nach wahrscheinlich, wenn das Rezept einmal Erfolg gehabt hat. Wird man also inskünftig bei jeder lateinamerikanischen Revolution damit rechnen müssen, dass diplomatische Geiseln genommen, dass auswärtige Staaten auf die Anklagebank gesetzt und erpresst werden, wenn ein neues Regime jeweils mit seinen inneren Schwierigkeiten nicht mehr fertig wird? Wird man sich nun auch mit dem Zerfall des Völkerrechts abzufinden haben, mit dem Zerfall mithin eines Kernstückes internationaler Zivilisation? Wie will man ihn aufhalten, wenn die Destruktion belohnt wird?

Eine neue politische Moral scheint im Werden zu sein. Einige ihrer Sätze müssten etwa lauten: Geiselnahme ist ein erlaubtes Mittel der Politik; sie rentiert; auch ein Gottesstaat darf sich hier bedienen. Nicht der Täter schuldet Genugtuung, sondern der Betroffene. Revolutionsrecht bricht Völkerrecht.

Der Wille einer nationalen Revolution ist internationales Gesetz. Das Asylrecht ist via Erpressung abgeschafft.

In den neuen Kodex würden auch einige jüngst gewonnene beziehungsweise bestätigte Erfahrungsweisheiten aus der noch grösseren Politik passen: Wer einen anderen überfällt, treibt Entspannungspolitik. Wer sich dagegen wehrt, stört den Frieden. Krieg ist kein Widerspruch zu Friedenspropaganda. Massnahmen gegen Aggression reizen unnötig den Aggressor; sie sind grundsätzlich jeweils erst für das nächste Mal vorzusehen. Draufhauen lohnt sich. Solidarität ist gefährlich. Kritik am mächtigen Beschützer ist ungefährlich; er erträgt weit mehr davon als der Gegner. Europa muss vernehmlich mit eigener Stimme sprechen, und zwar: nichts Böses sehen, nichts Böses hören, nichts Böses sagen.

Ist Orwells Vision der umgekehrten Wahrheiten («Krieg ist Frieden» usw.), wie sie ein *«Ministry of Truth»* dereinst in leicht fasslichen Slogans bei uns verbreiten soll, nicht mehr weiter von der Wirklichkeit entfernt als «1984» von 1980?

Zerfallende Allianz

Im Gefolge des sowjetischen Übergriffs auf Afghanistan vertiefte sich die Kluft, ja ein eigentlicher Gegensatz, zwischen Washington, das mit Gegenmassnahmen reagieren wollte, und den Europäern, die angesichts der sowjetischen Machtüberlegenheit eine Fassade von Entspannung zu retten versuchten.

24. Mai 1980

Das Bild vom Zustand der freien Welt ist im letzten Vierteljahrhundert noch nie so düster gewesen, wie es sich zurzeit präsentiert. Die europäisch-amerikanische Solidarität, die Grundlage und Voraussetzung der gemeinsamen Sicherheit und politischen Handlungsfähigkeit, zeigt in kritischer Situation tiefe Risse.

Dreimal hintereinander sind die Vereinigten Staaten in den letzten Tagen von ihren europäischen Partnern in hochempfindlichen Fragen im Stich gelassen worden. Die Regierungen der EG-Länder haben die Wirtschaftssanktionen gegen den schwerwiegenden Rechtsbruch der Teheraner Geiselnahme zu praktischer Wirkungslosigkeit reduziert, und ausgerechnet der vermeintlich treue Cousin England ist aus der Sache überhaupt ausgestiegen. Die Sportfunktionäre Europas haben, mit Ausnahme der westdeutschen und der norwegischen, die Teilnahme am Boykott der Moskauer Spiele verweigert, die Washington als einen bedeutungskräftigen Akt der moralischen Isolierung des sowjetischen Aggressors vorgeschlagen hatte; isoliert ist in Europa groteskerweise heute nicht Moskau, sondern Bonn, das sich widerwillig genug und mit Drücken und Würgen zu einer Solidaritätsgeste für seinen Beschützer Amerika durchgerungen hatte. Und der französische Präsident hat den Augenblick schwerster Belastung der atlantischen Partnerschaft seinerseits benützt, um aus der Gemeinsamkeit auszubrechen, seine eigene Forderung nach zuverlässiger Konsultation zu missachten und mit einem bestenfalls nutzlosen Alleingang zu Breschnew wieder einmal *«indépendance»* zu demonstrieren.

Es braucht keine Phantasie, um sich die Rückwirkungen dieser *de facto* antiamerikanischen Demonstrationen auf die Vereinigten Staaten vorzustellen. Jeder Amerikareisende kann heute über die dort um sich greifende Enttäuschung und Verbitterung über die europäischen Partner Aufschlussreiches berichten. Wohin deren zu erwartende politische Konsequenzen führen können, liegt ebenfalls auf der Hand.

Weniger leicht wird zu ergründen sein, was die Europäer eigentlich treibt, so betont und hartnäckig gegen ihre elementaren eigenen Lebens- und Überlebensinteressen zu handeln. Sicher ist eine seit längerem im Gang befindliche Eskalation des gegenseitigen transatlantischen Misstrauens mit im Spiel, an der Präsident Carter mit der Unstabilität seiner Entscheidungen nicht unbeteiligt ist – wenn man nicht weiter zurückblenden will, etwa auf die rücksichtslose Inflations- und Währungspolitik seiner Vorgänger. Immer mit im Spiel sind die erblichen Belastungen der antiamerikanischen Affekte diesseits des Atlantiks und des französischen Bedürfnisses nach Selbstbestätigung, ist die aufsässige Unrast der linken Demonstrantenbataillone. Das hat bisher schon manche Schwierigkeiten gemacht, aber es hat die Allianzpolitik nicht so nachhaltig gelähmt, wie das heute der Fall ist.

Machtdrohung und Appeasement

In die tiefergreifende gegenwärtige Krise wirken gewichtigere Ursachen hinein. Die eine liegt in der Entspannungpolitik, wie sie im letzten Jahrzehnt betrieben worden ist. Die Sowjetunion hat sie zu einer forcierten, über defensive Bedürfnisse weit hinausgehenden Rüstung und zu weltweiter strategischer Offensive benützt, der Westen hat auf Abrüstung gesetzt, bei der materiellen Verteidigungsbereitschaft die Dinge lange Zeit schleifen und sein Engagement in Asien, Afrika und Lateinamerika schrumpfen lassen.

Das Resultat, heute mit Händen zu greifen, ist ein Ungleichgewicht der Machtmittel und der Macht, das die Sowjetunion direkt in offensive, mit Provokationen und harten Forderungen operierende Politik umsetzen kann. Der Herausforderung dieser sowjetischen Macht fühlen sich die Europäer mit gemindertem Vertrauen in ihre Kraft und in die Zuverlässigkeit ihrer amerikanischen Sicherheitsgarantien nicht mehr gewachsen.

Ihre Flucht in die «Entspannung» ist nicht zuletzt eine Flucht vor einem eventuellen Machttest, den sie sich nicht mehr, so wie noch in Berlin 1948, 1958 bis 1960 und in Kuba 1962, zutrauen. Ihr magisches Wort ist derzeit das «Gespräch» mit dem Osten, als ob der Kreml damit vom Ausspielen seiner Macht abzubringen, als ob die Übermacht des Gegenspielers damit zu zähmen sei. Die Flucht muss zwangsweise beim *Ap-*

peasement, das heisst bei der Unterwerfung unter den Willen des Mächtigeren, enden – wenn ihm nichts anderes entgegengesetzt werden kann als beschwörende Worte.

Es scheint, dass auch die öffentliche Meinung in Europa mehr und mehr ein Spiegelbild dieser politischen Fatalität wird. Sie ist, in Bonn recht systematisch und von höchster Stelle, in Ängste versetzt worden, es könnte etwas wie «1914» passieren, sie scheint – wie 1938 – zu glauben, dass «Gespräche» und gegebenenfalls Konzessionen einen scheinbar bedrohten Frieden zu sichern vermöchten. Sie will keinerlei Risiken. Und natürlich will sie, wie Neros römische Plebs, ihre Spiele im Fernsehkasten – auch wenn Mars die Preise verteilt.

Eine zweite Ursache des westlichen Zerfalls hängt mit dieser ersten zusammen. Sie liegt in der westdeutschen Politik, die – auf den Spuren Brandts und unter dem Druck einer bis in das Entscheidungszentrum hineinreichenden sozialistischen Linken – seit einiger Zeit nun auch unter Bundeskanzler Schmidt ihre ehemals deutlichen, entschieden atlantischen Konturen wieder eher verwischt.

Wettlauf nach Moskau

Sucht Schmidt die staatsmännische Vermittlerrolle zwischen West und Ost, die dann ja auch die Bundesrepublik in eine Zwischenwelt zwischen den Lagern führen müsste? Er dementiert es – aber es spricht einiges dafür, dass gerade ein solcher Verdacht Giscard zu seinem Treffen mit Breschnew, das heisst zum Überholen Schmidts auf dem Wege nach Moskau, in Bewegung gesetzt haben könnte. Man hätte damit wieder den europäischen Wettlauf zum Kreml, zu dem es ja schon früher Vorläufe gegeben hat. Jeder europäische Politiker auf solchen Wegen mag glauben, er treibe damit eigene «Ostpolitik»; in Tat und Wahrheit betreiben unter den gegebenen Umständen alle lediglich Moskaus Westpolitik. Ihr Fernziel – die Spaltung der westlichen Allianz, die Trennung Amerikas von Europa – mag heute den sowjetischen Politikern als demnächst erreichbares Nahziel erscheinen.

Moskau seinerseits begegnet diesem Durcheinander und Gezappel im Westen mit eisernem Immobilismus. Es denkt nicht daran, Afghanistan zu räumen, sondern stopft, ungerührt von Protesten und von dringlichem Zuspruch, das geschundene Land voll Truppen und strategisch auch in anderer Richtung nutzbarer Rüstung, macht nicht die geringste Andeutung einer Konzession oder Konzessionsbereitschaft und praktiziert das vielbeschworene «Gespräch» nur zur brutalen Darstellung seiner Machtüberlegenheit. Es verlässt sich auf seinen längeren Atem, beziehungsweise auf den kürzeren der Gegenseite.

Die sowjetische Zuversicht dürfte begründet sein, wenn sich die atlantische Partnerschaft nicht sehr bald zu regenerieren und sich wieder in eine politische Verfassung zu bringen vermag, die ihr erlaubt, dem Machtanspruch Moskaus einigermassen koordiniert etwas anderes als Beschwörung entgegenzusetzen und ihre Substanz zu behaupten. Ein sich fortsetzender Zerfall der westlichen Allianz, zu der Westeuropa keinerlei sicherheitspolitische Alternative hat, wird ein Vakuum schaffen, das etwa in Berlin bereits spürbar wird. Es ist kein Zweifel, wer es ausfüllen wird.

Eine neue Situation?

Nach dem «Doppelbeschluss» der Nato vom Dezember 1979 hatte Moskau mit drohender Geste die weitere Diskussion über Fragen der «eurostrategischen» Rüstung verweigert und nach seiner Aktion in Afghanistan die Gesprächskontakte mit dem Westen überhaupt abgebrochen. Als Breschnew im Sommer dann Bundeskanzler Schmidt gegenüber sein Interesse an Rüstungs- und anderen Gesprächen mit Europäern und Amerikanern wieder ankündigte, wurde das als entspannungspolitischer Erfolg gedeutet und gefeiert.

5. Juli 1980

Der allgemeine Eindruck von der Lage wie von der Willensrichtung der sowjetischen Politik nach dem Moskauer Besuch des westdeutschen Bundeskanzlers Schmidt ist der, dass in der afghanischen Frage alles tiefgefroren bleibt, in der Konfrontation zwischen Moskau und der Nato in Sachen «eurostrategische» Rüstung hingegen sich die Möglichkeit einer Auflockerung der erstarrten Front, gar eines weiterführenden west-östlichen «Gesprächs» andeute.

Das ist zweifellos auch der Eindruck, den Breschnew selber der Welt zu vermitteln sucht. Er hat es mit einer amerikanischen Strategie zu tun, die ihn mit Druck und Härte auf einen Rückzug aus seiner afghanischen Eroberung zu drängen sucht, die je länger, je mehr zum unabsehbaren Abenteuer wird. Er begegnet ihr in klassisch russischer Weise, indem er selber mit Härte und völliger Unbeweglichkeit signalisiert, dass da nichts zu machen sei, und anderseits die Härte des Anderen durch Andeutungen von Gesprächsbereitschaft aufzuweichen sucht – nachdem er die westliche Allianz monatelang durch Unzugänglichkeit und Verweigerung der Kommunikation in Furcht und Schrecken gehalten hatte.

Diese Blockierung des Kontakts war besonders in Europa als ominös empfunden worden. Bedeutete sie das Ende der Entspannung, die man ja trotz der weltpolitischen Expansionspolitik Moskaus nicht für abgeschrieben halten wollte, würden jetzt auch ihre Früchte etwa im gespaltenen Deutschland verderben, musste man nun neue bedrohliche Konfrontationen, besonders im exponierten Berlin, riskieren? Die europäischen Versuche, den Begriff der Entspannung wenigstens für diesen Kontinent zu retten, wurden immer drängender; die zweiseitigen Gespräche Giscards und Schmidts mit Breschnew waren ein Ausdruck davon.

Sichtbar spielte in diesen Versuchen auch der Drang, sich den amerikanischen Solidaritätsansprüchen soweit wie möglich zu entziehen, die, so fürchtete man diesseits des Atlantiks, die europäischen Regierungen noch tiefer in Gegensatz zur Sowjetunion bringen würden.

Und nun spricht Breschnew selber, anlässlich des Besuches von Schmidt, von einem «Erfolg der Entspannung», und Schmidt seinerseits weiss offenbar, nicht ohne Ermutigung durch seinen Gesprächspartner, eine ganze Reihe von Themen namhaft zu machen, über die zwischen West und Ost wieder gesprochen oder gar Verständigung gesucht werden könnte – ausser den «eurostrategischen» Waffen auch die Reduktion der Streitkräfte (Wiener Verhandlungen über MBFR), die Helsinki-Komplexe (Madrider KSZE-Konferenz), die Ratifikation von Salt II, sogar die auch von Moskau missbilligte iranische Geiselnahme, Ölprobleme und das rudimentäre Engagement des Ostblocks in der Entwicklungshilfe.

Honorierung Schmidts

Allein schon die Andeutung solcher Gesprächsmöglichkeiten legt Zäune einer Quarantäne nieder, wie sie Washington mit nicht überzeugendem Erfolg zu errichten versucht hat. Der Aggressor gewinnt, ohne sich in Afghanistan vom Fleck zu rühren, an grünen Tischen wieder Respektabilität, die amerikanische Strategie der Isolierung und Embargomassnahmen wird wirkungsvoll politisch unterlaufen.

Kein geringeres Meisterstück sowjetischer Taktik ist die Verwendung des deutschen Bundeskanzlers als Vermittler einer Gesprächsanregung Moskaus an Washington, als «Eisbrecher» und Brückenbauer insgesamt. Schmidt hat seinerseits zwar keineswegs als Mittler, als Politiker zwischen den Lagern gelten wollen, und er hat in allen öffentlichen Bekundungen in Moskau als engagierter Atlantiker und Verfechter der Westorientierung der Bundesrepublik unmissverständlich, zum Teil betont hart, gesprochen. Aber die Rolle, die Moskau ihm sicher nicht ohne Bedacht zu spielen erlaubte, wertet ihn eben doch als eine Art Mittelsmann ganz erheblich auf – überdies als einen wesentlich erfolgreicheren als Giscard d'Estaing. Ob auch das vom Kreml bewusst auf desintegrierende Wirkung im Westen angelegt ist oder nicht, die Stärkung «vermittelnder» Einflüsse im Bündnis liegt jedenfalls im Interesse einer sowjetischen Politik, die das gegnerische Lager von harten Positionen wegdrängen und auseinanderdividieren will.

Schmidts und Genschers Erfolg in den Augen der Öffentlichkeit ist zugleich ein nicht zu unterschätzendes Wahlgeschenk Moskaus an die Bonner Regierungskoalition. Als solches wird er denn auch bereits maximal ausgewertet, und wie schwer das dem Gegenspieler Strauss das Leben macht, war seiner in blosse Polemik abrutschenden Bundestagsrede am Donnerstag anzumerken. Dass die westdeutsche Öffentlichkeit ihrerseits in der befriedigten Vorstellung lebt, es sei der Bundeskanzler, der in Moskau die Dinge bewegt habe, ist verständlich. Für andere mag es einstweilen eine offene Frage bleiben, wer dort eigentlich wen oder was wozu bewegt habe. War das vielleicht doch, einmal mehr, eher russische West- als deutsche Ostpolitik?

Gespräch und Gesprächsverweigerung

Was aber ist in der Sache an der Version, die Sowjetunion sei nun im Gegensatz oder Unterschied zu ihrer bisherigen Verschlossenheit zu Verhandlungen über die vorrangige europäische Sicherheits- und Rüstungsfrage bereit? Die Basis für weitreichende Spekulationen über eine günstige Veränderung des allgemeinen Tableaus ist hier äusserst schmal. Moskau bleibt nach Schmidt dabei, dass die Nato die Ausführung ihres Beschlusses, den sowjetischen ebenbürtige amerikanische Nuklearwaffen in Europa zu stationieren, «aussetzen» müsse, wenn überhaupt verhandelt werden solle, und dass die Ratifizierung von Salt II in Washington die Voraussetzung für eine Verhandlungsrunde über Salt III bleibe. Der, nach Schmidt, «neue und konstruktive Vorschlag» Breschnews besteht darin, dass die Sowjetunion schon vor dieser Ratifizierung mit den Vereinigten Staaten in Gespräche über die Begrenzung nuklearer Mittelstreckenwaffen einzutreten bereit wäre.

Was an Schwierigkeiten und Fallstricken in solchen Verhandlungen liegt, bevor sie ein Resultat zeitigen, hat man in den beiden Salt-Runden gesehen. Ein optimistischer Vorgriff auf das Ergebnis wäre heute keinesfalls zu rechtfertigen. Aber ist auch nur die Verhandlungsbarriere wirklich gefallen, ist die Vorbedingung eliminiert, auf die die Nato nicht eintreten zu können glaubt, ohne die Verteidigung des Kontinentes aufzugeben? Schmidt selber ist da relativ vorsichtig. Er will in Moskaus Offerte nicht einen «Durchbruch» sehen. Wohl aber hält er dafür, dass damit «eine neue Situation geschaffen» sei; der blosse Beginn von Gesprächen könne der Stabilisierung der Weltlage dienen.

Man hofft das mit ihm. Aber solange Moskau seine Aggression gegen Afghanistan für vereinbar mit Entspannung hält, solange es eigene oder stellvertretende Aggression – immer unter dem Zeichen dieser Entspannung – als Mittel seiner Politik einsetzt, solange es seine Rüstung und militärische Bereitschaft «nach allen Azimuten» weit über den Bedürfnissen seiner Verteidigung hält – so lange bleibt diese Hoffnung auf schwachen Füssen. Ob das tatsächlich ein Silberstreif am Horizont ist, was Schmidt nach seiner Moskaureise im Wahlsommer dieses Jahres dafür hält, das wird sich erst noch weisen müssen.

Der Weg ins Weisse Haus

Im Zeichen europäisch-amerikanischer Entfremdung wurde während des Wahlkampfes in den USA diesseits des Atlantiks oft die Tauglichkeit des amerikanischen «Systems» schlechthin in Frage gestellt, einen Präsidenten hervorzubringen, der eine Weltmacht – und erst noch nach europäischem Geschmack – zu führen vermöge.

9. August 1980

Zur Zeit Abraham Lincolns schrieb ein Engländer, John Bright, über die amerikanischen Präsidentschaftswahlen das Folgende: «Ich glaube, die ganze Welt bietet kein grossartigeres Schauspiel als dieses, keines von höherer Würde... Nichts verdient meines Erachtens mehr Verehrung und mehr Gehorsam, nichts ist heiliger als die Autorität des frei gewählten Amtsträgers eines grossen und freien Volkes.»

Nicht nur auf die Sprache, in der hier demokratische Legitimität gefeiert wird, ist seither mancher Reif der Ernüchterung gefallen. Auch die Sache, die – faktisch, wenn auch nicht der Form nach – direkte Volkswahl des amerikanischen Präsidenten, stösst auf verbreitete Skepsis besonders ausserhalb der Vereinigten Staaten, wo sie gern und vorwiegend als blosser Rummel, als Marktschreierei und Personenkult präsentiert und als Degeneration einer schwerwiegenden politischen Entscheidung beurteilt wird.

Einiges an diesen Urteilen ist selbstgerecht und borniert. Die Franzosen kritisieren an den Amerikanern, was sie selber seit de Gaulle imitieren; auch sie geben heute dem ersten Mann im Staate den Rückhalt und die besondere Autorität der direkten Volkswahl, ohne dass ihr Auslesemodus eine verlässlichere Qualitätsgarantie böte als der amerikanische. Die Deutschen, welche die Personalisierung der amerikanischen Politik im Wahljahr tadeln, scheinen zu vergessen, dass sie selber ihre Parlamentswahlen in immer höherem Grade zu einem Personenduell um die eine Spitzenposition haben werden lassen, das ihrem parlamentarischen System eigentlich nicht entspricht.

Diesen inneren Widerspruch kennt die amerikanische Wahlphilosophie nicht, die im übrigen bei aller Selbstkritik unerschüttert geblieben ist, so dass einstweilen die Rufe nach grundlegender Änderung rein theoretisch sind. Diese Philosophie ist seit eh und je auf die Person des Präsidenten angelegt. Gesucht ist der Mann (pardon!), der die Vereinigten Staaten vier Jahre lang führen kann – nichts anderes, nicht ein Programm, nicht eine Partei, nicht eine Regierungsequipe, nicht eine Koalition.

Das hat bei einer Struktur, die zwar ein fein organisiertes Gleichgewichtssystem der staatlichen Gewalten bildet, aber doch ein gewaltiges Mass an Verantwortung, Entscheidungsbefugnis, Macht in einer Person konzentriert, nach wie vor seinen Sinn. Führungsqualität ist im übrigen nicht nur in Amerika ein entscheidendes Kriterium in der politischen Selektion. Man hat es aber dort besonders eindringlich erlebt, dass einer, der im Wahlkampf ein Friedensapostel war, dann im Amt Krieg führen, ein Anwalt der Konfrontation Frieden suchen, ein Abrüster aufrüsten und ein Aufrüster abrüsten musste, ein Mann des sparsamen Haushalts den Staatsapparat aufblähte, ein Mann des *big government* ihn reduzierte.

Wahlkampf und Regierungsamt

Pragmatismus scheint in Amerika fragloser und selbstverständlicher als Vorrecht und Eigenschaft der Führung akzeptiert zu werden als anderswo. Das gebietet immer wieder äusserste Vorsicht bei Schlüssen aus der Wahlrhetorik eines Kandidaten auf die zu erwartenden Taten des Gewählten.

Wie aber ist die Führungsqualität zu prüfen und der Wählerschaft zu beweisen? Sind die Eigenschaften, die den Erfolg im Wahlkampf bringen, zugleich jene, die ein erfolgreiches Regieren an der Spitze der Weltmacht verlangt und umgekehrt? Wird der gute Stimmenfänger auch der gute Präsident sein? Bietet das politische Selektionsverfahren Amerikas zwischen Leuten, die sich auf das Spiel der Macht eingelassen haben, genügende Garantien für die «gute», die «richtige» Wahl von Leuten, die mit Macht «im Guten» auch umgehen können? Man kann darauf keine vorschnellen beruhigenden Antworten geben. Aber man wird festhalten müssen, dass Garantien solcher Art vom politischen Prozess nicht und nirgendwo geliefert werden, weder in einer demokratischen Wahl noch beim Autokraten, der, ohne jemanden zu fragen, seinen Nachfolger in einsamem Entschluss bestimmt, noch im brutalen Auslesevorgang in den Politgremien der totalen, unkontrollierten Macht.

Statt nach Garantien wird man nach den Chancen der «guten Wahl» fragen müssen. Wie steht es um die Führungsqualität der in jeweils so beissend kritisiertem Wahlkampf gewählten Präsidenten, seit sie nicht nur die Vereinigten Staaten, sondern die Weltmacht Amerika zu führen haben? Roosevelt, Truman, Eisenhower, Kennedy, Johnson, Nixon, Carter – wie vergleicht sich diese Reihe etwa mit der der französischen Präsidenten (seit sie vom Volk gewählt werden): de Gaulle, Pompidou, Giscard oder mit den Kanzlern in Bonn: Adenauer, Erhard, Kiesinger, Brandt, Schmidt?

Gibt die amerikanische Präsidentenreihe der jüngsten Geschichte den Europäern wirklich pauschal Anlass, von einer nun geradezu konstitutionellen Führungsuntauglichkeit Amerikas und seines Systems zu reden? Solches scheint inzwischen ja beängstigende Mode geworden zu sein in snobistischen politischen und wirtschaftlichen Führungskreisen Westdeutschlands, wo man die unbestreitbaren Entscheidungsschwächen Carters oder die für manche europäische – wie übrigens auch amerikanische – Augen wenig attraktive Ausgangskonstellation für die kommende Wahl als Alibi für Spekulationen des eigenen «Abkoppelns» und des «Arrangements mit dem Osten» braucht.

Fernsehtalente oder Staatsmänner?

Freilich bleiben Fragen und Zweifel im Blick auf den amerikanischen Selektionsprozess. Einige davon teilen die Amerikaner allerdings mit anderen Demokratien – beispielsweise die Übermacht der Television, die «Fernseh-Persönlichkeiten» verlangt und züchtet, Bildschirmtalente, die das Publikum dann irrtümlicherweise für politische nimmt. Die Schauspielkunst vor dem öffentlichen Auge ist derzeit beim einen und anderen politischen Star Europas offensichtlich höher entwickelt als zum Beispiel beim gegenwärtigen amerikanischen Präsidenten.

Der nostalgische Blick zurück in die televisionslose Epoche hilft weder hier noch dort weiter. Ob das Persönlichkeitsbild eines Kandidaten wirklichkeitstreuer und weniger entstellt zu urteilsfähigeren Wählern gelangte, als es noch auf einer fragmentarischen allgemeinen Reputation, auf Zeitungsgeschichten und Mund-zu-Mund-Propaganda beruhte, ist fraglich. «Machen», manipulieren konnte man es damals wie heute.

Auch dass die Erwartungsprofile sich ändern, ist keine amerikanische Eigenheit. Von Roosevelt bis Nixon war der starke Präsident gefragt gewesen. Nach dem Debakel des Engagements in Vietnam, nach der massiven Machtübung der *«imperial presidency»* und der Erschütterung über den Missbrauch präsidialer Macht in der Watergate-Affäre war ein anderer Präsidententyp gesucht: Carter gewann seine erste Wahl mit dem

Image des anständigen, ehrenhaften, einfachen, gutwilligen, den hausbackenen amerikanischen Werten verpflichteten Mannes vom Ackerland; die zweite möchte er nun gewinnen mit dem Image der Tatkraft, Kompetenz und Erfolgschance, das er weder in den Beziehungen und in der Stellung Amerikas nach aussen noch im Kampf gegen Inflation und Arbeitslosigkeit hat entwickeln können und das nun wieder gefragt ist.

Der amerikanische Wähler wird, wie jeder andere, der an einer Wahl teilnehmen kann, die diesen Namen verdient, nicht zuletzt an sich selbst denken. In seiner Vorstellung vom eigenen Interesse scheinen aber diesmal die Bedeutung und das Ansehen Amerikas in der Welt wieder eine weit gewichtigere Rolle zu spielen als 1976.

Wenn sich das im Wahlkampf durch entsprechende Resonanz bestätigen sollte, wäre nach dem Absturz in der Mitte der siebziger Jahre in Selbstzweifel und isolationistische Versuchungen wieder eine breite Basis für die aktive Präsenz der Vereinigten Staaten gelegt, die nach der gefährlichen Störung des globalen Gleichgewichts dringlich nötig ist. Es wäre keine schlechte Wahlkampfnachricht aus Amerika für Europa.

Offerten aus Moskau

Auf dem Parteitag der KPdSU wurde über wirtschaftliche Schwierigkeiten des Sowjetimperiums relativ offen gesprochen, über kardinale Schwächen des Systems und über das Führungsproblem im Kreml geschwiegen. Zugleich wurden sowohl an die neue Regierung in Washington wie an die Westeuropäer unterschiedliche aussenpolitische Signale gegeben.

28. Februar 1981

Die Monsterschau des Moskauer Parteitages, so gigantisch sie die totalitäre Partei und den absoluten Staat in Szene setzt, scheint eher im Zeichen der Sorgen des Sowjetimperiums als seiner grossen Entwürfe zu stehen. Nicht vom «Überholen Amerikas» und von der greifbar nahen kommunistischen Überflussgesellschaft ist die Rede wie vor zwei Jahrzehnten, um so mehr von Schwierigkeiten der elementaren Nahrungsmittelproduktion und -verteilung, von lähmendem Bürokratismus, von mangelhafter Arbeitsmoral des «sozialistischen Menschen» und von der Misere des Massenalkoholismus. Die phonstarken, exakt tempierten Ovationen für die Prominenz übertönen nicht das Problem einer überalterten Führung, die Delegationen der ausländischen Genossen und Klienten verdecken nicht die Lücken der abwesenden «Eurokommunisten». Und präsenter vermutlich als jedes andere Problem ist das polnische.

Die Signale, welche die sowjetische Macht aus dieser Selbstdarstellung nach aussen gegeben hat, sind eher verhalten und weniger feindselig, als sie es vor einem Jahr waren, in den Monaten nach der Invasion Afghanistans. Nachdem damals in ominöser Weise die Kommunikation mit dem Westen abgebrochen und Verhandlungen über eine Nuklearabrüstung in Europa für hinfällig erklärt worden waren, hat Breschnew jetzt Angebote für ein sowjetisch-amerikanisches Gipfeltreffen, für die Weiterführung von Verhandlungen über Rüstungskontrolle, für eine Ausweitung «vertrauensbildender Massnahmen» auf Russland bis zum Ural und für ein Moratorium nuklearer Weiteraufrüstung in Europa gemacht. Da und dort ist der Haken sichtbar, insgesamt aber ist hier wohl eine Gesprächsbasis angeboten.

Die neue Regierung in Washington hat ihrerseits freundliches Interesse gezeigt, ohne gleich konkret zu werden. Sie hat ein weiteres Mal unterstrichen, dass sie einer Verständigung mit der anderen nuklearen Supermacht über Rüstungsbegrenzung und Abrüstung hohe Priorität gebe.

Damit ist fürs erste klargemacht, dass die Möglichkeit der Weiterführung des «Salt-Prozesses» politisch nicht verschüttet ist, dass die Regierung Reagan – im Unterschied zu dem, was man ihr voreilig in die Schuhe geschoben hat – ihn weiterführen will und dass Moskau sie als Partner wünscht und braucht, was man ebenfalls bezweifelt hat. Jener Strang von Entspannungspolitik, der die beiden Grossmächte nun seit mehr als anderthalb Jahrzehnten miteinander verbindet, ist also nicht gerissen. Er ist von weiterreichender globaler Bedeutung und wohl auch dauerhafter als das, was von der KSZE und von einzelnen europäischen Regierungen unter demselben Titel der «Entspannung» versucht wurde und was zu einem guten Teil heute in Trümmern liegt.

Harmonieprobleme

Um dem Verdacht die Spitze zu brechen, Washington suche eine separate, bilaterale Verständigung von Grossmacht zu Grossmacht – ein alter Albtraum der Europäer –, hat Reagan auch diese sowjetischen Offerten an die Konsultation mit den Verbündeten überwiesen. Sie ist inzwischen in Gang gekommen. Der italienische und der französische, später der deutsche Aussenminister, dazwischen Mrs. Thatcher und schliesslich Bundeskanzler Schmidt, reichen sich in interessanter Reihenfolge im Weissen Haus und im Staatsdepartement die Klinke.

Einige von ihnen haben in letzter Zeit der neuen Regierung in Washington gegenüber hervorgehoben, dass Amerika gerade für seinen Umgang mit der anderen Supermacht des einmütigen Partners «Europa» bedürfe. Allerdings neigen sie dazu, jeweils ihre eigene Stimme als die eines solchen Europa auszugeben – das auch dem nicht besonders feinen politischen Musikgehör ja immer noch recht vielstimmig vorkommt. Es hat den Anschein, als falle eine Verständigung Washingtons mit jenem Europa, für das Paris, London, Rom sprechen, derzeit leichter als mit jenem, das Bonn für sich in Anspruch nimmt, geschweige denn mit dem Europa einiger Kleinstaaten, die in Verteidigungsfragen zu resignieren begonnen haben.

Jenes erste Europa hat beispielsweise kaum Probleme mit der Stationierung jener amerikanischen nuklearen Systeme, die nach Meinung der Nato-Partner nötig sind, um das verlorene strategische Gleichgewicht auf dem Kontinent wieder herzustellen. Etwas Heuchelei ist da zwar im Spiel: Frankreich wünscht diese Stationierung – bei den anderen; für sein Teil modernisiert es seine eigene *force de dissuasion*.

Paris und London sind sodann dem amerikanischen Verlangen an die Europäer, sich ausserhalb des geographischen Bereichs der Nato am Schutz der für die Industriewelt lebenswichtigen Energiequellen und Rohstofflager zu beteiligen, bereits mit Taten zuvorgekommen, beispielsweise mit Flottenstreitkräften *«East of Suez»*, mit Truppeneinsätzen in Afrika, mit Waffenlieferungen an Ölstaaten. Beide scheinen Washington auch mit gewissen Vorbehalten in seinem Kampf gegen die kommunistische beziehungsweise kubanisch-sowjetische Unterwanderung Zentralamerikas, besonders El Salvadors, zu unterstützen. Und sie sind insgesamt mit Reagan und Haig der Meinung, dass die Wiederherstellung des globalen und regionaleuropäischen Machtgleichgewichts heute den Vorrang vor vielem anderem haben müsse, selbst auf Kosten der «Entspannung».

Schwierigkeiten Bonns mit sich selber

Im Falle Bonns ist diese prästabilierte Harmonie weniger ausgeprägt. Die Bundesrepublik Deutschland ist mit ihrer «deutsch-deutschen» Problematik weit stärker in einer Politik der «Entspannung», des milden Klimas, mit der Sowjetunion engagiert, stärker abhängig von ihr, stärker anfällig für Pressionen, weniger resistent gegen ostpolitische, auch Osthandels-Lockungen, ständig erpressbar in Berlin.

Die Bonner Koalitionsregierung sucht zwar ihre Sprache der ihres neuen Partners in Washington mit Eifer anzupassen. Schmidt hatte lange Zeit und nachdrücklich dem Generalsekretär Breschnew «Gleichgewichtspolitik» oder mindestens den Willen dazu attestiert und muss sich nun seit Afghanistan korrigieren, was ihm sichtlich schwerfällt. Nach einer bezeichnenden kurzen Oszillation zwischen ihm und dem eindeutiger im Sinne Amerikas festgelegten Aussenminister Genscher hat seine Regierung sich, noch vor Washington, immerhin gegen Breschnews Vorschlag eines Moratoriums für Nuklearraketen in Europa ausgesprochen, der ja nach der alarmierend raschen Massierung von sowjetischen SS-20-Missilen in den letzten Monaten auf eine Einfrierung der sowjetischen Überlegenheit hinauslaufen würde. Und das Bonner Kabinett lässt auch keine Zweifel, dass es für sein Teil die Nato-Beschlüsse verwirklichen will.

Aber die Frage ist, was die Koalition an ihrer brüchiger werdenden politischen Basis durchzusetzen vermag. Die SPD, erstes Ziel und Opfer des «langen Marsches durch die Institutionen», den eine linksradikale Generation der 68er in ihren Reihen angetreten hat, steht immer sichtbarer in Zerreissproben zwischen westlicher Orientierung und Neutralität, Verteidigungswillen und Pazifismus, Bündnisloyalität und Antiamerikanismus, realistischer Energiepolitik und Sektierertum. Eine gefährliche Emotionalisierung solcher Auseinandersetzungen in der Öffentlichkeit zeichnet sich ab, in denen ohne Zweifel auch Ansätze für indirekte Manipulationen der östlichen Grossmacht gegeben sind.

Das drückt unvermeidlich auf die Regierungspolitik durch, deren Spielraum im Sinne der Vorstellungen Washingtons beengt wird. Sie hat Mühe, sich ausserhalb des Nato-Bereiches im Sinn auch der westdeutschen Lebensinteressen zu engagieren, den Saudis Rüstungshilfe zu leisten, sich mit Washington im salvadorianischen Konflikt zu solidarisieren, und sie wird wohl erhebliche Mühe haben, wenn es um die Verwirklichung der Nato-Beschlüsse geht. Von den Schwierigkeiten, die zwischen der Politik Bonns und dem Drängen der neuen Equipe Washingtons entstehen – die in teilweise naivem Konvertiteneifer nun rasch alles erneuern beziehungsweise umkehren will, was bis vor zwei Monaten im Weissen Haus noch gegolten hatte –, von diesen Schwierigkeiten hat die jüngste Begegnung deutscher und amerikanischer politischer und militärischer Kader an der «Wehrkunde»-Tagung in München einen recht deutlichen Begriff gegeben.

Man wird schliesslich zwischen Bonn und Washington wohl druckreife politische Einigungsformeln finden. Aber sie werden nicht überdecken, dass zwischen dem heutigen Zustand der öffentlichen Meinung Amerikas, zwischen den Zielen Reagans und auch den Zielen Frankreichs, das seine alte Politik der «Europäisierung» Deutschlands mit neuem Aktualitätsbewusstsein verfolgt, einerseits und der politisch-psychologischen Wirklichkeit der Bundesrepublik anderseits eine Spannung besteht, die weit unter die Oberfläche von Communiqués und Kabinettspolitik reicht.

Machtprobleme in Washington

Hundert-Tage-Bilanz der Administration Reagan.

25. April 1981

In der kommenden Woche wird die Regierung Reagan ihre ersten hundert Tage hinter sich gebracht haben – in den amerikanischen Medien aus Gründen, die wohl bloss mit dem Dezimalsystem zu tun haben, jeweils Anlass zu Bilanz, Qualifikation und Prognose. Es ist dafür in der Regel zu früh, diesmal wie in anderen Jahren eines präsidialen Amtsbeginnes. Man vergleiche nur aus der Erinnerung die jeweiligen Anfangs- und die Schlussbilanzen etwa für Johnson, Nixon und Carter, um den begrenzten Wert der Frühdiagnosen zu ermessen.

Zwar hat Reagan sein politisches Willensprofil in diesen drei Monaten bemerkenswert deutlich gezeichnet. Diverse Signale sind, auch im Kongress, unmissverständlich gesetzt für einen Abbau von «zu viel Staat», zu viel Bürokratie, zu viel Reglementierung, zu viel Steuern, für eine Revitalisierung der Wirtschaft, für den Wiederaufbau zerfallender amerikanischer Stärke, für die entschiedenere Abwehr sowjetischer Expansion.

Aber die Politik, welche die Absichten verwirklichen soll, ist in weiteren Bereichen noch immer erst in Formation begriffen. Man weiss beispielsweise noch nicht, ob, wann, wie Washington mit Moskau Verhandlungen über Rüstungskontrollen führen, welchen Kurs es am Golf und im Nahen Osten, zwischen Saudiarabien und Israel, in Afrika, besonders im südlichen Afrika, in Lateinamerika steuern wird. Die Konkretisierungen sind in alledem wichtiger als die grossen und zum Teil kantigen Worte, die man gehört hat. Dass man sich mit ihnen Zeit lässt und sie in breit angelegten Konsultationen mit den Partnern vorbereitet, lässt keineswegs auf Ineffizienz schliessen.

Schwierigkeiten zeigen sich hingegen in der Bestellung einer kompetenten Regierungsequipe. Reagan wollte sie bis zur Amtseinführung am 20. Januar beisammen haben, aber drei

Monate danach bestehen an wichtigen Stellen immer noch Lükken, welche die Handlungsfähigkeit der Administration empfindlich beeinträchtigen.

Haigs Herausforderung

Noch auffallender sind die Probleme, welche der Erfüllung eines weiteren guten Vorsatzes im Wege stehen: Die neue Regierung, so hörte man zu Beginn, werde geschlossen agieren und im besonderen den «Dualismus» zwischen dem Weissen Haus und dem Staatsdepartement, das heisst die Doppel- und Mehrgleisigkeit der Aussenpolitik, beheben, die in der Ära Carter den Umgang mit der Aussenwelt immer wieder belastet hatte. Die Mehrgleisigkeit, so muss man nun aber feststellen, ist, zusammen mit den Symptomen des alten Gegensatzes zwischen dem präsidialen und dem diplomatischen Apparat, sehr rasch und geradezu dramatisch wiedererstanden und bleibt in vertrauter Weise sichtbar.

Paradoxerweise hat sie sich aus dem Willen entwickelt, sie zu vermeiden. Reagan wollte offenbar, im Unterschied zu den meisten seiner Vorgänger in den letzten 20 Jahren, einen starken Staatssekretär, der das Geschäft der Aussenpolitik in seinem Sinne, aber selbständig, umfassend und mit voller Kompetenz führe, und er stattete das offenbar notwendige Gegengewicht im Weissen Haus bescheidener aus, als seine Vorgänger es etwa in den Fällen Kissinger und Brzezinsky getan hatten. Haig seinerseits zögerte nicht, seine Kompetenzen und was er sogleich alles darin einbezog, in zupackender Art entschieden zu markieren. Er trat dem Verteidigungsminister Weinberger wiederholt mit öffentlichen Korrekturen an seinen Meinungsäusserungen entgegen, brach in die Reviere anderer Kabinettskollegen ein und wirkte auch sonst expansiv; Washington witterte, nicht von ungefähr, Machtdrang.

In diesem Drang hat Haig Unwägbarkeiten, Tabus und Feinmechanismen des amerikanischen Systems verletzt. Ein «Kabinettsmitglied» in Washington hat, im Unterschied zu parlamentarischen Strukturen, nur so weit Autorität, als es die Unterstützung des Präsidenten hat; es ist von ihm, allein von ihm, abhängig. Extensive Interpretation solcher abgeleiteter Macht ist gefährlich, wenn sie den Verdacht weckt, sie könnte auf Kosten der originären Macht gehen, die im Amt des gewählten Präsidenten liegt. Haig hat in dieser Gefahrenzone operiert und ist ins Straucheln gekommen, als er öffentlich Kritik an einer präsidialen Massnahme äusserte, die seine eigene Kompetenz für einen Krisenfall korrigierend zurücksteckte.

Einer, der im amerikanischen Regierungsapparat zuviel unter seinen eigenen Hut bringen will, kollidiert im übrigen leicht mit einem noch immer intakten Instinkt, der Entgiftung der Gewalt durch Konkurrenz. Anders als das europäische Verständnis von Staatsmacht, das von fernher immer noch dem Absolutismus und seinem durchgreifenden, exakt gesteuerten Regiment verwandt ist, nimmt das amerikanische, das aus dem Widerspruch gegen den Absolutismus herkommt, gegebenenfalls eher die Schwächung der Regierung durch innere Widersprüche, Mehrgleisigkeiten, Koordinationsmängel in Kauf – wenn sie dadurch etwas von ihrer ohnehin beängstigenden Macht verliert. Was der europäische Diplomat skandalös findet, wenn nämlich in Washington das eine Büro Hüst und das andere Hott sagt, das mag dem amerikanischen Bürger – vielleicht oft unbewusst und natürlich in begrenztem Rahmen – eher recht sein. Auch Ineffizienz dämpft Macht...

Subtile Mechanismen

Die Europäer werden darauf achten müssen. Sie haben sich in den Ungewissheiten eines amerikanischen Regierungswechsels bald und demonstrativ an Haig gehalten, der eher so sprach, wie sie es gerne hörten, sei es über die Verhandlungen mit Moskau, sei es über die Afrikapolitik, sei es über Entwicklungshilfe. Zum Teil haben sie dabei verdrängt, dass Haigs Skepsis etwa gegenüber Illusionen der Entspannung oder gegenüber den neutralistischen Tendenzen in Bonn ebenso ausgeprägt ist wie die jener Reagan-Leute, die sie als «Kalte Krieger» bezeichnen. Lediglich seine Methode, sich mit diesen Tendenzen auseinanderzusetzen, ist anders, nämlich eher diplomatisch als rhetorisch.

Es ist denkbar, dass der Kompetenzkonflikt in Washington ein Drama wird, so wie er es auch unter Carter schliesslich geworden ist. Wenn er aber «unter Kontrolle» und im Bereich jener Spannung bleibt, die im amerikanischen Regierungsapparat das Normalmass zu sein scheint, dann werden auch die Partner der Vereinigten Staaten die subtilen Mechanismen eben dieser Apparaturen nicht ausser acht lassen dürfen. Sie orten empfindlich, wenn sich an nicht vorgesehener Stelle zu viel Macht ansammelt, und sie reagieren mit Korrektur- und Balancierimpulsen, wenn es undeutlich werden sollte, wo allein die Regierungsmacht sitzt und von wo sie ausgeht: vom Weissen Haus.

Moskaus Stimme in Bonn

Während Bundeskanzler Schmidt und Aussenminister Genscher in der sowjetischen Publizistik wegen ihres Eintretens für den «Doppelbeschluss» der Nato scharf angegriffen wurden, suchte der SPD-Vorsitzende Brandt sein eigenes Gespräch mit Breschnew.

6. Juni 1981

Im selben Augenblick, da die Agentur Tass als Sprachrohr des Kreml in scharfen Worten Bundeskanzler Schmidt und Aussenminister Genscher als Werkzeuge der «Konfrontationspolitik» Reagans apostrophierte und attackierte, erfolgte die Ankündigung einer Moskaureise des SPD-Parteiführers Willy Brandt, der kurzfristig einer «kürzlich erneuerten» Einladung Breschnews Folge leisten will. Das *«Timing»* spricht Bände, auch wenn natürlich sogleich eine Menge Tinte zur Verharmlosung floss und der Bundeskanzler selber versicherte, das Ganze sei sorgfältig «abgestimmt» und weder Breschnew noch natürlich Brandt wollten einen Keil zwischen Bonn und Washington oder in die Bonner Koalition treiben.

Diese Versicherung bringt vielleicht eine Hoffnung, kaum aber die Absicht des sowjetischen Manövers zum Ausdruck, die eben darin liegen dürfte, die Stimme Moskaus unmittelbar, in voller Lautstärke und an der zentralen Stelle in die grosse deutsche Auseinandersetzung um Rüstung, Verteidigungspolitik und letztlich um grundsätzliche Orientierung der Bundesrepublik zwischen West und Ost einzubringen.

Nicht, dass diese Stimme bisher unhörbar gewesen wäre: Nachdem der Kreml 1980 sich in ominöser Weise jedem Gespräch über Rüstungsfragen in Europa verschlossen hatte, ist er dann, als seine politische Fehlrechnung in Afghanistan offenkundig wurde, vor einem Jahr wieder etwas zugänglicher geworden, hat seinen Vorschlag eines «Moratoriums» der Abrüstung in Europa gemacht, der freilich lediglich seine nun bereits erreichte Übermachtstellung fixieren sollte, und lässt es seit geraumer Zeit an geradezu insistenten Gesprächsofferten für Amerikaner, Deutsche und andere nicht fehlen.

In Deutschland selber hat Moskau überdies Fuss gefasst in der öffentlichen Agitation für einseitigen Rüstungsverzicht und damit Unterordnung unter sowjetische Vormacht, deren Wirkungen weit in die Regierungsparteien hineinreichen. Die Möglichkeit direkten Zuspruchs an höchster Stelle ist sodann gegeben mit dem für den Frühherbst vorgesehenen dritten Besuch Breschnews in Bonn. Aber den SPD-Führer separat und schon jetzt nach Moskau zu bringen ist offenbar ein Gegenzug von besonderer Bedeutung in der sowjetischen politischen Strategie, die gegen Reagans härtere Ostpolitik zielt und die seit langem auf die Trennung Amerikas und Europas und auf die «Abkoppelung» der Bundesrepublik vom atlantischen Bündnis angelegt ist.

Brandts Moskaufahrt

Wieweit Brandts eigene Absichten in solche Zusammenhänge einzuordnen sind, mag offen bleiben. Jedenfalls nimmt er den Eindruck in Kauf, dass seine Moskaureise eine Art Komplementäraktion zu Schmidts Besuch in Washington sei – gehst du zu Reagan, geh' ich zu Breschnew – und dass sie ein «Gleichgewicht» der östlichen mit der westlichen Beziehung der Bundesrepublik und also die deutsche «Mittellage» markieren solle. Offensichtlich traut Brandt auch dem amerikanischen Verhandlungswillen nicht so weit, wie Schmidt das in seinen öffentlichen Äusserungen dartut, und er will seinerseits und selber «erproben», was für eine Gegenleistung die Sowjetunion für eine «Verhinderung» neuer amerikanischer Nuklearwaffen in Europa eventuell erbringen würde. Und so, wie man seinerzeit darauf drängte, sich mit Chruschtschew ins Benehmen zu setzen, da man ja nicht wisse, was nach ihm komme, so wird nun in Brandts Lager auch jetzt mit dem Alter Breschnews und seinem Gesundheitszustand für Eile bei Sondierungen in Moskau plädiert.

«Erprobt» werden kann dergleichen sinnvollerweise nur in Verhandlungen zwischen Partnern, die etwas in Händen haben, was sie sich gegenseitig bieten können, also gegebenenfalls zwischen Amerikanern und Russen. Brandt aber traut es sich offenbar ohne westliches Mandat und ohne Trumpfkarten jetzt schon in blossem «Gespräch» zu – wobei in westlichen Kanzleien unweigerlich die Erinnerung an jene ominösen Brandtschen Gespräche vor zehn Jahren in Oreanda-Jalta mit Breschnew wieder auftauchen wird, in denen sich der damalige deutsche Bundeskanzler als so ungewöhnlich beeindruckbar erwies. Im übrigen hat Brandt soeben die von der Regierung scharf desavouierten Thesen des früheren Bonner Vertreters in Ostberlin, Gaus, in Schutz genommen, der den Vorrang der «deutsch-deutschen» Zusammenarbeit vor der Verteidigungspolitik des Bündnisses verficht.

Wenn Schmidt die Moskauer Exkursion seines Parteivorsitzenden zu entdramatisieren versucht, so wird Aussenminister Genscher als Vorsitzender der FDP sie eher als eine neue Verunsicherung und Belastung der Koalitionsregierung empfinden. Wie stark diese Regierungspartnerschaft belastet ist, hat sich soeben wieder in der Haushaltsdebatte gezeigt, in der ein geradezu katastrophaler Zustand der Staatsfinanzen mit nochmals rapid steigender Verschuldung offenbar geworden ist.

Koalition in der Sackgasse

Während in Paris die neue Linksregierung wohlgemut die schiefe Ebene sozialistischer Ausgabenpolitik mit ungewisser Deckung betritt, ist die Koalition in Bonn in depressivem Katzenjammer nun an ihr Ende gerutscht und in der voraussehbaren und vorausgesagten Sackgasse gelandet, wo sie ihr «Netz» des Sozialkomforts nicht mehr finanzieren kann. Noch Schlimmeres steht für die nähere Zukunft in Aussicht. Dementsprechend werden die Meinungsverschiedenheiten zwischen den Koalitionspartnern deutlicher, obwohl sie unter der gemeinsamen PR-Etikette «sozial-liberal» sich durchaus gemeinsam in die gegenwärtige Lage gebracht haben.

Eine Weile schien es, als sei diese Koalition nur durch Rücktrittsdrohungen ihrer Chefs noch zusammenzuhalten: Schmidt hat die eigene innerparteiliche Opposition gegen seine Verteidigungs- und Allianzpolitik damit zu disziplinieren gesucht, Genscher hat es ihm nachgemacht, und sogar der hessische Regierungschef Börner hat zu diesem Mittel gegriffen, um sich gegen den Ansturm der Umweltschützer in seiner SPD koalitionsfähig zu erhalten.

Diese Übungen sind aber nicht überzeugend ausgefallen. Schmidt hat zwar in der SPD-Fraktion wenig zählbare Gegenstimmen, aber massiven Dissens buchen müssen. Und Genscher hat ein gutes Viertel seiner Parteidelegierten gegen sich. Beide Partnerparteien zeigen sich tief gespalten, und je leidenschaftlicher und emotionaler die öffentliche Agitation gegen die «Nachrüstung» wird, um so tiefer droht die Spaltung zu werden und um so vorsichtiger werden wohl die Führer genau in dem Punkt operieren müssen, in dem sie sich durch Rücktrittsdrohungen stark machen wollten.

Bei den Freien Demokraten hat der Rückgriff auf die Parteibasis noch etwas Weiteres gezeigt: Die FDP könnte sich, so wie sie heute, nach einem Dutzend Jahren der starren, einseitigen «linken» Option, strukturiert und gestimmt ist, einen Koalitionswechsel von der SPD zur CDU/CSU nur unter dem hohen Risiko ihrer Spaltung leisten: Der natürliche Weg des Machtwechsels für den Fall, dass der Vorrat an Gemeinsamkeiten einer Koalition erschöpft ist, dass ihre Basis brüchig, ihr vereinbarter Kurs unhaltbar wird – alles Möglichkeiten, die in Bonn derzeit mehr als nur theoretischer Natur sind –, dieser Weg scheint gegenwärtig blockiert. Denn Parteispaltung oder auch nur Lostrennung eines «Ministerflügels» oder eines Fraktionssektors ist seit 1956, wo sie solches erlebt hatte, für die FDP ein Trauma, und für die SPD ist der blosse Gedanke daran seit der Weimarer Republik Tabu. Eine Versicherung gegen Wiederholung liegt in historischen Erfahrungen natürlich nicht; aber ihre Wahrscheinlichkeit wird gemindert.

Pazifistische Agitation

Die heutige deutsche Auseinandersetzung um die Selbstverteidigung mit nuklearen Abschreckwaffen erinnert in ihrer Emotionalisierung und Fanatisierung an die von 1958. An die Stelle der Atomwissenschafter, die damals politisch gegen das Teufelsding protestierten, das sie in den Laboratorien hatten ersinnen helfen, sind jetzt die eifernden Pastoren getreten, die ebenso selbstsicher wie intolerant aus dem Evangelium eine angeblich christliche Forderung einseitiger Schwäche, des Verzichts auf Abschreckmittel gegen eine waffenstarrende Drohung ableiten. Und während damals das Feld der Agitation vorwiegend das der Opposition war, ist es heute das der Regierungsparteien. Entsprechend näher an die Entscheidungszentren reichen – wie der sowjetische Versuch mit Willy Brandt zeigt – die langen Hebel von aussen, entsprechend mehr hängt davon ab, welche Strömungen und Argumente sich dort durchsetzen.

Gleich geblieben ist eine von den Agitatoren und ihrer Gefolgschaft zwar vergessene, aber doch gewichtige geschichtliche Erfahrung und Wahrheit: Der letzte Krieg in Europa ist nicht ausgebrochen, weil es ein Gleichgewicht der Rüstung zwischen den Westmächten und dem totalitären Dritten Reich gegeben hätte, sondern weil es dieses Gleichgewicht nicht gab. Hätte die britische Regierung, hätte die französische Volksfrontkoalition rechtzeitig für ein Rüstungsgleichgewicht gesorgt und dem Aggressor damit die Hoffnung und Erwartung eines Erfolges verbaut, wären vermutlich Europa und der Welt die schrecklichen Folgen einer Fehlrechnung erspart geblieben.

Mitterrands Kuckucksei

Der sozialistische Präsident Frankreichs hatte, ohne von den Mehrheitsverhältnissen her dazu gezwungen zu sein, mit den Kommunisten zusammen eine «Volksfront»-Regierung gebildet.

27. Juni 1981

Der radikale Umschwung Frankreichs in ein Linksregime ist in einigen Hauptstädten Europas mit betonter Gelassenheit vermerkt worden. Das entspricht den Geboten der Staatsräson und soll die Hoffnung offenhalten, dass man sich schon irgendwie arrangieren werde. Wie gemischt die Empfindungen hinter der offiziellen Fassade sein können, deutet etwa der doppelbödige amtliche Kommentar aus Bonn an, der die Erinnerung an die linksextreme Phase der Revolte in Portugal vor sieben Jahren heraufruft, um beruhigend zu versichern, so schlimm wie damals in Lissabon sei die Sache in Paris heute nicht.

Die verhaltene öffentliche Reaktion mag auch damit zusammenhängen, dass man sich vielerorts nur allmählich bewusst wird, was in Frankreich eigentlich passiert ist, wie tief die Veränderung geht und wie weitreichend ihre Folgen sein können. Das Regime Mitterrand, wie es sich nach den vier Urnengängen des April, Mai und Juni und den Entscheidungen der vergangenen Woche im Elysée nun darstellt, ist die am weitesten «links» situierte Regierungsformation Europas. Sie fällt, was ihr Programm und die Eingliederung eines starken kommunistischen Elements betrifft, weit aus dem Rahmen der Norm wie aus dem Trend, und sie setzt sich über ein Tabu hinweg, das seit Jahrzehnten in der Alten Welt mit nur marginalen oder kurzfristigen Ausnahmen beachtet worden ist. Frankreich ist, einmal mehr, in gegenläufige Bewegung zu seiner Umwelt geraten.

Die deutsche Sozialdemokratie, die vor über 20 Jahren Marx aus ihrem Programm ausgemerzt, sich der Marktwirtschaft zugewendet hat und wahlpolitisch stets auf die Mitte zielt, hat in der Regierungskoalition ein «bürgerliches» Gegengewicht; die italienischen Koalitionen stehen seit langem und aufs neue «Mitte links», und nicht zuletzt hält sie der Wille zusammen, den Kommunisten die Kabinettssitze zu sperren. Am Regiment von Margaret Thatcher ist kein linker Faden.

Mythos der Linken

Mitterrands Regime hingegen ist emphatisch und entschieden eines der Linken, einem Mythos der Linken und einer längst fiktiv gewordenen *«Union de la gauche»* verhaftet, welche die totalitäre Partei Moskaus einschliesst und die nun trotz ihrem politischen Schiffbruch vor vier Jahren neu auflebt als Alternative und Widerspruch zur Mitte, als pathetischer Aufbruch zu sozialistischer Weltverbesserung.

Das Programm dieses Aufbruches, das *projet socialiste* vom vergangenen Jahr und das Wahlmanifest mit seinen 110 Punkten, trägt deutlich marxistische Züge in der verstärkten staatlichen Wirtschaftslenkung, in der Absicht, einen gewaltigen Komplex wirtschaftlicher Unternehmungen von den Banken, das heisst dem gesamten Kreditwesen, über die Pharmaindustrie bis hin zur Elektronik zu verstaatlichen, in der Aufblähung der Staatsbürokratie, im Hang zur sozialen Nivellierung. Von Marktwirtschaft ist da kaum die Rede. Die tiefgreifende Veränderung des Sozial- und Wirtschaftsgefüges ist überdies als Parforce-Leistung konzipiert: In fünf Jahren soll sie nach Premierminister Mauroy vollzogen sein.

Über die negativen Erfahrungen, die England und Italien mit Verstaatlichungen gemacht haben, setzt sich die französische Linke also hinweg. Und für die liberale Warnung, dass der Staat zum Wirtschaftslenker schlecht tauge und wirtschaftliche Initiative eher ersticke als fördere und dass Inflation der Zwangsbegleiter staatlicher Ausgabenexpansion sei, hat sie selbstverständlich kein Gehör. Nie haben es liberale Propheten leichter gehabt: So, wie die französische Linke ihr gesellschaftsveränderndes Grossexperiment anlegt, muss es nach allen Erfahrungen schiefgehen und im *cafard* enden.

Schliesslich die Provokation der massiven kommunistischen Regierungsbeteiligung. Mitterrand hat eine seltsame Mutation des Volksfrontmodells geschaffen: 1936 sass die KPF nicht in der Regierung, aber diese war abhängig von ihrer Unterstützung. 1981 ist eine sozialistische Regierung mit ihrer absoluten Parlamentsmehrheit nicht abhängig von den Stimmen der KPF, aber die Kommunisten sitzen in ihren Reihen und sind mit in dem Ding.

Mit der Wiederaufwertung der im Wahlkampf geschlagenen Kommunisten zum «demokratischen» Partner einer Linksregierung und mit dem innenpolitischen Kalkül, die KPF mitsamt ihrer Gewerkschaft in Regierungsverantwortung einzupacken, um sie an störender Opposition zu hindern, geht Mitterrand ein hohes aussenpolitisches Risiko ein – das der Isolierung einerseits und das eines Schrittmacherdienstes andererseits für eine Entwicklung, die auch dem französischen Sozialismus schwerlich gelegen käme. Man erinnert sich der tiefen amerikanischen Besorgnis und entsprechend heftigen Reaktionen Carters, als es in Rom so aussah, als komme es dort zum *compromesso storico,* zur Regierungsbeteiligung der italienischen Kommunisten – nota bene einer «eurokommunistischen» Partei, die ihre Emanzipation von sowjetischer Vormundschaft schon verschiedentlich, wenn auch nicht voll schlüssig, demonstriert hatte. Bei der Aussicht, dass Agenten Moskaus in der Regierung eines Nato-Partners sitzen könnten, sahen die Amerikaner die Operationsfähigkeit des atlantischen Bündnisses bedroht.

Marchais' Partei als Partner

Diese Sorge scheint im Falle Paris nicht weniger schwer zu sein. Zwar ist Frankreich seit de Gaulle nicht mehr ein Glied in der Verteidigungsorganisation des Atlantikpaktes, hat sich also selber – wenigstens der Form nach – von den Informationssträngen der Nato abgekoppelt. Aber das formelle Beiseitestehen war in den Jahren Giscards mehr und mehr durch eine immer engere Kooperation und Verbindung des französischen Bündnispartners mit der Pakt-Organisation kompensiert worden, die nun durch die Präsenz und Einsicht der KPF in Regierungsangelegenheiten in Frage gestellt wird. Die französische Kommunistische Partei hat, im Unterschied zur italienischen, ihre Moskauhörigkeit und sture Orthodoxie auch in den schlimmsten Fällen sowjetischer Bruderhilfe nie in Zweifel ziehen lassen. Dass durch diese Ohren Moskau mithören könnte, ist kaum ein bloss krankhafter amerikanischer Verdacht.

Nach längerem und offenbar wieder üblich gewordenem Hin und Her zwischen Weissem Haus und Staatsdepartement hat Washington zum Vorgang in Paris die nach diplomatischen Begriffen relativ deutliche und harte offizielle Anmerkung gemacht, dass «Ton und Inhalt» der gegenseitigen Beziehungen durch die Aufnahme von Kommunisten in die französische Regierung «beeinträchtigt» würden. Wird damit eine gewisse Zernierung, Isolierung des Regimes Mitterrand angekündigt? Und wird der Schock über die Einschleusung von Getreuen Moskaus in eine verbündete Regierung, der sich zweifellos in der amerikanischen Öffentlichkeit ausbreiten wird, jene Tendenzen skeptischer Distanznahme zu Europa wieder stärken, die durch die Agitation gegen die Nachrüstung der Nato in der Bundesrepublik neue Nahrung erhalten haben?

Wie, und das fragt man sich nicht nur in Amerika, wird sich der Einbruch der KPF in die «Verweigerungsfront» der demokratischen Regierungen Europas gegen kommunistische Beteiligung etwa auf Italien auswirken, wo ja die Idee des *compromesso storico* noch keineswegs endgültig zu den Akten gelegt ist? Wie auf die Bundesrepublik Deutschland, wo Teile der SPD-Linken ihrerseits, in Missachtung alter Parteitabus, die «Aktionseinheit» mit Linksextremisten suchen, wo Willy Brandt sich als wiederaufsteigender Parteiführer mit Betonung und Systematik ein politisches Gegenprofil gegen den «Atlantiker» Schmidt schafft, wo die Propaganda gegen die westliche Option der Regierung täglich mehr in die Breite wächst?

Wird Mitterrand selber schliesslich die atlantisch-europäische Orientierung Frankreichs, die er nach seiner Wahl bestätigen liess, glaubwürdig durchhalten können mit der Kumpanei, die er sich nun zugelegt hat, beziehungweise gegen sie? Oder wird auch seine Aussenpolitik, der inneren Regierungskonstellation entsprechend, ein Kompromissprodukt werden, beeinflusst etwa von jenem Neutralismus, wie er in der Sozialistischen Internationale sich entwickelt hat?

Mitterrands Pragmatismus bietet vorerst keinen Schlüssel für die vielen Fragen, die sich häufen. Er war für ihn bisher vorwiegend ein Mittel der politischen Selbsterhaltung unter wechselnden und widersprüchlichen Umständen gewesen. Ob er erlaubt, eine Linie zu finden und zu halten – und welche –, wird sich in schlüssigen Handlungen erst noch weisen müssen.

Politisches Geschäft mit der Angst

Die breite Kreise erfassende neue Friedensbewegung, namentlich die deutsche, liess elementare Fragen der Sicherheitspolitik ausser acht.

21. November 1981

Europa verdankt seine längste Friedensepoche in diesem Jahrhundert – sie hat bisher 36 Jahre, von 1945 bis 1981, gedauert – nicht dem Pazifismus, nicht einer allgemeinen Abrüstung, die nicht stattgefunden hat, nicht politisch gesteuerten Friedensappellen, nicht dem Neutralismus, nicht der Diplomatie und nicht der Entspannungspolitik, sondern allem voran der *Abschrekkung* – das heisst der Fähigkeit, den kriegerischen Übergriff glaubwürdig zu einem untragbar hohen, nicht kalkulierbaren Risiko auch für einen Angreifer zu machen. Diese elementare Tatsache unserer jüngsten Geschichte muss im Bewusstsein festgehalten werden gegen die Illusionen und die Hysterien einer öffentlichen Debatte, die in allmählich selbstmörderischer Weise eben diese Grundlage der europäischen Sicherheit anzugreifen droht.

Als nach der Zerstörung des Dritten Reiches die Amerikaner nach Hause zogen und ihre westlichen Alliierten abrüsteten, da war es das Atombomben-Monopol der Vereinigten Staaten, das das entleerte Machtvakuum Westeuropa vor sowjetischer Expansion schützte. Als dieses Monopol dahinfiel, war es die atlantische Allianz mit ihrem amerikanischen Rückgrat, die den Damm hielt mit «integrierten» Verteidigungskräften, die ihrerseits ein differenziertes Abschrecksystem vom Stacheldraht bis zum nuklearbestückten Missil aufbaute und sich auf die amerikanische Fähigkeit zur «massiven Vergeltung» stützte. Und seit einem guten Jahrzehnt ist es das nun durch die forcierte sowjetische Überrüstung bedrohte Gleichgewicht der Kräfte, das uns die Apokalypse ferngehalten hat.

So sehr sich die Konzeptionen und Doktrinen der Strategie im Lauf dieser Jahrzehnte gewandelt haben, ihr Ziel ist bis zum heutigen Tag dasselbe geblieben: den Krieg zu verhindern. Um ihn zu verhindern, um ihn nicht führen zu müssen, musste man dauernd glaubwürdig nachweisen können, dass man ihn mit vernichtendem Schaden für den Angreifer führen könnte. Diese Paradoxie – sich für etwas zu rüsten, was nicht eintreten durfte, damit es nicht eintrete – hat mit der besonderen, neuartigen Logik, die das «Denken des Undenkbaren» verlangt, der öffentlichen Meinung viel zugemutet. Sie hätte sich zum Beispiel daran gewöhnen müssen, dass die allgemeine Sicherheit zu einem ganz wesentlichen Teil auf Unsicherheit beruht, auf der Unsicherheit nämlich des nichtkalkulierbaren Risikos, das auf jedem Angriff liegt und das eben unkalkulierbar bleiben muss, wenn es kriegsverhindernd wirken soll.

Zweifel an der Kriegsverhinderung

Es scheint, dass die Öffentlichkeit – nur im freien Westen gibt es öffentliches Nachdenken über diese Dinge – die starke Spannung nur schwer aushält, unter die sie mit ihren drängenden Existenzfragen im Nuklearzeitalter geraten ist. Obwohl die Grundkondition, unter der dieses Zeitalter leben muss, seit einem Vierteljahrhundert dieselbe ist, haben in den letzten Monaten offensichtlich emotionale Kurzschlüsse die rationalen Sicherungen vielfach durchschlagen.

Einer von ihnen ist die Angst, dass eigene Rüstung die Kriegsgefahr erhöhe, auch wenn sie der Schliessung einer gefährlichen Lücke im Abschrecksystem dient, dass nicht mehr Kriegsverhinderung der Sinn dieses Systems sei, sondern dass durch eine seltsame plötzliche Perversion eine suizidale Politik den Nuklearkrieg neuerdings nicht mehr vermeiden, sondern geradezu führen wolle. Auch wenn man solche Angst verstehen kann, bleibt sie irrational, ist also ein schlechter Ratgeber, der die Wirklichkeit ins Unkenntliche verzerrt. Mit ihr aber werden heute politische Geschäfte gemacht, bei denen es den Worten nach um Frieden und Sicherheit, in Wahrheit um Macht und Herrschaft geht.

Diesem Geschäft ist unzweifelhaft die bevorstehende Visite Breschnews in Bonn gewidmet. Die pazifistische Bewegung, der in Westdeutschland weit und besonders im Lager der Regierungsparteien verbreitete Protest gegen die «Nachrüstung» hat in Moskau jener alten politischen Strategie neuen Auftrieb gegeben, welche die Bundesrepublik aus dem westlichen Bündnis und Sicherheitssystem herauszubrechen versucht. Angst ist eines ihrer Vehikel: Breschnew hat in Vorbereitung seines Besuches offen mit der Möglichkeit sowjetischer Präventivschläge gegen die Bundesrepublik gedroht, falls dort neue Nuklearwaffen stationiert würden. Zuckerbrote hält er möglicherweise mit «deutsch-deutschen» Angeboten bereit, die aber aus Rücksicht auf seinen Klienten DDR und das gefährdete Satelliten-Imperium in Osteuropa kaum sehr vielversprechend aussehen könnten.

In der Frage eines in West-Ost-Verhandlungen anzustrebenden Rüstungsausgleichs in Europa jedoch, die seit dem Doppelbeschluss der Nato vor zwei Jahren aufgeworfen ist, zeigt sich die sowjetische Seite derzeit unbeweglich. Sie hat aber immerhin grundsätzlich auf Verhandlungen eingelenkt und ist ihrerseits bereit, sie Ende dieses Monats, wie vorgesehen, in Genf aufzunehmen – nachdem sie sie zuerst, in der Phase finsterer Unzugänglichkeit nach ihrem Überfall auf Afghanistan, verbissen verweigert und auch damit Angst verbreitet hatte. Diese Wendung mag eine Hoffnung stärken, dass auch Moskau durch das Getümmel seiner eigenen psychologischen Kriegführung hindurch letztlich politisches Festland, das heisst einen Verhandlungskompromiss, ansteuern könnte – freilich nur, wenn es nicht mehr erwarten kann, mit Propaganda und mit Hilfe einer pazifistischen Bewegung in Europa ohne Konzessionen an sein politisches Ziel zu gelangen.

Die «Null-Option» Reagans

Es war ein guter Zug Präsident Reagans, dass er in dieser Situation mit der markanten Präsentierung eines deutlich umrissenen Verhandlungsprogrammes und -angebots Breschnew zur Sache gerufen und ihm auch für den Bonner Besuch das Thema diktiert hat, das sowohl für die west-östliche wie für die europäische Politik, wie auch für den verängstigten und verstörten Teil der europäischen Öffentlichkeit das eigentliche ist: Kann Sicherheit für alle Beteiligten, kann Gleichgewicht durch eine solide Vereinbarung der Mächte auf einer niedrigeren Stufe der Rüstung erreicht werden?

Reagan hat seinen vier Verhandlungsvorschlägen einen geradezu spektakulären Akzent gegeben, indem er, offenbar auf europäische Anregung hin, die «Null-Option» einbezog, die Washington noch bis vor kurzem bloss als eine «idealistische» Maximalvariante hatte gelten lassen: keine auf die Sowjetunion zielende nukleare Nachrüstung des Westens in Europa, wenn die Sowjetunion ihrerseits die Europa bedrohenden Missile abbaut, die sie in so grosser Masse und in so forciertem Tempo bereitgestellt hat.

So wie Reagan diesen Vorschlag in seiner Washingtoner Rede vorbrachte, hat er damit einen Ausgangs- beziehungsweise Zielpunkt west-östlicher Verhandlungen markiert und nicht ein Alles oder Nichts formuliert. Es wäre überraschend, wenn ein Verhandlungskompromiss so radikal ausfiele; eher wird man wohl versuchen, das *do ut des* irgendwo zwischen westlichen und östlichen Zahlen und Vorstellungen einzupendeln – sofern überhaupt, entgegen der Erfahrung vieler fruchtloser Versuche, ernsthafte, solid ausgehandelte, verifizierbare Abrüstungspolitik (und nicht nur Rüstungskontrolle oder -begrenzung) zwischen den Grossmächten möglich werden sollte.

Die relevanten Fragen der Sicherheits- und Rüstungspolitik zwischen West und Ost sind nun auf jeden Fall und für den Beginn konkret genug gestellt. Breschnew wird in Bonn nicht mit vagen Suggestionen einer Umorientierung der bundesdeutschen Politik und mit geheuchelten Warnungen vor dem schiesswütigen Wildwest-Abenteurer Reagan wegkommen, wie ihn seine Propagandisten – und in ihrem Gefolge anspruchslose europäische Federn – karikieren. Er wird Antworten geben müssen, die über die blosse Polemik seines Publizitätsapparates und über seine unzulänglichen Vorschläge eines «Moratoriums» hinausgehen, wenn er in Europa offene Ohren finden will.

Im Schatten der Sowjetmacht

Am 13. Dezember hatte General Jaruzelski durch Verkündung des Kriegsrechtes Polen der Militärherrschaft unterworfen.

19. Dezember 1981

Ob General Jaruzelski die militärische Machtübernahme in Warschau von langer Hand vorbereitete oder ob ein sowjetisches Ultimatum seine Aktion vom letzten Sonntag ausgelöst oder beschleunigt hat – mit Sicherheit steht sein Versuch, die Polen mit ihrer, seiner, eigenen Armee zu «disziplinieren», im drohenden Schatten der sowjetischen Macht und der Gefahr, dass auch dieses Land ein Opfer jener brüderlichen Hilfe werde, welche die Breschnew-Doktrin für schwierige oder nonkonforme Satelliten vorsieht.

Zwar haben die Leute von *Solidarnosc* lange Zeit diese Gefahr als eine Chimäre des ängstlichen Westens abgetan, von der sie sich nicht beeindrucken lassen wollten. Sie setzten darauf, dass eine direkte Intervention für die Sowjetunion mit derart hohen Risiken, Schwierigkeiten und Problemen belastet wäre, dass sie nicht ernsthaft zu befürchten sei. Die Zurückhaltung angesichts all der Vorgänge und Äusserungen in Polen, die Moskau als Provokation und offene Herausforderung seines Herrschaftsanspruches und -systems empfinden musste, war in der Tat bemerkenswert und schien die polnische Rechnung zu bestätigen. Aber eine Sicherheitsgarantie war daraus nicht abzulesen. Irgendwo liegt die Schwelle, wo auch im üblicherweise eher vorsichtigen sowjetischen Kalkül die Risiken und Schäden des Zusehens die des Eingreifens überwiegen; wo sie liegt, ist jedoch nicht genau zu orten.

Ob Jaruzelskis *Coup* bei Nacht und Nebel – wenn er eine Präventivhandlung war, um das Schicksal der Tschechoslowakei und Ungarns von Polen abzuwenden – seinen Zweck erreicht, ist jedoch völlig ungewiss. Er ist seinerseits in eine Zone erhöhten Risikos eingetreten. Sein Risiko liegt in der Gewaltherrschaft gegen das eigene Volk mit ihren ominösen Ketten von Ursachen und Wirkungen und von Eskalationsmöglichkeiten. Mit der Repression, die in Polen, von Landsleuten gegen Landsleute geübt, sogleich nicht minder brutale Züge gezeigt hat als die einer fremden Besetzungsmacht, wächst der Widerstand. Bereits ist Blut geflossen, das mehr Widerstand, der seinerseits mehr Repression zeugen wird.

«L'ordre règne a Varsovie»

Kann Jaruzelski nicht in kurzer Zeit nach Moskau melden, was der französische Aussenminister Sébastiani nach dem polnischen Aufstand von 1831 in der Deputiertenkammer erklärte, nämlich *«L'ordre règne à Varsovie»* – dann wird der sowjetische Eingriff kaum mehr auf sich warten lassen, was immer er Moskau kosten mag. Unter «Ordnung in Warschau» wäre 1981 dasselbe zu verstehen wie vor 150 Jahren: Friedhofsruhe. Wie von dorther dann der Schritt zurück zu einer Reformpolitik zu tun wäre, die das Militärregime verspricht, während es schiessen lässt, das zu fragen wird sich erübrigen.

So ungewiss Polens Zukunft, so undurchschaubar derzeit die Lage in Warschau und die Rechnungen Moskaus sind, so offen liegt, einmal mehr, und diesmal anhand des Falles Polen, die Bilanz des «real existierenden Sozialismus» im Machtbereich der Sowjetunion zutage. Er propagiert sich nach wie vor als Fortschritt der Menschheit und als Befreiungsidee, auch wenn in den von ihm befallenen Völkern längst niemand mehr hinhört, wenn die Papageienformeln abgeschnarrt werden.

Das Reale an ihm aber ist heute wie vor 30 Jahren ein monströses Riesenimperium totalitärer Unterdrückung. Es reicht von Wladiwostok bis Magdeburg mit Aussenposten in Ost- und Westafrika und im Karibischen Meer, hält einige hundert Millionen Menschen unter der Knute und hat sein Wesen im Kern um keinen Deut geändert. Wie oft hat man schon Chancen einer Öffnung, Bewegung, Anpassung, Liberalisierung vermutet, gewittert, beschworen: nach Berlin 1953, nach der Entstalinisierung 1956 und ihren Folgen in Polen und Ungarn, im Prager Frühling 1968, im Zusammenhang mit der Entspannungspolitik, mit der Charta von Helsinki, mit den deutsch-deutschen Koexistenzversuchen, mit dem Kampf der polnischen «Solidarität» seit dem August 1980.

Unfähig zur Reform

Da und dort hat es zeitweise etwas Luft gegeben, etwa in Ungarn oder für die rumänische Aussenpolitik. Aber gewandelt hat sich der totalitäre Koloss in seinem Charakter nicht wirklich. Er hat sich als unfähig zu Reform und zu Regeneration erwiesen, auch wenn das Versagen des Systems so offenkundig und ruinös ist, wie es in der ostsozialistischen Wirtschaft zutage tritt. Er empfindet freie Regungen, Bewegung, Diskussion, Kritik, gar aktive Veränderung instinktiv als Gefährdung der Herrschaft, die er, ihrem System gemäss, nicht anders denn als eine absolute auffassen kann. Nur allerkümmerlichster Wuchs gedeiht auf dieser tiefgefrorenen, über anderthalb Kontinente gedehnten russifizierten Tundra.

Die fünfviertel Jahre, in denen Polen sich zögernd nach eigenen Vorstellungen neu zu gestalten gesucht hat, haben gezeigt, wie schief Basis und Grundstruktur des verbindlichen Ostblock-Sozialismus sind. In Frage gestellt wurde die Diktatur des Proletariats von den «Proletariern», der zu korrupter Funktionärswirtschaft entartete «Arbeiterstaat» von den Arbeitern. Was in Polen jene «Klasse» wirklich will, der in der marxistischen Romantik noch immer die Rolle des sozialistischen «Bannerträgers» zugedacht und angedichtet wird, ist eine freiheitliche Ordnung, deren Leitlinie die Menschen- und Bürgerrechte sind; sie schliesst mit der Forderung des Koalitionsrechtes die Gewerkschaftsfreiheit ein, wie sie im liberalen Staat, im Unterschied zur staatssozialistischen Struktur, verwirklicht ist.

Der vorläufige Ausgang der neuen polnischen Tragödie hat nun auch diesen Reformversuch abgewürgt. Ob der Würger ein polnischer oder ein russischer General ist, ändert nichts an der Grundtatsache im Osten, an der seit 1953 alle Versuche gescheitert sind, den Menschenrechten und nationaler Eigenständigkeit Raum und Geltung zu verschaffen. Die Grundtatsache ist die der Sowjetmacht, der von Natur aus repressiven sowjetischen Machtpolitik und ihres totalen Herrschaftsanspruches. Wie lange kann es sich ein illusionsfreudiges Europa noch erlauben, daran vorbeizusehen?

Polen – auch eine westliche Tragödie?

Über den Massnahmen, die im Zusammenhang mit der Militärdiktatur in Polen gegen die Sowjetunion, die Macht im Hintergrund, zu ergreifen bzw. nicht zu ergreifen seien, kam es innerhalb des westlichen Bündnisses wie «nach Afghanistan» wieder zu erheblichen Meinungsverschiedenheiten.

9. Januar 1982

Drei Wochen nach General Jaruzelskis Coup in Warschau, der Polen in die Gewaltherrschaft zurückwarf und die Ansätze einer freieren Ordnung abtötete, war das Problem des Westens nicht das polnische, sondern das seiner eigenen Einigkeit. Akuter Dissens drohte nicht so sehr zwischen Amerika und «Europa», wie es in westdeutschen Medien allzusehr verallgemeinernd heisst, sondern vor allem zwischen Washington und Bonn.

Der Streit drehte sich, oberflächlich gesehen, um zwei Fragen: Ist der stalinistische Rückfall Polens eine «innerpolnische Angelegenheit», wie Moskau behauptet, oder war und ist Moskau hier der eigentliche Täter? Und muss westlicher Druck, vor allem wirtschaftlicher, auf Moskau angesetzt werden, oder müssen die westlich-sowjetischen Beziehungen auch angesichts der polnischen Tragödie von Gegenmassnahmen ausgespart, müssen sie ein Schongebiet fiktiver «Entspannung» bleiben?

Das erste ist wohl ein Streit um des Kaisers Bart. Die Hand Moskaus ist unübersehbar im polnischen Vorgang, sie war es seit dem Sommer 1980: massive politische Einschüchterungskampagne gegen die «Solidarität» und die Reformelemente in der Staatspartei, massiver militärischer Druck, zeitweise mit rund 60 marschbereiten sowjetischen Divisionen rings um Polen herum, «logistische» Hilfe in der langfristigen Vorbereitung der Aktion Jaruzelskis – den die Polen nicht, wie deutsche Politiker, einen «Patrioten», sondern einen «Verräter» nennen –, massive politische und wirtschaftliche sowjetische Unterstützung schliesslich der Militärherrschaft. Ob Jaruzelski eine Marionette des Kreml ist oder eine polnische Figur, die für Moskau das Geschäft der Unterdrückung freiheitlicher Regungen und der sozialistischen Wieder-Gleichschaltung in Polen besorgt, ist kein wesentlicher Unterschied. Es wäre, wie Reagan zu Recht gesagt hat, unerlaubt naiv, dort, wo der Kreml sogar sichtbar in diesem Spiele steht, nichts sehen zu wollen.

Sanktionen gegen Moskau

Die zweite Streitfrage könnte, wenn man sie rein sachlich beurteilen wollte, eine blosse Ermessensfrage sein: Können wirtschaftliche Sanktionen gegen die Sowjetunion Polens Schicksal zum Besseren wenden? Was Washington selber in dieser Beziehung vorkehrt, scheint nicht eben auf solche unmittelbare und durchgreifende Wirkung angelegt zu sein, und dass die Weizenlieferungen – gemäss Reagans Wahlversprechungen an die amerikanischen Farmer – *tabu* bleiben, schafft zusätzlich eine gewisse Glaubwürdigkeitslücke und schwächt die Legitimation der USA, von europäischen Bündnispartnern tiefer einschneidende Opfer zu verlangen.

Doch geht die Kontroverse im Westen im Grunde nicht so sehr um Fragen des Ermessens oder um divergierende Analysen wirtschaftlicher Massnahmen, sondern vielmehr um gewichtige politische Prinzipien und wirtschaftliche «Zwänge»: Eine Beteiligung an Sanktionen würde die politischen Beziehungen zwischen Bonn und Moskau schwerer belasten, als Bundeskanzler Schmidt dies für opportun und seiner eigenen *«special relationship»* zum Kreml für zuträglich hält; und die deutschen Osthandelsinteressen, die in Schlüsselgebieten relativ und absolut stärker und deren Vertreter mächtiger sind als die amerikanischen, fallen in Bonn schwerer, auch politisch schwerer, ins Gewicht.

Die Kluft reicht also tiefer als das, was man Meinungsverschiedenheit nennt, und niemand scheint so recht glauben zu wollen, dass sie mit dem Verbalkleister zu überdecken sei, der jetzt am deutsch-amerikanischen Gipfeltreffen wieder angewendet wurde – wie 1980 schon einmal, als ein Communiqué die konträren Standpunkte «ganz nahe beieinander» wissen wollte. Die Unstimmigkeiten ziehen nicht mehr vorbei wie die Niederschlagszonen auf der Wetterkarte. Sie werden chronisch, sie wiederholen sich. Die Lage «nach Polen» ist der «nach Afghanistan» vor zwei Jahren verdächtig ähnlich: Jetzt wie damals keine Einigkeit über Sanktionen gegen die Sowjetunion, jetzt wie damals divergierende Beurteilung des Charakters der sowjetischen Politik.

In der deutsch-amerikanischen «Chemie» scheint etwas nicht mehr zu stimmen, und zwar nicht erst seit Reagan; zwischen Schmidt und Carter klappte es ebensowenig.

Es wären manche Gründe dafür aufzuzählen. Zwei vor

allem sind ernsthafter Natur. Der eine liegt in Zweifeln diesseits des Atlantiks – nicht nur in Westdeutschland, aber dort besonders – in bezug auf die Verlässlichkeit des Schutzes, den die amerikanische nukleare Abschreckstrategie Europa gewährt. Der andere liegt im amerikanischen Verdacht, dass die Bonner Regierung zwischen Washington und Moskau ein Doppelspiel treiben könnte oder zu treiben begonnen habe und dass westliche Bindungen und Bündnisloyalität sich bei den Deutschen insgesamt lockern. Die deutsche Ostpolitik findet in Washington seit einigen Jahren weit skeptischere Beobachter und Kritiker als zu Zeiten Brandts und Kissingers.

Deutsch-amerikanische Entfremdung

Wie es zu dieser Entfremdung kam, ist zur Genüge analysiert worden. Wichtiger als ihre Geschichte ist die Frage nach ihrer Bedeutung in der heutigen Konstellation und nach ihren möglichen künftigen Folgen.

In wessen Interesse sie liegt, ist eindeutig zu beantworten: in dem der Sowjetunion, deren Politik und Strategie seit über dreissig Jahren die Trennung Europas von Amerika betreibt. Ebenso eindeutig ist, in wessen Interesse sie nicht liegen kann: nicht in dem der Vereinigten Staaten, die mit Europa auch ihre Weltmachtstellung verlören, nicht in dem der Bundesrepublik Deutschland und Europas insgesamt, die sich ohne Amerika weder selber verteidigen noch sich eines übermächtig werdenden sowjetischen Einflusses erwehren könnten.

Für die Politik ist leider Palmströms Logik nicht verbindlich, dass nicht sein kann, was nicht sein darf. Es hat manchen Krieg gegeben, den es nicht hätte geben dürfen. So deutlich die beiderseitige Interessenlage ein Auseinanderdriften Amerikas und Europas «eigentlich» verbieten müsste, so wenig garantiert sie, dass es nicht doch geschieht.

Die zögernd ambivalente Haltung der Bonner Regierung – oder was so aussah – angesichts der Restauration kommunistischer Gewaltherrschaft in Polen hat, nach der Irritation über die pazifistisch-antiamerikanische Welle in der Bundesrepublik, sehr rasch in der amerikanischen Öffentlichkeit die Stimmen laut werden lassen, die, nicht zum erstenmal, nach Rückzug oder Abbau von amerikanischen Truppen in Deutschland rufen. Schmidt hat, kurz bevor er bei Reagan antrat, den Hinweis darauf in salopper Manier vom Tisch gewischt; davon sei seit einem Vierteljahrhundert die Rede, und das Gerede sei heute so übertrieben wie ehedem. Es ist zu vermuten, dass ihm derselbe Hinweis mitsamt Mahnung im Weissen Haus und im

Staatsdepartement mit einem Ernst und einer Autorität wiederholt wurde, die es ihm nicht mehr erlauben, ihn so leicht abzutun.

In der Tat ist Amerika mindestens als Demokratie ernst zu nehmen. Gegen das, was seine Öffentlichkeit nicht will, vermag auch die Staatsräson oft nur schwer oder nicht mehr aufzukommen; man hat es im Vietnamkrieg erlebt. Vom verbreiteten Unmut über Deutschland bis zu einem neuen Resolutionsentwurf im Senat, der den Rückzug aus Mitteleuropa fordert, ist ein politisch kurzer Weg. Und es ist nicht gesagt, dass eine kalifornisch geprägte Regierungsequipe, die ihr Auge mindestens so sehr auf dem Pazifik wie auf dem Atlantik hat, einer solchen Entschliessung noch denselben entschiedenen Widerstand entgegensetzen würde, der 1971 die Mansfield-Resolution, mühsam genug, schliesslich zu Fall gebracht hatte.

Man mag resigniert feststellen, dass die Katastrophe Polens die atlantische Allianz bisher zu wenig anderem veranlasst hat als dazu, sich mit sich selber zu befassen. Das lässt auf ihren derzeitigen politischen Zustand schliessen. Ihn zu sanieren wäre eine erste Voraussetzung dafür, dass sie gegen die Exzesse der Unterdrückung im sowjetischen Herrschaftsbereich überhaupt Gewicht zur Geltung bringen könnte.

Abrüstung für die Tribüne

Im Kampf um die Erhaltung einer überlegenen sowjetischen Nuklearkriegskapazität in Europa und im Sinne seiner politischen Offensive zur Spaltung der atlantischen Allianz hatte Breschnew einen neuen Vorschlag zur «Einfrierung» der eurostrategischen Waffen lanciert.

20. März 1982

Kaum ist in Genf hinter verschlossenen Türen und unter striktem Ausschluss der Öffentlichkeit eine erste, erkundende Phase der Verhandlungen zwischen den beiden Atomgrossmächten über das «eurostrategische» Problem abgeschlossen, zieht Breschnew das Thema wieder vor das grosse Publikum. Nicht zuhanden des Partners am grünen Tisch und nicht als Angebot für den nüchternen Tauschhandel der Experten, sondern zuhanden der breitesten Öffentlichkeit und als Mittel der politischen Druckerzeugung und Manipulation hat er vor dem Moskauer Gewerkschaftskongress seine Moratoriumsvorschläge zu der gegen Europa gerichteten sowjetischen Nuklearrüstung neu lanciert und angereichert. Nicht den Verhandlungsfortschritt in Genf hat er im Sinn, sondern eine politische Offensive.

Es ist eine Offensive des klassisch gewordenen sowjetischen Typs: verlockende Verpackung und suggestiver Werbetext, magere Substanz und vage, zum Teil bloss angedeutete Kontur des Angebots, und zum Zuckerbrot gleich auch die Peitsche.

Das Angebot lautet auf Einstellung nicht etwa der Produktion neuer atomarer Mittelstreckenwaffen, sondern lediglich ihrer Stationierung im europäischen Teil der Sowjetunion, darüber hinaus, und undurchsichtig verklausuliert, der baldige Abbau einer «gewissen» Anzahl von Raketen ungewisser Art in ungewissem Raum – beides einstweilen ohne Gegenleistung der anderen Seite. Als unumgängliche Zusatzinformation zu diesem Angebot ist zu notieren, dass mit der Indienststellung von nunmehr gut 300 *SS-20,* der bedrohlichen modernsten Waffe mit je drei Atomsprengköpfen, ein vermutliches vorläufiges Rüstungsziel der Sowjetunion ohnehin erreicht ist, dass eine Verlegung dieser 5000 Kilometer weit reichenden Waffen hinter den Ural Westeuropa immer noch bis zu den Pyrenäen eingedeckt lässt und dass die SS-20 beweglich, also jederzeit zu Lande in zielnähere Räume verschiebbar sind.

Die Suggestion ist die, dass mit den angekündigten sowjetischen Massnahmen nun ein sukzessiver Abbau der nuklearen Bedrohung Westeuropas eingeleitet sei, der den zur Wiederherstellung des Gleichgewichts geplanten Rüstungsaufbau der Nato nicht nur überflüssig mache, sondern geradezu verbiete, da er ja, wie Breschnew unterstrichen hat, diesen ersten Ansatz einer Rüstungsreduktion sogleich wieder zunichte machen würde. Adressaten dieser Initiative sind, wie gesagt, nicht die Verhandlungspartner, sondern jene politischen Gruppen und Bewegungen im Westen, die gegen die Nachrüstung der Nato kämpfen, unter ihnen der linke Flügel der SPD, der im kommenden Monat auf dem Münchner Parteitag zum Sturm gegen die Allianzpolitik Schmidts antritt. Einbezogen in die Rechnung Moskaus ist zweifellos nun auch jene Antiatombewegung, die sich in den Vereinigten Staaten selber bis in den Kongress hinein verbreitet.

Sicherung des Übergewichtes

Die Peitsche schliesslich ist in die Hand genommen mit der Drohung, den Vereinigten Staaten auf Kuba wieder eine nukleare Angriffsbastion vor die Küste zu setzen, sollten sie es wagen, den sowjetischen SS-20 in Europa eine «Konterbatterie» entgegenzustellen. 1962, vor zwanzig Jahren, hatte der analoge Versuch Chruschtschews mit einem deutlichen Fiasko geendet. Dass seine Neuauflage von Moskau heute als möglich und aussichtsreich offen angekündigt wird, lässt das gewaltig geschwollene Machtbewusstsein der Sowjetunion wie auch die tiefgehende Wandlung der Machtverhältnisse im Zeitalter der «Entspannung» aufs deutlichste erkennen.

Es ist nicht der Gleichgewichtspolitiker Breschnew, für den der deutsche Bundeskanzler Schmidt sich noch bis vor kurzem verbürgen zu können glaubte, der hier hinter einer friedlich verheissungsvollen Abrüstungsfassade erscheint, sondern der Mann des schonungslosen Machtkampfes, der seinen Gegner überwältigen und seine derzeitige Überlegenheit an militärischer *Hardware* in Europa sichern und fixieren will. Zwar wird er wohl weiterhin das Gleis der Verhandlung mit der ebenbürtigen Grossmacht, der Sondierung von Möglichkeiten des Kompromisses mit Washington benutzen. Zugleich aber sucht er mit unermüdlicher «Basisarbeit» auf dem offenen

Markt dessen politische Niederlage. Es bleibt also beim vertrauten Bild der ost-westlichen Auseinandersetzung. Wer angesichts des drückenden Menschheitsproblems der nuklearen Überrüstung ein anderes erwartet hatte, hat ein Wunder erwartet.

Die amerikanische Maximallösung

Auf dem öffentlichen Markt ist Breschnew freilich nicht allein. Auch Reagan ist ihm im vergangenen Herbst dahin gefolgt, als er, um der Propagandawirkung der damaligen sowjetischen Moratoriumsvorschläge besonders in der Bundesrepublik Deutschland zu begegnen, die Maximallösung eines beiderseitigen Nullbestandes, eines Totalabbaues der weiterreichenden Atomwaffen in Europa, in die Diskussion warf.

Der Gedanke hat für eine von Atomangst umgetriebene, beunruhigte Öffentlichkeit etwas Verlockendes. Sie hat sich daran geklammert, ohne sich die ernsten Fragen zu stellen, die in der Proposition stecken. Die Frage zum Beispiel, wie es um das Kräftegleichgewicht und um die Verteidigungsfähigkeit Westeuropas stünde, wenn sich – könnte man die Atomwaffenarsenale überhaupt aus der Vorstellung streichen – auf dem Kontinent im wesentlichen «nur noch» die konventionellen Streitkräfte gegenüberlägen. Das Ungleichgewicht wäre offenkundig. Die Eliminierung der Atomwaffen würde die Völker Europas vor die Aufgabe einer «konventionellen» Nachrüstung erheblichen Ausmasses stellen. Wären sie, die in den meisten Fällen mit ihrem heutigen Pensum schon Mühe haben, dazu bereit, wäre es das, was man sich bei Antiatom- und Friedensbewegungen als Konsequenz atomarer Abrüstung vorstellt?

Die Frage sodann, was das eigentlich heisst: Eliminierung der Atomwaffen aus Europa. Doch wohl nicht, sofern man nicht in die Unwirklichkeit ausscheren will, ihre gänzliche, globale und radikale Abschaffung beziehungsweise Zerstörung, sondern ihre Stationierung anderswo. In einer «atomwaffenfreien Zone» ist aber die atomare Bedrohung nicht aufgehoben. Es kommt weniger darauf an, wo ein Geschütz steht, als wohin es schiesst. Die den Grossmächten heute zur Verfügung stehenden Waffen vermögen jeden Punkt des Globus jederzeit mit voller Zerstörung zu decken. Welche diplomatische oder völkerrechtliche Konstruktion soll da einen Schirm abgeben, der eine bestimmte Zone, und sei es der angebliche Nabel der Welt, das alte Europa, zuverlässig vor der Vernichtung schützt?

Bisher lag dieser Schutz nicht nur für Europa, sondern für die Welt insgesamt in der Abschreckung, im unberechenbaren, hohen Risiko für den Angreifer, dass sein Schlag vernichtend auf ihn zurückfalle. Dieser Schutzmechanismus hat ein Vierteljahrhundert lang wirksam funktioniert, die Katastrophe ist nicht eingetreten. Wodurch wäre Abschreckung ebenbürtig wirksam zu ersetzen? Jene Kreise, die laut eine «alternative» Friedens- und Sicherheitspolitik fordern, sind die Antwort darauf bisher schuldig geblieben. Sicherheit, Friedenssicherung und Selbstbehauptung sind jedenfalls nicht mit Parolen des Friedens und mit Beschwörungen des «guten Willens» zu garantieren, auch nicht mit illusionären Konzepten einer von der allgemeinen Bedrohung separierten Enklave, auch nicht mit Gesten der Abrüstung, die hegemoniale Aspirationen des totalitären Imperiums tarnen.

Das sich verbreitende Gefühl von Unsicherheit und Bedrohung ist ein bedenkliches Produkt einer Ära, die vornehmlich durch «Entspannung», unter Vernachlässigung der Machtaspekte den «Frieden sicherer machen» wollte. Die jahrelangen Schwächeanfälle der amerikanischen Politik – vom Kollaps in Indochina über den «Neo-Isolationismus» und «Watergate» bis zur passiven Hinnahme der sowjetischen Expansion – rächen sich heute. Es zeigt sich, dass Sicherheit nicht aus Schwäche entsteht. Und es zeigt sich auch, wie schwierig es ist, eine illusionssüchtig gewordene Öffentlichkeit zum Stand der Wirklichkeit zurückzuführen. Der westliche Hang zur Selbsttäuschung über die Grundlagen von Frieden und Sicherheit ist Kapital für die neue politische Offensive Moskaus, die mit Abrüstung operiert, aber auf die Erhaltung der westlichen Schwäche zielt, die an ein sicherheitspolitisches Sonderinteresse Europas appelliert, aber die bisherige Basis der westeuropäischen Sicherheit, nämlich ihre enge Verflechtung mit der amerikanischen, aufzulösen sucht.

Die Schweiz
und die Vereinten Nationen

Nach der Publikation der Botschaft des Bundesrates eröffnete dieser Artikel die Diskussion in der NZZ über den Beitritt der Schweiz zur Uno.

27. März 1982

Mit der Veröffentlichung der bundesrätlichen Botschaft über den Beitritt der Schweiz zur Uno ist eine zielgerichtete, das heisst auf das Ziel einer politischen Entscheidung gerichtete Diskussion dieses vielberedeten Themas endlich möglich geworden. Man wird nicht von einer übereilten Vorlage und von forciertem Tempo in dieser Frage sprechen können. Fünfzehn Jahre sind es her, seit 1967 mit dem Postulat Bretscher im Bundeshaus und zum Teil in der Öffentlichkeit das intensivere Nachdenken über unser Verhältnis zu den Vereinten Nationen eingesetzt hat. Mit drei Berichten an das Parlament, 1969, 1971 und 1977, hat sich die Landesregierung in vorsichtigen Etappen von der Analyse zum Entschluss und zu jener politischen Empfehlung vorgearbeitet, die der Nationalrat schon vor Jahren zum «nächstmöglichen geeigneten Zeitpunkt» gewünscht hatte.

Für das Zögern des Bundesrates mag es diverse Gründe geben. In seinen früheren Berichten meinte er jeweils, die öffentliche Meinung sei für die Entscheidung zu wenig vorbereitet, zu wenig informiert, zu wenig reif. Das war an der Grundbedingung der direkten Demokratie vorbeigeredet. Eine «reife» Meinung pflegt sich der politische Souverän nicht auf Vorrat zu bilden, sondern wenn er jeweils eine Frage zu entscheiden hat; erst im Blick auf die Entscheidung erhält die öffentliche Diskussion Profil, Bedeutung und Gewicht. Meinungsbildung gehört zum Prozess der Willensbildung.

Eine weitere Hemmung mag in der ehrenwerten Besorgnis der Behörden gelegen haben, der schweizerische Staat könnte durch einen negativen Ausgang der unumgänglichen Volksabstimmung (obligatorisches Referendum) Schaden an seinem internationalen Ansehen nehmen. Das Risiko der Verwerfung ist nicht zu leugnen, aber es lässt sich nicht vermeiden – auch nicht durch Aufschub. Man kann dem Souverän nicht bei jeder Gelegenheit sein Königsrecht bestätigen und ihm zugleich die Entscheidung in angeblich dringender Sache immer wieder vorenthalten.

Im übrigen wird der «richtige» Zeitpunkt in dieser Angelegenheit nie kommen, sich jedenfalls nie berechnen lassen: zwischen der Beitrittsempfehlung des Bundesrates und einer Volksabstimmung liegen Jahre, und wer will voraussehen, was sie dem Bild und Prestige der Uno antun, wie sie die Chancen des Referendums beeinflussen? Und was die Grösse des möglichen Schadens betrifft, so ist er wohl zeitweilig übertrieben dargestellt worden. Ob grösser oder kleiner, wir haben uns nach unserer Spielregel zu richten, auch wenn sie einzigartig ist, und das Volk entscheiden zu lassen, auch wenn es in dieser Sache nirgendwo sonst selber entscheiden konnte.

Plädoyer für den Beitritt

Item – die Frage liegt jetzt endlich auf dem Tisch und muss, auch wenn das noch Objekt manches Verzögerungsmanövers sein dürfte, mit «Ja» oder «Nein» beantwortet werden – gelegentlich. Die Antwort der Landesregierung ist eindeutig und entschieden. Sie hält den Beitritt der Schweiz nicht nur für wünschbar und opportun, sondern für notwendig.

Das muss dem Stimmbürger bewiesen werden. Die Botschaft versucht es, zum Vorteil für ihre Glaubwürdigkeit, nicht damit, dass sie der Uno ideale Antriebe, ein ideales Erscheinungsbild und politische Effizienz andichtet, auch wenn aus den Federn der Verfasser einzelne schwärmerische, beschönigende und gar propagandistische Züge in den amtlichen Text gedrungen sind. Vielmehr hebt sie richtigerweise und insgesamt mit der angemessenen Nüchternheit den Wirklichkeitsgehalt der Uno hervor.

Die Vereinten Nationen sind, unbestreitbar, eine Realität, die einstweilen nicht wegzudenken ist, eine internationale Realität von Gewicht. Sie sind, auch und gerade in ihrem unerfreulichen Anblick, ein schonungsloses Abbild der Welt, in der wir leben, des globalen *«pays réel»*. Sie sind das zwar geschwätzige, dissonante, von Demagogie heimgesuchte – aber eben das einzige existierende weltweite politische Forum. Und sie sind mit ihren nun über 150 Mitgliedstaaten wahrhaft universal geworden. Ausser dem geteilten Korea, drei europäischen Miniaturstaaten und eben der Schweiz gehören ihnen heute alle Länder der Welt an.

Angesichts dieser Universalität wäre die Beweislast eigentlich umzukehren, wäre eher zu fragen, warum wir nicht beitreten als warum wir beitreten sollen. Die Nachteile des Abseitsstehens sind in der Tat offenkundig, und sie berühren schweizerische staatspolitische, wirtschaftliche und sicherheitspolitische Interessen von Rang. Unsere Selbstisolierung vom internationalen politischen Forum bringt mit sich den Verlust einer wichtigen Möglichkeit, uns selbst darzustellen und in unserer Eigenart, beispielsweise auch als neutralitätspolitischer «Sonderfall» verständlich und plausibel zu machen. Dass wir mit dieser Selbsterklärung weitherum in der Staatenwelt erheblichen und zunehmenden Schwierigkeiten begegnen, dürfte sich herumgesprochen haben. Wer es mit der Schweiz und ihrer internationalen Geltung ernst meint, dem kann das nicht gleichgültig sein.

Verwurzelte Neutralitätspolitik

Als Aussenseiter schliessen wir uns sodann selber von wesentlichen Sektoren der internationalen Kontakte und Zusammenarbeit aus, zum Beispiel von der Weiterentwicklung und Kodifizierung des Völkerrechts, an der wir in hohem Grade interessiert sind. Wir bleiben international stumm in Fragen der Menschenrechte, der humanitären Hilfe, der Abrüstung, der Wirtschafts- und Entwicklungskooperation, soweit sie im politischen Hauptorgan der Vereinten Nationen, in der Generalversammlung, zur Sprache kommen. Wir bleiben passiver, als wir es sein dürften und möchten, bei friedenserhaltenden Aktionen, wo auch Kleinstaaten höchst nützliche Beiträge zu internationaler Sicherheitspolitik und Stabilität leisten könnten. Die Schadenrechnung spricht insgesamt, was die internationale Stellung der Schweiz betrifft, ziemlich eindeutig gegen das weitere Beharren in einer einsam gewordenen Aussenseiterposition.

Aber die internationale Stellung des Landes ist nur die eine Seite der Auseinandersetzung und der anzustellenden Rechnung. So alt und wohlbegründet in der schweizerischen Geschichte bis in die Gotthard-Republiken zurück die Tradition der Weltverbundenheit ist, so stark ist der Hang zur distanzierenden Absonderung geblieben. Der Zwiespalt zwischen Öffnung und Abschliessung ist ein konstantes Element unseres Landes, und er wird auch in der Auseinandersetzung um den Uno-Beitritt spürbar, und zwar in ihrem vermutlich heikelsten und empfindlichsten Punkte, dem der Neutralitätspolitik. Der Tradition und Notwendigkeit internationalen Engagements steht hier eine überaus erfolgreiche Politik des Abseitsstehens gegenüber, die unser Land aus den drei letzten verheerenden europäischen Kriegen herauszuhalten vermochte und deren partielle Preisgabe im Schosse des Völkerbundes, des Vorgängers der *United Nations,* eine lange nachwirkende negative, schockierende Erfahrung gewesen, geblieben ist.

Wenn der Souverän nicht überzeugt werden kann, dass die bewährte Politik der immerwährenden bewaffneten Neutralität, der Kern und die Basis unserer Sicherheitspolitik, intakt und glaubwürdig bleibt, dass sie sich mit der Mitgliedschaft in den Vereinten Nationen ohne Abstriche verträgt, dass die Pflichten aus der einen mit den Pflichten aus der anderen vereinbar sind, dass die abschreckende Erfahrung der «differentiellen» Neutralität im Rahmen des Völkerbundes sich nicht wiederholen wird – dann werden die internationalistischen Argumente für den Beitritt zur Uno, so stark sie sind, nicht «ziehen».

Pragmatismus und Rechtsdenken

Die bundesrätliche Botschaft packt dieses Überzeugungswerk von der pragmatischen Seite an: «Andere Neutrale», Schweden und Österreich, sind längst Uno-Mitglieder und sehen darin keine Schwierigkeiten und Widersprüche; militärische Sanktionen sind laut Uno-Charta nicht obligatorisch, nur jene Mitglieder brauchen sich daran zu beteiligen, die das selber wollen; die «Gefahr», dass der Sicherheitsrat sich trotz Vetorecht der Grossmächte auf wirtschaftliche Sanktionen gegen einen «Rechtsbrecher» zu einigen vermöge, sei minimal; sollte es doch geschehen, so könnte man sich wohl auch als Uno-Mitglied mit «autonomen» Massnahmen der neutralitätswidrigen Pflicht zum automatischen Mitmachen entziehen; einen formellen Neutralitätsvorbehalt könne die Schweiz nicht machen, da die Vereinten Nationen ihn nicht akzeptieren könnten und würden und da man schon mit dem blossen Wunsch nach einem Sonderstatus die Neutralitätspolitik internationalen Deutungen und Diskussionen aussetzen würde, was vermieden werden müsse; obwohl für Uno-Mitglieder Verpflichtungen aus der Charta Vorrang haben müssen vor Verpflichtungen aus anderen Übereinkünften, sei das für die Schweiz ohne Belang, da ihre Neutralität «Teil des Völkergewohnheitsrechtes», nicht bloss einer Übereinkunft sei, und so weiter.

Der Bundesrat würde also vor einem Beitritt lediglich eine einseitige Erklärung abgeben, dass die Schweiz auch als Mitglied der Uno ihre dauernde Neutralität aufrechterhalten werde. Erhöbe sich kein Widerspruch und würde die Generalversammlung der Uno die Aufnahme der Schweiz mit der obligatorischen Zweidrittelmehrheit beschliessen, hielte der Bundesrat seine besondere Lesart der Uno-Charta und ihrer allgemein verbindlichen Pflichten stillschweigend für legitimiert und abgesegnet.

Solcher Pragmatismus mag oder wird dem heutigen Zustand der Vereinten Nationen, deren Praxis sich von ihrer geschriebenen Charta weit entfernt hat, angemessen sein und sich für die Beurteilung der Beitrittskonditionen vielleicht geradezu aufdrängen. Warum soll man es sich mit bedrucktem Papier und Siegel und Unterschrift schwermachen, wo die meisten anderen es sich damit so leicht gemacht haben?

Ein Rest von Unbehagen

Mag alles sein. Trotzdem wird sich bei Leuten, die «grundsätzliches» Denken nicht ganz lassen können, hier doch ein Unbehagen melden. Wir würden gemäss bundesrätlicher Empfehlung also eine Charta unterzeichnen, mit ihr eine Erklärung, alle darin enthaltenen Verpflichtungen auf uns zu nehmen, darunter die, «die Beschlüsse des Sicherheitsrates ... anzunehmen und durchzuführen» (Art. 25), also etwa die «vollständige oder teilweise Unterbrechung der Wirtschaftsbeziehungen», des Verkehrs, der Kommunikationen, den «Abbruch der diplomatischen Beziehungen» mit einer Konfliktspartei (Art. 41). Wir würden solches und anderes unterzeichnen im Bewusstsein, es nicht halten zu können oder zu wollen, mindestens nicht so, wie das Geschriebene der Charta es meint. Wir machen einen «inneren» Vorbehalt, ohne ihn der Vertragsgemeinschaft der Vereinten Nationen zu Protokoll zu geben und ihn dort zur Diskussion zu stellen. Und wir werden gegebenenfalls «pragmatisch», je nach Fall handeln, so wie etwa Österreich, in der Botschaft als Modell vorgestellt, in der Frage der Sanktionen gegen Rhodesien entschieden hat, nämlich «ohne auf die grundsätzliche Frage einzugehen», ob Mitgliedspflichten und Neutralitätspflichten sich in diesem und anderen Fällen vertrügen.

Wird sich solcher Pragmatismus auch mit dem so oft beschworenen, stark entwickelten schweizerischen Rechts-(und besonders Neutralitätsrechts-)Denken vertragen? Hier scheint in der bundesrätlichen Botschaft eine Schwachstelle zu sein, die in der öffentlichen Diskussion kaum unbeachtet bleiben wird.

Diese Diskussion ist nun eröffnet. Man möchte ihr – natürlich vergeblich – wünschen, dass sie die Sache und die weltverbundene Schweiz von heute im Auge behält und nicht als eine zweite Schlacht am Morgarten gegen angebliche fremde Vögte aufgezogen wird. Es ist hier ja nicht nostalgisch und mit Heu im Haar eine alte Hirtenfreiheit zu verteidigen, sondern die politische Beziehung unseres Landes zur globalen Staatenwelt zu finden, so wie diese Welt nun einmal ist und so wie sie sich in den Vereinten Nationen höchst unvollkommen, aber universal organisiert hat.

Jaruzelski in der Sackgasse

Das Regime des Generals Jaruzelski suchte sich vom inneren Druck durch die unbestimmte Ankündigung einer «Aussetzung» des Kriegsrechts zu entlasten.

24. Juli 1982

Die Massnahmen, welche die polnische Militärdiktatur als Lokkerung des nun über sieben Monate dauernden Kriegsrechts-Regimes angekündigt hat, öffnen keinen Weg aus der Sackgasse. Einige hundert Oppositionelle, die am 13. Dezember 1981 per «Kriegsrecht» in Konzentrationslager gesteckt wurden, werden mehr oder weniger provisorisch entlassen, einige hundert bleiben hinter Stacheldraht. Zum x-ten Mal wird vag und ohne Termin ein Ende des Ausnahmezustandes in Aussicht gestellt, diesmal aber nur noch in Form seiner «Aussetzung», nicht seiner Abschaffung, und überdies unter der Bedingung des Wohlverhaltens der Nation beziehungsweise der «Normalisierung». Keine Rede ist mehr von Reformen, keine Rede von der Wiederzulassung der «Solidarität». Beides war in den ersten Monaten nach dem Militärcoup noch versprochen worden, was jetzt als ein blosses psychologisches Hinhaltemanöver enttarnt ist. Unvermindert katastrophal ist der Zustand der Wirtschaft und sind ihre Perspektiven für die nächsten Jahre. Und mit der von den Generälen schliesslich in der Römer Kurie durchgesetzten «Verschiebung» des Papstbesuches enthüllt das Regime offen seine Unstabilität beziehungsweise seine Ängste.

Was Jaruzelski dem Parlament jetzt vorgetragen hat, war letztlich eine nur oberflächlich verbrämte Bankrotterklärung mit einer besonderen Nuance: Nicht nur wurde der politisch-wirtschaftliche Misserfolg eingestanden und keine Erholungsprognose angeboten, sondern zugleich wurde bedeutet, man mache weiter im chancen- und hoffnungslosen Experiment, Polen auf dem Wege der Militärdiktatur zu disziplinieren, den abgewirtschafteten Sozialismus zu regenerieren und einen Konsens von Regierenden und Regierten zu suchen.

Das Scheitern dieses Experiments ist offenkundig. Jaruzelski hat ausser dem Militärapparat, der seine Untauglichkeit für zivile Verwaltung bewiesen hat, keine politischen Strukturen zur Stützung des Regimes bilden können. Die «staatstragende» Partei ist mitsamt ihren Beherrschungsorganen politisch tot und trägt gar nichts mehr. Die freien Gewerkschaften sind in den Untergrund der Illegalität versenkt, der unruhig bleibt und aus dem, wie im vergangenen Mai, aus verschiedensten Anlässen nun die Eruptionen ausbrechen. Und das Volk scheint gegenüber dem Regime insgesamt im Zustand genereller Verweigerung zu verharren und auf keinerlei «Anreize», nicht einmal auf wirtschaftliche, anzusprechen.

Der Stachel der Freiheit

Länger als die Tschechen im Prager Frühling 1968, länger als die Ungarn in ihren vom Untergang gezeichneten kurzen Revolutionstagen von 1956 hatten die Polen seit dem Sommer 1980 erfahren, wie Freiheit schmeckt. Sie hatten begonnen, das für möglich zu halten, was sich in Osteuropa seit einer Generation immer wieder als unmöglich erwiesen hat – bis auch sie am 13. Dezember 1981 von der brutalen Realität des sowjetischen «Blocks» eingeholt wurden. Um so bitterer schmeckt nun diese Realität. Jener Pragmatismus und *esprit débrouillard,* mit dem sich Ungarn im Laufe von Jahrzehnten und unter dem ungleich günstigeren Klima des nachrevolutionären Kadar-Regimes einigermassen in seinen Existenzbedingungen einzurichten vermochte, hat im Polen des Kriegsrechts vorläufig keinen Boden und keine Chance. Nicht nur sind die Polen keine Ungarn; Jaruzelski ist auch kein Kadar.

Zwar gibt es auch zwischen ihm und seinem Volk noch den Ansatz eines Konsenses: Beide sind sich anscheinend einig, dass eine Intervention der sowjetischen Macht nach wie vor verhindert werden muss; sie wäre der zweite Untergang Polens im 20. Jahrhundert. Der Spielraum, den ihnen diese Bedrohung für ein politisches Leben lässt, ist von den Polen seit dem August 1980 und offenbar bis heute grösser eingeschätzt worden, als er Jaruzelski erscheint. Objektiv zu ermessen ist er von aussen nicht, und zweifellos ist er seit dem vergangenen Herbst enger geworden. Für den Militärdiktator unter der Fuchtel des Kreml erträgt dieser Spielraum keine freie Gewerkschaftsbewegung, keine Duldung oppositioneller Tätigkeit in grösserem Rahmen, keine riskanten Reformen, keine riskanten Situationen wie etwa den Papstbesuch am Marienfest in Tschenstochau oder auch nur eine Gedenktafel im Warschauer Strassenpflaster für erschossene Bergarbeiter.

Mit dieser Einengung der politischen Sphäre begrenzt die

Militärdiktatur aber auch den Raum für Verständigung, Versöhnung, «Dialog» mit der eigenen Öffentlichkeit. Unversöhnlich und schroff stehen sich die Vorstellungen der einen und der Zuchtzwang der anderen gegenüber – die Vorstellungen einer pluralistischen, freiheitlichen, selbstbestimmten Ordnung und das starre Njet zu solchen Vorstellungen, werde es nun hörbar in Moskau selber gesprochen oder dort dem grossen Bruder von den Lippen gelesen und über die Militärs ans eigene Volk weitergegeben. Den Massenbewegungen nachgeben ist für das Regime Jaruzelski gleichbedeutend mit der erhöhten Gefahr sowjetischer Intervention. «Normalisierung», wie sie das Regime fordert, ist für die Polen gleichbedeutend mit Unterwerfung unter fremden Willen beziehungsweise mit dem politischen Friedhof.

Ein Kompromiss, ein weiterer Ausbau des Konsenses zu einer politisch tragfähigen Basis, ist da einstweilen kaum denkbar. Die Zuchtrute der Macht bleibt das Regierungsinstrument, und das Regierungsrisiko in Polen bleibt die politische Explosionsgefahr einerseits, die völlige resignierte Entfremdung zwischen der Macht und den Beherrschten anderseits. Mehr als diese Konfrontation hat die Militärdiktatur nicht zustande gebracht.

Trost und Hilfe sind auch von aussen nicht zu erwarten. Der Blick nach Westen zeigt ein Europa, das mit Zähnen und Klauen darum kämpft, sich nicht an Massnahmen gegen den Unterdrücker Polens beteiligen zu müssen und ein grosses Geschäft mit der Repressionsmacht im Osten machen zu dürfen.

Antisemitismus wegen Begin?

Die Annexionspolitik der Regierung Begin in Cisjordanien, ihr militärischer Coup gegen Beirut und die von ihr tatenlos geduldeten Massaker in den Palästinenserlagern zeigten auch in der sonst traditionell Israel-freundlichen öffentlichen Meinung der Schweiz negative Wirkungen. Die Gefahr antisemitischer Reaktionen zeichnete sich ab.

22. September 1982

Es ist offensichtlich, dass die Politik der Regierung Begin im Westen wachsender Kritik begegnet und Beunruhigung auslöst – nicht zuletzt in Kreisen, die seit eh und je das Existenzrecht Israels verteidigt und dem jüdischen Staate Verständnis und Sympathie entgegengebracht haben. Die provokatorischen Siedlungen im besetzten Westjordanland, die verhärtete Intransigenz im Umgang mit Regierungen, die den Standpunkt Jerusalems nicht völlig teilen, und im besonderen mit dem amerikanischen Beschützer und Erhalter, die Versteifung auf eine Politik des harten und extremen Machtgebrauchs und Gewalteinsatzes haben es auch Israels Freunden schwerer gemacht und haben mehr und mehr Zweifel aufkommen lassen, ob auf diese Weise das Ziel einer stabilen Friedensordnung im Nahen Osten zu erreichen oder auch nur zu verfolgen sei, das ja auch das erklärte Ziel des Judenstaates ist.

Zweifellos braucht Israel Macht und Stärke, um sich zu behaupten. Ebenso bedarf es eines *Modus vivendi,* das heisst eines Ausgleichs mit den Nachbarn, wenn es in der Region, in die es gepflanzt ist, einmal in Frieden leben will. Es scheint, als entferne es sich derzeit eher von dieser Einsicht und als gefährde Begin seine eigene Leistung, die er mit der Verwirklichung dieses Ausgleichs mit Ägypten erbracht hat.

Schweren Schaden hat dem Ansehen der israelischen Politik nun schliesslich die Duldung – um die minimale Umschreibung des Sachverhalts zu nehmen – des entsetzlichen Massakers in Westbeirut zugefügt. Die Mitverantwortung der selbsternannten Ordnungsmacht, die unter Verletzung internationaler Abmachungen in Westbeirut einmarschiert ist, um dort «Ruhe» und «Frieden» zu wahren, lässt sich nicht wegdisputieren.

Es gibt Indizien, dass dieser letzte Gewaltakt der libanesischen Tragödie zusammen mit den kumulierten politischen Bedenken der jüngsten Zeit sich nicht nur in antiisraelischen Affekten niederschlägt, sondern antisemitische Reaktionen zu fördern beginnt. Begin hat oft sehr schnell, vorschnell, Kritik an seiner Politik als «Antisemitismus» denunziert, was sie in vielen Fällen keineswegs war. Es wäre vielleicht an der Zeit, wenn man auch in seinem Kreise sich die umgekehrte Frage stellte, nämlich ob man nicht selber, mit eigener Politik, jenes Gespenst wieder heraufbeschwöre, das man mit der Denunzierung zu bannen sucht. Die Erinnerung, wie rasch ein latentes Sentiment in Ressentiment und in eine Epidemie des Vorurteils mit verheerenden Folgen umkippen kann, ist noch deutlich genug. Sie müsste zur Vorsicht mahnen – auf allen Seiten.

Denn mit dem Feuer spielen auch jene, die versucht sind, Gefühlen und Äusserungen wieder freien Lauf zu lassen, die in den letzten 40 Jahren in der westlichen Welt mit gutem Grund unter Tabu gestanden haben. Der Ungeist rassischer Kollektivverketzerung und -diskriminierung darf in dieser Welt nicht wieder umgehen. Zu schrecklich ist die Erfahrung, was er beim letzten Mal bewirkt hat, zu gross die Gefahr, schlafende Hunde zu wecken.

Schwieriger Neubeginn in Bonn

Am 1. Oktober wurde Bundeskanzler Helmut Schmidt über das im Grundgesetz der Bundesrepublik Deutschland vorgesehene «konstruktive Misstrauensvotum» durch Helmut Kohl abgelöst. Der Regierungswechsel wurde in der Bundesrepublik zum Teil zu einer Art von «Verrat» dramatisiert und liess im Westen die besorgte Frage aufkommen, ob es mit der westdeutschen Stabilität nun zu Ende sei.

2. Oktober 1982

Ein Regierungswechsel sei die natürlichste Sache in einer Demokratie, wenn die Exekutive ihre Basis verloren habe, hat Helmut Kohl, der Oppositionsführer von gestern und Bundeskanzler von heute, vor kurzem im Deutschen Bundestag ausgerufen. In Wirklichkeit hat die deutsche Demokratie sich mit dieser natürlichsten Sache diesmal überaus schwergetan. Das war nicht die in parlamentarischen Ordnungen normale periodische Gewichtsverlagerung von einem politischen Standbein aufs andere. So wie in Bonn mit knapper Mehrheit der Wechsel vollzogen wurde, ist er eher ein Indiz für einen kritischer gewordenen politischen Zustand Westdeutschlands.

Über all der äusseren Dramatik der Ereignisse und der Gebärden, der hochgehenden, reichlich moralisierenden Parlamentsrhetorik und der wie stets gekonnten Televisions-Schauspielerei am Rheinufer, der ebenso fragwürdigen wie publikumswirksamen Parole vom «Verrat», von dem Wahltriumph der einen und dem Katzenjammer der anderen in Hessen kann die elementare Tatsache des Vorgangs nicht unterschlagen und nicht vergessen werden: Die bisherige SPD-FDP-Koalition in Bonn ist nicht plötzlich und primär wegen Tricks und Manövern, sondern aus tieferliegenden politischen Ursachen an ihr Ende gekommen. Nicht weil Hagensche Treulosigkeit den Helden gefällt hätte, ist dieses Regierungsbündnis nach 13 Jahren regierungsunfähig geworden, sondern weil dem Bundeskanzler Schmidt in seiner eigenen Partei mehr und mehr der Boden für seine ursprüngliche Wirtschafts- und Finanzpolitik sowie für sein sicherheitspolitisches Engagement in der Atomwaffenfrage entzogen oder eingeengt wurde und sein Partner und «Mehrheitsbeschaffer», die FDP, sich schliesslich von ihm absetzte, als ihr in der «sozial-liberalen» Verbindung mehr und mehr der eigene Untergang zu drohen schien.

Zerfall der SPD-Basis

Wie weit in der Sozialdemokratie sich die Achse nach links verschoben hat, kann man aus Willy Brandts nun ganz offenkundig gewordenem Werben um die «Grünen» und Pazifisten und aus seinem neuen Wahlschlager ablesen, er wolle das amerikanische «Zeug», das heisst die von der Nato vereinbarte Zusatzrüstung, nicht auf deutschem Boden. Mit beidem stellt er sich in Gegensatz zu Schmidt und überdies zu jener Tradition der SPD, die sich auf die Mitte hin und nicht nach sektiererischen Randerscheinungen orientierte.

Für innenpolitische Dolchstosslegenden wäre im Raum der Fakten also kein Platz. Das wird allerdings nicht hindern, dass sie in Germanien ein weiteres Mal wuchern. Ebensowenig ist die Wahl eines neuen Regierungschefs durch eine neue Mehrheit moralisch zu diskriminieren. Sie steht unanfechtbar im Rahmen der Verfassung, die genau diesen Vorgang für einen möglichst krisenfreien Wechsel der Exekutive innerhalb einer Amtszeit vorsieht. Und sie ist geradezu aus dem Wesen der parlamentarischen Demokratie heraus zu begründen, die ja unter Ausschluss des Souveräns den gewählten und an keine Instruktionen gebundenen Abgeordneten die freie Entscheidung über das Schicksal der Exekutive überbindet.

Das erledigt allerdings nicht alle skeptischen Fragen, die im Zusammenhang mit diesem Wechsel die deutsche Öffentlichkeit irritieren. Hat der Bundestag, der Helmut Schmidt jetzt das Vertrauen entzog, ihm nicht vor wenigen Monaten das Vertrauen noch in aller Form ausgesprochen? Haben nicht SPD und FDP mit ihrer gemeinsamen Festlegung auf ihre Koalition und auf den Bundeskanzler Schmidt 1980 die Wahlen und damit eine ausreichende Mehrheitsbasis gewonnen? Bedürfte die neue Konstellation nun nicht zu ihrer politischen Legitimierung der Sanktion durch die Wähler, verlangt der Bruch eines Wahlversprechens nicht die Rechtfertigung vor der Basis – auch wenn die Regierung selber es mit diversen ihrer Wahlversprechen keineswegs genau genommen hat?

Offensichtlich bestehen im Publikum noch Glaubwürdigkeitslücken, Manipulationsverdacht und Misstrauen, die den Parteienbetrieb in Bonn insgesamt und den Neuanfang der Regierung Kohl im besonderen belasten. Die Belastung würde zunehmen, wenn die öffentlich verkündete Absicht von Neuwahlen im März 1983 nicht verwirklicht werden sollte.

Die grosse Frage, die man sich an diesem Einschnitt der deutschen Nachkriegsgeschichte innerhalb der Bundesrepublik wie bei ihren europäischen Nachbarn und darüber hinaus stellt, ist die, ob es Bundeskanzler Kohl und seiner Mehrheit gelingen werde, die Stabilität der Bundesrepublik zu sichern beziehungsweise wiederherzustellen. Dreissig Jahre lang, in schwieriger Zeit, war der westdeutsche Staat ein sicherer und konstanter Faktor auf dem Kontinent. Die westdeutsche Demokratie entwickelte sich, sowohl was die innere Funktionsfähigkeit ihrer freiheitlichen Ordnung als auch was ihre Fähigkeit zur internationalen Partnerschaft betraf, weit besser, als man es ihr 1949 in ihrer Geburtsstunde vorausgesagt und zugetraut hatte.

Zweifel an der Stabilität

Unter den Ungewissheiten der permanenten Koalitionskrise wie der zunehmend widersprüchlichen Strömungen in der Öffentlichkeit hatten diese Stabilität und ihr Image in letzter Zeit gelitten, und beides ist auch jetzt, im Augenblick des Wechsels, Zweifeln ausgesetzt. Fürs erste ist Kohls Regierungsbasis schwach. Ob der Partner FDP, geschwächt, wie er aus der Zerreissprobe des Koalitionswechsels herausgekommen ist, auch nur bis zu vorgezogenen Wahlen mitzutragen vermag, ist fraglich, und viel wird er vorläufig nicht tragen können. Eine Rückkehr gibt es für die FDP allerdings nicht. Die Wiederbelebung der «sozial-liberalen» Kombination ist zurzeit undenkbar.

Schwer getrübt ist sodann die weitere Aussicht der Freien Demokraten. Ihr Überleben als die dritte zur Verantwortung taugliche Kraft im Staate ist in hohem Grade ungewiss und ihr Konzept eines «Dreiparteiensystems» damit sehr unverbindlich geworden. Wenn sich in der Bundesrepublik insgesamt das «Modell» durchsetzen sollte, das bereits in zweien ihrer Länder verwirklicht ist und sich in anderen andeutet, dann träte an ihre Stelle neben die beiden grossen Parteiformationen als drittes Element eine schillernde blosse Protestbewegung, die einstweilen weder eine gemeinsame Vorstellung von der anzustrebenden Ordnung hat noch bereit ist, sich in die Pflicht und Verantwortung nehmen zu lassen.

Würde eine ebenso lose wie bunte Gruppierung von der Art der «Grünen» statt der FDP das Zünglein an der Waage, dann könnte der Bundesrepublik die Unregierbarkeit drohen. Was diese Bewegung als Preis für ein Mitmachen auf der linken Seite des Spektrums fordert – beispielsweise den generellen

Verzicht auf Kernenergie oder den Austritt aus der Nato –, ist vorläufig keine der etablierten Parteien zu zahlen bereit. Letzte Zuflucht in einer solchen Patt-Situation könnte bestenfalls eine Wiederauflage der Grossen Koalition sein. Der Weg dazu ist heute durch die tiefe Kluft zwischen den beiden politischen Hauptlagern mehr denn je verlegt; im übrigen würde eine solche Koalition die ganze heterogene ausserparlamentarische Opposition den «Grünen» zutreiben.

«Unregierbar»?

Vor den möglichen Sorgen von morgen stehen glücklicherweise noch einige «Wenn» und «Aber». Doch kann man nicht übersehen, dass die Möglichkeiten der Zukunft auf die Lage von heute abfärben. Für die FDP wird die nächste Bundestagswahl ein Kampf um Sein oder Nichtsein, was ihr Verhalten in der Koalition weitgehend bestimmen wird. Und wie sehr früher feste Positionen durch den blossen Blick auf «grüne» Zukunftsmöglichkeiten aufgeweicht werden, zeigen die Äusserungen Brandts.

Die Bundesrepublik tritt in eine Phase ein, in der sie vermutlich hart auf ihre politische Substanz hin geprüft wird. Die Lasten der Arbeitslosigkeit und eines peinlichen Finanznotstandes, die Schwierigkeiten einer bevorstehenden, umstrittenen sicherheitspolitischen Entscheidung mit ihren Gefahren für die innere Ordnung, die zunehmende Auflösung des aussenpolitischen Konsenses drücken das Land in einem Moment, da seine politische Struktur brüchig wird. Die Stützen, mit welchen die Verfassung, das Grundgesetz, den Staat gegen jenen Zerfall stabilisieren will, dem die Weimarer Republik erlegen war, nützen in der andersartigen Situation der Bundesrepublik wenig.

Wie die Regierung Kohl diese Aufgabe bewältigen wird, ist heute nicht vorauszusagen. Das ziemlich vermurkste Vorspiel des «Machtwechsels» war nicht vielversprechend, und die inneren Spannungen im Team zwischen den Polen CDU, CSU und FDP sind nicht zu übersehen. Kohl hat das Mandat für einen Anfang. An Schwierigkeiten wird es nicht fehlen.

Im Vordergrund steht die Notwendigkeit, das Vertrauen der Wirtschaft und damit die Investitionsbereitschaft zu stärken, was Eingriffe zugunsten eines besseren Budgetgleichgewichts voraussetzt und wohl empfindliche Schnitte an staatlichen Sozialleistungen erfordert. Eventuelle Erfolge solcher Kuren werden kaum sehr rasch spürbar werden.

Breschnews Erbe

Am 11. November wurde in Moskau der Tod Leonid Breschnews öffentlich mitgeteilt.

13. November 1982

Achtzehn Jahre, von 1964 bis 1982, hat die Ära Breschnew gedauert. Will man ihre sichtbaren und greifbaren Resultate grob umreissen, tritt sogleich ein krasser Widerspruch hervor: Unter Breschnew ist die Sowjetunion eine Weltmacht ersten Ranges geworden, an militärischer Stärke den Vereinigten Staaten mindestens ebenbürtig. Und unter ihm ist die innere Krise des Sowjetimperiums, seines totalitären Herrschaftssystems wie seiner Wirtschaftsordnung, wie seiner geistigen Verfassung offenkundiger geworden, als sie es seit dem Zweiten Weltkrieg je war.

Chruschtschew, Breschnews Vorgänger, zeitweiliger Protektor und schliesslich sein Opfer, hatte sich 1962 geduckt aus seinem kubanischen Abenteuer zurückgezogen, mit dem er die Atommacht Amerika herausgefordert hatte. Und er hatte kurz vor seinem Abgang 1964 den Bruch des kommunistischen China mit der kommunistischen Vormacht Sowjetunion hinnehmen müssen, der Moskau nicht nur ein politisches Zwei-Fronten-Problem bescherte, sondern auch seine Führung im internationalen Kommunismus unterhöhlte.

Breschnew hat die Kompensation solcher Niederlagen auf den Wegen der Machtpolitik gesucht. Er baute sowjetische Präsenz im östlichen Mittelmeer und im arabischen Lager auf und setzte sich im Ägypten Nassers fest, so dass die nächste Runde des Nahostkonfliktes, der *Jom-Kippur*-Krieg, zu einer Konfrontation der beiden Supermächte führte. Er benutzte den Vietnamkrieg zur Entwicklung der sowjetischen Position in Indochina, das heisst zur Einkreisung Pekings. Im Zerfall der portugiesischen Kolonien fasste er via Kuba Fuss im südlichen Afrika; er gewann Einfluss am ostafrikanischen Horn, verspielte ihn und hielt sich schadlos mit Äthiopien.

Die letzten Etappen dieser Expansion nahm er unter dem Deckmantel der Entspannungspolitik, und unter diesem selben Mantel forcierte er ein Rüstungsprogramm, wie es die Welt in Friedenszeiten kaum je gesehen hat. Er machte Russland mit einer modernen Flotte zur Seemacht, hielt den Vorsprung in den «konventionellen» Landstreitkräften und erreichte den Gleichstand mit den Vereinigten Staaten, in einigen Sektoren die Überlegenheit in der globalstrategischen und eurostrategischen Nuklearrüstung.

Machtpolitik

Es gab europäische Politiker, die ihn noch mitten in diesem titanischen Kraftakt als einen «Mann des Gleichgewichts» priesen. Das war er zweifellos nicht. Aber man kann ihm auch nicht einfach Kriegspolitik unterstellen. Er nahm sich, was er ohne grosse Risiken bekommen konnte oder was sozusagen als herrenloses Gut herumlag. Im Unterschied etwa zu Chruschtschews Ultimatum in Berlin oder dessen Vorstoss auf Kuba zeigte Breschnews Politik bis gegen das Ende hin keine abenteuerlichen Züge. Sie suchte nicht kriegerische Auseinandersetzung, wohl aber Macht, die in politische Überlegenheit, letztlich Übermacht, Hegemonie umzumünzen war.

Das setzt ihrer idealisierenden Deutung als «Friedenspolitik» Grenzen. «Entspannung», so wie er sie sah und betrieb, war nicht einfach «Friedenspolitik», sondern stets auch darauf angelegt, das westliche Bündnis zu spalten, Amerika und Europa voneinander zu trennen, die Bundesrepublik Deutschland aus ihrem Bündnis herauszulösen, die sowjetische Herrschaft über Osteuropa zu sichern und zu fixieren oder aber ein Alibi für die eigene Rüstung zu konstruieren. Sie war auch, sehr realistisch, in hohem Masse bestimmt durch den Druck seiner Zwei-Fronten-Situation zwischen China und der Nato, der Entlastung im Westen verlangte. Lange Zeit hat Breschnew vergeblich versucht, diese Situation auch im Osten zu korrigieren; erst in den allerletzten Monaten ist die Chance eines Erfolges, das heisst einer «Normalisierung» im Verhältnis zu Peking, in Sicht gekommen.

Bei aller Vorsicht und zurückhaltenden Berechnung sind Breschnews Kalküle in einigen wesentlichen Punkten nicht aufgegangen. In Ägypten hatte er sich übernommen, und in Afghanistan schliesslich hat er sich vor zwei Jahren auf eine unübersehbare Affäre eingelassen, die der sowjetischen Politik in einem erheblichen Grade die «Dritte Welt» entfremdet, die Entspannungspolitik in ihrer Glaubwürdigkeit schwer beeinträchtigt und viel dazu beigetragen hat, die amerikanische Politik wieder auf entschiedenen Widerstand gegen hegemoniale sowjetische Expansion umzuorientieren. Am Ende der Ära Breschnew und guten Teils als Folge seiner eigenen Politik ist der Gegensatz der Weltmächte schärfer als zu ihrem Beginn.

Krise des Sowjetimperiums

Tiefer ist auch die Krise des sowjetischen Imperiums in Osteuropa geworden. Moskau hat auf den tschechoslowakischen Versuch, einen «Sozialismus mit menschlichem Antlitz» anzustreben, mit Panzerkommunismus und brutaler Unterdrückung und Gleichschaltung reagiert. Überdies hat es mit der Breschnew-Doktrin von der begrenzten Souveränität der sozialistischen Staaten die Herrschaft über seine Satelliten als reines Gewaltregime demaskiert. Als neues Zeugnis für den hoffnungslosen Zustand Osteuropas, für die unüberbrückbare Kluft zwischen Regierten und Regierenden, für den inneren Bankrott der sowjetischen Fremdherrschaft und ihrer totalitärsozialistischen Ordnung steht am Ende der Ära das Polen Jaruzelskis, das nur mit Kriegsrecht in der Zucht Moskaus zu halten ist. Bezahlt hat Breschnew dafür unter anderem mit dem Verlust des letzten Restes von ideologischer Glaubwürdigkeit und Ausstrahlung in Westeuropa.

Die sozialistische Ideologie scheint auch in der Sowjetunion selber als politischer Motor gestorben zu sein. Wenn über die Schwierigkeiten und Kümmernisse der täglichen Versorgung hinaus dort überhaupt öffentliche Antriebe spürbar sind, so kommen sie offenbar heute eher von einem russischen Grossmacht-Chauvinismus her, dem Weltverbesserungsimpulse längst abhanden gekommen sind. In den Chruschtschew-Jahren hatte es zeitweilig wenigstens Ansätze von Reformdiskussionen gegeben. Unter Breschnew, der die Kritik am Stalinismus wieder zurückdrängte, ist von Reform in grösserem Rahmen nicht mehr die Rede gewesen. Das System erschien schlechthin reformunfähig, seine herrschende Klasse, die «Nomenklatura», auf die blosse Erhaltung und Mehrung ihrer neoaristokratischen Privilegien zentriert und überdies höchst anfällig für Korruption. Von kritischen Regungen im Sowjetreich las man immer mehr nur noch im Zusammenhang mit ihrer polizeilichen oder gerichtlichen Repression.

Der Nachholbedarf an Reform, mit dem Breschnews Erben konfrontiert sind, äussert sich am dringlichsten in der Wirtschaft. Das riesige Agrarland Sowjetunion kann seine Bewohner nicht ernähren, seine Industrie, hochgradig absorbiert von der Rüstung und krass rückständig in ihrer Produktivität, vermag die Versorgung mit zivilen Gütern nicht zu gewährleisten. Breschnew hat mit Schelte nie gespart. Aber an den Sitz des Übels, das untaugliche System der Zentralverwaltung, hat er sich nie gewagt. Es ist ideologisches Tabu geblieben.

Kapillarwirkungen

Es ist ein schwieriges Erbe, das Breschnews Nachfolger antreten. Nach den Symptomen zu schliessen, die in den letzten Monaten zu beobachten waren, scheint unter ihnen kein Konsens zu bestehen, wie es zu verwalten und zu entwickeln wäre. Sowohl was die Weiterführung der sowjetischen Machtpolitik betrifft – beispielsweise im Hinblick auf Deutschland oder auf Osteuropa – wie in bezug auf wirtschaftliche Reform sind unterschiedliche Meinungsschulen wenigstens andeutungsweise sichtbar geworden. Sie werden in der Auseinandersetzung um die Nachfolge ihre Bedeutung haben.

Abgesehen von den Auseinandersetzungen über den künftigen Kurs ist die Nachfolge des Alleinherrschers in einem byzantinischen System ein Problem von gewaltiger Tragweite. Sie ist nicht nur Objekt von Palastintrigen im Kreml. Die Machtfrage weitet sich mit einer Art Kapillarwirkung aus über das ganze Land. Der hinterste Bezirks- oder Kolchosesekretär ist letztlich «Klient» dieses oder jenes Prätendenten für die Führungsrolle; seine Karriere hängt davon ab, wie zuverlässig er die protokollarischen Signale zu deuten versteht, die den Stand des Machtkampfes in der Zentrale melden.

Auch im Westen wird kremlologische Zeichendeutung für einige Zeit wieder eine gefragte Kunst werden. Selbst wenn der Name des neuen Generalsekretärs nun bereits genannt ist, bleibt der Übergang wohl noch für eine Weile auch in wesentlichen Punkten undurchsichtig. Im Unterschied zu den parlamentarischen Demokratien ist in der Sowjetunion der Machtwechsel alles andere als die «natürlichste Sache der Welt».

Vor 50 Jahren: Machtergreifung Hitlers

29. Januar 1983

Vor 50 Jahren, am 30. Januar 1933, haben die Nationalsozialisten unter Adolf Hitler in Deutschland die Macht ergriffen. Das «Dritte», das «Tausendjährige Reich», das sie begründen wollten, hat zwar nur zwölf Jahre gedauert; fast die Hälfte davon hat es Krieg geführt. An seinem Ende aber lag nicht nur dieses Reich, sondern lag Europa buchstäblich «vom Atlantik bis zum Ural» in Trümmern – nicht nur den Trümmern seiner Städte und Fabriken, auch denen seiner politischen Macht, Vorherrschaft und Struktur, auch seiner geistigen Weltgeltung. Seitdem fallen auch die grossen Entscheidungen über Europa ausserhalb der Alten Welt.

Über 55 Millionen Tote hat dieser Krieg gekostet, mehr als die Hälfte davon in Europa. Über sechs Millionen Menschen anderer als «arischer Rasse» sind dem Rassenwahn des Nationalsozialismus und seiner systematischen Ausrottungspolitik zum Opfer gefallen. Und über zehn Millionen Deutsche wurden mit der Rückbrandung von Hitlers Angriffskrieg im Osten in einer neuen Völkerwanderung aus ihrer Heimat vertrieben. Mit dieser Rückbrandung überflutete die sowjetische Armee den Balkan und den grösseren Teil «Grossdeutschlands». Die Sowjetmacht stand mitten in Europa, an der Elbe, in Thüringen, und sie ist seitdem dort geblieben. Mit dem «Dritten» hatte auch das zweite Deutsche Reich, das Bismarcks, hatte Deutschland als Nationalstaat aufgehört zu existieren.

Es gibt heute wie damals keinen Zweifel, von wo, wann und wem diese Katastrophe Europas ausging: eben von der Machtergreifung der Nationalsozialisten, mit der ein «legaler» Regierungsauftrag fast über Nacht in eine totalitäre Diktatur umgesetzt wurde, die zum vornherein Krieg im Sinne hatte. Sicher hat diese Machtergreifung eine komplexe Vorgeschichte, die in den Ersten Weltkrieg und in tiefere historische Schichten zurückgreift. Sicher sind am sinistren Erfolg der zerstörerischen Macht in Europa andere Regierungen beteiligt gewesen, vorwiegend durch jahrelanges Nichtstun und durch Illusionen über den wahren, den bösartig-aggressiven, kriminellen Charakter des Dritten Reiches. Sicher kann man auch hier die müssigen Spekulationen anstellen, was geschehen wäre, «wenn» beziehungsweise «wenn nicht»... Die Ursachen dessen aber, was geschehen ist, liegen eindeutig im Nationalsozialismus und in der damaligen deutschen Anfälligkeit für den totalitären Kurzschluss.

Warum so wenig Widerstand?

Eine weit weniger eindeutige Antwort findet die Frage: «Warum?». Wie war es möglich, dass hundert Jahre nach Goethes Weimar eine elitäre Kultur der Humanität und des Idealismus sich in den Massenkult der ruchlosen Gewalt, des totalen Krieges, der privilegierten Herrenrasse verkehrte, dass das zivilisatorische Genie einer hochentwickelten Industriegesellschaft die perfektionierte Systematik und Technik der Massenvernichtung hervorbrachte, dass eine so tief in die europäische Geschichte verflochtene Nation sich als ein reissender Wolf gegen Europa wandte, dass die Verführung so wenig Widerstand fand?

Darüber hat es im nachhinein viel ernste, betroffene Gewissenserforschung, viele tiefschürfende historische, soziologische, psychologische Analysen und – besonders seit den sechziger Jahren, als die Benommenheit des Zusammenbruches zu weichen begann – eine gewaltige, unabsehbare, die Medien jahrzehntelang durchtränkende Publizität gegeben. So viel ist im Zeichen und unter dem Programmpunkt der «Bewältigung» der deutschen Vergangenheit bis heute geredet, geschrieben und gefilmt worden, dass man schon gar nicht mehr hinhören mag und auf den Verdacht kommt, «Bewältigung» werde da mit dem Mittel der Überschwemmung betrieben.

Mancherlei Antworten sind auf die nach wie vor bedrängende Frage versucht worden. Der Mythus der «Schicksalsnation» ist bemüht worden, die für das nichts könne, was ihr und durch sie anderen widerfahre, und die die Menschheitskonflikte und kollektiven Irrtümer eben tiefer durchlebe und -leide als andere. Man hat Hitlers Erfolg in Deutschland aus dem verlorenen Ersten Weltkrieg, aus dem Versailler Vertrag, aus der schwachen Verwurzelung der Weimarer Republik, aus der Wirtschaftskrise und Arbeitslosigkeit oder aber aus der expansionistischen Geschichte Preussens, aus einer besonderen obrigkeitsstaatlichen Disposition und Tradition der Deutschen, gar aus dem Luthertum selber «abgeleitet». All das ist im einzelnen für sich genommen unzulänglich und widersprüchlich, und es ergibt auch in der Summe kaum eine fassbare, gültige «Erklärung» des Phänomens. Krise und Massenarbeitslosigkeit, autoritäre Staatstradition und expansiven Imperialismus oder aber erduldetes Schicksal kannten andere Völker auch, ohne dass sie eine derart zerstörerische Ideologie und Gewaltherrschaft produziert hätten.

Ebenso dürftig, wenn auch seit 15 Jahren wieder weit verbreitet, ist die marxistische Deutung eines eingeborenen «faschistisch»-totalitären Charakters des Kapitalismus bzw. der bürgerlich-liberalen Gesellschaft schlechthin. Weder in Nordamerika noch in England, weder in Frankreich noch in diesem Lande hat die freiheitlich-marktwirtschaftliche Ordnung Faschismus oder Totalitarismus erzeugt. Und umgekehrt erweist sich praktizierter Marxismus mitnichten als tauglicher Schutz vor Totalitarismus, vor unkontrollierter, erstickender Staats- und Parteiallmacht – im Gegenteil, wie es sich von Ostberlin und Prag über Moskau bis Peking erweist, wo die Einparteiherrschaft wesentliche Züge mit dem Nationalsozialismus gemeinsam hat. Überdies hat die Konfrontationspolitik der deutschen Kommunisten entscheidend und bewusst dazu beigetragen, dass die erste demokratische Republik Deutschlands unregierbar und zur Beute des Diktators wurde.

Die «Lehre» des 30. Januar 1933

Von Stalin zu lernen, wie Hitler zu vermeiden sei, ist eine untaugliche Empfehlung. Eine praktische Lektion «für ein andermal» bietet der 30. Januar 1933 überhaupt nicht, da es in der Geschichte keine Wiederholung kongruenter Situationen gibt. Die wichtigste Einsicht, die aus dem Vorgang zu gewinnen ist, ist wohl die, dass der kollektive Absturz in Wahnwitz und Selbstvernichtung entgegen aller Überzeugung auch auf diesem zivilisationsgesättigten Kontinent möglich war – und also wohl weiterhin möglich ist. Diese Einsicht hat das Selbstbewusstsein unseres Jahrhunderts, sein Sicherheitsgefühl, die Vorstellung von seinen Möglichkeiten, das Vertrauen in seine Fundamente schwer erschüttert.

Die «Lehre», sofern überhaupt eine zu formulieren sein sollte, wäre zu eng gezogen, wenn sie lediglich darauf zielte, eine Neuauflage des Nationalsozialismus in Deutschland zu verhindern. Eine solche Reprise ist heute kaum die erste unter

r
w
D
tis
rei
che

gen
tatur
zurüc
stets
Appea
als po
gende
können